새로운 중국, 마오쩌둥을 넘어서

마오의 제국

OUT OF MAO'S SHADOW: The Struggle for the Soul of a New China by Philip P. Pan
Copyright © 2008 by Philip P. Pan
All rights reserved.
This Korean edition was published by Words & Book Publishing Co. in 2010 by arrangement
with Philip P. Pan c/o The Robbins Office Inc., New York
through KCC(Korea Copyright Center Inc.), Seoul.

이 책은 (주)한국저작권센터(KCC)를 통한 저작권자와의 독점계약으로
도서출판 말글빛냄에서 출간되었습니다.
저작권법에 의해 한국 내에서 보호를 받는 저작물이므로 무단전재와 복제를 금합니다.

새로운 중국, 마오쩌둥을 넘어서

마오의 제국

PHILIP P. PAN
필립 판 지음
김 춘 수 옮김

OUT OF MAO'S SHADOW

말·글빛냄

Introduction

　2001년 여름의 한 금요일 밤, 그날따라 날씨는 유독 무더웠다. 그날 전국의 방송망을 통해 2008년 하계 올림픽의 개최지가 베이징으로 확정되었다는 외신보도를 접한 중국인들은 열광했다. 특히 베이징은 축제 분위기로 빠져들었고, 이를 축하하기 위해 시민들은 하나 둘씩 천안문 광장으로 몰려들었다. 순식간에 천안문 광장은 수십만의 인파로 북적거렸고, 나도 그들 틈에 끼어 있었다. 불꽃놀이가 시작되었고, 형형색색의 불꽃들은 베이징의 하늘을 화려하게 수놓았다. 천안문 광장에 몰려든 시민들은 "베이징 만세! 베이징 만세!"라는 구호를 힘차게 외쳐댔고, 많은 사람들이 작은 적색기를 흔들면서 분위기를 돋웠다. 대학생들은 야광봉을 흔들며 "조국이여 영원하라!", "공산당이 없으면, 새로운 중국도 없다!"와 같은 찬가와 애국가를 열창했다. 거리는 자전거와 오토바이, 삼륜자전거, 자동차 등으로 가득 차 있었고, 타고 있는 사람들도 연신 승리의 환호를 외쳤다. 당 간부들은 텔레비전으로 천안문 광장에서 벌어진 축제를 보며 국민들의 열광에 박수를 보내면서도, 한편으로는 이들을 경계하는 이중적인 모습을 보이고 있었다. 마오쩌둥(Mao Zedong, 毛澤東)은 1949년에 천안문 정상에 서서 중화인민공화국의 탄생을 선언했고, 지금 그 자리에는 그의 초상화가 걸려 있다.

　불과 몇 개월 전, 나는 〈워싱턴 포스트〉의 중국 특파원으로 베이징에 부임했다. 이 나라의 정치적 중심지에서 활동한다는 점에서, 나에게는 무척이나 감격스러운 기회였다.

  1989년, 천안문 광장에서 민주화운동이 있었던 이후로 많은 사람들은 천안문 사태에 대해 거론하는 것을 피해왔다. 그러나 민주화운동의 정신은 아직도 살아있고, 그에 따른 갈등도 계속되고 있다. 지금에 와서 돌이켜 보면, 그 당시 천안문 광장을 가득 메운 젊은 군중들은 공산당의 부패에 항거했고, 민주적 개혁을 요구한 민주화운동이었다. 1990년 초, 내가 베이징에서 표준 중국어를 공부할 때만 해도 학살의 악몽은 여전히 캠퍼스를 짓누르고 있었다. 그러나 많은 시간이 지난 지금, 천안문에 모인 군중들은 당시 공산당의 폭거에 대해 잠시 잊은 듯 정부에 갈채를 보내고 있었다.

  천안문 민주화운동은 어떻게 일어났는가? 공산당은 어떻게 해서 지지를 다시 얻을 수 있었는가? 그리고 앞으로 얼마나 권력을 유지할 수 있을 것인가? 나는 이러한 의문에 대한 해답을 찾기 위해 7년에 걸쳐 중국 곳곳을 찾아 다녔다. 그 동안 내가 찾아낸 것은 세계에서 가장 거대하고, 성공적인 권위주의체제의 공산당 정부였다. 서구의 사상에서 본 자본주의는 민주주의를 발전시키고, 자유 시장은 자유로운 사회의 당연한 결과로 받아들여져 왔다. 지난 30년 동안 중국의 공산당 지도자들은 정치권력을 장악한 채 강력한 경제 계획을 주도해왔으며, 그 결과로 이룩한 경제 성장은 많은 지지자를 확보하고, 기회주의자들을 회유해 공산당 쪽으로 끌어들였으며, 민주적 변화에 대한 요구를 차단시키는 데 결정적인 역할을 했다. 무엇보다도 공산당 일당체제가 지난 반세기 동안 중국인들에게 상상하기도 어려운 고통을 안겨주었는데도 불구하고, 지금과 같은 번영을 이루었다는 사실은 대단한 성과였다. 이러한 성과를 추적하면서 나는 미묘한 사실을 깨달을 수 있었다. 중국의 국민들은 그 동안 자신들의 입에 재갈을 물리고 있던 공산당에 대해 점차 자신들의 생각을 주장하고 표현하면서 공산당 지배의 그늘에서 서서히 벗어나기 시작했다는 점이다.

중국 국민들은 대약진운동 기간 동안, 세계에서 가장 참혹한 기근의 고통을 이겨내었다. 그들은 또 문화대혁명이라는 광풍에서도 살아남았다. 이러한 시대적 아픔 속에서 살아남은 국민들은 이제 경제성장으로 익숙해진 가치들을 담담하게 받아들이고 있고, 부의 축적을 위해 열심히 일하고 있다. 1989년 봄, 천안문 광장을 가득 메웠던 젊은 남녀들은 민주주의 체제 중국에 대한 그들의 갈망이 순식간에 무너지는 것을 보고 좌절했다. 이제 그들의 사상도 세월의 흐름에 따라, 보다 실용적으로 바뀌게 되었다. 그럼에도 불구하고 그들 대부분은 다른 방법으로 중국의 정치 변화를 계속해서 추구하고 있다.

마오쩌둥이 사망하고 30년이 지난 지금, 중국은 현기증이 날 정도로 급변하고 있다. 그 동안 침체되어 있던 경제는 제조업과 수출의 성장에 힘입어 급속한 성장을 이룩했고, 세계적 강국으로 부상하면서 각국의 찬사를 받고 있다. 논과 밭으로 사용되던 땅에는 하루가 다르게 마천루들이 들어서고 있고, 어촌 마을들은 불빛이 휘황찬란한 도시로 탈바꿈하고 있다. 유아사망률은 떨어지고 있는 반면에 국민들의 소득과 기대수명은 점점 늘어나고 있다. 마오쩌둥이 그렇게 즐겨했던 공포분위기 조성과 인민재판들, 작고 붉은 책들을 흔들어 대면서 정치 구호를 외치던 젊은 군중들은, 이제는 옛날이야기가 되어 버렸다. 국민들은 찬란한 번영, 개인의 자유와 정보의 개방을 원하고 있다. 중국의 최근 25년이라는 세월은, 어떤 시각에서 보더라도 과거 5천 년 역사 중 가장 좋은 시절이었다고 해도 과언이 아니다.

그럼에도 불구하고 세계에서 가장 많은 인구가 살고 있는 중국에는 아직도 커다란 갈등이 남아있으며, 중국인들은 여전히 마오쩌둥의 그림자에서 벗어나지 못하고 있다. 한편에는 공산당 일당체제를 유지하면서 그동안 누려왔던 기득권을 계속 보전하려고 기를 쓰는 당·정 주변의 부패한 엘리트 계층이 있고, 또 다른 한편에는 법률가들, 언론인들, 기업가들, 예술가들, 실직자들과 보다 포용적이고 열린 민주주의 중국을 건설하려 노력하고 있는 이상주의자들이 있다.

이들의 투쟁 결과는 매우 큰 의미를 부여받고 있다. 그것은 기본적인 정치적 자유도 보장받지 못하는, 세계인구의 절반에 해당하는 중국 국민들에 대한 관심만이 아니라, 권위주의체제를 유지하고 있는 나라들이 자

국민들의 민주화 요구에 대한 수용여부를 중국의 선례에 따르려는 경향 때문이라고도 볼 수 있다. 중국은 어떤 나라로 변할 것인가? 민주주의든, 일당독재든, 그 중간 형태든 간에 우리시대의 오랜 숙제였던 문제에 답을 제시해준다는 이유에서 매우 중요하다. 중국이 세계 강대국 대열에 올라서게 되면 정치체제는 어떻게 변화할 것이며, 아시아의 이웃나라들과의 상호관계는 어떻게 설정할 것인가? 이들 나라간의 상호관계를 주시하는 것은 미국과의 외교관계도 예상해볼 수 있고, 또 서로에게 어떤 영향을 주고받을 수 있을지를 가늠해볼 수 있기 때문에 중요하다고 볼 수 있다.

이 책의 의도는 많은 사람들의 시각을 통해서 중국의 미래를 위한 민주화의 항쟁을 서술하려는 데 있다. 제1부에서는 중국에서 최근에 일어났던 비극적인 역사들을 보존하고, 폭로하려는 개인들의 노력들을 다루고 있다. 그들은 중국 공산당의 폭정에서부터 천안문 광장의 대학살에 이루기까지, 역사의 진실을 파헤치기 위해 노력해왔다. 공산당 당국도 지배의 정당성을 강조하기 위해 많은 사건들을 축소 또는 은폐해왔으며, 과거를 재구성하려고 나름대로의 노력을 하고 있지만, 국민들을 이해시키기에는 역부족이다.

제2부에서는, 공산당이 마오쩌둥의 사후에 어떻게 발전해왔고, 생존을 모색해왔는가에 대해서 탐구한다. 마오쩌둥이 건설했던 전체주의적이고 사회주의적인 국가는 더 이상 존재하지 않는다. 그 자리에는 탐욕스럽고

부패한 자본주의에 우선적인 가치를 부여하는 교활한 관료주의가 대신 자리 잡고 있다. 이러한 부류들은 광부나 공장 노동자 등 보통사람들의 이야기는 흘려버리고, 당 간부들과 거물들의 성공담만을 화젯거리로 삼으면서 부러워한다.

제3부에서는 공산당의 새로운 리더십이 민주적 발전에 대안을 제시할 때, 아직도 중국에 남아있는 과거의 잔재들을 떨쳐버리려고 노력하는 4명의 보통사람들에 관한 이야기로 결론을 대신하려 한다. 국가적인 관심 인물로 떠오른 그들은 어떻게 투쟁하고, 언제 후퇴하고, 또 그들의 가족에게 닥칠 시련들을 숙고하면서 어려운 결단을 내려야하는 선택의 기로에 놓여 있다.

자유를 갈망하는 중국인들은 텔레비전이나 영화 또는 인터넷을 통해 다른 나라에서 그들의 지도자를 어떻게 선출하는지, 법의 지배가 무엇을 의미하는지 등을 깨달으며, 보다 개혁적이고 공정한 정치체제를 향해서 매일매일 앞으로 나아가고 있다. 공산당은 시대 변화에 적응하기 위해 나름대로 노력해왔고, 때로는 국민들의 압력에 양보하기도 했지만, 아직까지는 국민들에게 굴복하지도 않았고, 국민들을 굴복시키지도 않았다. 공산당 지도자들과 수백만의 추종자들과 수혜자들은 점차 약동하는 사회에 대한 통제를 유지하기 위해서, 단호하고도 완강한 노력을 기울이며, 막대한 자원들을 관리하면서 권력의 끈을 늦추지 않고 있다.

중국에 관심을 갖고 있는 많은 사람들은, 중국의 민주주의체제로의 변화는 불가피하고, 국민들은 순식간에 권력의 우위를 점하게 될 것이며, 공산당 일당지배체제는 몰락할 수밖에 없을 것이라고 말한다. 물론 나도 같은 의견이다. 그러나 이러한 정치적 변화가 가만히 앉아 있어도 저절로 차려지는 밥상은 아니라고 본다. 정치적 변화는 어렵고 고달프고 애끓는 과정을 겪을 것이고, 사태가 더욱 악화되기라도 한다면 많은 사람들의 위험과 희생이 뒤따를 것이다.

중국에 체류하는 동안 이러한 사람들을 많이 만나게 된 것은 나에게는 큰 행운이었다. 그들의 이야기는 이 책을 쓰는 내내 나에게 영감을 불어넣어 주었다.

CONTENTS

Introduction 4

1부 회상

CHAPTER 01 자오쯔양의 장례식 14
CHAPTER 02 린자오의 투쟁 41
CHAPTER 03 린자오의 정신을 기리며 79
CHAPTER 04 홍위병의 무덤 129

2부 부패

CHAPTER 05 노동자의 삶 172
CHAPTER 06 마담 천리화 221
CHAPTER 07 공산당 간부 252

3부 투쟁의 계절

CHAPTER 08 정직한 의사 280
CHAPTER 09 신문기자 305
CHAPTER 10 변호사의 집념 334
CHAPTER 11 맹인의 정의 358

Epilogue 385
작가노트 및 참고자료 395

01 회상

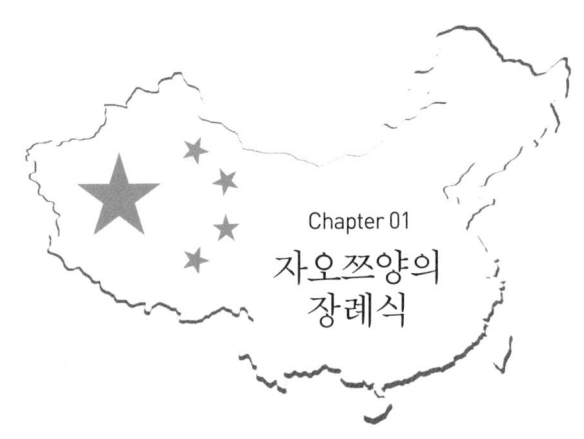

Chapter 01
자오쯔양의 장례식

그들은 공산당 간부들의 부유한 동네에서부터 불만과 좌절로 가득 찬 빈민가, 대학과 공공기관들에서부터 농촌 지역에 이르기까지, 중국 전역에서 몰려온 사람들이었다. 이곳에 온 사람들은 1세기에 걸쳐 파란만장한 역사를 국민들에게 가르쳐온 공산당의 선전과 경고도 무시하고, 국민들에게 세뇌시켜온 사상들을 무시하면서, 한 지도자를 추모하기 위해서 몰려온 사람들이었다. 1월의 쌀쌀한 아침, 번쩍이는 세단을 타고 오는 사람들, 낡은 택시를 타고 오는 사람들, 자전거를 타고 오는 사람들, 걸어서 오는 사람들로 북적였다. 그들은 경찰이 사진을 찍고 블랙리스트에 이름을 작성하는데도 불구하고, 스스로 임시 검문소를 지나 걸어갔고, 서서히 베이징 서부 외곽에 있는 커다란 공동묘지에 운집했다.

상록수로 뒤덮인 제단의 초라한 관에는 그들이 추모하러 온 사자(死者)가 누워 있었는데, 그는 바로 천안문 민주화운동 때, 시위 학생들에게 자신을 용서해달라고 말했던 자오쯔양(Zhao Ziyang, 趙紫陽)이었다. 그들이 그를 마지막으로 본 것은 15년 전이었다.

1989년 천안문 광장에서 민주개혁을 요구하는 학생들 사이에 서 있을 때, 그의 손에는 핸드마이크가 들려 있었고 눈물을 글썽이고 있었다. 그 당시 자오쯔양은 공산당 총서기로서 당 권력 서열 3위의 자리에 있었는데, 5월의 아침이 오기도 전인 꼭두새벽에 홀연히 나타나서, 젊은 군중들 속으로 들어갔다는 사실에 모두가 놀랐다.

그는 반백의 머리에 크고 둥근 안경을 낀 이미 칠십이 넘은 노인이었고, 회색 노동복을 입고 있었다. TV 카메라가 계속 돌아가는 가운데, 그는 학생들에게 그들의 주장을 이해하고 있으며, 비판을 겸허히 받아들이겠다고 말하면서 이제는 집으로 돌아가라고 설득했다. 그의 목소리는 감정에 복받쳐 떨리고 있었고, 그의 말은 다가올 비극을 암시하고 있었다. "너무 늦었어. 때가 너무 늦었다"는 말을 되뇌면서 감정을 억제했지만, 그는 너무 지쳐 보였고 몸은 떨고 있었다. 그리고 얼마 지나지 않아 탱크들이 수도 베이징으로 들어오면서 군인들의 발사가 시작되었고 수백, 아니 수천 명의 목숨을 앗아갔다. 세계는 자오쯔양이 천안문 광장에 오기 직전에 이미 당의 원로들에 의해서 축출되었다는 것을 알았다. 자오쯔양은 시위대를 진압하기 위하여 군대를 동원하려는 당 방침을 거부하고 학생들의 편에 섰던 것이다.

공산당은 자오쯔양을 가택연금시켰고, 대중들의 기억에서 그를 지워버리기 위한 작업에 들어갔다. 그의 사진들은 에어브러시로 지워졌고, 교과서에서도 이름이 삭제되었으며, 언론에서도 그에 대한 어떠한 언급도 하지 말라는 당의 지시가 내려졌다. 그것은 이 나라에서 민주주의로의 변화를 그 누구보다도 갈망했던, 한 공산당 지도자가 사라져 버렸다는 것을 의미했다. 자오쯔양은 연금 상태에 있었고 공산당은 자신들의 입맛대로 역사를 왜곡했다.

"천안문의 유혈사태는 질서를 회복하기 위한 불가피한 조치였다. 중국은 너무나 크고, 가난하고, 문맹자가 많아서 민주주의를 도입하는 것은 맞지 않고, 오히려 혼란과 내분을 불러올 수도 있다. 오직 공산당 일당지배체제만이 세계최대의 인구를 갖고 있는 국가의 안정을 유지할 수 있고, 안정만이 국가를 강하게 하는 데 필요한 경제성장을 담보할 수 있다."

공산당의 선전기구들은 이러한 주장들을 신물이 나도록 토해냈고, 검열관들은 논쟁의 여지가 있는 견해들은 무조건 덮어버렸다. 거듭되는 공산당의 선전과, 시간이 지남에 따라 ─그리고 급속한 경제성장의 도움을 받아─ 많은 중국인들은 공산당의 주장들을 받아들였고 이제 세계는 중국을 강대국으로 인정하고 있다. 그럼에도 불구하고 공산당은 계속해서 자오쯔양을 베이징 교외의 전통적인 가옥에 연금하고 있었다. 그는 중국의 대안이었고, 양심이었다. 공산당은 지난 15년간 그를 지우기 위해 온갖 노력을 기울였지만, 그는 아직도 중국인들에게 양심의 상징으로 남아있었다. 권력을 잡고 있는 당 간부들도 내심 이것을 잘 알고 있기 때문에 그를 경계하고 있었다.

2005년 1월 17일, 85세라는 나이에 몇 차례의 심각한 와병의 고통 끝에 자오쯔양이 사망했을 때, 공산당 간부들은 일련의 긴급 대책회의를 열었는데, 그것은 자오쯔양의 죽음이 천안문 학살에 대한 새로운 논의와, 민주개혁에 대한 새로운 시위를 촉발시킬 수 있는 가능성을 사전에 차단하기 위한 회의였다. 자오쯔양이 총리직 7년, 당의 총서기로 3년간 재직했고, 1980년대 중국의 경제를 변화시킨 시장개혁의 선구자임에도 불구하고, 공산당 지도자들은 국영방송과 텔레비전에 그의 죽음에 대해 언급하지 말 것을 지시했다. 공산당이 그나마 자비를 베푼 것은 그의 죽음에 대한 신문기사였으나, 그의 과거의 경력을 생략한 채 다만 동지라는 호칭만을 사용하고 간단히 보도하도록 지침을 내렸다.

〈베이징 이브닝 뉴스〉는 자오쯔양의 사망기사를, 16면에 미국에서의 골든 글로브 수상자들에 관한 뉴스기사 아래에 짤막하게 보도하였다. 그러나 공산당의 정보에 대한 통제력은 천안문 사태 이후 몇 년이 지나자 많이 약화되었다. 자오쯔양의 사망 소식은 위성 방송과 휴대폰, 이메일과 문자메시지 등을 통해 순식간에 중국 곳곳에 알려졌다.

몇 시간도 지나지 않아, 국민들은 인터넷 게시판에 수천 건의 애도와 회상에 대한 글들을 올리기 시작했고, 검열관들은 그것들을 삭제하기 위해 진땀을 흘리고 있었다. 공산당 기관지인 〈인민일보〉의 웹사이트에서는 "누군가 죽었을 때 애도조차 할 수 없는가?"라는 항의의 글이 올라오기도 했다. 며칠 후, 자오쯔양에 대한 국장을 치르지 않기로 했다는 정부의 결정이 확실해지자, 국민들은 자오쯔양의 자택으로 꽃을 보내기 시작했다. 금방 몇 개의 방을 가득 채울 정도의 꽃들이 배달되었고, 하나 둘씩 애도객들이 집으로 몰려오기 시작했다. 수백여 명이 조의를 표하러 왔고, 경찰이 그들을 제지하자 추위에도 아랑곳하지 않고 밖에서 기다렸다.

자오쯔양의 죽음은 민족의 양심에 갈등을 불러 일으켰다. 국민들은 오랜 세월동안 천안문 사태를 애써 잊으려고 노력해왔다. 친구들은 그 사건에 대한 언급을 피했고, 부모들은 자식들이 그 사건에 대해서 묻는 것조차 꺼렸다. 민주화운동에 참여했던 많은 사람들은 국가의 정치적 장래에 대해 더 이상 언급하지 않고 돈벌이에만 열중했다. 가슴 아픈 기억에 양심의 가책을 느꼈지만, 많은 사람들은 아쉬움과 회환을 가슴속에 묻어둔 채, 돈벌이만이 살아가는 방법이라는 현실을 받아들이고 있었다. 그러나 자오쯔양의 죽음이 알려지자, 국민들은 1989년 천안문 학살 때 희생당한 젊은이들을 떠올리게 되고, 그들의 희생이 무엇을 의미하는지에 대해 다시 묻는 기회를 가졌으며, 또 천안문 학살 뒤 그들의 나라가 어떻게 변했는지, 학생들이 그들의 요구를 어떻게 자제하고 극복해나가고 있는지, 생각해볼 기회를 갖게 되었다.

중국인들은 공산당의 권위주의 정치와 자본주의 경제와의 정략적 결혼은 실패했다고 생각해왔다. 중국이 급속한 경제성장을 이루고 국제적인 위상이 높아진 것은 사실이지만 성장의 이면에는 많은 난제들이 남겨져 있다. 정치적·종교적 자유에 대한 숨 막힐듯한 제한들, 권위주의적 관료들의 횡포와 권력 남용, 열악한 작업 환경, 교외 변두리 지역의 처참한 빈곤, 환경오염의 확산, 사회에 대한 냉소적인 도덕적 경향 등, 이러한 국가적 난제는 뜻있는 사람들에게 너무나 명백히 보였다.

자오쯔양은 십대 때부터 공산당에서 활동해왔으나, 공산당의 강경론자들이 천안문 광장의 시위대들을 해산하기 위해 계엄령 선포를 거론했을 때, 단호히 거부했다. 그리고 국가의 최고 지도자인 덩샤오핑(Deng Xiaoping, 鄧小平)이 군대가 베이징에 진입하도록 명령하자, 사직서를 제출했다.

 몇 년이 지나 덩샤오핑이 자오쯔양에게 잘못을 시인하고 천안문 진압의 정당성을 인정한다면 복권시키겠다는 제의를 했을 때에도, 그는 단호히 거절했다. 자오쯔양은 자신의 신념을 바꾸지 않을 것임을 분명히 했다. 이와 같은 소신을 밝힐 수 있는 사람이 얼마나 될까? 질서를 유지하기 위하여 진압을 할 수밖에 없었다는 당의 거짓말에 이의를 제기할 수 있는 사람은 얼마나 될까? 자신의 부와 권력을 유지하기 위해서 얼마나 많은 사람들이 공산당에게 아첨을 했을까? 과연 그들의 손이 깨끗하다고 말할 수 있는 사람이 얼마나 될까?

 왕 쥔 슈 는 베이징에 있는 해외 웹사이트 관련 인터넷 뉴스 통제 사무실에 도착하자마자 인터넷에서 "자오쯔양, 전 중국 공산당 총서기 85세의 나이로 사망"이라는 문구를 찾아냈다. 드디어 예상했던 일이 일어났고, 노인이 결국 이승을 떠났구나 하고 생각했다. 둥글고 통통한 얼굴의 삼십대 중반의 땅딸막한 왕쥔슈는, 중국에서 가장 인기 있는 블로그 호스팅 웹사이트 보키Bokee.com의 공동설립자이자 대표였다. 그는 지난 몇 주 동안 정부 관리들로부터 자오쯔양의 건강악화에 대한 루머가 사이트에 실리는 것을 막아달라는 경고를 받아왔다. 정부 관리들은 자오쯔양의 죽음이 현실화된다면 5백만 명의 웹 이용자들이 사망기사를 읽고 자오쯔양에 대해 언급하는 것을 원하지 않았다. 그의 회사는 그 후로 웹 이용자들의 블로그에서 자오쯔양의 이름이 오르내리는 것을 차단하기 위한 프로그램을 설치했다.

 그때까지 왕쥔슈는 별다른 슬픔을 느끼지 못했다. 정부 관리들의 요구가 있을 때까지만 해도 오랫동안 자오쯔양에 대해 생각하지 않았었다. 지난 15년 동안 왕퀀슈는 메모리 칩과 프로그래밍 언어에 관한 책들과 씨름하고 있었고, 베이징 교외에 있는 침실이 2개 딸린 아파트에서 아내와 편안한 삶을 살아왔었다. 그러나 자오쯔양의 죽음이 현실로 다가왔을 때 그의 마음은 이미 과거를 생각해내고 있었다. 자오쯔양의 죽음은 그에게 언론의 자유를 위해 싸워야 한다는, 또 다른 삶에 대한 의미를 되살리는 계기가 되었다. 그것은 또한 지금까지 삶에 대한 의문들과 양심의 가책을 느끼게 했고, 자신이 한때 젊은 이념가로 활동한 적이 있었던가 하는 의문을 갖도록 했다. 지금까지의 편안한 삶은 주마등처럼 잊어버리고, 자유와 민주주의를 위한 정치 구호의 외침소리, 조국을 변화시키고 보다 나은 미래를 향한 도정으로 이끌어나갈 수 있다는 확신 등을 가지고 수십만 군중의 대열 속에서 거리를 행진하고 있는 홍분을 맛보고 있었다. 그는 당시 베이징 법정대학 1학년에 재학 중이었고, 학생운동에 적극적이었던 농촌 출신의 수줍은 애송이였다. 그해 봄 시위대들의 수가 늘어나고 시위가 전국으로 확산되자, 왕퀀슈는 대학 캠퍼스에 방송 시설을 설치해 많은 학우들이 뉴스와 연설을 방송할 수 있도록 했다. 그는 낮에는 천안문 광장에서 대부분의 시간을 보내고, 밤에는 대학 캠퍼스에서 방송을 하고 하루에 몇 시간씩 새우잠을 자면서 사상이라는 홍분제로 버텨나갔다. 군인들이 발포를 시작한 그날 밤 학생들이 가지고 온 보고서를 읽을 때만 해도 군인들이 이 정도로 폭력을 행사하고, 시민들이 그 폭력에 죽어가고 있다는 사실을 믿을 수가 없었고, 뭔가 착오가 있었을 것이라고 생각했다. 그러나 총탄에 맞아 숨진 4명의 학생들의 시체가 캠퍼스에 실려 오자 그는 확성기를 떨어뜨리고 오열하기 시작했다.

다음날 아침, 교수들과 동료들은 그에게 베이징을 떠나라고 권했다. 그는 당국의 주목을 받아왔기 때문에, 당국에서 그를 체포하러 올 것이라며 동료들은 걱정했다. 왕쥔슈는 서둘러 베이징 역으로 향하면서 군대의 진입을 막기 위해 시위자들이 사용했던 자동차들과 버스들의 잔해에서 연기가 올라오는 것을 보았다. 그는 첫 열차를 타고 무사히 산시성(Shaanxi Province, 陝西省)의 시골집으로 돌아갔는데, 그곳에서 학생들의 구속에 관한 뉴스를 들으면서 자신의 미래를 걱정했다.

몇 주일간의 초조한 시간을 보낸 후, 대학 당국으로부터 캠퍼스로 돌아오라는 통보를 받았다. 그가 자수한다면 학교로 돌아와서 학업을 계속할 수 있다는 내용이었다. 왕쥔슈로서는 선택의 여지가 없었다. 교수들은 그의 혐의를 단순 동조자로 취급하면서 구속을 면할 수 있도록 해주었고, 시위에 참가한 다른 사람들의 이름을 거명할 필요도 없었다. 대신 왕쥔슈는 군사 진입의 정당성을 인정해야 했고, 민주화운동에 참여한 것은 감언이설에 속았기 때문이라고 자술해야 했다. 자술서는 거짓이었고 가벼운 처벌을 받고 빠져 나오기 위한 방편이었다. 법학사 학위를 취득한 후, 왕쥔슈는 고향으로 내려가 취업을 하려고 백방으로 노력했으나, 천안문 시위전력 때문에 어느 누구도 그를 고용하려고 하지 않았다. 정부가 시장개혁을 밀어붙이면서 신흥 중소기업들이 국가경제를 대신하게 되었고 정치적 이유로 소외된 사람들에게도 기회가 주어지기 시작했다. 동료 법학도이자 천안문 시위자였던 푸즈창이 베이징에 있는 광고회사에 일자리를 알선해주었다. 그 회사는 국영 신문에 컴퓨터 관련 특집 기사를 정기적으로 작성해 주는 기획 대행업체였다. 왕쥔슈는 그곳에서 컴퓨터 산업에 관해서 많은 것을 배웠고 자신의 업무에도 전력을 다했다. 몇 년 후,

친구와 함께 전문 컨설팅 회사를 차릴 수 있을 정도의 충분한 경험과 전문 지식을 얻을 수 있었고, 드디어 베이징의 신흥 중산층의 일원으로 부상했다.

시간이 지날수록 왕퀀슈는 서서히 과거를 잊어갔다. 지난 세월의 잃어버린 삶을 생각할 때마다, 그에 대한 기억은 아픔으로 다가왔기 때문에 애써 잊으려고 노력했다. 공산당이 점진적인 정치개혁에 착수했을 때조차도, 중국의 미래가 어떻게 달라질지에 대해서 아무런 관심도 기울이지 않았다. 공산당은 여전히 권력을 움켜쥐고 있으며 그가 할 수 있는 것이라고는 아무것도 없었다. 모든 사람들이 그랬듯이 그도 앞만 보며 달려왔다. 그는 국가의 정책보다는 회사의 비즈니스에, 정치적인 생각보다도 자신의 미래에 대해 더 걱정했고, 정의를 생각하기보다는 돈벌이에만 열중해왔다. 왕퀀슈는 너무 일에 매달린 탓에 결핵에 걸려 고생한 적도 있었다. 2000년에 병원에서 치료를 받으며 집에서 요양하는 동안 월드와이드웹을 개발했다. 그때까지만 해도 중국에서 인터넷은 생소했다.

정부조차도 정부를 비판하기 위해 웹사이트에 접속하는 것에 대한 어떠한 봉쇄조치도 취하지 못한 상태였다. 왕퀀슈는 지루한 투병생활을 하면서 천안문 광장의 시위 모습들, 수필, 메모, 기사, 심지어는 비디오 등 온라인상으로 이용 가능한 많은 소재들을 찾아냈다. 그는 구하기 어려운 기록들을 하나하나 검색하면서 하루 종일 컴퓨터 앞에서 숨을 죽이고 있었다. 온라인에서 찾아낸 한 소설이 그에게 강한 인상을 남겼다. 그 소설은 천안문 학살 당시 경찰에 쫓기고 있던 민주운동가를 도와야 할지에 대해서 친구들 간의 갈등에 대한 스토리였다. 마지막 부분에서 친구들은 그 민주운동가를 해외로 탈출시키려고 시도했지만 한 친구의 배반으로 결국엔 모두 구속된다. 왕쿼슈는 결핵을 치료하기 위한 휴식기간 동안 인터넷의 엄청난 잠재력을 깨닫게 된다. 그 후 3년간의 노력 끝에 보키 Bokee.Com를 설립하게 된다. 그가 자오쯔양에 대해서 자세히 알게 된 것도 병원에서의 치료기간 동안이었다. 민주화운동이 끝날 무렵, 캠퍼스에서 자오쯔양을 보호하자고 학생들에게 당부하는 포스터를 본 기억이 있다. 자오쯔양이 관리했던 두뇌 집단에서 작성한, 정치개혁에 대한 다수의 보고서들을 읽은 것도 기억했다. 그러나 역사에서 자오쯔양을 지우려는 공산당의 노력은 너무나 집요했다. 왕쿼슈는 웹에서 자오쯔양에 관련된 문건들을 읽을 때까지만 해도 자오쯔양이 누구였고, 무엇을 했던 사람이었는지 그의 기억에서 희미해져 있었다. 그때서야 비로소 자오쯔양이 아직도 생존해있고, 가택에 연금 중이라는 것을 알게 되었다.

  자오쯔양의 죽음은 왕쿼슈로 하여금 자신의 삶을 되돌아보게 하였고, 천안문 민주화운동 때, 그가 그토록 주장했던 원칙적인 삶에서 너무 멀리 벗어나지 않았는가를 자문해보는 계기가 되었다. 그는 해마다, 몇몇 친구들과 함께 천안문 광장에서 열리는 추도식에 참가해왔다. 또 정부가 천안문 학살에 대해 사과해야 한다는 주장을 담은 공개서에 서명하기도 했다. 더 이상 무엇을 할 수 있었을까? 그의 회사는 수백만 중국인들에게 웹사이트에 개인 의견을 표현하는 장소를 제공함으로써 당국의 미디어 통제에 도전해 왔었다. 그러나 이 시점에 공산당 인터넷 검열관들의 지시에 따른다고 해서 모든 것이 해결될 수 있을까? 왕쿼슈는 생각을 하면 할수록 자오쯔양에게 애도를 표해야 한다는 결심을 갖게 되었고, 그날 저녁 컴퓨터 앞에 앉아서 애도사를 쓰기 시작했다.

"당신의 죽음은 영원히 우리들의 가슴속에 남아있고 결코 잊을 수 없을 것입니다. 조국의 영광스러운 미래를 총탄으로 짓밟는 것을 막기 위해 당신의 몸을 던졌다는 것을 우리는 항상 기억할 것입니다. 당신은 16년이라는 자유가 없는 삶을 잘도 견뎌내셨고 끝까지 소신을 굽히지 않았으며, 정의를 위해 굳건히 버텨왔습니다. 당신의 불굴의 용기는 정치적 암흑 속에서도 당신이 계셨기에 만들어진 한줄기 가느다란 빛이었습니다. 그런데도 비겁한 위정자들은 오랜 시간 당신을 가택에 연금시켰고, 속죄양으로 만들기 위해 여념이 없었습니다. 당신은 16년간 그들이 국가를 황폐화시키는 것을 보고 안타까워하고, 그들의 표리부동함에 한탄했을 겁니다. 그러나 당신은 우리 국민들에게는 고결함과 이상을 불어넣어 주셨습니다. 정의를 신봉하는 모든 애국 국민들은 남녀노소를 불문하고 북쪽에서든, 남쪽에서든 당신을 가까이에 따르면서, 언젠가 조국의 미래를 위해서 당신과 함께 투쟁하게 될 것을 바라고 기원하고 있었습니다. 우리는 어떠한 시련이 닥치더라도 이에 굴하지 않고, 조국에 대한 변함없는 사랑과 정의와 자유를 추구하기 위한 변함없는 열정을 가지고 자진하여 행동을 함께할 각오가 되어 있었습니다. 그러나 하늘은 우리들의 꿈을 이루기도 전에 당신을 우리들 곁을 떠나도록 하였습니다. 어찌 우리들이 깊은 비탄에 빠지지 않을 수 있겠습니까?"

왕쿠이슈는 애도사 말미에 "1989년 세대"라고 사인하고 몇 부를 복사해 친구들에게도 전송했다. 다음날 그는, 많은 사람들이 자오쯔양의 유족들에게 조의를 표하러 자오쯔양의 집을 찾아가고 있다는 기사를 인터넷에서 보고 그도 조문하러 가야겠다고 결심했다. 그는 일을 며칠 미루고 몇몇 친구들과 함께 조화를 사들고 자오쯔양의 집을 찾아갔다.

집으로 들어가는 좁은 골목을 지나갈 때는 제지하는 사람들이 없었지만, 커다란 빨간 대문을 들어서자, 몇몇 경찰들이 카메라를 들고 연신 셔터를 눌러대고 있었다. 왕췬슈 일행은 놀라지 않고 태연하게 행동했다. 그들은 입구 옆의 책상에 놓여 있는 방명록에 이름과 전화번호를 적었다. 자오쯔양의 집은 안뜰을 향해 2개의 방을 배치한 전통적인 가옥이었다.

가족들은 왼편에 있는 작은 서재에 분향소를 마련했다. 그곳에는 애도를 표하는 글귀들이 쓰여진 흑백의 리본으로 장식된 희고 노란 국화들로 만들어진 화환이 늘어서 있었다.

가벼워 보이는 푸른색 상의를 입은 자오쯔양의 영정은 제단의 가운데에 놓여 있었다. 그 뒤에 걸려 있는 문장에는 다음과 같은 글들이 쓰여 있었다. "당신의 유지를 받드는 것은 저희들의 삶의 보람입니다. 당신의 결단에 변함없는 지지를 보냅니다."

너무나 평범하고 황폐화된 자오쯔양의 집을 본 왕췬슈는 놀랐다. 천장은 너무 낮고 벽은 더러웠으며, 서재라고는 책상과 소파만이 덩그러니 놓여 있었다. 책도 몇 권 안 되었고, 그 중에는 미국과 소련의 몇몇 지도자들에 대한 회고록과 최근에 출판되었던 『중국 농민에 대한 탐구』라는 책이 눈에 띄었다. 왕췬슈는 이 집이 시골에 계시는 부모님의 초라한 집과 별로 다르지 않다는 것을 느꼈다. 왕췬슈는 흑·청색의 면으로 된 옷을 입고 있는 유족들에게 조의를 표한 뒤, 그가 쓴 애도사의 복사본을 유족들에게 건넸다. 자오쯔양의 손녀 중 한 십대소녀는 애도사를 읽으면서 흐느끼기 시작했고, 흐느끼는 소녀를 보며 왕췬슈도 눈물을 흘렸다.

* * *

고위직에 있었던 중국지도자들의 장례식은 정치적으로 대단히 민감한 사안이다. 마오쩌둥은 1976년에 그의 오랜 오른팔이었던, 저우언라이(Zhou Enlai, 周恩來)의 공식적인 애도를 제한하려고 시도했다. 저우언라이 수상은 미국과의 관계 정상화를 주도한 인물이었고, 문화대혁명의 광풍 때에도 조심스럽게 처신하면서 살아남은 사람으로 알려져 온 인물이었다. 백만의 인파가 그의 영정 뒤를 따랐고, 나중에는 수만 명의 시위자들이 천안문 광장에서 집회를 열다가 경찰과 충돌했다.

1989년의 천안문 민주화 시위도 당시의 대중적인 지도자이자 2년 전 강경파에 의해 축출당한 공산당의 개혁가였던 후야오방(Hu Yaobang, 胡耀邦)의 죽음으로 촉발되었다. 그런 전례 때문에 공산당 간부들은 자오쯔양의 장례식을 특별한 주의를 기울이며 준비했다. 공산당은 다시 한 번 당의 근간을 흔드는 천안문 사태와 같은 사건의 발생을 미연에 방지하기 위해, 장례식을 추도식이 아닌 애도를 표시하는 정도의 간소한 형식으로 치르기를 원했다.

많은 정치 분석가들은 그 당시에 자오쯔양은 진정한 민주투사가 아니라, 권력 투쟁의 일환으로 학생들의 편에 선 기회주의 지도자로 폄하했다. 그에 대한 비판자들은 천안문운동 전에도 그는 민주화 개혁에는 관심조차 보이지 않았다고 비난했다. 이러한 비판들은 공산당의 강경파들이 그를 제거하는 데 필요한 빌미를 제공해주었다. 공산당의 강경파들은, 자오쯔양은 중국의 최고 지도자인 덩샤오핑에 맞서, 권력을 농단하려는 기회주의적 행동으로 학생들을 이용하고 선동했다고 비난했다. 그런데도 불구하고 덩샤오핑은 자오쯔양에 대해 더 이상 문제를 삼지 않고, 행복하게 살도록 배려해주었다는 것이었다. 공산당이 국민들을 호도하기 위해 중국 역사에서 자오쯔양을 비참하게 몰락하지 않은 유일한, 예외적인 지도자였다는 점을 강조함으로써 덩샤오핑의 관대함을 선전했다는 사실이다.

그러나 자오쯔양에 대한 진실을 보여주는 사례들이 있었다. 해외에서 몰래 들어온 국내의 기록물과, 그의 동료들에 의해 쓰여진 비망록은 자오쯔양에 대한 진실을 밝혀주는 자료들이었다. 이러한 자료들은 그 동안 선전해왔던 공산당의 위선을 드러내는 결정적인 물증이었다. 자오쯔양은 공산당 강경 보수파들과의 이념적·정책적 투쟁을 하고 있을 때, 자본주의 체제의 경제 개혁을 대담하게 주장해왔으며, 비록 점진적인 형태로나마 중국의 민주적 개혁을 시도한 정치 개혁의 선도자이기도 했다. 권력 핵심에 있었던 3년 동안 자오쯔양은 만연하는 부패를 줄이기 위해 당의 경직된 정치구조를 변화시키고, 경쟁적인 선거 제도를 도입하고, 지방의회와 전국인민회의의 자치권 강화 등을 주장해왔다. 그는 한 측근에게, 십 년 안에 지방에서라도 경쟁적인 선거가 도입되기를 희망한다고 말했던 것으로 알려졌다. 또 다른 측근은 자오쯔양의 당 서기 재직 동안에 당 서기국과 상무위원회에서도 "정치적 위기"에 대해서 어떠한 논의도 이루어진 적이 없다고 회상했다. 일부 당 간부들이 문화 혁명을 다룬 새 영화에 대한 검열을 요구했을 때, 자오쯔양은 예술에 간섭하지 말라고 지시했다. "나는 영화를 검열하지 않고 감상하고 싶다. 내가 보고 있는 영화를 모두 검열하도록 지시를 내린다면, 나는 앞으로 영화를 보지 않겠다"고 말했다.

학생들이 천안문 광장을 가득 메웠을 때, 자오쯔양은 학생들에게는 냉정을 되찾고 대화로 문제를 풀어 가자고 호소했고, 공산당 간부들에게는 학생들을 자극하는 행동을 자제하고 시위자들의 요구에 주의를 기울이라고 당부했다. 시위가 시작되고 2주일이 지난 5월 1일, 자오쯔양은 "민주주의는 이제 어쩔 수 없는 세계적인 흐름이다"라고 서기국에서 말했는데, 그때는 베를린 장벽이 무너지기 몇 달 전이었다. "만약에 공산당이 스스로 민주주의 기치를 치켜 올리지 못한다면, 그리고 어떤 불미스러운 사태가 일어난다면 우리는 좌절하게 될 것이다. 우리가 억지로 밀리지 않기 위해서라도 이번 사태를 주도적으로 해결해나가야 한다."

몇 주 후에, 자오쯔양은 소련의 개혁가인 고르바초프Gorbachev와 학생들의 시위 사태에 대해서 논의했다. 고르바초프가 미리 예정되었던 정상회담을 하기 위해 베이징에 왔을 때는, 학생 시위가 정점에 달한 때였다. "일당체제로 민주주의 발전을 기약할 수 있을까? 일당체제로 당과 정부 기구에 만연해있는 부패를 척결하고, 부정적인 폐단에 효율적인 통제를 행사할 수 있을까?"라고 고르바초프에게 물었다. 고르바초프는 그의 비망록에서 자오쯔양과의 대화를 이렇게 회상했다.

> 자오쯔양과의 토론 끝에 알게 된 것은, 중국의 지도자들은 "공산당 일당지배"라는 전제하에서 국민들에게 민주적 제반 권리를 향유하도록 허락하고, 정치적 개혁을 점차로 시행해나갈 것을 대비하고 있다는 사실이었다. 자오쯔양의 견해로는, 이러한 방식의 해결은 문제의 끝이 아니라 시작일 뿐이라는 것이고, 결국은 복수 정당제에 대한 문제 제기가 불가피하게 일어날 것이라는 점이었다. 한발 더 나가가, 자오쯔양은 국민들의 헌법상의 권리들을 강화하고, 민주주의와 법률 간의 상호연관성을 증대시켜나갈 필요성을 강조했다.

법률은 민주주의 정신에 따라서 제정되어야 하고, 민주주의는 법률의 근거 위에서 행사되어야 한다고도 했다. 사실 그의 솔직함은 나를 놀라게 했는데 … 그때 정부는 학생들로부터 민주주의에 대한 도전에 직면하고 있었다. 자오쯔양은 학생들의 시위가 국민들의 적극적인 지지를 이끌어내지 못한 것은 많은 이들이 혼란에 대한 부담을 두려워했기 때문이라는 점을 알아야만 했다. 이들 시위대의 대부분은 그를 추종하는, 적어도 그의 사상에 고무된 사람들이었다. 천안문 사태는 이러한 맥락에서 바라보아야 한다.

극적인 드라마는 자오쯔양과 고르바초프와의 회담 다음날 절정에 달했다. 덩샤오핑은 서기국 상무 위원회의 확대회의에서 천안문 광장의 시위대를 진압하기 위해 계엄령 선포를 제안했다. 자오쯔양은 이에 반대했고, 그의 건의가 무시되자, 사직서를 제출했다.

유혈 사태 후, 자오쯔양은 가택연금을 당하게 되었다. 푸창 후퉁 6호에 있는 그의 집에서 조용히 지내고 있을 때, 공산당이 그가 학생들의 소요를 부추기고 정치적으로 이용하려 했다고 비난하면서 사태를 왜곡시키는 것을 본 그는 매우 곤혹스러워 했으며, 그에 저항하고자 줄곧 몸부림쳤다.

1990년대 후반, 천안문 시위에 대해 새로이 평가해달라는 두 통의 서한이 공개되었다. 자오쯔양은 죽기 전 몇 년 동안, 여러 분야에서 활동하고 있는 측근들과의 비공식적인 인터뷰에서 역사적 기록으로 남기기 위해 자신의 견해를 피력했다. 그는 자신이 너무 앞서 간다거나 느리게 나아간다고 비난했던 사람들의 비판을 반박하면서, 점진적인 민주화 개혁에 대한 그의 구상을 설명했다. 그리고 당시에 그가 계획하던, 신경제를 뒷받침하기 위한 정치시스템의 채택의 필요성을 이해하지 못한 덩샤오핑에게도 비난의 화살을 날렸다. 그는 정적들을 제거하기 위해 노력했다는 사실도 부인했다. 또한 지금의 지도자들에게도 그들의 비전 부족과 정치개혁에 대한 언로마저도 봉쇄하고 있는 데 대해서도 비판했고, 공산당 지배에 대한 점증하는 불만과 만연한 부정부패에 대해서도 걱정했다. 그리고 공산당 일당지배하의 시장경제로부터 혜택을 받고 있는 사람들(당 간부들과 그의 측근들)이 너무 강해지고, 어떤 지도자가 민주주의를 시행한다 하더라도 이를 분쇄할 수 있는 막강한 힘을 비축하고 있는 것에 대해서도 우려했다. 그리고 천안문 학살에 대해서는 분노를 표시했다.

"다른 선택의 여지가 없었기 때문에, 진압할 수밖에 없었다는 그들의 주장에는 논란의 여지가 있다. 그러한 주장은 거짓이다. 우리는 가능한 유혈사태 없이 사태를 수습할 수 있는 여지가 있었다"면서 아쉬움을 토로했다. 이러한 일이 있고 나서 그에 대한 감시는 더욱 강화되었다. 보안요원들은 자오쯔양이 병원에서 임종할 때에도 곁에서 지켜보았다. 몇몇 당 관료들은 의사들인 것처럼 흰 가운을 입고 가까이서 그를 지켜보기도 했다.

전직 장관이자 한때 마오쩌둥의 측근이었던 88세의 링뤼가 12월 말 자오쯔양을 방문하러 왔을 때, 경찰들은 상부의 지시를 기다리면서 그를 거의 한 시간가량 기다리게 하기도 했다. 자오쯔양이 사망하기 며칠 전에는 75세의 전직 서기국 멤버였던 티안지원이 옛 동지였던 그를 15년 만에 만나볼 수 있도록 당국의 허가를 받았는데도, 경찰들은 그들 사이의 대화 내용을 모니터하기 위해 곁에서 지켜보기도 했다. 자오쯔양이 폐렴으로 죽자, 티안지원은 병원으로 찾아 갔다. 그는 자오쯔양의 손자, 손녀들에게 "그가 하늘나라로 갔으니 우리가 어떠한 음모를 꾸미고 있다고 말하는 사람들을 더 이상 두려워하지 않아도 된다"고 말했다. 자오쯔양의 유일한 딸인 왕옌난은 친구들에게 아버지의 사망 소식을 문자메시지로 알렸다. "아버지는 오늘 아침 조용히 떠나셨다. 이제야 비로소 자유를 얻으셨다."

자오쯔양의 사망 뒤에도, 경찰들은 철수하지 않았다. 가족들은 휴대폰으로 전화를 주고받는데도 어려움을 겪었다. 전화는 통화가 됐다가도 자주 끊겼다. 경찰당국은 집 주변에 감시소를 설치했고, 애도를 표하러 방문하는 망자의 친구들도 막았다. 경찰당국은 많은 탄원자들, 즉 '우리들의 훌륭한 지도자를 기리기 위하여'라고 쓴 현수막을 설치하려는 사람들은 물론이고, 지방 공무원들의 횡포에 불만을 갖고 전국 각지에서 올라온 사람들을 제지하느라 진땀을 빼고 있었다. 천안문 사태 때 구속되었던 사람들 중 최고위급 간부였던 72세의 바오퉁은 자오쯔양의 측근이었는데, 조문을 위해 아파트를 나서자 사복 차림의 비밀요원들이 그를 강제로 엘리베이터 안으로 들여보냈다. 그의 73세 된 부인은 비밀요원들과 실랑이를 벌이다가 바닥에 나뒹굴어져 척추가 부러져 몇 주 동안 병원 신세를 져야만 했다. 바오퉁 또한 팔목과 손가락을 삐었지만 보안요원들은 바오퉁의 상의에 꽂혀 있는 하얀 꽃송이와 그의 팔에 두르고 있는 검은 완장을 떼어내지 않으면 의사를 만나서 치료하는 것조차 허락하지 않겠다고 했다. 바오퉁은 그것을 단호히 거절했고, 고통을 견뎌내야 했다.

한편 자오쯔양의 유족들은 장례절차를 협의하기 위하여 파견된 정부 측 인사들과 추모식 절차에 관해서 의논하기 시작했다. 유족들은 자신들이 추모식을 주관하고 국민들에게 공개리에 거행할 것을 주장했지만, 당은 참석자의 범위를 제한하고 통제조치를 취해야만 한다고 주장했다. 또 다른 의견 대립은 자오쯔양의 지난 삶을 되새기는 공식 경력에 대한 설명 부분이었다. 이와 같은 경력 사항은 고위직을 역임한 인사들에게는 통상적이고도 의례적인 절차였다. 그러나 공산당이 기초한 경력 내용에는 자오쯔양이 1989년에 중대한 오류를 범했고, 시장개혁을 주도한 그의 공로도 폄하했기 때문에, 유족들은 이에 대해 이의를 제기했다. 유족들은 자오쯔양이 어떤 과오를 범했다면 구체적으로 그 내용을 밝히고, 그 과오 때문에 마지막 생애를 가택연금 상태로 보내야 했다는 내용도 함께 쓸 것을 주장했다. 자오쯔양의 유골을 어떻게 할 것인가에 대한 합의도 이루어지지 못했다.

공산당이 바바오산 혁명묘지에 안장하기를 제의했는데, 유족들은 당이 지정한 장소가 하위직 인사들의 유골을 안장하는 구역이라는 이유를 들면서 난색을 표했다. 유족들은 혁명묘지에 있는 한 구획의 땅을 구입해서 일반에 공개하는 방안을 제시했지만, 공산당 관료들은 이미 땅이 팔렸다는 이유를 들며 거절했다. 반체제 인사들의 모임 장소로 이용될 수 있다는 우려가 작용한 것이다.

일주일간 16차례에 걸친 논의 끝에, 공산당은 온건한 인사들로 장례위원회를 구성하고, 고인에 대한 공식적인 경력에 대한 발표는 생략하겠다고 제의했다. 또한 유족들에게 조문객들의 명단을 작성해서 장례위원회에 제출하고, 고인의 유골을 자택에 안치해도 좋다는 제의를 했다. 유족들은 마지못해 동의했지만 공산당 당국에 보내는 서한에서 그들의 관심 사항을 강조했다. 유족들은 부친이 16년 가까이 불법적인 가택연금 상태로 지내왔었고, 사망 후 고인을 애도하기 위해 방문하는 조문객들을 막아왔다는 데 대한 유감을 표시했다. 유족들은 고인이 천안문 민주화운동에 대한 소신을 한 번도 바꾼 적이 없으며, 자신들도 고인의 유지를 따라왔다고 강조했다. 유족 측은 과오는 공산당 측에 있었고, 고인에 대해서 어떻게 말한다 하더라도 "역사가 올바르게 평가할 것"이라고 강조했다.

일 주 일 후 왕쥔슈가 자오쯔양의 자택을 방문했을 때, 유족들은 초청장을 주며 영결식에 참석해달라고 부탁했다. 왕쥔슈는 영결식에 참석하는 것이 정치적인 입장 표명이기에 그에게 불리하게 작용할 것이라는 점도 잘 알고 있었다. 아마도 경찰들은 그의 이름을 블랙리스트에 올리고, 회사의 재무상태를 감사하고, 회사의 거래처들에 압력을 가할 수도 있을 것이다.

어떤 일이 발생하든 그렇지 않든, 불확실성은 사람들에게 두려움을 일으키게 하는 효과가 있고, 당국은 이를 악용하면서 국민들을 괴롭혀왔다. 이러한 심리적 압박은 국민들로 하여금 개인적인 이해관계에만 매달리게 했고, 일당지배에 대한 도전 세력으로 뭉치는 것을 차단시키는 역할을 했다. 이러한 관행은 자오쯔양의 영결식에 참석하지 못하도록 하는 심리적 부담으로도 작용했다. 왕쥔슈도 영결식에 참석하는 것은 위험부담만 가중시킬 뿐이고 실익이 없다는 것을 잘 알고 있었다. 그러나 그는 즉각 가야 한다는 결심을 했다. 천안문 시대의 한 사람으로서, 당시 자오쯔양이 끝까지 보호하려고 노력했던 학생들 중 한 사람으로서, 그는 장례식에 참가하는 것이 당연한 도리라고 생각했다.

왕쥔슈는 영결식 날 아침, 날이 밝기도 전에 일어났다. 바바오산 혁명묘지는 그의 집에서 멀리 떨어져 있었고, 그는 몇몇 친구들과 함께 동행하기로 약속이 되어 있었다. 매우 추운 겨울 날씨였지만 상쾌한 바람은 베이징을 항상 뒤덮었던 오염물질들을 깨끗이 날려 버렸고, 구름 한 점 없는 푸른 하늘을 드러내고 있었다. 날씨가 매서운데도 그는 스웨터와 가죽점퍼만으로 가볍게 차려 입었다. 그는 가까운 지하철역까지 택시를 타고 갔다. 지하철역에서 열차를 갈아타고 한참 후 교외에 있는 지하철역에서 내렸다. 그곳에는 이미 친구들이 지프차를 타고 기다리고 있었다. 그들은 환경운동가로 활동하고 있는 쉐예, 서적출판업자인 모짜후이와 그의 출판사 운전기사 등 3명이었다.

쉐예와 모짜후이는 1989년 천안문 시위 때 함께 참여했던 오래된 친구였다. 왕쿼슈는 쉐예와 함께 뒷좌석에 앉아 있었는데, 지프차 바닥에는 영결식장에서 사용하기 위해 만든 큰 뭉치의 하얀 천의 현수막들이 있었고, 그것들을 만드는 데 들어간 모든 비용을 모짜후이가 부담했다.

"드디어 자유를 얻었다", "우리들의 기억은 영원할 것이며, 당신의 사상도 영원할 것이다"와 같은 글이 쓰여진 현수막 아랫부분에는 "1989년 세대"라고 적혀 있었다.

천안문 운동의 지도자들은 대부분 추방되었고, 동참했던 다른 사람들도 최근 며칠간 영결식에 참석하지 못하도록 제지되어 왔다는 사실을 알고 있기 때문에, 왕쿼슈는 이 현수막들은 부득이 참석하지 못하는 사람들의 심정을 대변한다고 생각했다. 왕쿼슈는 다른 사람들, 특히 그들 세대보다 젊은 사람들이 윗세대가 침묵만 하지 않았다는 것을, 그리고 당시에 무엇이 일어났는가를 한순간도 잊은 적이 없다는 것을 알아주길 바랐다.

혁명 묘지가 가까워짐에 따라, 많은 경찰들이 거리 곳곳에 배치되어 경비하고 있었고, 정복을 하고 있는 경찰들은 기동대 오토바이, 순찰차, 수

송차 등에서 대기하고 있었다. 이러한 대규모 경계병력은 시위를 막기 위해 배치된 것이다. 일부 경찰들은 감시초소와 진압용 바리케이드를 설치하기 위해 분주히 움직이고 있었다.

왕쥔슈는 그들 일행이 영결식에 가지 못하도록 제지당하지 않을까 걱정했다. 쉐예는 몇 사람의 이름과 전화번호가 적힌 종이쪽지와 그의 집 열쇠를 왕쥔슈에게 건네면서, 만일 어떤 사태가 일어나면 종이쪽지에 적힌 사람들에게 연락해 열쇠를 전해주라고 당부했다. 왕쥔슈는 그 친구를 보면서, 문득 자신들은 이제 혈기왕성한 젊은이들이 아니라는 것을 느꼈다. 1989년 세대는 점점 늙어가고 있었다.

그들은 오전 9시가 다 되어갈 무렵 묘지에 도착했다. 추모 행사는 자오쯔양이 사망한 병원에서 이미 4시간 전에 시작되었다. 당국은 자오쯔양의 수석 보좌관이었던 바오퉁을 영결식에 참석하도록 허락하지 않았지만, 유족들의 요구를 받아들여 병원에서 개인적인 자격으로 그가 생전에 모셨던 고인의 가는 길에 애도를 표할 수 있도록 동의했다. 바오퉁은 새벽 5시에 경찰의 차를 타고 병원에 도착했고, 경찰들과의 실랑이에서 다친 손에 붕대를 감은 채로 방으로 들어갔다.

바오퉁은 여위고 허약해 보였으며, 입고 있는 상의에는 아직도 하얀 꽃이 꽂혀 있었다. 애도가가 연주되자마자 바오퉁은 고인의 시신 앞에 엎드려 머리를 숙이며 통곡했다. 바오퉁이 그의 오랜 동지를 만나보도록 허락받은 것은 1989년 5월, 그가 구속당한 이후 처음이었다. "당신은 당시의 사태에 대한 진상을 알고 계시는 유일한 분이시다." 자오쯔양의 유족은 천안문 진압 직전 당의 비밀 간부회의에 관해 언급하면서 말했다. "그것은 지금 모든 사람들이 다 알고 있네"라고 바오퉁은 대답했다. 애도를 마친 후, 바오퉁은 자오쯔양의 유족들과 함께 사진을 찍으려고 포즈를 취했다. 자오쯔양의 딸이 카메라를 꺼내들자 마자 경찰들이 제지했고 그녀로부터 카메라를 빼앗으려고 했다. "너희들이 사람이라면 그냥 두고 물러나라." 바오퉁이 고함쳤다. 더 이상 사태가 악화되면 영결식이 취소될 수도 있다는 심각성을 알고 경찰들은 물러났고 유족들은 사진을 찍을 수 있었다.

운구차는 그 후 즉시 병원을 출발했다. 아직도 어둠이 채 가시지 않았고, 경찰 당국은 묘지로 가는 모든 교차로에서 교통을 통제했다. 운구차는 넓은 도로를 마치 경주라도 벌이듯 전속력으로 내달렸다. 당국은 날이 밝아 사람들이 운구행렬이 지나가는 것을 볼까 봐 두려워하는 것 같았다. 고인의 유족들은 경찰에게 고인에 대한 예우를 생각해서라도 천천히 달릴 것을 요구했으나 무시되었다.

묘지에 도착해서도 유족들이 준비해온 문장들을 가지고 입씨름을 벌였다. "당신께서는 민주주의를 옹호하셨고, 끝까지 양심을 지키셨습니다", "당신의 유족들은 당신을 자랑스럽게 생각하고 있습니다", "이제 당신께선 드디어 자유를 얻으셨습니다", "당신의 영광을 저희들은 영원히 간직할 것 입니다." 이때 한 공산당 간부가 제동을 걸었다.

"민주주의? 흥! 자유? 흥! 여러분은 당국에서 주관하는 영결식에 이러한 것들을 사용할 수 없다." 고인의 유족들은 물러서기를 거절했고, 정 그렇게 나오면 영결식에서 철수하겠다고 위협했다. 그러나 오전 8시 10분, 원래 예정된 시각보다 20분이나 앞당겨 추도식 예행연습이 시작되었고, 유족들도 자리에 앉도록 권유받았다. 유족들이 어정쩡하게 자리에 앉는 순간, 예행연습은 정식 추도식으로 바뀌어 거행되었다. 유족들과 한마디 상의도 없이, 문장 사용에 대한 아무런 결정도 없이 오케스트라의 장송가가 엄숙히 연주되기 시작했고 첫 번째 조문객으로 당의 고위급 지도자들이 영결식장으로 들어왔다.

자오쯔양의 후임자들, 즉 은퇴한 당의 최고 지도자였던 장쩌민(Jiang Zemin, 江澤民)과 현재의 국가주석인 후진타오(Hu Jintao, 湖錦濤) 둘 다 보이지 않았다. 원자바오(Wen Jiabao, 溫家寶) 총리도 참석하지 않았는데, 그는 한때 자오쯔양의 측근이었고, 천안문 광장에서 절망적인 심정으로 학생들을 방문했을 때 자오쯔양을 수행했던 인물이었다. 정부는 대신 자칭린(Jia Qinglin, 賈慶林)을 조문대표로 보냈는데, 그는 많은 사람들이 서기국에서 가장 부패한 인물로 점찍고 있는 인물이었다. 자칭린과 그와 함께 온 고위인사들이 잽싸게 빠져나가기도 전에 다른 조문객들이 들어왔다.

밖은 전국에서 올라온 수천 명의 사람들이 묘지를 꽉 메우고 있었다. 수백 명은 벌써 정문에서 기다리고 있었다. 유족 측에서는 약 3천명의 명단을 장례위원회에 제출했는데, 명단의 대부분은 집으로 조문하러 왔던 사람들과 고인의 사망 후에 연락을 해온 사람들이었다. 그러나 명단보다 훨씬 많은 사람들이 조문하러 왔다.

정·사복의 경찰들은 사람들 틈에 끼어 초청장이 없는 사람들이 입장하지 못하도록 감시하고 있었다. "자오쯔양의 정신은 영원히 살아 있다"라고 쓴 플래카드를 치켜든 애도자도 있었는데 경찰은 그들을 제지하느라 여념이 없었다. 어떤 이들은 경찰 경계선을 뚫고 지나가려다가 끌려가기도 했다.

왕쿼슈의 일행들은 군중 속에 왕쿼슈를 내려주고, 차를 주차장에 세운 뒤 다른 정문을 통해 현수막을 가지고 가려고 시도했다. 왕쿼슈는 경계선

안에 있었고, 경찰 경계소를 통과하여 묘지로 걸어갔다. 가는 도중에 그는 오랜 친구를 발견하고 쫓아갔는데, 행동을 함께 하겠다고 하는 사람들이 그렇게 많은 데 대해서 놀랐다. 한쪽에서는 초청장이 없다는 이유로 늙은 부인을 저지하고 있는 경찰들 주위로 많은 사람들이 몰려들었다.

그 노파는 손녀의 부축을 받지 않으면 걷지도 못하는 팔십 대의 노파였다. 주위에 있는 조문객들이 경찰들에게 동정심을 베풀어서 들여보내줄 것을 요청했다. 나중에 왕쿼슈는 묘지 안에서 경찰들 주위에 몰려 있는 또 다른 군중들을 보았는데, 그들 중에는 친구인 모짜후이와 쉐에도 포함되어 있었다. 경찰들은 현수막을 압수하고 나서야 그들을 묘지 안으로 들여보냈다. 왕쿼슈와 친구들은 애도 군중들 뒤에 서서 순서를 기다렸다. 그들은 네 번째 열에 서서 천천히 안으로 들어가면서 조용히 얘기를 나누었다. 50여 개의 애도 화환들이 벽 쪽으로 늘어서 있었다. 푸른 무명천으로 만들어진 상의를 입고 있는 자오쯔양의 영정은 작은 방 앞에 놓여 있었고, 그의 창백하고 여윈 시신은 방안의 제단 위에 놓여 있었으며, 전통적인 붉은 상의를 입은 채로 홍백의 공산당기로 덮여 있었다. 확성기에서 장송가가 울려 퍼지는 가운데 왕쿼슈와 친구들은 제단 앞에서 세 번 절을 하고 유족들과 악수를 나누었다. 잠시도 지체할 겨를이 없었다. 사복 경찰들이 왕쿼슈와 친구들을 밖으로 나가도록 재촉했고 뒤에 오는 다른 사람들도 똑같은 의식을 되풀이 했다.

영결식장을 나서자마자, 왕쿼슈는 분노가 치밀어 올랐고 좌절감으로 눈물이 흘렀다. 자오쯔양의 지난날의 업적과 위상을 감안하면, 모든 국민들의 애도 속에서 장례식을 엄숙히 치러야 마땅한데, 지금의 장례식 모습은 시골의 당 간부의 장례식만도 못한 초라하고 형식적인 것이었다. 경찰들의 불순한 행태들과 삼엄한 경비 상황은 자오쯔양에 대한 애도와 정통성을 훼손시키는 것이었다. (천안문 광장에 군대를 투입하는 것을 반대했던 사람의 장례식에 폭동 진압용 차량들을 배치할 수 있을까?)

왕쿼슈가 영결식장 밖의 벽에 기대어 눈물을 흘리고 있을 때 한 경찰이 그에게 빨리 떠나라고 고함을 질렀다. 그는 이 소리를 들으면서 만연하는 부정부패, 권력의 남용, 불평등과 불공정 행위의 증가, 사회의 부패에 대한 도덕적 불감증 등, 이 나라의 문제점이 무엇인가를 생각하자 그의 가슴속에서는 분노와 절망감이 일었다.

그는 주위에 있는 사람들을 보며 이 많은 조문객들의 행렬은 중국에서의 새로운 시민사회의 등장이라는 한 단면을 보여주는 사례라고 생각했다. 참석자들 중에는 환경운동가, 언론인, 사업가, 네티즌들이 있었다. 그리고 1989년 천안문 민주화운동을 기억하기에는 너무 젊은 학생들도 있었는데, 그들은 민주주의 사상에 고무되고 있는, 새로이 등장하고 있는 세대들이었다. 부유한 사업가들과 저명한 교수들도 미천한 농부들, 해고된 노동자들과 어깨를 나란히 하며 서 있었다. 노동운동가인 루쿤도 있었는데, 그녀의 남편은 민주개혁을 논의하는 연구 모임을 가졌다는 혐의로 복역 중이었다. 그리고 젊은 AIDS 퇴치활동가인 링단도 있었는데, 그는 AIDS가 지방 혈액은행들에 의해 감염되고 있다고 폭로함으로써 당국과 마찰을 빚은 적도 있었다. 독학으로 변호사가 된 링허펑이라는 사람도 있었다. 그는 소외된 사람들의 권익을 보호해주는 운동에 앞장서고 있고, 공산당으로 하여금 법을 준수할 것을 촉구하고 있는 사람이다. 왕쿼슈는 이곳에서 보이지 않는 많은 사람들도 생각했다. 최근 며칠 동안, 영결식에 참석하지 못하게 하기 위해 경찰에 억류당한 사람들이 있었다. 그의 오랜 학우였고 지금은 유명한 언론 자유를 위해 노력하고 있는 변호사인 푸즈창을 비롯하여, 천안문 학살 때 아들을 잃고 그때 희생된 자들의 명단을 작성해 진실을 밝히려고 노력하는 〈희생자들의 어머니 모임〉에서 활동하고 있는 딩쯔린이라는 역사가도 있었다.

자오쯔양의 사망은 중국에서는 한 시대의 마감을 의미했다. 언젠가 중국이 자오쯔양이 구상했었던 민주화로의 이행을 실현했다 하더라도, 그것은 공산당 지도층에 있는 권력의 중심 세력들 덕분이라고 볼 수 없을 것이다. 그것은 자오쯔양의 장례식에 참석했던 사람들, 즉 과거를 잊기를 거부하고 새로운 미래를 위해 과감히 도전한 사람들의 정신으로 보아야 한다. 수십 년에 걸친 난폭한 정치적 혼란의 참상과 한편으로는 번영하면서 자유롭게 굴러가는 경제의 유혹에도 불구하고 ―정확하게는 둘 다임에도 불구하고― 이들은 보다 나은 중국의 민주화에 대한 자오쯔양의 비전을 한순간도 잊지 않았다. 그날 왕쥔슈는 그들에게서 한 가닥 희망을 보았다.

Chapter 02
린자오의 투쟁

안정적인 직업을 잃은 그날 오후, 후제는 갑작스러운 해고에 대한 의문을 품은 채 매연이 자욱하고 교통이 혼잡한 난징 시내를 오토바이를 타고 무작정 달렸다. 그날은 1999년 여름 무더운 화요일이었는데, 그가 양쯔강에서 멀지 않은 떠들썩한 지역의 좁은 길을 따라 지나갈 때, 그의 셔츠는 땀에 젖어 등에 착 달라붙어 있었다.

하늘에는 검은 구름들이 금방이라도 비가 내릴 것 같이 잔뜩 찌푸려 있었다. 그런데도 후제는 어디로 가고 있는지, 무엇을 하고 있는지도 모른 채 계속해서 페달을 밟으며 거리를 질주했다. 그의 마음은 과거에 대한 혼란과 앞날에 대한 걱정 때문에 괴로웠고, 거듭거듭 자신의 해고된 이유에 대해서 생각했다. 당국은 린자오라는 여성에 대한 그의 집착을 찾아내기라도 했는가?

그는 넓은 어깨와 날카로운 눈매, 41세라는 나이보다는 젊어 보이는 훤칠한 용모의 인상적인 사람이었다. 그는 생애의 대부분을 공군에서 전투기 정비사로 복무했다. 그는 장교였고 공산당의 정치주임을 겸임했으며, 걷거나 말할 때나 않을 때에도 군인으로서의 면모를 풍기는 사람이었다. 주의 깊고, 날카롭고, 순간적으로 집중하면서도 한편으로는 자유분방한 면도 있었으며, 그가 좋아하는 평범하면서도 어두운 색깔의 티셔츠와 넓은 턱을 덮은 턱수염은 군대를 떠난 후의 삶을 엿볼 수 있었다.

제대 후 그는 정부의 공식적인 통신사인 신화Xin Hua 사의 카메라맨 겸 프로듀서로 근무하게 된다. 그리고 공산당 선전부의 산하 기관의 업무의 일환인 비디오 리포터 역할도 겸하게 되었다. 그 일은 공산당 선전기관의 요직으로서 온갖 혜택과 특전을 향유하는 지위였고, 그 때문에 처자식들과 안정된 생활을 보낼 수 있었다.

그러나 후제는 이 일을 맡은 지 얼마 지나지 않아서, 자신은 통신사 요원으로는 어울리지 않는다고 생각했다. 신화통신은 그에게 충분한 급료를 주고, 주택도 마련해주고, 모든 장비와 자료들을 이용할 수 있도록 배려해주었지만 후제는 늘 자신을 독립적인 필름 제작자로 인식했고, 국가의 업무는 부차적인 것으로 생각했다. 자신에게 부과된 일들을 하면서도 한편으로는 농촌의 가난한 삶, 부인들의 억눌린 생활상 등을 제작해왔고, 심지어는 당국에서 공식적으로 부인해온 주제들에 관한 기록들도 제작해왔다. 그의 필름들은 얼핏 보면 과격하지는 않았지만, 자세히 들여다보면 중국 사회에 대한 비판적인 시각을 담고 있었다. 그것은 또한 선전부에서 공산당의 긍정적인 부분만을 보여주기 위해서 일하는 고위간부들에게는 당혹감을 안겨 주기에 충분했다. 후제는 감독들이 그의 다큐멘터리 방영을 허용하지 않았고 또 다른 공식채널을 통해서 이 사실이 확산되어 왔다는 것도 알고 있었다. 그는 또 신화통신에서 그를 대신하여 새로운 사람으로 교체하는 것은 시간문제라는 것을 알고 있었다.

신화통신에서 일한 지 2년 만에 예상보다 빠르게 그날이 왔다. 무더운 오후 이른 시각에 후제의 직속상사가 그를 불러 해고를 통보했다. 상사는 더 이상 말이 없었다. 단지 한마디 말로 미안하다는 뜻을 대신했다. "상부로부터의 압력을 더 이상 견딜 수가 없었다." 후제는 화가 났지만 조용히 방을 나갔다. 그는 솔직한 대답을 들을 수 없을 것이라는 것을 알았다. 그는 사직서를 제출하고 책상을 정리한 뒤 밀린 임금을 수령했다.

거울처럼 빛나는 오피스빌딩 숲과 축축한 빨래 등이 널려 있는 아파트 단지, 포플러 나무로 줄지어선 대로를 따라 난징의 번화가를 달리면서, 후제는 갑작스러운 해고에 대해 생각했다. 그가 당초에 예상했던 것보다 훨씬 앞당겨진 해고 통보에 역겨움을 느꼈다. 여러 가지 이유들을 생각하던 끝에 문득 최근에 있었던 일이 떠올랐다. 한 달쯤 전에, 그는 여자 친구의 부탁으로 그녀의 부모님의 옛 동창생이었던 노인의 이삿짐 옮기는 것을 도와준 적이 있었다. 크레인이 잠깐 멈춘 사이에 그녀는 자신의 부모가 린자오라는 사람과 함께 학교를 다녔다고 말했다.

"린자오? 그 사람이 누구지?" 후제는 친구에게 물으면서 생각했다. 린자오는 1950년대 베이징대학교에 입학한 젊은 여성이었고, 난징에서 멀지 않은 쑤조우(Suzhou, 蘇州)라는 유서 깊은 고대도시에서 성장한 재능 있는 시인이자 작가였다고 말했다. 마오쩌둥의 반주자파운동 당시에, 전국의 모든 대학생들 중 그녀만이 정치적 동의를 거부한 유일한 학생이었다. 그녀의 비타협적인 태도는 결국 징역형으로 돌아왔고, 문화대혁명 때는 사형선고를 받게 되었다. 그러나 그녀에게는 막대한 유산이 남겨져 있었기 때문에 극비리에 사형은 면하게 되었다.

그녀는 자신의 피를 잉크 대신으로 사용하면서 저술을 계속하고 있었다. 후제는 기절초풍했다. 그는 자신을 정보에 밝고 교육도 많이 받은 지식인으로 생각해왔다. 그러나 지금까지 이러한 이야기를 들어본 적도 없었고, 이러한 일이 중국에서 그것도 마오쩌둥 시대에 일어날 수 있으리라고는 꿈에서도 생각하지 못했다. 그의 머리는 의문으로 가득 찼다. 왜 린자오는 기소되었는가? 그녀는 무엇을 했고, 옥중 저술은 어떻게 되었는가? 그는 고대 중국에서 황실의 관리들이나 군대의 장수들이 긴박한 소식을 전할 때 그들의 피로 쓴 혈서를 황제에게 보냈다는 이야기를 알고 있었다. 그러나 불과 몇 십 년 전에 살았던 젊은 여인이, 그가 살고 있는 도시로부터 멀지 않은 지역에서, 그것도 자신의 피부를 잘라가며 피로 글을 쓴다는 것이 어떻게 일어날 수 있을까? 후제는 그녀가 분명 몇 줄의 글자만을 썼을 것이라고 생각했다. 그러나 친구는 수백 페이지에 달하는 글을 썼다고 분명히 말했다.

후제는 더욱 더 궁금해졌고 그녀에 대한 새로운 의문들을 밝히고 싶었다. 이것이야말로 상당한 폭발력을 갖고 있는 사실(史實)이라는 것을 알았다. 그가 친구에게 도움을 요청하자 그녀는 자신의 부모에게 가서 린자오에 대한 이야기를 듣기로 동의했다. 그 일이 있고 몇 주 만에 그는 린자오에 관한 이야기들을 대략 파악하면서 재빨리 기록으로 남겼다. 그것은 마치 그가 잃어버린, 그러나 위험한 역사의 한 편린을 우연히 찾아낸 것 같았고, 그 수수께끼는 누군가가 풀어서 진실이 밝혀지기를 기다리고 있는 것만 같았다. 처음에는 그냥 호기심이었지만 어느 때부터인가 작업 중에도, 식사 중에도, 침대에 누워 있는 동안에도 죽은 여인에 대한 생각이 떠나질 않았다. 사실을 알면 알수록 의문은 더해갔다.

그가 조사하고 있는 일은 당국에서도 원하지 않는 사실이라는 것도 알았고, 그도 본능적으로 그 일이 위험 하다는 것을 알았다. 그러나 그는 계속 사실을 추적했고, 시간이 지나면서 린자오에 대한 사실들을 알면 알수록 그에 대한 위험 부담도 상당하다는 것도 깨달았다. 그리고 위험은 현실로 다가왔다. 그의 아내도 은행에서 해고당할 것인가? 가족들은 아파트에서 쫓겨날 것인가? 그의 아들은 대학에 입학하는 것도 거부당할 것인가? 그는 공안당국이 그의 해고를 뒤에서 조정한 것으로 의심했고, 경찰이 개입했다면 구속이나 투옥까지 할 수 있는 상황이었다. 생각이 여기까지 미치자, 그는 초조하고 화가 났다. 발전과 함께 변화되었다고 생각한 중국에서, 아직도 이런 일이 일어 날 수 있다는 사실은 그저 코미디처럼 보였다. 고작 오래 전에 일어났던 사건에 대해서 다큐멘터리를 만들려고 했을 뿐인데도 지금은 직장에서 쫓겨나고 감옥에 가는 것을 염려해야만 했다.

후제는 린자오에 대한 취재를 포기하는 것이 최선의 선택이라는 것을 알았다. 그는 또 그에 대한 해고는 신화통신의 경고라는 것도 알았다. 그러나 그는 미래를 위해서 오래 전에 일어난 젊은 여인에 대한 사건과 기록을 덮어둘 수는 없다고 결심했다. 이제 그는 해고 상태였고 다큐멘터리 제작에 전념할 수 있는 시간도 갖게 되었지만, 계속할 수 있을지 걱정스러웠다. "내가 그것을 밝혀내지 않는다면 누가 그것을 밝히겠는가?" 그는 마음을 굳히고는 오토바이에서 내렸다.

린 자 오 에 관한 프로젝트를 계속하라고 후제를 격려하는 사람은 거의 찾아 볼 수가 없었고, 그것을 위해 몸 바친 5년이라는 세월 동안 도와준 사람도 없었다. 그는 역사에 대해서는 물론이고 언론과 영상제작에 대해서도 공식적인 교육을 받은 적이 없었다. 그의 부모는 공장 노동자였고 그의 세대의 대부분이 겪었던 것처럼, 학교생활도 마오쩌둥의 정치 운동인 문화대혁명의 와중 속에서 무질서하고 혼란스러웠다. 문화대혁명이 일어난 것은 그가 여덟 살 때였는데, 그 후로는 정규적인 교육을 거의 받을 수가 없었다. 그는 고등학교에 진학하는 대신에 기계공장에서 일했으며, 마오쩌둥이 사망한 뒤에 몇 달이 지나 그의 나이 열아홉에 군에 입대했다.

후제는 중국역사에 대한 지식이 없었고, 고작 배운 것이라면 당에서 만든 장밋빛 사안들에 한정되었다. 이러한 상식들은 마오쩌둥이 "영명한 선생님이고, 위대한 지도자이며, 위대한 최고 사령관이고, 위대한 안내자"라거나 "붉은 태양들 중에서 가장 빛나고", "현시대의 혁명에 관한 가장 영명한 스승님" 등의 당의 선전들이었다. 공산당은 "가장 강하고, 가장 영광스럽고, 항상 옳고, 가장 사랑스러운 당", "중국 인민의 부지런한 민중들의 위대한 해방자"였다.

신문과 라디오에서, 교과서들과 연설문에서, 경제는 항상 새로운 기록들로 갈아치웠고, 마오쩌둥에 의해서 자행된 정치적 숙청들로 가득 찼다. 그것들은 천편일률적으로 "우익에 대한 승리", "반혁명", "국제 자본주의와 미 제국주의자들"의 세력과 결탁한 적들에 대한 승리로 묘사되었다. 그것은 말끔히 포장된 만들어진 역사였고, 공산당의 계속적인 지배를 유지하기 위해 고안된 공들여 만든 허구였다. 역사를 왜곡하고 통제하는 것은 공산당에게는 매우 중요하다. 그렇게 함으로써 역사를 위해서라는 미명하게 대중들을 기만하는 선전 대원들, 이데올로그들, 검열관들이 거대한 관료 조직을 위해 헌신하도록 하는 데 도움이 되기 때문이다. 비공식 집계에 의하면 공산당은 일당 백의 여론 선동가를 동원하는 것으로 알려져 있다. 이러한 결과는 불쾌한 기억들과 애매모호한 사실들을 덮어 버림으로써 진실과 거짓 사이의 구분을 어렵게 만든다.

이러한 조작된 역사를 만드는 데 일조하는 사람들은 그들의 목적을 위해서라면 언어까지 왜곡해 사용한다. 국가를 찬양하는 구절들은 어떻게 해서라도 수용하고, 나머지 것들은 의미나 적법성조차도 제거해버렸다. 국민들이 어떻게 말했는가는 물론이고 무엇을 생각하고 있는지에도 염두에 두면서, 공식적인 내용에 의문을 갖거나 도전하는 자는 가차 없이 처벌했다. 그러나 마오쩌둥이 사망한 1976년 후에는 모든 것이 변하기 시작했다. 문화대혁명의 충격은 공산당의 권위를 손상시켰고, 역사에 대한 왜곡을 지체시켰다. 1986년에 들어와서는 자유사상의 물결이 전국을 휩쓸었고, 그 동안 금기되어 왔던 장르인, 문학과 영화, 음악 등이 갑자기 활기를 띠었다.

막스주의, 레닌주의, "마오쩌둥 사상"과 같은 낡은 교리들은 배척되었고, 국민들은 새로운 사상들을 갈구하고 있었다. 이러한 지적 열풍이 한창 뜨거울 때, 군은 후제를 제트기 정비사의 군무에서 손을 떼게 하고 공산당의 이념을 군대에 전파하기 위한 간부로서 훈련을 받도록 조치했다. 그러나 상하이에 있는 공군의 정치관련 부서에서도 전국에서 일어나는 변화에 영향을 받고 있었다. 자유주의 사상에 경도된 한 장성은 진부한 사회주의 규범에서 모든 계급들이 빠져 나와 시장경제의 원리로, 서구 정치사상으로, 프로이트의 심리학으로의 대체를 권유하기도 했다. 역사는 아직까지도 대부분 금기시된 성역으로 남아있었지만, 후제는 그가 과연 무엇을 알고 있는지에 대해 의문을 갖기 시작했다.

이윽고 공산당에서 통제를 재개하겠다는 결정을 내리자, 당은 후제에게 당에서 금기하는 책들과 그와 유사한 저작물들을 검열하는 데 기준이 되는 자료들을 보냈고, 그는 그의 부하들에게 사상교육을 시킬 수 있었다. 그러나 후제는 공산당에서 보내준 금서(禁書)들에 대한 비판적 지침보다도, 그 내용에 더 관심이 끌리는 것을 느꼈다. 그는 리우비얀이라는 기자가 작성한 공산당의 부패에 대한 조사보고서와 웨원푸라는 군인 시인의 은밀히 유포되고 있는 시의 구절은 물론 알렉산더 솔제니친의 수용소 군도의 중국어 번역판도 읽어 보았다.

이때까지만 해도 마오쩌둥에 대한 개인숭배는 서서히 와해되기 시작했고, 통치 이데올로기도 터무니없는 것으로 치부되어졌다. 드디어 공산당은 학생들을 탄압하도록 군에 명령했다. 그것도 수도의 한복판에서 말이다. 역사를 왜곡할 수 있는 당의 역량(사건에 대한 기록들을 지우고 비밀을 유지하기 위한 역량)은 권력을 유지하는 것보다도 더욱 중요했다. 천안문 진압 이후, 공산당은 통제를 다시 재개하고 사건에 대한 진실을 왜곡시키려는 노력을 더했다. 선전기관들은 전력을 다하여 사상 통제를 강화했다. 신문과 잡지들은 엄격한 검열에 시달림을 받아야만 했다. 학자들과 언론인들은 숙청당하거나 침묵을 강요받았다. 그러나 국민들의 집단의식을 계속 지배할 수는 없었다.

너무나 엄청난 사건이 일어났었고, 세상은 많이 변했지만 사람들은 아픈 기억을 잊기를 거부했다. 후제는 린자오에 관한 이야기를 들을 때까지만 해도 근대의 역사에 무관심했었지만, 그후로는 지금까지 배워온 것들은 만들어진 역사였다는 것을 알게 되었다. 당국은 진실을 가리고 그에 관련된 사람들에 대한 망각과 사실의 왜곡으로 일관했다. 이러한 진실들은 그의 호기심을 자극하기에 충분했다.

직장을 잃은 뒤, 월요일 아침에 후제는 사람들로 북적대는 난징시의 중심가에 있는 버스 정류소에서 비디오카메라를 들고 서 있었다. 그 곳에는 많은 농촌 사람들로 장사진을 이루고 있었는데, 그들 대부분은 농촌에서 팔 물건들을 잔뜩 사서 농촌으로 내려가려는 보따리 행상들이었다. 그들은 서로 먼저 버스에 올라타기 위해서 버스들의 주위에 자리를 잡으려고 실랑이를 벌이고 있었다. 이러한 소란 속에서 후제는 한 나이든 여인에게 카메라 초점을 맞추고 있었다. 그녀는 난징에서 남서쪽으로 몇 시간 떨어진 지방 수도인 허페이로 가는 버스를 기다리고 있었다. 그녀는 60대 후반으로 체격이 작고 허약했고, 머리는 흰머리로 가득했으며, 걸을 때마다 약간씩 절뚝거렸지만 그녀에게는 무언가 강한 의지가 보였다. 후제는 자그마한 갈색 가방을 꽉 움켜쥐고 있는 그녀의 주름진 손에 카메라 초점을 맞추었다.

그 가방 안에는 원고 뭉치들이 있다는 것을 그는 잘 알고 있었다. 그것은 시와 편지, 수필 등 린자오를 알고 있는 사람들이 쓴 그녀에 대한 과거가 들어 있었다. 그 노부인은 그것들을 모으느라 몇 년을 고생했고, 혹시 바람에라도 날아가 버릴까 걱정된다는 듯이 가방을 꽉 움켜쥐고 있었다. 그녀에게 그 물건들은 옛 친구가 남기고 간 유일한 유품이었다.

　니진숭의 난징 방문은 후제에게는 뜻밖의 행운이었다. 그녀는 후제가 직업을 잃은 바로 그 시기에 볼 일이 있어서 도시에 잠깐 올라와 있었다. 서로의 친구가 두 사람을 만날 수 있도록 배려해주었는데, 후제가 린자오에 대한 기록물을 만들고 싶다는 자신의 계획을 설명하자 부인은 기꺼이 동의했다.

니진슝과 린자오의 10대 시절 때의 첫 만남은 어느덧 반세기가 훌쩍 넘었다. 중국은 당시 혼란의 와중에 있었으며, 내란에 의해 갈기갈기 찢겨지고 혁명의 문턱으로 향하고 있었다. 린자오는 공산주의에 경도된 언론 학교에 입학하기 위해 집을 뛰쳐나왔다. 니진슝은 그 학교의 학생이었고, 집을 나온 린자오를 도와주었다. 그녀는 노후에 들어서서야 전국 곳곳을 돌며 린자오를 알고 있는 사람들을 수소문하면서 찾아다니고 그녀에 대한 기억들을 정리하여 책을 출판하려고 했다. 후제는 그녀를 따라 여행에 동행하고 린자오에 대한 다큐멘터리를 제작하기를 원했다. 그는 그녀를 통해서 린자오에 대한 이야기를 들을 수가 있었다.

후제는 불과 4년 전에 한 친구의 제안으로 다큐멘터리를 촬영해왔다. 그 당시만 해도 국가는 항상 선전용 필름을 제작해왔지만, 독립적인 기록용 필름제작을 허용함에 따라 카메라, 컴퓨터, 기타 도구들도 입수하여 활용할 수 있었다. 중국에서 새로운 패러다임을 만들어가는 사람들은 단순한 단편 스타일을 좋아했고, 후제의 첫 작품도 똑같은 방식을 택했다. 그들은 시대적 배경을 현재로 설정했고 광부나 농부들과 같은 소외된 사람들에 초점을 맞추고, 휴대용 카메라를 사용해서 촬영하고, 좌담 인터뷰들이나 해설은 거의 없었다. 그러나 린자오에 대한 다큐멘터리는 새로운 형식으로 시도해 보고 싶었다. 그는 혈서의 내용은 당연히 비판적일 것이며, 다큐멘터리의 핵심적인 내용이 될 것이라는 것을 잘 알고 있었다. 그러나 어떻게 그것을 입수해서 제작할 수 있을지 엄두가 나지 않았다.

니진슝과의 만남은 후제에게는 처음으로 맞는 큰 행운이었으며, 그녀와의 만남을 계기로 그의 확신은 물론 정신까지 고양되었다. 그녀는 그에게는 강력한 조언자였고, 매우 중요한 사람이었으며, 그가 계획하고 있는 작업에서 이제는 혼자가 아니라는 행운의 징조이기도 했다.

그의 친구들은 그에게 역사의 어두운 면에 너무 깊이 빠져들지 말도록 충고하기도 했다. 그의 친구들은 지난 일들은 후세의 판단에 맡기고 옛날의 상처를 구태여 꺼내지 않는 것이 좋겠다고 말해왔다. 후제가 계획을 얘기할 때마다 친구들이 불편한 심정을 드러내자, 더 이상 이야기를 꺼낼 수가 없었다. 그의 아내와 아들도 불만이었다. 그때 니진슝이 린자오에 대한 이야기들을 들려주겠다는 약속은 그에게 큰 위안을 주었고 그의 결심을 굳히는 데도 큰 도움이 되었다. 니진슝은 전국 곳곳을 돌면서 수집한 자료들을 보이면서 린자오에 대한 이야기를 꺼낼 때, 후제는 그들의 기억들을 더 밝혀 낼 수 있는 자료들이 더 남아있을 것이라는 생각이 들었다. 그는 지금의 자료만으로 만족하느냐, 더 많은 자료들을 찾아내느냐에 대한 선택의 기로에서 망설였다.

후제는 첫 버스여행에서 니진슝의 옆자리에 앉았는데, 부인은 꾸벅꾸벅 졸고 있었고, 시골 교외 풍경이 스쳐 지나갈 때마다 그는 마치 과거의 비밀을 캐러가는 미지의 여행객 같은 기분이 들었다. 당시만 해도 그는 그녀가 린자오에 대해서 얼마나 알고 있는지 확실히 감을 잡을 수가 없었다. 그녀 또한 그에 대해서 완전히 믿을 수 없기 때문에 여전히 경계를 하고 있었다. 그는 그녀의 걱정을 충분히 이해했다. 그녀가 의심하는 것은 공산당의 열성당원이자 반평생을 군과 신화통신에서 일해온 잘 알지도 못하는 그가, 린자오에 관한 책을 출판하려는 그녀에게 왜 관심을 갖고 접근하느냐였다.

그러나 후제는 서둘지 않았다. 그들의 첫 만남에서도 그는 비디오카메라는 사용하지 않았다. 그는 주로 그녀가 말하도록 하고, 그가 갖고 있는 여러 의문들에 대해서 질문하고 싶은 것들도 꾹 참았다. 서서히 몇 주가 지나자, 그녀는 린자오에 관한 이야기보따리를 풀기 시작했다.

린자오는 1932년 실제로는 펑 린자오라는 이름으로 쑤저우 지방에서 유명한 집안의 맏딸로 태어났다. 그녀의 아버지는 영국에서 대학을 졸업했고, 그의 학위 논문은 아일랜드 헌법에 관한 것이었다. 대학 졸업 후 2년째 되는 해에 중국에서 고시에 합격한 그는 쑤저우의 행정관으로 임명되었다. 그녀의 어머니 또한 성공한 기업가로서, 은행가이고 버스회사 이사직에 있었다. 그때는 국민당과 공산당이 내전 중이었고, 일본은 중국 동북쪽을 장악하고 괴뢰 정권을 내세웠던 때였다. 중심 지역인 상하이는 프랑스, 영국, 미국, 일본 등에 의해서 통제되는 조차지로 분할되어 있었다. 당시는 정치적 혼란의 시대였고 국가의 좌·우로의 분열은 펑 씨 가문을 긴장시켰다. 린자오의 아버지는 부패하고 무능한 국민당 정부에서 일하고 있었고, 그녀의 어머니는 공산당에 기울어 있었으며, 공산당이 일본군과의 전투에서 승리하기를 빌고 있었다. 그녀의 어머니는 비밀리에 공산당에 자금을 전달하고, 지하 라디오 방송국을 만들기도 했는데, 그 때문에 한때 일본군에 체포된 적도 있었다. 그들 부부는 그 때문에 종종 다투었고 그들의 논쟁은 딸들에게도 영향을 끼쳐 정치문제에 관심을 갖도록 했다.

린자오는 섬세하고 허약한 체질이었지만, 지독한 독서광이었고 천부적인 재능을 타고난 작가였다. 그녀는 고집도 대단해서 16세 때에 이미 스스로 진로를 선택했다. 그녀는 지하 공산당 조직에 가담했고 린자오라는 필명으로 국민당 정부의 부패를 비난하는 기사들을 쓰기 시작했다. 결국 그녀는 그 지역의 국민당 당국에서 작성한 블랙리스트에 오르게 된다.

그녀의 부모는 대경실색했고(린자오의 숙부들 중 한 사람이 이미 공산당원이라는 이유로 처형당한 바 있었다), 딸이 고등학교를 졸업하면 즉시 해외에 있는 대학으로 유학을 보내려 했다. 그러나 당시에는 십대의 미성년자들에게는 출국이 허락되지 않았다. 그녀는 사상의 열병에 걸려 있었고, 유학을 가는 대신 공산당의 점령 지역에 있는 공산당이 운영하고 있는 언론학교에 입학하기를 원했다. 그녀의 부모가 입학을 반대하자, 그녀는 짐을 꾸리고 다시는 돌아오지 않겠다고 다짐하면서 집을 뛰쳐나왔다.

그로부터 3개월이 지나서, 1949년 10월 1일에 공산당은 그들의 혁명을 완수했고 중화인민공화국을 선포했다. 니진숭이 언론학교에서 그녀를 만났을 때, 펑 린자오는 이미 가족과의 인연을 끊기 위해서 그녀의 성을 포기하고 자신을 린자오라고 소개하고 있었다. 그녀는 인민복 안에 흰 블라우스를 입고 기다란 머리를 동여맨, 아직 앳된 가녀리고 예쁜 소녀였다. 그녀는 다른 학생들처럼 동기도 뚜렷했고 공산당에 열성적이었다. 그리고 그녀는 훌륭한 시와 재치 있는 임기응변, 날카로운 언변 등으로 학교 안팎에서 명성을 날렸다.

1959년 여름, 린자오는 토지개혁 팀의 일원으로 임명되어 학우들과 함께 전국을 순회하게 되었다. 이 작업 팀은 전국에 걸쳐 수천 명으로 구성되었고, 많은 세월 동안 농민들을 고통스럽게 만들었던 토지소유제도의 불평등, 불균형한 지대, 고율의 세금 등을 해체하기 위해 전국으로 파견되었다. 작업 팀들은 마을에서 마을로 이동하면서 지주들로부터 땅을 몰수하여 소작농들에게 토지를 재분배했다. 이들 작업 팀들이 토지개혁을 성공시키기 위해서는 공산당이 계속 지배할 수 있을까에 대한 농민들의 의구심을 떨쳐 버리고, 오랫동안 마을을 지배해온 영향력 있는 구시대의 지주 계급에 대한 두려움에서 벗어나도록 도와주는 것이었다.

그것은 말처럼 쉬운 작업이 아니었고, 나라 곳곳에서 작업 팀들은 폭력에 의존해야만 했다. 마을의 군중집회는 농민들이 과거 자신들을 괴롭혀온 지주들을 끌어내어 수모를 주고, 고문하면서 그들이 자아비판을 하도록 하는 쪽으로 가닥을 잡았다. 마오쩌둥은 농민들이 "적대계급"을 공격할 때 개입하지 말도록 작업팀에게 지시했고, 거의 모든 마을에서 적어도 한 두 차례씩은 몇몇 지주들이나 그의 친족들이 맞아 죽거나 처형되었다. 1952년까지 이로 인한 사망자수는 최고 2백만 명에 달했다. 과거 2천년 이상이나 농촌 사회를 지배해온 지주계급은 모두 소멸되었고, 국가 경작지의 절반 가까이가 몰수되어 다시 골고루 분배가 되면서 처음으로 공산당은 여성들을 포함해서, 전국의 농민들로부터 신뢰와 지지를 획득할 수 있었고, 반면에 농민들에게 두려움의 대상이 되기도 했다. 린자오는 공산당이 목표를 달성하기 위하여 농민들의 야만성을 부추기는 것을 내심 못마땅하게 생각했지만, 겉으로는 표현하지 않았다. 린자오는 한때 니진슝에게 보낸 편지에서 우리들 모두는 토지개혁이야말로 우리의 조국을 강성하게 하기 위한 중요한 조치라는 것을 알고 있다"고 쓴 바 있다.

"우리가 처한 상황은 전시상황과 같다", "지주에 대한 나의 증오는 조국에 대한 나의 사랑만큼 깊다"라고 썼다. 니진슝의 도움으로 후제는 린자오 작업 팀의 지도자였던, 지금은 은퇴한 전직 공무원을 찾아갔다. 그들 세 사람은 바링이라는 마을로 함께 떠났는데, 그곳은 린자오가 오랫동안 근무했던 상하이 근교의 촌락이었다. 녹색으로 물든 논밭 가운데 서서, 그 남자는 린자오가 언젠가 한 지주에게 얼음물이 담겨 있는 물통에 밤새도록 서 있으라고 지시했다는 것을 회상했다. 후에 린자오는 동료들에게 마을 주민들은 이제 더 이상 그 지주를 두려워하지 않을 것이기 때문에 지주의 고통스런 신음소리는 그녀에게 짜릿한 희열을 주었다고 말했다.

이러한 공산당에 대한 헌신에도 불구하고, 린자오의 동료들은 종종 그녀를 '쁘띠부르주아지'라고 비판하곤 했는데, 그 까닭은 그녀가 읽고 있는 책들과 그녀가 썼던 시들, 다른 사람의 잘못을 비판하는 자세가 되어 있지 않다는 데 그 이유가 있는 듯 했다. 그녀는 그녀의 부모를 비판했고, 3년 동안이나 보지도 않았지만, 그녀의 부친이 국민당 정부의 고위직에 있었고, 이러한 그녀의 출신배경은 비판의 대상에 오르기도 했다. 한때 그녀의 부모가 편지를 보내오자, 린자오는 부모들에게 그들의 불법 행위와 죄를 참회해야 한다는 답장을 보낸 적이 있었다. 그러나 이러한 정도로는 당을 만족시키지 못했다. "나는 부모에게서 온 최근의 편지를 읽으면서 마음이 느슨해져 있었다. 편지는 과거처럼 우익적인 내용이 아니라 좀 더 진보적인 내용이었다", "그 때문에 나는 그들이 반혁명적이 아니라고 믿었다. 그러나 동료들의 충고와 가르침으로, 우익 정부의 직무를 담당했던 것 자체만으로도 범죄라는 것을 알았다. 나 또한 나의 정치적 의식과 계급의식이 공산당의 수준에 훨씬 못 미친다는 사실을 깨달았다"라고 니진슝에게 편지를 써서 보낸 적이 있었다. 그녀의 공산당에 대한 충성은 삶의 전부였고, 공산당 정부가 마오쩌둥의 개인숭배를 앞장서서 주도하자, 린자오는 마오쩌둥을 아버지라고 부르기 시작했다. "나의 가족에 대한 생각은 많이 사라졌다. 내 마음 속에는 붉은 별만이 있다. 나는 지금 여기에 있지만 마오쩌둥 아버지는 베이징이나 모스크바에 계셨고 그를 생각할 때마다 흥분했다"고 니진슝에게 편지를 쓴 적이 있었다.

후제는 린자오의 공산당에 대한 "특별한" 감정을 찾지 못했다. 그는 공산당 지배의 초기에는 마오쩌둥에 대한 숭배는 일상적이었다는 것을 알고 있었다. 그 자신도 문화대혁명 때의 어린 시절에 마오쩌둥의 어록이 실려 있는 작은 붉은 책을 흔들면서 다닌 적이 있었다. 토지 개혁의 광풍을 보면서도 그는 별로 놀라지 않았다. 기존의 불평등한 경제체계를 해체하기 위해서는 그러한 극약처방의 필요성을 알고 있었기 때문이었다.

후제가 린자오에 대한 이야기를 들으면서, 또 그녀의 편지를 보면서 혼란스러웠던 것은, 마오쩌둥과 그의 사상을 향한 린자오의 열렬한 지지가 갑자기 증오로 변해 10년 동안이나 교도소에서, 그것도 형 집행을 기다리는 처지로 전락하게 되었는가에 대한 의문 때문이었다. 후제와 니진슝이 한 은퇴한 교수를 방문했을 때, 그 교수는 린자오와 몇몇 학생들이 지하잡지를 발행하다가 1960년에 체포되었다고 설명했다. 린자오는 왜 한때 사랑했던 당을 저버렸는가? 아니면 공산당이 그녀를 버렸는가? 그러나 그 교수는 후제의 마음속에 남아있는 큰 의문에 대해서는 대답을 피했다.

여행 후, 후제는 니진슝과 함께 상하이로 돌아왔다. 그곳은 니진슝이 은퇴 후 계속 살아왔던 곳이고, 린자오가 마지막 몇 년을 교도소에 지낸 곳이기도 했다. 니진슝은 후제를 린자오를 알고 있는 몇몇 사람들에게 소개시켜 주었고, 한때 린자오의 가족이 살았던 2층짜리 아파트인 낡은 건물로 그를 데리고 갔다. 후제는 그곳을 촬영하기 위해 준비하고 있었는데, 그곳은 니진슝이 후제와 함께 고생 끝에 찾은 린자오의 여동생과 어머니가 겪었던 상황을 설명해줄 수 있는 적절한 장소였다. 그날은 1968년 5월 1일이었고 린자오는 몇 년 동안 상하이에서 투옥되어 있었다.

그녀의 부친은 이미 자살을 했고, 그녀의 동생은 아파트에서 어머니와 함께 살고 있었다. 그날 오후에 창문아래서 소란스러운 소리가 들렸다. 그리고 한 남자의 목소리가 린자오의 가족들을 찾고 있었다. 얼마 뒤, 노크 소리가 들렸고, 그들이 문을 열자 한 경찰관이 문 앞에 서 있었다.

"누가 쉬셴민인가?" 경찰이 물었다.

"전데요." 린자오의 어머니가 대답했다.

"당신이 린자오의 어머니인가? 당신 딸이 처형됐다. 총알 값으로 5펜(1페니보다도 작은 금액)을 내라."

린자오의 어머니는 혼비백산했다. 경찰관이 목청을 높여 거듭 말했다.

"빨리 5펜을 내라. 당신 딸이 총살당했다."

린자오의 어머니는 넋이 나가 문에 기대어 서있었고, 린자오의 동생이 방으로 급히 뛰어가서 5펜을 찾으려고 서랍장을 뒤진 뒤 급히 방에서 나와 경찰관에게 주었다. 경찰관이 떠나자마자 그녀의 어머니는 마룻바닥에 쓰러져 흐느껴 울었다.

"딸이 보통 가정주부로 살았더라면, 이런 변을 당하지 않았을 것"이라며 울먹였다. 린자오가 총살당했을 때 그녀의 나이는 36세였다.

후제의 추적은 처음으로 속도를 더해갔다. 거의 매 주마다, 니진슝은 동창들과 린자오의 지인들을 수소문하며 다녔고, 필요할 때마다 후제에게 전화하면, 그가 열차를 타고 상하이에 가서 그녀를 만나곤 했다. 그녀는 후제를 그들에게 소개하기도 하고 비디오카메라 앞에서 그와 인터뷰 하도록 설득하기도 했다. 모든 것이 순조롭게 진행되었고 앞으로 일 년 뒤면 다큐멘터리를 완성할 수 있을 것 같았다. 그런데 몇 달이 지나자 니진슝으로부터의 연락이 뜸해졌고 결국엔 연락이 끊겼다. 무슨 이유인지 몰라도 그녀는 소식을 끊었다. 후제는 아직도 린자오에 대한 사건 윤곽을 제대로 파악하지 못한 상태였다.

또 다른 문제도 생겼다. 돈이 바닥난 것이다. 실직 후, 후제는 작업에 드는 비용, 즉 비디오테이프와 열차표를 구입하고, 기타 경비들을 그 동안 저축했던 돈으로 충당했었다. 그의 부인은 아직도 은행에서 일했고, 다큐멘터리를 제작하는 비용은 그의 돈으로만 충당하도록 처음부터 합의했었다. 그들은 아내의 월급으로 가정을 꾸려가고 아들의 부양을 책임져야 했다. 필름 제작에 드는 비용에 아내의 돈은 사용할 수 없다고 애초에 합의했다. 이러한 약속이 깨진다면, 린자오의 다큐멘터리는 그들의 평화스러운 결혼 생활에 파탄을 일으킬 수도 있다는 것을 알고 있었다. 그는 군대에서 근무할 때 아내를 만났고, 아내는 여러 해 동안 그의 직업이 바뀔 때마다 잘 견뎌주었다. 그가 제대한 후, 공군에서 마련해준 공무원 직을 그만 두게 되었을 때에도 그의 곁을 지켰고, 다큐멘터리로 관심을 돌릴 때도 그를 격려했다. 그러나 신화통신에서 해고되었을 때에는 사정이 달랐다. 아내는 그에게 가정을 꾸려나가야 한다는 책임의식을 가지고 직장을 구해야 한다고 강력하게 요구했다.

그가 실직되고 한참 지난 뒤, 아내는 그가 그녀에게 한 약속을 저버리고 있다고 걱정했다. 그는 이미 가정을 뒷전으로 생각하고 있었다. 아내는 남편이 처자식보다는 사회에 더 많은 관심을 갖고 있고, 그녀의 월급만으로 남편을 뒷바라지 한다는 것은 어렵다는 것을 알고 있었다. 그래서 후제가 인터뷰를 위한 여행경비가 필요할 때면 우선 돈부터 벌어야 한다고 약속했다. 늘 그랬듯이 그는 결혼식 비디오테이프 제작도 겸했다. 이 일은 결혼하는 한 쌍을 하루 종일 서서 촬영하고 편집해야 하는 힘들고도 지루한 작업이었다. 후제는 각각의 결혼식을 다큐멘터리 주제처럼 다루고, 각각 색다른 테마로 편집하면서, 종종 새로운 기법과 형식을 구사하면서 온갖 정성을 다하여 제작했다. 이러한 각고의 노력에도 불구하고, 그에게 돌아오는 수입은 매 결혼식당 겨우 2백 위안, 약 25불을 손에 쥘 수 있었다. 그의 아내는 중국에서 가장 멋지게 만든 결혼식 영화가 너무 값싸게 팔리면서 천대받고 있다고 짖궂게 핀잔을 주곤 했다.

  니진슝으로부터의 연락이 중단되자, 후제는 정보를 얻기 위해 추적 범위를 넓혀나갔다. 그러나 그는 도서관에 들어갈 수도 없었고 그 시기에 대한 역사적 기록을 볼 수도 없었다. 그가 근무했던 신화통신에서조차 그 시대에 관한 당의 기록들에는 접근할 수 없었다. 린자오에 관한 정보를 얻기 위한 유일한 방법은, 그녀를 알고 있는 사람들의 거처를 찾아내는 것뿐이었다.

  언론 학교를 졸업하고 난 뒤, 린자오는 난징과 상하이 사이에 있는 양쯔강의 서쪽에 있는 창저우(Chang Zhow, 常州)라는 도시에서 공산당의 신문사의 직원으로 임명되었다. 그 후 그녀는 1954년에 국가 대학 학력고사에서 최고의 점수를 받고, 중국에서 가장 권위 있는 베이징대학의 문학부에 입학하게 된다. 그녀와 공산당 사이의 충돌이 일어난 것은 그녀가 베이징대학 재학 시절이었다. 이제 후제도 탐색의 초점을 북쪽으로 돌렸고 베이징에서 그가 알고 지냈던 모든 사람들을 찾아 다녔다. 베이징은 그가 공군에 근무할 때 몇 년 살았던 곳이었다. 그는 또 니진슝과 함께 다녔던 행적들을 더듬으며 그녀를 통해서 만났던 사람들도 찾아 다녔다. 그리고 그들에게 베이징에 살고 있는 린자오의 동창들의 소재지를 알려 달라고 부탁했다.

그는 베이징을 근거지로 정하고 기차여행을 계속했다. 가장 싼 요금의 단단한 의자에 앉아서 14시간 동안을 여행하기도 했고, 거처는 베이징 동쪽의 아파트에 살고 있는 사진작가인 누이동생의 집으로 정했다.

하나 둘 린자오에 대해서 알고 있는 사람들을 찾아내고 인터뷰를 시작했다. 그리고 작업을 해나가면서 베이징대학, 중국에서는 줄여서 '베이다'라고 알려진 대학생으로서의 그녀의 모습을 그려 보기 시작했다. 린자오는 학교에서 가장 젊은 그룹의 한 사람이었고 인기 있는 학생이었다. 캠퍼스의 남학생들은 특별히 그녀에게 관심을 기울였다. 그녀가 동료 여학생들 중에서 가장 아름답거나 섹시해서가 아니라, 다른 여학생들과는 다른 독특한 개성이 있었기 때문이었다. 그녀는 옷차림도 세련되었고, 행동에서도 좀 더 발랄한 기색이 있었다. 그녀는 섬세한 성격이었고, 어린 시절부터 일시적 발작증세가 있었지만, 그럼에도 술과 댄스를 좋아했고 다른 사람들과도 잘 어울리는 사교적인 면이 있었다. 그녀는 문학과 정치 관련 논쟁에서도 대담하게 끼어들어 자기주장을 펼치기도 했는데, 그러한 태도는 전통 중국의 여성상에 대한 도전으로 보였다. 그녀는 또한 대학에서 재능 있는 학생으로 유명했다. 대학 2학년 때는 대학의 문학잡지의 시 부문 편집자로 활동하기도 하였다.

처음으로 후제는 '베이다'에서 린자오의 연인 중 한 사람을 찾아냈다. 그 사람은 장위안쉰이라는 당시 베이다의 학생이었는데, 문학 잡지사의 편집인으로서 린자오와 함께 일한 학생이었다. 지금의 베이징 동쪽에 있는 공자의 출생지로 알려진 취푸에서 중국 문화를 전공하는 학자였다. 후제는 그가 자신과의 인터뷰를 거절할지도 모른다고 걱정했다. 그 지방의 대학교수로서, 그 대학 캠퍼스에서 구내매점을 운영하고 있는 사업가로서, 장위안쉰이 당국에서 잊기를 원하는 과거사를 토로한다는 것은 너무나 위험한 일이었기 때문이다.

반주자파운동 후, 그는 노동작업장에서 20년을 보낸 적이 있었다. 후제는 이러한 사실을 광저우에서 잘 알려진 신문인 〈남방주말南方週末, Southern Weekend〉에서 1998년에 검열관의 감시를 우회적으로 피하여 장위안쉰과의 인터뷰 기사를 게재한 것을 보고 알았다. 그 기사는 린자오에 대해서도 간단히 언급했는데, 그 기사는 그녀의 학교 동창들 사이에서 빠르게 퍼졌다. 그 기사에서는 린자오를 40년 전에 권력자들에 맞서서 두려움 없이 진실을 주장한 영웅으로 묘사했다. 그 기사를 본 후제는 용기가 생겼다.

그것은 뒤틀려진 역사를 찾아내서 바로 잡으려고 노력하는 사람은 그 혼자만이 아니라는 증거이기도 했다. 린자오의 이름이 한 중국의 신문에 언급된 것은 20년 만에 처음이었으며, 후제는 〈남방주말〉의 편집자들이 이에 관한 기사를 슬쩍 끼워 넣는 것이 쉬운 일이 아니었을 것이라는 것도 알았다. 후제는 한편으로는 기대를 했고 흥분도 되었다. 만약 장위안쉰이 〈남방주말〉과 그의 과거에 대해 인터뷰했다면 그에 대한 위험 부담도 당연히 생각했을 것이고, 이러한 예상은 다큐멘터리 제작에도 도움을 줄 수 있지 않을까 하는 기대 때문이었다.

또 한 건의 결혼식 행사 필름을 제작한 뒤, 후제는 취푸로 가는 열차표를 샀다. 그는 사전에 장위안쉰에게 알리지도 않고 출발했다. 왜냐하면 그는 장위안쉰에게 미리 거절할 기회를 주고 싶지 않았기 때문이었다. 막상 그를 만나보자, 그는 후제가 지금껏 인터뷰한 사람들 가운데서 가장 붙임성이 있는 사람이었다. 장위안쉰은 두텁게 헝클어진 희끗희끗한 머리칼과 크고 두꺼운 뿔테 안경을 끼고 있는 기골 찬 노인이었다. 그의 말은 확신에 넘쳤고, 어떤 두려움이나 주저 없이, 가끔씩 손으로 큰 제스처를 써가면서 열정적으로 이야기를 해나갔다. 그가 그렇게 거리낌 없이 말하는 것에 대해 후제는 그가 이미 살만큼 살았다고 생각하기 때문인지, 아니면 그가 공산당을 더 이상 두려운 존재가 아니라고 생각하기 때문인지 궁금했다. 그러나 이야기를 들은 후제는 그의 말에 깊은 의미가 함축되어 있다는 사실을 깨달았다.

그는 노인에게 연민을 느꼈고, 또한 그 노인이 개인적인 의무감에서 벗어나기 위해서 이야기하고 있다는 사실을 알았다. 장위안쉰은 자연스럽게 후제에게 자신이 린자오에게 진실을 세상에 알리겠다고 약속했다는 사실을 털어놓았다. 그리고 지금 그 약속을 지키려고 결심했다는 것이다.

그의 이야기는 1957년 봄으로 거슬러 올라간다. 공산당은 폭력을 이용해 강제로 토지개혁을 마무리 했다. 또한 도시의 노동자들에 대한 통제를 확대해 공산당의 지배를 강화해나갔다. 사회주의 경제를 확실히 구축하기 위한 시도는, 모든 사기업을 국유화하고 농민들에게 분배했던 농지들을 다시 거둬들여 인민공사로 흡수하면서 사회주의 체계도 거의 완성했다. 한반도에서 6.25 전쟁 당시 북한의 막다른 위기 때 미국과의 전투가 있었지만 수십 년 간의 내전이 있은 후 중국은 모처럼 평화를 맞이했다. 그러나 자금성의 높은 벽에 가려진 마오쩌둥의 위치는 불안했다.

삶의 거의 모든 부분에 대한 공산당의 간섭은 국가의 고등 교육을 받은 사람들의 마음을 질식시키기에 충분했고, 그들을 공산당에서 떠나도록 만들었다. 마오쩌둥도 과학자나 학자, 사상가들의 도움이 없이는 중국을 근대화시키는 것이 어렵다는 것을 알고 있었다. 상황이 어려운 것은, 공산당은 이미 국민들의 지지를 잃고 표류하고 있었고, 공산당의 관료들은 얼마 전에 그들이 쓰러뜨렸던 국민당의 관료들과 다름없는 행태들을 보이고 있다는 점이다. 1956년 폴란드와 헝가리에서 일어난 민중 봉기는 공산당이 국민들의 지지를 잃었을 때 어떤 일이 일어날 수 있는가를 여실히 보여 주었다. 마오쩌둥의 결론은, 그가 직접 국민 앞에 나서서 그들을 회유하고, 지식인들을 비롯한 사람들을 외부에서 과감히 발탁해, 그들로 하여금 공산당을 비판하고 개선 방안을 제안하도록 하겠다는 것이었다.

"온갖 꽃이 함께 피고 많은 사람들이 각기 주장을 편다"는 의미의 "백화제방 백가쟁명의 시대"를 열자고 마오쩌둥은 선언했다. 비록 지도부에 있는 당 간부들은 공산당을 비판의 대상으로 노출시키는 것에 대해 우려했지만, 마오쩌둥은 국민들이 이미 기선을 제압했고, 당에 대한 비판은 가뭄의 단비처럼 공산당에 활력을 불어넣어 줄 것이라고 낙관했다.

지방의 간부들은 우왕좌왕했고, 그 동안 공산당의 폭력 앞에 주눅들었던 지식인들도 위험을 자초하려고 하지 않았기 때문에, 마오쩌둥은 지지 부진한 운동에 탄력을 불어넣기 위하여, 동부지역으로 여행하면서 가는 곳마다 "백가쟁명운동"의 필요성을 역설하면서 다녔다.

이러한 의도된 여행은 마오쩌둥이, 국민들이 토로하는 체제에 대한 불만에 진정으로 관심을 갖고 있다는 것을 보여주는 기회로 활용했다. 4월 중순이 되자 학자들과 작가, 예술가, 사업가, 공산당과 연계된 소수 정치

집단의 사람들과 기타 사람들도 용기를 갖게 되었다. 한편 그 동안 주춤했던 지역의 당 간부들도 중앙으로부터 "운동"을 확실하게 성공시키라는 압력을 받게 되고, 이들도 지역의 유력자들에게 이 운동에 동참할 것을 설득하는 데 팔을 걷어붙이게 된다.

마오쩌둥이 당초에 예상했던 "가뭄 속의 단비"는, 오랫동안 억압되어 왔던 좌절이 해방되자마자 서서히 태풍으로 변하기 시작했다. 5월 중순이 되자 이 태풍은 베이징대학을 덮쳤고 그 중심에는 장위안쉰이 있었다.

몇 주일 동안, 캠퍼스에 있는 공산당의 간부들은, 학생들과 교수들의 만남을 주선하며, 그들이 함께 "백가쟁명운동"에 참여할 것을 독려했다. '베이다'에 많은 학생들이 모여 열띤 논쟁이 시작되자 5월 19일부터는 사정이 달라졌다. 그날 밤 해질 무렵에, 장위안쉰과 급우인 선쩌이는 빨간 종이 포스터에 크고 검은 글씨로 시를 적어 넣고, 중앙 구내식당의 바깥벽에 붙였다. 그들은 학우들에게 비판과 충고에 대한 공산당의 요구에 적극 동참하자고 촉구하면서, 다음과 같이 선언했다.

"때가 왔다. 젊은이들이여! 우리들의 고통과 사랑을 알리기 위해 우리들의 목소리를 높이고 노래 부를 때가 왔다. 남몰래 괴로워하지 말자, 남몰래 분개하지 말자. 남몰래 슬퍼하지 말자. 우리의 가슴 속에 있는 기쁨과 슬픔을 묻어두지 말고, 그것들을 만천하에 드러내자. 비판과 비난이 갑작스런 폭우로 변하여 우리들의 머리 위에 떨어질지라도, 우리 젊은이들은 태양이 비칠 때까지 결코 두려워하지 않으리."

"그 당시 이러한 문구는 충격적인 표현이었다"고 그는 말했다. "당시 중국에서는 이러한 말들을 할 수 없었다. 우리 모두는 똑같은 말들, 즉 공산당은 무조건 옳으니 '예, 예, 예'라고만 대답해야 했다. 그런데 난데없이 다른 목소리가 튀어나왔고, 그것은 곧 사람들의 이목을 끌었다."

대자보에 대한 소식은 순식간에 퍼지고, 많은 학생들이 몰려들어 재빨리 읽어 내려갔다. 어떤 학생들은 노트에 시를 옮겨 적기도 했고, 또 다른 학생들은 사진을 찍기도 했다.

장위안쉰은 기숙사에 보통 때보다 더 많은 불빛이 밝혀지고, 삼삼오오 떼를 지어 밤새도록 공산당의 문제점들에 대해 토론하는 것을 보았다. 다음 날 아침 그가 중앙 구내식당으로 가자, 대자보 주변에는 수십 장의 다른 대자보들이 붙어 있었다. 시간이 지나면서 수천 장의 대자보들이 "민주주의 벽"에, 심지어는 캠퍼스 길 건너 건물에도 붙여졌다. 처음에 붙여진 대자보들 중 하나는 대학 문제에 대한 당의 간섭을 비판하고, 공산당 관료들의 캠퍼스로부터의 철수를 주장했고, '베이다'를 보다 민주적으로 운영하도록 촉구했다. 많은 대자보들이 해외 유학의 문호 개방, 졸업 후에 교수직의 임명과 유망한 직장 고용 등이 공산당 당원들에게만 주어져 왔다고 불평했고, 다른 학생들은 성적보다도 이데올로기 성향에 의해 이러한 기회들이 박탈되어 왔다고 비난했다. 어떤 대자보는 학교에서 사용되고 있는 소련의 교육 자료들을 비웃기도 했는데, 그 교육 자료는 자유세계의 작가들을 폄하하는 문학 관련 교과서들과 모든 중요한 학설들은 러시아인들에 의해 이루어져왔다고 주장하고 있는 과학서적들이었다. 또 다른 대자보에는 학생들에 대한 당의 개인별 목록 카드를 파기하고, 지겹고도 강제적인 이데올로기 교육도 폐지되어야 한다는 주장도 제기되었다.

전국 각지에서 지식인들이 표현한 의견들을 반영하면서, 학생들은 공산당 관료들의 오만과 그들이 누리고 있는 특권들에 대해서도 공격하고, 언론, 출판, 집회, 결사의 전면적인 자유를 요구하며 민주적인 정치 개혁을 요구했다. 대자보들은 또한 이전의 정치 개혁운동에서 공산당과 경찰들에 의해 저질러진 권력 남용에 대한 재조사도 요구했다. 드디어 한 학생은 마오쩌둥에 대한 개인숭배에 대해서도 의문을 제기하기도 하였다. 또한 스탈린의 범죄에 대한 후르시초프의 비밀 연설도 영어권 신문에 실린 기사를 번역하고 배포하면서, 소련 역사에 대한 공산당의 관점을 평가절하 하기도 했다. 심지어는 마오쩌둥에 대한 오류에 대해서도 의문을 제기했다.

간혹 가뭄에 콩 나듯 공산당을 지지하는 대자보들이 나타나기도 했지만, 거의 모든 대자보는 공산당에 대한 비판 일색이었다. 토론이 열기를 더해가자, 기숙사에서 가까운 캠퍼스 광장에는 공개토론의 장이 마련되었고, 수천 명의 학생들이 광장으로 몰려 왔고 가끔 연설자와 청중들 간에 토론이 벌어지기도 했다. 가까이에 있는 인민대학 학생들도 베이다 광장으로 몰려 왔고 연설자와 청중들 간에 토론이 벌어지기도 했다. 베이다 광장에 설치된 연단에서 분위기를 주도하는 인민대학의 린시링이라는 젊은 여대생이 중국의 사회주의를 비민주적으로 운영되는 "사이비 사회주의"라고 비난함으로써 청중의 관심을 끌기도 했다. 학생들은 비밀리에 회합을 갖고 새로운 조직을 만들어서 전국 곳곳의 대학들과 연대를 모색하기 시작했다. 장위안쉰은 "백화회"라는 베이다에서 가장 노골적인 비판단체에 가입했다. 그는 그곳에서 발행하는 "공공광장"이라는 잡지의 편집장으로 선출되었고, 그와 함께 대자보를 제작했던 선쩌이는 부편집장으로 임명되었다.

　린자오는 문학부 잡지 시절부터 두 남학생과 잘 아는 사이었다. 실제로 두 남학생들은 그녀의 관심을 끌려고 서로 경쟁하는 라이벌이었다. 린자오는 자신이 그 동안 즐겨 써왔던 시들을 공격하는 대자보를 보았을 때, 그녀는 자신의 시를 옹호하는 시를 쓰기로 작정하고 새로운 시를 쓰고 있었다. 그녀는 아직도 열성적인 공산주의자였다. 그녀는 최근까지도 공산당을 찬양하는 일련의 시들을 써왔다. 그러나 1957년 봄부터, 공산당이 보인 최근의 행동들에 대해서 그녀는 의심이 들기 시작했다. 그런 와중에 "백가쟁명운동"이 일어나자 그녀는 흥분했고, 이러한 현상은 당이 자신의 잘못을 인정하고 국민들이 바로 잡아 줄 것을 요구하는 것이라고 믿었다. "희망의 봄을 맞이하여 국민들은 곳곳에서, 공산당이 바르게 나아가야 할 길에 대해서 논의하고 있고, 우리 모두가 감격하고 기대하고 있다"고 그 당시에 글을 쓴 적도 있었다.

　린자오는 물론 그들의 친구들도 몰랐던, 또 알 수도 없었던 사실은 마오쩌둥이 그가 전개한 운동에 대해 두 번째 음모를 이미 꾸미고 있었다는 점이었다. "백가쟁명운동"에 의해서 촉발된 국민들의 분노의 감정이 긴장을 더해가자, 마오쩌둥은 내심 당황했고, 공산당의 권위가 훼손될지도 모른다고 걱정했다. 장위안쉰이 베이다에 대자보를 붙이기 며칠 전인 5월 15일에 마오쩌둥은 이미 중앙위원회 이상의 당간부들에게 비밀지령을 전달한 상태였다. 마오쩌둥은 이 비밀지령에서, 부르주아 민주주의를 찬양하고 공산당 지도력을 부정하는 자들을 처음으로 "주자파(극우주의자)"라고 규정했고, 급물살을 타고 있는 상황을 우려했다.

　마오쩌둥의 훈령에 따라 공산당은 지도자의 심경변화를 일체 비밀에 부쳤다. 마오쩌둥의 훈령에는 다음과 같은 내용도 담겨 있었다. "우리는 당분간은 주자파들이 날뛰도록 놔두고, 그들의 활동이 정점에 달하는 시점에, '대어'들이 스스로 수면 위로 떠오르면, 우리는 낚시에 미끼를 낄 필요도 없이 그저 건져 올리기만 하면 될 것이다."

과거를 회상하면서, 장위안쉰은 베이다에서의 마오쩌둥의 첫 반격의 징후는 5월 22일에 나타났다고 말했다. 찌는 듯이 무더운 밤이었는데, 장위안쉰은 구내식당 밖에 빽빽이 늘어선 군중들의 가운데에 서 있었다.

장위안쉰과 선쩌이가 그들의 시를 붙이고 많은 사람들을 불러 모으게 한 3일째 되는 날, 그날도 여느 때처럼 많은 사람들이 토론을 이어 나갈 것처럼 보였다. 그러나 상황이 달랐다. 구내식당에서 꺼내온 테이블에 한 사람 한 사람씩 올라서더니, 그들 중 한 사람이 단호한 이데올로기 적 용어를 써가면서 장위안쉰을 비난하기 시작했다. 테이블 위에 같이 서 있던 사람들도 그를 가리켜 "선동적인 극우주의자"라고 몰아 세웠는데, 아마도 이 말은 중국에서는 가장 위험한 정치적 범죄자에 쓰는 용어였다. 그들은 모두 공산당 당원으로써 장위안쉰을 가리키며 힐난하고 있었다.

갑자기 누군가가 테이블 위로 뛰어 올라 갔다. 그때는 이미 칠흑 같은 어둠이 드리워져 군중 속에서 아무도 그가 누구인지 알아 볼 수 없었다. 그러나 청아하고 단아하고 부드러운 남쪽 지방의 부드러운 여인의 목소리가 남학생들의 왁자지껄한 소란 속에서 들려왔다. 떠들썩하던 군중들은 마치 마법이라도 걸린 듯 조용해졌다. 희미한 불빛 속에서, 장위안쉰은 린자오의 얼굴을 어렴풋이 식별할 수 있었다. 그리고 그녀의 말은 아직도 그의 기억 속에 남아있었다.

"우리들은 당에 제안할 것이 있으면 당 밖에서 사람들에게 대신 전해달라고 부탁하지 않는가? 그들이 받아들이지 않을 때 우리들은 거듭 부탁하지 않는가? 그리고 그들이 결국 부탁을 들어주었을 때 우리는 그들을 비난해야 하는가? 장위안쉰을 보라! 그는 공산당원도 아니고 하물며 청년 연맹회원도 아니다. 그는 시를 썼을 뿐이다. 이것이 그가 비난받아야 할 이유라도 되는가?

오늘 밤 우리가 갖고 있는 회합은 어떤 것인가? 바로 토론과 논쟁을 위한 회합이 아닌가? 논쟁을 위한 회합이 아니라면, 우리는 누구도 비난해서는 안 된다. 우리가 비난하는 대상은 누구인가? 장위안쉰? 왜 우리가 그를 비난해야 하는가? 지금까지 그를 비난했던 여러분들을 나는 다 알고 있다. 여러분들은 모두 중국 문화부 소속 당원들이다."

장위안쉰이 후제에게 그 장면을 설명할 때는 갑자기 활기가 넘쳤고, 말을 계속하는 동안 의자에서 일어나기도 했고, 손짓으로 대신하기도 했다. "그러자 청중은 조용했다." 린자오는 발언을 계속했고 그녀는 자신의 양심의 소리와 당 조직의 요구 사이의 갈등을 설명하기 시작했다.

그러자 청중의 뒤편에서 누군가가 그녀의 발언을 제지했다. "당신 누구야?", "이름은 무엇이냐?" 린자오는 즉시 되받았다. "당신은 누구인가? 당신은 경찰인가, 수사관인가 아니면 검찰인가?"

"좋다, 말하겠다. 나의 성은 린이라 불리고 문자로는 나무 두개(木木)를 나타낸다. 이름은 자오(昭)이고 문자는 태양 다음에 입 위로 칼을 갖고 있는 글자다." 잠시 쉬고 말을 계속했다. "칼이 입 위에 있던 머리 위에 있던 상관하지 않는다. 내가 이곳에 서 있는 한 칼을 조금도 두려워하지 않는다!" 린자오의 웅변 내용은 캠퍼스 곳곳에 순식간에 퍼졌다. 다음날 아침, 그녀의 이름을 거론하며 공격하는 대자보가 등장했다. 많은 사람들이 그녀를 변호하면서 몰려들 때 린자오 본인은 스스로 자취를 감추었다. 한 친구가 그녀가 침실에서 빠져 나가는 것을 보았고 그녀의 베개는 빨간 포도주로 얼룩졌다. 그녀의 책상 위에는 자필로 쓴 시 구절 3행이 적힌 편지지 한 장이 놓여 있었다.

하늘은 나를 버렸다,
내가 참아내지 못한다면,
뉘라서 이 책임을 감당할 것인가?

린자오는 이후로는 "백가쟁명운동"에 일체 모습을 보이지 않았다. 그 날 밤 이후로 그녀는 더 이상 격론장에 나타나지 않았고, 대학 도서관으로부터의 희귀본 대출도 중단했다. 그녀는 자신에게 위험이 다가오는 것을 느꼈고, 그녀의 양심과 당에 대한 충성 사이에서 일어나는 갈등을 조율할 시간이 필요했다.

토론은 그녀가 없어도 계속 진행되었다. 그러나 며칠이 지나자, 공산당은 당에 대한 비판을 차단하고 다시 통제를 하기 시작했다. "사회주의 모순에 관한 어떠한 말이나 행동은 완전히 오류이다"라고 마오쩌둥은 선언했고, 이러한 성명은 대학 캠퍼스의 한 건물 벽에 큰 글자로 쓰여 붙여졌다.

그 달 말경에는 캠퍼스 문학부 잡지의 편집인들이 소집되어 장위안쉰을 제명했다. 이때 린자오는 이들 편집인들과 일행이었다. 그녀는 아직도 지난 몇 주일 동안의 사태들을 이해하고는 있었지만, 아직까지도 당에 대한 신뢰를 저버리지 못하고 있었다. 지금 당은 장위안쉰을 극우주의자로 낙인찍었고, 그녀도 그렇게 생각했다. 그리고 그녀가 정말로 화가 난 것은 그가 그녀를 배신했다고 믿었기 때문이었다. "나는 사람을 잘못 보았다"라고 린자오가 말했다고 장위안쉰은 과거를 회상하며 말했다.

마오쩌둥은 일주일 후, 〈인민일보〉 사설에서 "반주자파운동"을 공식적으로 선언한다. "어떤 사람들은 '백가쟁명운동'을 공산당과 노동자 계급을 쓰러뜨리기 위한, 또 사회주의의 근간을 무너뜨리기 위한 구실로 이용하고 있다"고 지적했다. 공산당에 대한 국민들의 비판을 촉구했던 마오쩌둥의 애초의 연설도 국가가 운영하는 신문들에서 이미 실려 있었다. 그러나 지금에 와서 마오쩌둥은 역사를 다시 쓰고 비판할 수 있는 한계를 정하고 새로운 규정을 첨가했는데, "백가쟁명운동"이 시작할 때는 전혀 언급하지 않았던 내용이었다. 몇 개월이 지난 뒤, 공산당은 사실을 말해도 처벌받지 않을 것이라는 그들의 말만 믿고 행동했던 사람들을 조사하기 시작했다.

다른 곳은 물론 베이다에서도 봄에 있었던 낙관적인 흥분은 가시고 두려움과 의심과 불신의 여름으로 바뀌었다. 마오쩌둥이 "만발한 꽃들"을 "해로운 잡초들"로 규정함에 따라 공산당은 마녀사냥을 시작했다. 이른바 "극우주의자"의 의견들을 말한 사람들은 한 사람 한 사람씩 밝혀져 자아비판 모임에 불려나가게 되었는데, 그곳에서는 자신들의 혐의를 인정하고, 동료들을 고발하고, 친구들을 배신하는 일이 다반사였다. 많은 학생들은 아직도 공산당에 열성적이거나, 백가쟁명운동 때 공산당이 방향을 잘못 잡고 있다고 확신했던 학생들조차도 당이 요구하는 대로 따랐다.

어떤 사람들은 그들은 아무런 잘못도 없는데도, 어떻게 하면 살아남을 수 있을까 전전긍긍하기도 했다. 캠퍼스에서 긴장이 고조되고 운동이 과격해지자, 린자오는 공산당에 대한 그녀의 의구심을 부정하기가 어렵다는 것을 점차로 느끼기 시작했다.

"지금의 침묵은 어떤 소리보다도 낫다"고 쓴 메모를 한 친구에게 전해 준 적이 있는데, 그 내용은 솔직히 말해서, 그녀가 더 이상 공산당을 신뢰하지 않는다는 고백이나 다름없었다. 그녀의 친구는 즉각 그 메모를 당 관료에게 건넸다.

선쩌이, 그는 기회주의자였다. 학생들과 전 교직원들의 합동회의에서, 그는 장위안쉰과의 우정을 모두 저버렸다. 나중에 국영신문들은 선쩌이가 쓴 "나는 인민들에게 사죄한다"는 에세이를 실었다. 비밀 보안요원들은 목소리가 컸던 학생들을 추적하고 다녔다. 다양한 의견들을 교환하던 활기 넘쳤던 캠퍼스는 한 순간에 탄핵모임으로 변했다. 일부 학생들(공산당측)은 기고만장했고, 이러한 분위기는 결국 다른 많은 학생들에게 혐의가 씌어졌다. 일부 학생들은 시골집으로 도피하거나 외국대사관에 피난처를 요구하기도 했지만, 그들은 공산당의 마수에서 벗어날 수가 없었다. 결국에는 자백을 하거나, 하지 않거나 달라진 것은 거의 없었다. 한번 극우주의자(주자파)라는 낙인이 찍히는 순간 그들의 불행은 시작되었다.

비록 많은 사람들이 대열에서 낙오되었지만, 린자오는 여전히 반대편에서 활동하고 있었다. 그러나 점차 그녀는 "반주자파운동"에 역겨움을 느끼고 있었다. 그녀는 양쪽에서의 비판 때문에 낭패를 보았던 것이 한 두 번이 아니었고, 그녀 주의의 피폐해진 삶들을 보면서 모든 것이 혼란스러웠다. 더욱이 그녀는 그 동안 공산당을 믿고 따랐던 사람들에 대한 공산당의 배신행위를 보았다. 백가쟁명 운동은 이미 지나간 일이었고 공산당에 대한 비판은 더 이상 용납되지 않았다. 그러나 린자오는 당을 위해서라기보다는 자신의 양심의 소리에 따라 행동하기로 결심하고, 잃어버린 시간을 되돌려놓고 싶었다. 그녀는 장위안쉰이 〈공공광장〉이라는 잡지의 마지막 호를 발간하는 것을 도왔다.

그리고 필명으로 극히 비판적인 시를 썼는데, 그 내용은 동료들의 비난이 "세이버 칼로 나의 젊은 심장을 도려내는 것 같은 아픔"을 남기는 것으로 비유했다. 그때 그녀는 공개적이고도 도전적인 행동으로 루쉰의 단편소설 「광인의 일기」를 큰 소리로 읽으면서 캠퍼스를 배회하기도 했다. 그 소설의 내용은 주인공은 카니발니즘(식인의식)을 진행하면서 주위에 몰려 있는 사람들을 설득하고 있고, 독자들은 "어린아이"를 구해달라고 스스로에게 애원한다.

린자오는 색다른 방법으로 "백가쟁명 운동"에 접근했다고 장위안쉰은 말했다. "백가쟁명운동"에 대한 그녀의 참여는 제한적이었고, 그녀가 조용히 참고 지냈다면, 처벌을 면할 수 있었다. 그러나 자아비판 모임에서, 그녀는 잘못된 행동을 인정하는 것도 거절했고, 반성을 하는 것도 거절했다. 그 대신 그녀는 자신을 비판하는 자들에게 호통을 치면서 방에 있는 사람들을 놀라게 했다. 당원들 중 한 사람이 그녀에게 분명한 입장을 밝히라고 요구하자, 린자오는 다음과 같이 대답했다.

"나의 입장은 모든 국민들이 평등하고, 자유롭게 살고, 조화롭고, 평화롭게 사는 것이다. 우리는 지금처럼 국민들을 공격해서는 안 된다. 여러분들이 꼭 이렇게 해야 한다면, 마음대로 하라. 그러나 이러한 사회가 과연 좋은 사회인가? 전혀 그렇지 않다!" 그녀는 또한 "학생들에게 공산당의 과오를 공개적으로 지적해달라고 요구한 당의 방침은 기만적이었다."고 말했다. "당의 방침을 따른 사람들은 죽느냐 사느냐에 대해서 걱정할 필요가 없어야 한다." 그녀는 또 극우주의자들로 낙인찍힌 장위안쉰과 다른 친구들과의 관계도 끊으라는 요구도 거절했다. 당원들이 계속해서 비판하자, 그녀는 그들이 자신의 몸 위에서 춤을 추고 있고 그들이 발바닥으로 자신의 얼굴에 피를 묻히고 있다고 쏘아붙였다.

시간이 지나갈수록 과오를 인정하라는 압력은 더욱 더 심해졌다. 보다 못한 린자오의 친구들은 적당히 타협하라고 권유했고, 당이 듣고 싶어 하는 내용은 다른 사람들도 이미 털어놓았을 것이라고 설득했다. 린자오는 다량의 수면제를 복용하는 것으로 답했다. 다행히 급우들이 그녀를 찾아내 목숨을 구하긴 했지만, 당 간부들은 자살기도가 명백히 치졸한 행동이며 당과 국민에 대한 도전이라고 말했다.

가을에 접어들자 "반주자파운동"의 기승은 잦아들었다. 극우주의자로 매도된 사람들은 숨을 죽이고 지내야 했다. 그들은 캠퍼스에서도 소외되었고 급우들로부터도 버림받았으며, 의도적인 괴롭힘에도 속수무책으로 당해야만 했다. 그러나 투쟁의 시기가 지나자 외형적인 정상화의 바람은 캠퍼스에도 찾아왔다. 학생들은 지쳐 있었고, 감정적으로도 쇠잔해졌고, 다시는 정치 놀음에 끼어들지 않겠다고 몇 번씩이나 다짐하곤 했다. 장위안쉰은 잘못을 시인하면 졸업이 허락될 수도 있다는 희망을 갖고 졸업논문을 작성하기 위해 학교로 돌아왔다. 그러나 학교 어디에서도 린자오의 모습은 찾아볼 수 없었고 행방도 오리무중이었다.

12월 말경의 어느 토요일 밤, 장위안쉰은 캠퍼스 밖에 있는 서점에서 린자오를 보고 순간적으로 달려갔다. 그녀의 얼굴은 하얀 스카프로 가려져 있었고, 염가 서적과 잡지들이 진열되어 있는 선반을 사이에 두고 그들은 눈이 마주쳤다. 두 극우주의자들이 대화를 하다 발각되는 것은 위험한 일이었지만 몇 달 만의 재회였다. 그녀는 한 마디의 말도 없이 서점을 떠났고, 장위안쉰도 추위 속에서 그녀의 뒤를 따랐다. 그들은 별빛만이 비치는 깜깜한 골목길에서 몸을 구부리고, 그들만이 있다는 것을 확인할 수 있는 넓은 공간에 다다를 때까지 걸었다.

"상황은 더 나빠지고 있다. 구속도 각오해야 될 것 같다"고 린자오가 말했다. "내 가족의 주소를 기억해라. 우리가 어떠한 고난을 당하더라도 소식을 끊어서는 안 된다." 그들은 서로 주소를 주고받았으나, 메모는 할 수 없었고 오로지 기억에만 의존해야 했다. 주소가 적힌 종잇조각이라도 당에서는 극우주의자들의 음모의 증거로 악용할 수 있기 때문이었다.

그 일이 있는 지 며칠이 지난 크리스마스 아침에 경찰이 집으로 찾아와서 그를 체포해갔다. 그에게는 극단적인 극우주의자로 혐의가 씌워졌고, 베이징 서쪽에 있는 교도소에서 8년간의 노동을 통한 재교육이 선고되었다. 이것은 22년간 이어질 고난의 서막이었다. 린자오에게는 보호 관찰 하에서 3년의 징역형이 선고되었다. 거의 1천 5백 명이나 되는 베이징대학 학생들과 교수들이 처벌받았는데, 그 숫자는 대학의 학생과 교수의 총 숫자인 8천 명의 5분의 1에 해당하는 숫자였다. 어떤 사람들은 학교에 계속 남도록 허락되었으나 많은 사람들이 직장을 잃고, 추방되고, 생활이 어려워졌다. 장위안쉰과 함께 대자보를 쓴 선쩌이도 결국은 싼시 지방 북쪽에 있는 노동수용소에 보내졌다. 후르시초프의 비밀연설을 번역하는 데 도움을 준 수학과 교수는 종신형을 선고 받았다. "백화사회"라는 조직을 만든 주모자들도 장기복역을 선고 받았다. 전국적으로 50만 명 이상의 국민들이 노동수용소로 보내지거나 농촌에서 땅을 일궈 경작하도록 추방되었다. 마오쩌둥은 그의 각료들 중 2명과 소규모의 방계 정당의 간부 몇 명을 사회주위 체제를 전복하려는 음모를 꾸몄다는 혐의로 기소함으로써 탄압을 정당화했다.

마오쩌둥은 자신의 요구대로 행동한 사람들에게 혐의를 씌우고 기소했다는 점에서 모순을 보였다. 그러나 지금에 와서 공산당은 "백가쟁명 운동"은 뱀을 굴속에서 나오도록 유인하기 위해 "백가쟁명"이라는 음악을 연주했을 뿐이라고 강변하고 있다.

8년이 지난 1966년에 장위안쉰은 형기를 다 마쳤으나, 노동수용소는 "지속적인 교정"을 계속해야 한다고 지시했다. 하나의 변화는 일 년에 한번 일정기간 동안 집에 갈 수 있다는 점이었다. 장위안쉰은 마음속으로 다른 여행을 생각했다. 그는 지금까지도 린자오의 가족들의 주소를 기억하고 있었다. 다시 한 번 린자오를 만나 보기로 결심했다. 그녀는 그때까지도 교도소에 있었는데, 그녀의 어머니는 그를 그녀의 약혼자라고 속이면서 당국에 그들이 만날 수 있도록 해달라고 애원했다. 린자오는 그때까지도 어떤 범죄 행위에 대한 인정을 거부하고 있는 상태였기 때문에 교도소 측도 그가 "그녀의 생각을 바꾸도록" 설득해주길 바랐다. 장위안쉰도 같은 생각이었다. 그는 그녀의 건강이 걱정스러웠고, 그녀가 타협한다면 곧 석방될 수 있을 것으로 생각했다.

그는 1966년 5월에 그녀를 만났는데, 그녀가 처형되기 2년 전이었다. 그는 고향으로 가는 도중에 상하이에서 슬쩍 내렸다. 그리고 지금의 티란차오 교도소 면회실에서 기다리고 있었다. 20여명의 무장 경비원들과 교도소 교도관들이 먼저 면회실을 들어왔고, 다음에 린자오가 간호복을 입은 여인의 부축을 받으며 발을 질질 끌면서 들어왔다. 린자오의 얼굴은 창백하고 여위었으며 그녀의 이마에는 하얀 천이 묶여 있었는데, 그 천에는 "불법 행위"라는 피로 쓴 글자가 쓰여 있었다. 그녀는 자신의 옛 친구를 보자 미소를 지었다. 장위안쉰에게는 하얀 실크리본으로 머리를 치장한 날씬한 젊은 여성이 다시 거기에 서있는 것 같았다.

교도관들은 놀랐다. 그들은 이제까지 그녀가 웃는 것을 한 번도 본 적이 없었다고 말했다. 그들이 만나는 동안 교도관들은 계속 방에 남아있었다. 그러나 린자오는 개의치 않았다. 그녀는 "투쟁시기" 동안 교도소 당국이 동료수감자들을 시켜 매일 그녀를 때리도록 시켰다고 장위안쉰에게 말하고 심지어는 남자들에게 성폭행당할까 두려웠다고 말했다. 이때 교도관들 중 한 사람이 급히 뛰어 들어 그녀에게는 정신적인 문제가 있기 때문에 사실대로 믿지 말라고 말했다. 그러자 린자오가 그 교도관에게 항의했다. "도대체 어떤 나라가 범죄 행위로 수감 중인 자를 정신병자로 취급하는가? 내가 반역으로 몰려 재판을 받을 때 왜 당신들은 내가 정신적인 질환을 갖고 있다고 말하지 않았는가?"

장위안쉰은 주제를 바꾸면서, 린자오에게 지금이라도 타협하면 석방될 수 있다고 설득했다. 그러나 그녀는 당국이 이미 그녀를 처형하기로 결정했다고 말했다. 그녀는 말할 때마다 기침을 했고 그때마다 손수건에 피를 토해냈으며, 결국에는 기진맥진한 상태에서 마룻바닥에 주저앉았다 "나는 언제 죽을지 모른다. 그러나 역사는 오늘의 아픔을 말할 때가 올 것이다. 언젠가는 당신이 이러한 시대의 아픔을 국민들에게 알려주길 바란다"고 말하면서 그녀가 쓴 시와 에세이, 서신들을 모아서 출판해 달라고 부탁하고, 자신의 어머니와 어린 동생을 부탁한다고 말했다. 그리고는 통곡을 했다. 면회실은 정적에 빠졌다. 교도관들은 이전에 그녀가 우는 것을 한 번도 본 적이 없다고 말했다.

잠시 후 린자오는 "백가쟁명운동" 때 그에게서 배신감을 느꼈다고 말했던 것을 상기시켰다. "내가 가장 싫어하는 것은 기만이다. 나는 나중에서야 우리 모두가 기만당했다는 것을 깨달았다. 수십만 명의 시민들과 학생들이 전부 다 기만당했다."

면회 시간이 거의 끝날 쯤에, 린자오는 장위안쉰에게 가까이 오라고 했다. 그는 책상을 돌아서 그녀의 옆에 앉았다. 그녀는 그에게 줄 선물이 있다고 하면서 갖고 있던 보따리를 풀고 잠시 더듬거렸다. 그는 그것이 무엇인지 궁금했다. 린자오가 무엇인가를 꺼내자, 그는 처음에는 그것이 무엇인지 알 수 없었다. 이윽고 그녀가 그것을 그의 손바닥에 놓았다. 그것은 사탕을 싸는 작은 셀로판지로 만든 자그마한 범선이었다.

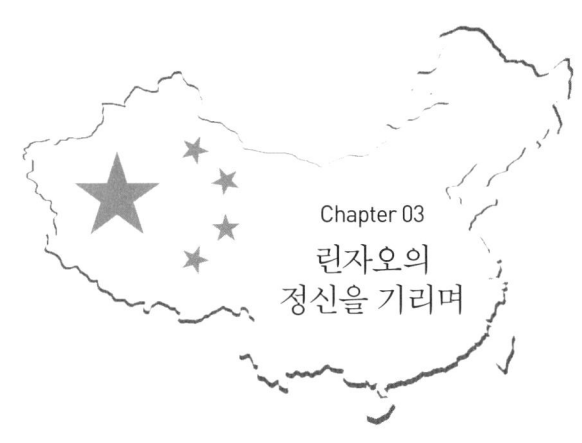

Chapter 03
린자오의 정신을 기리며

후제는 그의 손에 들려 있는 작은 범선을 보았다. 그것은 부서지기 쉬운 아주 자그마한 것이었다. 장위안쉰은 30년 이상을 보물보다도 더 소중히 보존해오던 것을 지금 다큐멘터리 제작자에게 건네주고 있다. 장위안쉰은 자신은 이미 늙었고, 그가 죽은 뒤엔 그것이 온데간데없이 사라질 것이라고 말했다.

장위안쉰은 그때 교도소를 방문한 후로 다시는 린자오를 보지 못했다. 노동수용소의 관리들은 그를 독방에 가두었다. 작은 독방은 찌는 듯이 무더웠고, 창문이 없어 빛도 들어오지 않는 모기들이 우글거리는 곳이었다. 그가 린자오를 만났을 때 어떤 음모라도 꾸몄는지 조사하기 위해 조사관들이 그를 끄집어낼 때에만, 바깥구경을 할 수 있었다. 이와 같은 고통스럽던 시기인 1968년 여름, 그는 린자오가 처형되었다는 소식을 들었다.

"당신 의견은 어떤가?" 재교육 담당관은 날카롭게 물었다. 장위안쉰은 극도의 절망감으로 "아무런 의견도 없다"고 말했다. 그는 138일 동안을 독방에서 지낸 뒤, 교도소 농장에서 경작하고, 석탄 광산에서 광부로 일하기도 하면서 10년을 더 보냈다. 그와 고향에 있는 그의 가족들은 문화대혁명의 광풍이 몰아칠 때, 그들에게 해가 될만한 모든 것들(오랜 편지들, 잡지들, 사진들)을 없애 버렸다. 그러나 그가 린자오의 범선만은 종이로 말아서 숨겨 놓았기 때문에 안전할 수 있었다. 어느 누가 그것이 자그마한 셀로판 조각 이상의 의미를 갖고 있는 것이라고 생각이나 했겠는가?

지금 그는 후제가 그것을 보관해줄 것을 바라고 있었다. 그는 그것이 어디에서 흘러 나왔는지, 또 무엇을 의미하는지에 대해서 이해할 수 있는 사람에게 전해지기를 바랐다. 후제는 꼭 그렇게 하겠다고 말하며 범선을 조심스럽게 받았다. 후제는 장위안쉰의 무거운 짐을 건네받고 있다는 것을 잘 알고 있었다. 그 짐은 린자오에 대한 기억을 보존하고, 그녀에 대한 이야기를 후대에 전하고, 장위안쉰이 오래 전에 교도소를 방문했을 때 린자오에게 한 약속을 꼭 이행해야 한다는 무거운 짐이기도 했다.

두 사람은 꼬박 5일 동안을 이야기하면서 지냈다. 때로는 카메라를 켠 상태에서, 때로는 카메라를 멈추고, 피곤하거나 배가 고프면 쉬어가면서 대화를 이어 나갔다. 장위안쉰은 대단한 달변가였고, 후제는 그의 이야기에 푹 빠져 들었다. 대화 내용의 대부분이 그에게는 새로운 사실이었다. 후제는 지금까지만 해도 반주자파운동에 대한 인식이 좀 막연했다. 장위안쉰이 그에게 설명하기 전까지만 해도 반주자파운동이 좀 잘못이 있지만 마오쩌둥과 연결되어 있다는 정도만 알았지 정확히 무슨 일이 있었는지에 대해서는 몰랐다.

 그러나 지금에 와서 그 사건의 규모와 중요성을 이해하게 되었다. 공산당이 보다 나은 민주주의적 정치 발전을 허용하겠다고 한 약속을 저버렸을 때, 결과적으로 그 약속은 공산당이 지지를 얻고 권력을 유지하는 데 이용되었다는 바로 그 점에서 중국 역사의 전환점이 되었다고 후제는 생각했다. 공산당 정부는 충성 어린 견해의 차이도 허용하지 않았다는 것이 명백해졌을 때, 역사를 보는 관점도 달라졌다는 것을 확신할 수 있었다.

 후제는 "백가쟁명운동"의 범위와 열기에 놀랐고, 극우주의자 색출 운동의 무자비함에 또 한 번 놀랐다. 그러나 그가 깨달은 가장 놀라운 사실은 이러한 사건들이 국민들의 기억에서 거의 잊혀졌다는 데 있었다. 어떻게 그런 엄청난 사건들이 그렇게도 빨리 잊혀 질 수 있는지 알다가도 모를 일이었다. 불과 몇 십 년 전에 일어난 사건과 사람에 대한 것보다도 과거 수백 년 전의 왕조와 황제들에 관해서 더 많이 알고 있다는 역설을 국민들은 어떻게 받아들여야 하는가? 극우주의자 색출과 같은 정치적 대변동을 재조명하고 토론조차 하지 못하게 한다면, 그러한 사회는 과연 정상적이고 건강한 사회라고 할 수 있을 것인가? 그는 역사적 지식의 결여가 사회 진보를 가로 막는 것은 아닌가, 또는 과거에 대한 무관심과 무지가 린자오와 그녀의 친구들의 논쟁과 투쟁들을 부각시키는 데 방해가 되는 것은 아닌가 하고 걱정했다.

 천안문 운동 때의 학생들의 생각이 "백가쟁명"시대의 학생들의 생각과 맥을 같이 한다면, 천안문 민주화운동은 어떻게 평가되어져야 하는가?" 그 밖의 몇 가지 의문들도 그를 괴롭혔다. 자신은 물론이고 이 시대의 모든 사람들이 이처럼 중요한 사건들을 이해하지 못한다면, 어떻게 올바른 역사와 지식을 다음 세대에게 넘겨줄 수 있겠는가?

난징으로 돌아오는 열차에서, 후제는 다큐멘터리의 초점을 확대하기로 결심했다. 그는 보다 광범위한 작업들을 구상했다. 하나는 린자오의 삶을 계속해서 추적하는 것이고, 또 하나는 그녀가 살았던 시대의 상황을 그녀의 삶과 연계시키면서 재조명하는 것이었다. 그는 현재를 위해서라도, 국민들이 과거에 대한 인식을 다시 한 번 생각해보고 삶의 교훈으로 삼기를 간절히 원했다. 그의 시대의 많은 사람들처럼, 후제도 공산주의는 오래 전에 실패했다고 결론을 내렸다. 공산당에서 어떻게 설명하던, 이미 공산당은 보다 밝은 미래를 건설하는 여정으로 자본주의를 받아 들였다는 것은 분명했다.

장위안쉰의 이야기를 들으면서 후제는 중국 공산주의에 대해 새로운 인식을 하게 됐다. 공산주의는 잘못된 이데올로기 또는 경제이론이라는 것을 알게 되었다. 공산주의는 인류의 발전 도정에서, 인류에게 영감을 불어넣은 완전한 평등 사회를 만들기 위한 시험으로서 "하나의 사건"이었고, 한편으로는 상상할 수도 없는 "잔학성을 보여준 사건"이었다. 그것은 인류의 역사에서 엄청난 경험이었고, 많은 상처를 남겨 주었다. 후제는 지금에 와서야 그것이 얼마나 터무니없는 것이었는가를 알게 된 것이 이상스러웠다. 어떻게 그런 일들이 일어 날 수 있었을까? 어떻게 해서 "반주자파운동"과 같은 것들을, 또한 문화대혁명과 같은 재앙을 마오쩌둥과 함께 저지를 수 있었을까? 그러면서도 공산당은 어떻게 권력을 유지할 수 있었을까? 후제는 역사적 맥락에서 린자오의 삶을 조명하면서 그러한 의문들도 동시에 제기하는 다큐멘터리를 만들고 싶었다. 주위에 그를 지원해주는 사람이 없더라도 혼자서라도 하고 싶었다.

그는 지금까지의 영상 제작에서의 방관자적 입장을 버리고, 자신이 보다 적극적인 역할을 하고, 자신의 사상을 필름에 담기로 결심했다. 그는 그 시대를 살았던 사람들은 물론이고 린자오를 알고 있는 많은 사람들을 찾아내고 인터뷰하기를 원했다. 이러한 작업을 하려면 많은 자료와, 시간과 돈이 필요했으나, 그는 어떠한 어려움들을 감수하더라도 노력할만한 가치가 있다고 확신했다. 그는 걱정하는 아내에게 지금까지 만들었던 어떤 작품보다도 특별하고 훌륭한 작품이 될 것이라며 안심시켰다.

그것은 많은 시간을 필요로 했고 어려운 작업이었다. 후제는 한 사람 한 사람씩 인터뷰 대상자를 찾아내고, 그들에게 린자오에 대해서 얘기해 달라고 설득하면서 다녔지만 그들은 매번 거절했다. 어떤 사람들은 무례한 태도로 거절했고, 어떤 사람들은 미안하다는 표정을 짓기도 했다. 그들이 반응들에서 공통적인 것은 바로 공포였다. 후제가 방문했을 때, 그들의 목소리에서는 공포를 감지할 수가 있었고, 아무런 연락도 없이 그들의 집 앞에서 자신이 하고 있는 일을 설명할 때에도, 그들의 눈과 몸짓에서 두려움을 느낄 수 있었다.

후제가 방문했던 어느 부부는 문화대혁명 때 너무 큰 충격을 받은 나머지, 그들의 집에 있는 모든 물건을 신문지로 말아 놓고 있었는데, 지금이라도 만일의 사태를 대비하기 위해서라고 했다. 후제가 인터뷰를 원하는 사람들은 소위 "극우주의자"라고 불렸던 사람들이었는데, 그들이 당했던 비극적인 상황들은, 항상 그들을 공포의 기억 속에 머물게 했다. 그들은 마오쩌둥의 사망 후 명예를 회복하고 새로운 직장이 주어졌지만, 공산당은 아직도 권력을 잡고 있고, 그들이 땅을 일구었던 노동수용소는 아직도 운영되고 있었다. 그들은 자신들의 말 한마디가 어떤 결과로 이어질지 너무나 잘 알고 있었고, 후제도 그들이 꺼리는 것을 이해할 수 있었다. 그들은 이미 많은 것들을 잃었고 남은 여생만이라도 안락하게 살기를 원했다. 그렇다고 과거를 전부 잊어 버렸다는 것은 아니었다. 그것은 그들이 과거를 너무나 잘 기억하고 있다는 반증이기도 했다.

거의 모든 사람들이 인터뷰를 거절하는 가운데서도 입을 여는 사람들도 간혹 있었다. 그들도 처음에는 조심스러워 했고 혹독한 고통을 당했기 때문에 아직도 모든 것을 두려워했다. 그러나 그들이 처음의 망설임을 극복하고, 이야기를 꺼내기 시작했을 때 언제 끝이 날지 모를 정도로 계속되었다. 그들 또한 가슴 아픈 사연들을 겪어 왔고 그 동안 많은 감정들을 억눌러 왔으며 오랫동안 기억들을 가두어 왔기 때문에, 린자오에 대한 이야기가 시작되자 마치 수문을 열어 놓은 것 같았다. 지난 일들이 주마등처럼 되살아나면서, 그들은 쉬지도 않고 몇 시간 동안 이야기를 이어 나갔다. 그때에는 그들은 마치 그 동안 쌓였던 정신적인 스트레스를 모두 풀어 버리려는 것 같았다. 그럴 때는 오히려 후제가 기진맥진해져 인터뷰를 끝내고 돌아왔다. 그들 대부분은 이전에는 어느 누구에게도, 심지어는 그들의 가족들에게도 그들이 경험한 기억을 꺼내지 않았다. 어떤 사람들은 집 밖에서 인터뷰를 하자고 요구하기도 했는데, 그들의 자녀들에게 자신들이 당했던 고통들을 알리고 싶어 하지 않았기 때문이었다.

그들은 린자오를 위해서 이야기를 꺼낸다고 했다. 그러나 후제는 그들 스스로를 위해서라도 이야기하고 있다는 것을 감지할 수 있었다. 그들은 지금까지 공산당이 덮어 둔 역사적인 사건의 산 중인들이었다. 그리고 공산당이 그들의 역사를 부정적인 시각으로 보고 있다는 것은 마치 그들의 존재를 지워 버리는 것과 같다는 것을 알고 있기 때문이기도 했다. 국가는 계속 앞을 보면서 활동을 계속하고 있지만, 국민들에게 정작 무슨 일이 일어났던가에 관심을 기울이는 사람은 아무도 없었다. 언론인들도, 역사가들도 그들과 인터뷰하러 온 적이 한 번도 없었고, 그들이 겪은 경험들은 책에서도, 잡지에서도 그리고 텔레비전에서도 한 번도 볼 수가 없었다. 다만 예외적으로 해외에서 몰래 들어오는 잡지들이나 비디오에서만 그러한 사실들에 대해서 가끔 볼 수 있었다. 그들이 나이가 들면서 염려하는 것은, 그들이 죽은 후에, 사람들이 "백가쟁명운동"과 "반주자파운동"을 어떻게 생각하고 평가하느냐 하는 점이다. 어느 곳에서도 필름 제작자들은 보이지도 않았고, 그들의 이야기를 들려달라고 요청하지도 않았고, 그들의 기억들도 녹음하지 않았다. 그런데 후제가 증언을 해달라는 요청이 있자, 그 동안 억눌려 왔던 그들의 감정을 자극했고 증언은 봇물처럼 쏟아져 나왔다.

그들은 후제에게 진실을 밝힘으로써, 공산당이 그들을 역사에서 지워 버리려는 것을 거부하고 있었다. 어떤 사람은 현관문을 열어 주자마자, 눈물을 흘리며 주저앉기도 했다. 70세의 루푸웨이는 은퇴한 신화통신의 기자였고, 한때는 린자오가 활동했던 베이징대학 공산당 지부의 서기로 재직했으며, 린자오에게 극우주의자라는 낙인을 찍기 위해 일행과 함께 행동했다. 한때는 린자오와 함께 문학부에서 활동했던 급우이기도 했다. 그는 의자에 앉아서 몇 분 동안 흐느껴 운 뒤에, 마음을 진정시키고 후제에게 이야기를 꺼내기 시작했다. 그 당시에 린자오가 말했던 것은 바로 일반적인 생각이었다. 그것은 그녀가 특별히 다른 사람들과 다르게 시대를 인식했다는 것이 아니라, 바로 일반인들의 상식적인 생각이었다고 말했다. "그러나 우리들이 역사를 보는 관점이 너무 낮았기 때문에, 일반적인 생각은 바로 반혁명적인 생각이었다."

마오쩌둥이 죽은 뒤, 루푸웨이는 문화대혁명에 대해 쓴 논평에서 린자오의 집행에 관한 문구를 슬쩍 끼워 넣었는데, 그것은 린자오에 대한 조용한 추모식을 마련하는 계기가 되었다. 추모식에서 린자오의 사진 옆에 놓여있던 빨간 리본들에는 전통적인 애가조의 댓구(對句) 대신에 루푸웨이가 쓴 단 두 글자만이 있었다. 하나는 의문부호(?)이고 또 하나는 감탄부호(!)였다.

인터뷰를 계속하다 보니 린자오에 대한 정보를 많이 확보했다. 그는 린자오가 우익으로 몰린 후 탄광에서 노동 교정을 받도록 선고되었으나, 어느 한 교수가 그녀의 건강이 염려되어 탄광노동 대신에 캠퍼스에 있는 과수원에서 형기를 마칠 수 있도록 배려해 주었다는 것을 알았다. 그때 린자오는 탄톈룽이라는 남학생과 잠깐 친하게 지냈는데, 그는 베이다에서 가장 걸출한 우익학생이었고 "백화사회"라는 조직의 주동자 중 한 명이었다. 그는 항구도시 칭다오(Qingdao 靑島)에서 석방된 후 그 도시에서 대학교수로 재직하고 있었다.

후제는 그에게 편지를 보내고, 린자오의 사진도 보내면서 면담을 간청했지만, 그는 완강하게 인터뷰 요청을 거절했다. 나중에 후제는 혼자서 그를 만나기 위해서 칭다오로 떠났다. 아파트 현관 앞에서 그는 계속 난색을 표했지만, 후제는 그가 현관문을 닫도록 놔두지 않았다. 후제는 이에 관한 역사를 기록하는 것이 얼마나 중요한 것인가를 설명하면서, 적어도 카메라를 끈 상태에서라도 말을 해줄 것을 간청했다. 거의 40분이나 지나서야 탄톈룽의 감정은 누그러졌다. "당신이 린자오의 일로 멀리서

오지 않았다면 집으로 들이지 않을 것이다"라고 말하며 후제에게 안으로 들어오도록 했다.

잠시 뒤, 그는 카메라를 작동하는 상태에서 이야기하기로 동의했다. 그는 자신이 노동수용소로 보내지기 전에 잠깐 동안이지만 린자오와 사랑에 빠졌다고 토로했다. 그리고 1958년 여름, 공산당의 지시로 모기를 박멸하는 데 동원되는 것을 본 후, 그녀가 자신에게 했던 말을 들려주기도 했다. "나는 공산당의 어리석은 짓거리를 보면서 하루 종일 마음속으로 비웃었다."

1959년 말쯤에 린자오는 의료감호 처분을 받고 집으로 돌아가게 된다. 그녀의 부모들은 그때까지만 해도 별거 중이었다. 그녀의 어머니는 상하이에서 살고, 그녀의 아버지는 쑤저우에서 살고 있었다. 그녀는 두 사람을 화해시켰고, 자신이 공산당 사상에 깊이 빠졌던 십대 시절에 부모님을 비난했던 것을 후회한다면서 용서를 빌었지만, 일 년 뒤 그녀가 다시 구속되자 그녀의 아버지는 비통한 심경으로 자살을 하고 만다.

니진슝과의 첫 탐문여행 때, 후제는 한 은퇴한 교수로부터 린자오가 1960년에 공산당에 비판적인 지하 잡지 출판과 관련된 혐의로 구속되었다는 말을 들은 적이 있었다. 후제는 그제서야 린자오가 그 잡지 사건에 연루된 사실을 알게 되었다. 린자오는 "반주자파운동" 사건에서 비교적 가벼운 선고를 받았고, 병 치료를 위해 집으로 가도록 가석방되었었다. 만약 그녀가 더 이상 정치적 활동에 관여하지 않았다면, 그녀에게 더 이상의 불운은 없었을지도 몰랐다. 그러나 조용히 지내는 대신, 그녀는 간쑤성(Gansu Province, 甘肅省)에 있는 란저우라는 변경 도시에서 천 마일이나 떨어진 곳의 한 대학에서 연구하고 있는 물리학 전공의 졸업생들로 구성된 한 그룹과 접촉을 갖게 되었다.

그들 대부분은 베이징에 있는 대학을 다녔고, 일부는 상하이 출신이었다. 공산당은 이들을 군에서 원자폭탄을 제조하고 있는 연구소와 실험장이 있는 곳과 가까운 서부지역에 연구원 자격으로 보냈다. 그들은 중국에서 가장 훌륭한 인재들이었는데도, 간쑤성에서는 이들은 국외자에 불과했다. 지방 간부들은 "반주자파운동" 때 이들을 괴롭히고 급기야는 변방 지역의 노역장으로 보내버렸다. 이들 중 몇 명의 학생들이 린자오를 우연히 만난 것은 그들이 고향을 방문했을 때였다. 그 때 그녀는 공산당 정책을 비판하는 잡지를 출판하려는 그들의 계획에 관여하게 된다.

그들은 체포를 각오하고 하나의 등사기만을 사용하여 첫 호만을 출판하기로 계획했다. 1960년 9월 경찰은 잡지발행에 관련된, 란저우에 살고 있는 40여 명의 학생들과 교수들을 체포했고 지방 공산당 서기와 그들에게 호의적이었던 주민들도 체포했다. 린자오도 역시 몇 주 후에 쑤저우 경찰에 의해서 체포되었다. 후제는 그 문제의 잡지와, 무엇 때문에 린자오가 그토록 위험한 행동에 동참하게 되었는가를 설명해 줄 수 있는 사람들을 찾아 나섰다. 우연히 그는 공산당 역사의 숨겨져 왔던 내막에서 그 대답을 찾아냈다. 후제는 1958년과 1961년에 걸쳐 중국 전역을 휩쓴 기근에 대한 이야기를 듣고 알고 있었다. 그러나 그가 알고 있는 내용은 축소된 것 뿐이었다. 린자오에 대한 탐구가 깊어지면서 그 재앙에 대한 진실을 알게 되었다.

그것은 기근이었지만 제한적인 것도 아니고 자연적인 재해도 아니었다. 공산당의 정책들, 특히 "대약진운동"으로 알려진 운동의 직접적인 결과로 일어난 대재앙으로서 약 3천만 명(아마도 5천만 명)이 이때의 기근으로 죽었다. 1958년에 시작된 대약진운동은 압축된 경제적 생산의 열기 속으로 국민들을 몰아세우면서 중국을 유토피아적인 공산주의 사회로 급부상시키기 위한 마오쩌둥의 시도였다. 전국에 걸쳐 거대한 인민공사가 설립되었고, 농민들은 이들 공사에 그들의 토지와 재산들을 기부하도록 강요되었고, 음식들은 공동식당에서 제공되었으며, 임금은 노동배급표로 대신 지급되었다. 당시 공산당은, 강철 생산에서 영국과 미국을 15년 이내에 따라 잡겠다는 마오쩌둥의 공언과 같은 터무니없는 경제적 목표들을 발표했다.

수백만 농민들의 농지는 무모한 정책에 전용되었다. 그 중에서도 가장 주목할만한 것은 농촌 사람들이 "뒷마당 용광로"라고 하는 원시적인 제련소에서, 그들의 금속 제품들(조리기구, 자전거, 농기구 등)을 강철로 바꾸었다는 점이다. 대약진운동은 기필코 성공할 것이므로, 농민들에게는 밭에서 보내는 시간을 줄이고 그 대신 이 운동에 더 많은 시간을 투입하도록 독려되었고, 음식도 공동취사장에서 더 많이 먹도록 요구되었다. 관료들은 마오쩌둥에게 아부하느라 또는 그들의 자리를 보전하기 위해서 풍작이라고 허위보도를 일삼아 왔기 때문에, 상황은 지금까지 중국에 몰아쳤던 재난 중에서 가장 참혹한 인재로 기록되었다. 재난이 닥치자, 이들 관료들은 가까이에서 재난을 목격한 사람들을 극우주의자로 몰아붙이면서 처벌하기에 급급했다.

식량부족은 도시에서도 심각했지만 농촌에서는 상황이 더욱 나빴는데, 농촌 사람들 대부분이 노동재교육현장으로 보내졌기 때문이다. 그들은 후제에게 말하길, 처음엔 어린 아이들이 죽었고, 건강한 사람들도 나무껍질과, 곤충들과 쓰레기들을 뒤지며 연명했고, 심지어 인육을 먹으며 목숨을 부지하기도 했다고 말했다. 이러한 참혹한 내용이 녹화되기 시작했을 때 그는 카메라 뒤에서 눈물을 훔치기도 했다.

한때 극우주의자로 몰렸었고, 한국 전쟁 참전용사이기도 했던 황전은 쑤저우에서 린자오와의 안면이 있었는데, 한때는 생산물이 넘쳐났던 양쯔강에서 조금 떨어진 지역에 있는 노동수용소에서 그가 겪은 일을 후제에게 이야기했다.

> 1961년 겨울, 우리는 매일 아침 농장에서 시체를 꺼내와 매장했다. 그런 일은 하루 이틀만이 아니었다. … 우리는 그들이 사용하던 담요들로 시체를 감고 밀집 끈으로 양쪽 끝을 꽉 동여맸다. 그러고 나서 또 다른 밀짚 끈으로, 하나는 시체의 목 주변을 묶고, 나머지 하나는 발을 묶었다. 우리 두 사람은 긴 대나무 장대를 넓게 이어서 만든 대나무 널빤지 위에 시체를 얹고 1마일 가량 떨어진 시즈강까지 시체를 옮겼다. 구덩이를 파 시체를 묻고는 무덤이라는 표시를 남겼다. 이런 식으로 매일 시체를 묻었고, 마을 사람들은 멀리 떨어진 곳에서 이 광경을 보고 있었다. 다음날 늘 하던 대로 시체를 묻기 위해 현장에 왔을 때 무덤이 파헤쳐져 있었다. 시체를 다시 수습하려고 보니 모두 발가벗겨져 있었다. 주민들은 덮을 것이 필요했던 것이다. 이럴 때 우리들은 어떻게 해야 했을까? 그저 시체를 흙으로 덮어둘 수밖에 없었다.

기근이 확산되자, 고위관계자 중 한 사람이 진상을 명확히 가려야 한다고 결심했다. 펑더화이, 당시에 국방장관이고 중국혁명과 한국전쟁의 영웅이었던 그가 마오쩌둥에게 개인적으로 서신을 보냈다. 그 서신에는 대약진운동을 비판하는 내용은 물론이고 그의 고향 근처에 있는 지방에 대한 최근의 방문에서 보고 느꼈던 비참한 상황들에 대한 내용이 적혀 있었다. 마오쩌둥은 1959년 7월에 열린 공산당 전국 인민회의에서 그 서신을 대의원들에게 배포했고, 펑더화이를 당을 분열시키려고 음모를 꾸미고 있는 극우주의자라고 거세게 몰아 부치면서 신랄하게 비난했다. 그것은 정치적 효과를 극대화하기 위한 준열한 비판이었다, 마오쩌둥은 만약 다른 공산당 지도자들도 자신을 따르지 않는다면, 자신은 당을 떠나서 농민들을 이끌고 반정부 혁명에 앞장서겠다고 협박했다. 승부는 이미 시작하자마자 싱겁게 끝나 있었다. 이제 더 이상 마오쩌둥에 대해서 공개적으로 도전하는 세력은 있을 수 없었다.

펑더화이는 굴욕스럽게 권좌에서 쫓겨났고, 마오쩌둥은 당원들에 대한 또 다른 숙청을 개시했는데, 그 숙청으로 6백만 명을 처벌함으로써 반주자파운동을 무색하게 했다. 펑더화이가 잘못을 했다는 것을 입증하기 위해서 공산당은 대약진운동을 더욱 거세게 몰아붙였고, 그 결과 전국에 걸쳐 수백, 수천만 명의 아사자가 발생했다.

린자오는 처음부터 대약진운동에 대해 회의적이었다. 그녀가 부질없는 짓이라고 비웃었던 모기박멸운동은 대약진운동의 초기 국면의 한 징후였다. 그리고 그녀가 "네 종류의 해충들(쥐, 참새, 파리, 모기)"에 대한 공산당의 박멸 운동에 비웃음을 보였다면, 그것은 계속 이어지는 농촌에서의 집단 기근에 대한 보도들과 그러한 사태에 대처하려는 관료들의 복지 부동을 보면서 분노를 느꼈기 때문이었을 것이다. 이것이 바로 린자오로 하여금 구속을 각오하면서, 란저우 지방의 물리학 전공의 학생들과 연계하고 지하 잡지를 발간하기 위해 활동하도록 한 동기였을 것이다. 특히 간쑤성에서는 기근이 유독 심했다.

"우리는 잡지를 발간하는 즉시 처벌을 받게 될 것이라는 것을 알았다." 구얀이라는 사람이 말했다. "그럼에도 우리는 잡지를 발간해야 한다고 느꼈다. 누군가는 싸워야 한다고 생각했다. 아무도 용기를 갖고 말하지 않는다면 우리의 조국은 희망이 없을 것"이라는 믿음이 있었다.

후제는 잡지에 관여했던 사람들을 찾아다니면서 인터뷰하는 과정에서, 린자오와 그녀의 친구들은 대약진운동을 비판하고 펑더화이의 축출을 항의하는 내용의 공개서한을 공산당 지도자들에게 보내기 위해 등사기를 사용하여 인쇄했다는 것을 알아냈다. 그러나 그가 인터뷰한 사람들 가운데 공개서한의 사본과 잡지들을 갖고 있는 사람들은 아무도 없었다. 이들 자료들은 린자오와 친구들이 구속될 때 경찰에서 전부 압수했다.

후제는 린자오가 쓴 수기들을 찾고 있었다. 그는 과거 그녀가 직접 쓴 글들을 원했으며, 그가 인터뷰한 모든 사람들에게 그녀의 편지와 에세이, 시는 물론 당시 그녀의 사상을 들여다볼 수 있는 어떠한 것이라도 가지고 있는지 물었다. 대부분의 사람들은 당국에 빌미를 줄 수 있는 것들은 모두 없애 버렸다고 말했다. 그러나 우연히 오래된 편지나 사진 뒷면에 갈겨 쓴 시들을 찾아낼 때도 있었다. 어떤 사람은 린자오는 습관적으로 중요하다고 생각하는 저술 등의 복사본들을 안전을 위해서 친구들에게 나누어주었다고 귀띔해주었다. 마치 그녀가 자신의 저술들을 잃어버릴지도 모른다고 예견하고 언젠가, 누군가가 그것들을 찾기 위해 애쓸 것을 알고 있었던 것 같았다. 그녀가 구속되기 전 평소에 존경해왔던 학장에게 찾아가서 자신의 저작물들을 안전하게 보관해줄 것을 부탁한 적이 있다. 학장은 문화대혁명 때 그것들을 모두 소각해버렸다.

후제는 1962년에 린자오가 몇 달 동안 치료를 위해 가석방된 적이 있다는 사실을 알았다. 그때 그녀는 정치적 평론과 편지를 쓰곤 했는데, 그 가운데에는 베이징대학교 총장에게 보내는 서한도 있었다. 이것들을 각각 따로 베낀 뒤, 한 부는 경찰서에, 다른 한 부는 교도소 당국에 보냈다.

또 다른 한 부는 옛 친구에게 보냈다. 후제는 그녀의 옛 친구의 주소를 알아내, 그녀를 만나기 위해 준비를 하고 있었다. 그러나 그곳으로 가기 전, 그녀의 아들로부터 어머니가 돌아가셨다는 소식을 들었다. 이러한 실망은 조사과정에서 흔히 일어나는 일이었다. 그러나 그는 린자오가 앞날을 예견하고 그녀의 글들을 여러 부로 나눠 감추어 두려고 노력했다고 심증을 굳혔다. 그는 그것들이 어딘가에서 발견되기를 기다리면서 숨어있을 것으로 믿었다. 그리고 그것들을 꼭 찾고야 말겠다고 다짐했다. 그는 그녀가 옥중에서 쓴 편지들과 그녀의 선혈로 쓴 글들을 어떻게 손에 넣을 수 있을까에 대해서는 구체적인 복안이 없었으나 이것들도 꼭 찾고야 말겠다고 다짐했다. 그는 이미 묻혀왔던 과거에 대해서 많은 것들을 파헤쳤고 공산당은 이러한 일들을 영원히 감출 수 없다는 것을 믿어 의심치 않았다.

후제는 종종 전에 인터뷰했던 사람들을 다시 만나러 가곤 했다. 처음에는 어색했으나, 만나는 횟수가 거듭함에 따라 그들은 새로운 사실들을 교환하게 되고, 그밖에 그에게 도움이 되는 말을 해 줄 사람을 함께 찾아 다녔다. 그러면서 그는 적적할 때마다 그들을 방문한다는 사실도 깨달았다. 그는 당시에 다큐멘터리 작업에만 몰두해 있었다. 그는 그의 누이동생과 몇 사람만을 제외하고는 동료도 없었고, 필름에 대해서 아무에게도 말하지 않았다.

대부분의 친구들은 그에 대해 관심도 갖지 않았고, 오래 전에 죽은 여성에 대한 그의 집념을 이해하려고 하지도 않았다. 그러나 그가 인터뷰했던 소위 "극우주의자"들은, 남녀 할 것 없이 60대와 70대였는데, 그들은 후제가 무엇을 하고 있는지에 대해 올바르게 인식하고 있었다. 그들은 린자오의 생애에 대한 기록물을 만들겠다는 후제의 집념에 공감하고 있었다. 또한 그들은 지난 세월 그들이 겪었던 한 편의 역사를 기록하는 데 대한 중요성도 알고 있었다. 후제는 그들에게서부터 위안을 받았고, 그들 역시 그를 반갑게 맞아들였는데, 그들은 서로가 외로움을 겪은 경험이 있었기 때문이었다.

후제와 친하게 된 사람들 중 한 사람은 간추라는 베이징에 사는 은퇴한 도서관 직원이었다. 그는 60대 후반의 겸손한 사람이었고, 숱이 적은 백발의 머리와 날카로운 눈, 담배 니코틴으로 누렇게 변해 버린 치아를 갖고 있었다. 극우주의자로 몰려서, 그의 삶의 대부분을 신장성의 사막지대에서 중노동을 하면서 보냈다. 비록 후에 복권이 되어 베이징에 있는 문학연구소의 도서관에서 일을 하게 되었지만, 그때의 경험은 그에게 결코 지워 버릴 수 없는 상처를 남겼다. 그는 항상 평범한 옷을 걸치고, 유행에도 관심이 없었다. 그들이 커피숍에서 처음 만났을 때 후제는 그가 문학가라기보다는 늙은 노동자처럼 보였기 때문에 그를 알아보지 못하고 두 번씩이나 그의 주변을 맴돌았다. 간추는 말을 조리 있게 잘했고, 후제는 베이징으로 갈 때마다 그를 만나러 갔다. 후제는 간추의 비좁은 아파트에서 노인과 차를 함께 마시는 것이 좋았다. 그때마다 두 마리의 매코앵무 새들이 중국어로 "헬로 미스, 헬로 미스"라고 종알거렸다. 후제가 방문할 때마다 간추는 그의 과거에 대해 조금씩 털어 놓곤 했다.

청년 시절 간추는 공산당혁명 후에 관료양성을 목적으로 설립한 인민대학의 언론학부 학생이었다. "백가쟁명운동" 때 그는 공산당의 결점들을 들춰내며 공격하는 학생들을 보고 감탄했다. 그러나 그는 어떠한 발언도 삼가고, 어떠한 역할도 하지 않는 신중함을 보였다. 그의 신상기록은 깨끗했고 탄압이 시작될 때 한 사건에 연루되지 않았더라면 극우주의자 색출운동 내내 결백함을 유지했을 것이다. 그 당시 캠퍼스에서 공산당에 대한 비판에 가장 유명한 학생은 린시링이라는 이름의 법학부에 재학 중인 여학생이었다. 베이다에서의 몇 차례의 대담한 연설 때 그녀는 공산당 고위 간부들 밑에서 일하고 있는 남자친구들에게서 얻은 상세한 내용들을 언급하면서, 공산당의 비민주성을 공격했다. 그녀는 사상의 자유에 대한 공산당의 억압을 스탈린주의와 다를 게 없다고 주장했다. 그 당시만 해도 스탈린을 영웅으로 칭송하던 시기였고, 그녀는 더 나아가 마오쩌둥에게도 화살을 날렸다.

"마오쩌둥의 말도 황금률이 아니다, 왜 그의 말을 반대해서는 안 되는가?"라고 말하기도 했다. 이러한 과감한 발언들은 전국의 대학 캠퍼스로 확산되었고, 그녀는 공산당의 표적이 되었다. 극우주의자 색출 운동이 전개되자, 공산당은 그녀를 위한 덫을 준비했다.

간추는 대학 총학생회 간부로부터, 학내에서 열리는 공개 토론회의 사회를 맡고 린시링을 초대하라는 당부를 받게 된다. 그러면서 그 모임을 린시링에 대한 비난모임으로 분위기를 몰아가 달라는 부탁도 받았다. 그는 부탁한 대로 했다. 당의 각본대로 그는 7명의 연설자들을 차례로 호명했다. 그가 호명한 7명의 연설자들은 한결같이 린시링을 비난했다. 그러자 린시링은 자신에게도 발언할 기회를 달라고 요청했다. 생각할 겨를도 없이 간추는 그녀에게 발언권을 주었다. 그녀가 몇 마디 말을 하자마자 공산당 열성당원들이 그녀에게 욕설을 하면서 끌어내고 마이크도 빼앗아 버렸다. 이러한 소동의 벌어지자 간추는 토론을 망치려 드느냐며 학생들에게 야단을 쳤다.

"너희들은 할 말을 다 해놓고 왜 그녀에게는 말할 기회를 주지 않느냐?" 이때의 감정폭발이 그에게 22년이라는 삶의 고통을 안고 살아가게 했다. 대학 당국이 극우주의자를 색출해내라는 공산당의 할당량을 채우지 못하자, 간추를 린시링을 동정하고 지지했다는 혐의로 그의 이름을 극우리스트에 적어 넣었다.

처음에는 그에게 가벼운 처벌이 내려졌는데, 계속 학교에 남아서 공부할 수 있도록 하는 일종의 집행유예였다. 그는 언론학부 도서관에서 일하면서 하루의 일과를 보고서로 작성하도록 지시를 받았다. 그것이 그가 린자오와 만나게 된 인연이 되었다. 그녀는 그때 26세로서 베이다의 과수원에서 그녀에게 할당된 일을 마친 후 언론학부 도서관에서 일을 계속했다. 그들 두 사람 외에 도서관에서 일하는 사람은 아무도 없었고, 그들의 일은 오래된 신문 뭉치들을 정리하고 신문목록을 작성하는 일이었다. 그들의 감독자는 친절한 부인이었는데, 그들에게 도서관에 비치된 방대한 양의 고전들을 열람해 볼 수 있도록 배려해주었다.

간추는 목판화로 출판된 『금병매』라는 책을 한 권 찾아냈는데, 그것은 명나라 시대의 가장 에로틱한 소설로 그 당시 많은 사람들이 그 책을 읽고 있었다. 린자오도 고전중국어로 쓰여진 청나라 시대의 지적인 공연들과 소설들을 좋아했다. 그녀는 간추가 그 소설을 읽고 있는 것을 보자 웃으면서 그에게 다른 책을 건네주었다. 데카메론의 번역서로서 14세기경에 이탈리아 작가 지오바니 보카치오의 에로틱한 단편 소설들을 모아 편집한 책이었다.

극우주의자로 낙인찍힌 그들은 둘 다 소외된 자들로서, 자연스럽게 친구가 되었다. 그해 겨울에 린자오가 결핵에 걸려 몸져 눕게 되자 노동을 중단하게 된다. 간추는 매일 그녀를 방문해 병간호를 도맡아 했다. 그는 그녀의 추운 기숙사 방에 스토브와 충분한 석탄과 장작개비들도 마련해 놓고, 아침과 점심식사를 배달하곤 했다. 그녀가 구내식당의 단조로운 음식에 식욕을 잃을 때는, 새벽 5시에 일어나 버스를 타고 시내에 있는 호텔까지 가서 맛있는 광둥식 죽 한 그릇을 사들고 와서 그녀에게 먹이곤 했다.

린자오가 회복되기 시작하자 공산당 관리들은 두 사람이 많은 시간을 함께 보낸다는 사실을 알고, 간추를 소환해서 더 이상 만나지 말라고 경고했다. 짜증이 나기도 해서 그는 린자오의 방으로 돌아와 공산당의 지시를 그녀에게 말했다. 그녀는 웃으면서 그에게 두려우냐고 물었다. 그는 아니라고 말하고 함께 산책이나 나가자고 말했다. 그리고 두 사람은 당에 공개적으로 도전이라도 하듯이 손을 꼭 잡고 캠퍼스를 거닐기 시작했다.

"그때까지만 해도 우리가 로맨틱한 관계로 부를 수 있을 정도로 발전한 것은 아니었다. … 당 조직은 우리들의 만남에 대해서 계속해서 압력을 넣고 있었다. … 그들이 우리를 방해하면 할수록, 그녀와 나는 그들에게 보여주려는 듯이 더 자주 만나곤 했다."

간추와 린자오는 가끔 저녁 산책을 오래 끌기도 했고, 토요일 밤에는 춤추러 가거나 공짜 관람권이 생길 때는 연극 관람을 함께 했다. 그는 중국의 고전 현악기인 "얼후"를 연주하는 법을 배우고, 그녀의 2층 기숙사

방 창문 아래서 그녀를 위해 연주하기도 했다. 그녀는 몸에 착 달라붙는 중국의 전통 의상인 화려한 치파오를 입고 간추와 데이트를 즐기기도 했다. 그녀는 값비싼 호텔의 레스토랑에 그를 데리고 가기도 했는데, 그곳에서 그들은 양념에 삶은 생선 머리 부분만을 담은 가장 싼 고기 한 접시만을 주문하곤 했다. 어린 시절에, 린자오는 기독교에서 운영하는 학교에 다녔는데, 다시 간추를 데리고 교회에 다니기 시작했다. 그는 예배에 참석할 때, 외교관들과 대화를 하는 그녀를 보고는 감탄했다. 대개의 학생들이 그랬듯 간추가 할 수 있는 외국어란 러시아어뿐이었다.

그들 두 사람은 종종 문학을 논하고, 그녀가 쓰고 있는 희곡들과 장편의 시들을 그에게 보여주곤 했는데, 그 작품들에서는 공산당의 통치에 대한 은근한 비판들이 담겨 있었다. 간추는 그녀의 작품들을 보고 감탄했다. 그는 그녀가 자신보다 더 많은 재능을 갖고 있다는 것을 알았다. 그러나 그는 그녀에게 좀 더 조심스럽게 행동하고, 좀 더 현실적이기를 당부했고, 당에 도전하는 것은 무모하다고 당부하기도 했다.

그는 계란으로 바위를 깨려는 것과 다를 바 없다고 말했고, 설사 그녀가 수십만 대군을 거느리고 있다 할지라도 공산당을 당해 낼 수는 없다고까지 말했다. 그러나 린자오는 동의하지 않았다. 그녀는 수천 개의, 수만 개의, 아니면 수백만 개의 계란이 있다면 바위도 부숴 버릴 수 있다고 말했다. 시간을 가지고 노력해간다면, 정치체제는 변할 것이라고 말했다. 물을 계속 떨어뜨리다 보면 언젠가는 바위를 쪼갤 수도 있다고 말했다.

1959년 봄, 졸업이 가까워지자 간추는 공산당 지부의 서기에게 린자오와의 결혼을 승인해 달라고 요청했다. 당의 서기는 극우주의자들끼리의 결혼은 승낙할 수 없다고 모욕하면서 즉석에서 거절했다. 그 후 얼마 안

되어, 당은 간추에게 중국에서 가장 서쪽에 있는 카자흐스탄 국경 지대에 있는 황량한 신장성에서 교정 노동을 하라는 지시를 내렸다.

그는 린자오와의 금지된 사랑 때문에 처벌이 가중되었고, 린자오도 요양 명목으로 상하이로 보내지게 되었다. 그들은 자신들에게 남겨진 시간을 즐겁게 보내기로 했지만 그 해 여름은 너무나 짧았고, 9월 말경에 간추는 베이징의 중앙역까지 린자오를 배웅했다.

그는 그녀에게 가능한 한 빨리 만나러 가겠다고 말하며 자신을 기다려 줄 것을 부탁했다. 그들은 플랫폼에서 부둥켜안고 울었다. 그녀는 남쪽으로 향하는 밤기차를 타고 떠났고, 다음날 아침엔 그 또한 서쪽으로 향하는 5일간의 긴 여행을 떠났다. 간추는 이때부터 20년 동안을 신장성에 있는 군대의 노동작업반에서 지내게 된다. 그곳에서 하는 일은 감기약으로 또는 다른 약품으로 사용되는 약초들과 채소들을 흙에서 뽑아내는 작업이었다.

처음에 그는 매주 한 번씩 린자오에게 편지를 써서 보냈다. 그러나 6개월이 지나자 그녀로부터의 답장이 끊겼다. 그는 고향으로 돌아가는 군인에게 린자오의 소식을 탐문해 주도록 부탁했는데, 그녀가 병원에 입원해 있다는 편지를 그에게서 받았다. 그러나 편지에 쓰여 있는 행간의 의미를 들여다보면서 그녀가 교도소에 수감되었다는 사실을 알 수 있었다. 여러 해 동안 그의 침대 옆에는 그녀의 사진이 놓여 있었고, 여러 날에 걸친 고된 노동 끝의 꿈속에서 그녀를 만날 수 있었다. 그는 언제부터인지 자신이 살아서 이곳을 나갈 수 있을지에 회의를 느끼기 시작했다. 그는 린자오가 좋은 사람을 만나 결혼해서 행복하게 살기를 간절히 빌었다. 1979년이 되자, 그는 복권이 되고 베이징으로 돌아갈 수 있었는데, 그때서야 그녀가 처형되었다는 사실을 알았다.

베이징으로 돌아온 뒤 그의 삶도 새롭게 변했다. 그는 결혼하고, 이혼하고, 재혼한 뒤에 아들 하나를 얻었다. 그러나 그는 후제에게 종종 린자오를 생각하는 자신을 발견했다고 말했다. 때때로 린자오와 결혼했더라면 그들의 삶이 어떻게 변해 있었을까 생각해 보기도 했다.

아마도 그는 그녀에게 무조건 타협해서 목숨을 구할 방도를 마련하도록 설득했을 것이라고 말했다. 아마도 그들이 정착하고 가정을 꾸몄더라면 그녀도 무사할 수 있었을 것이라고 말했다. 어쩌면 그녀는 오늘날까지 살아 있을지도 모른다.

언젠가 그의 아내가 다른 방에 있을 때 간추는 아직도 아내보다도 린자오를 더 사랑하고 있다고 말한 적이 있었다. 그러나 후제가 그를 만난 지 1년이 안되어 간추는 필름 제작자에게 깊은 연민을 드러냈다. 후제가 베이징에 있는 그의 누이 집에서 지내고 있을 때, 간추가 그에게 전화를 걸어서 그가 오래된 책을 팔려고 하는데 도와주겠느냐고 물어왔다. 후제는 그 책을 보러 잠깐 들리겠다고 대답했다. 그러나 간추는 대신에 자기가 책을 가지고 그에게 가겠다고 고집했다. 나중에야 후제는 간추가 그를 완전히 신뢰하기 전에 마지막 주의를 기울여, 그가 살고 있는 곳을 확인하고 싶어 했다는 것을 알았다.

그는 후제의 누이를 만나고 그녀의 아파트를 보고 나서야 안심했고 드디어 후제에게 비밀을 털어 놓았다: 그는 린자오의 옥중저작물들의 자료를 갖고 있는데, 무려 수십만 단어로 이루어져 있었다. 후제는 말문이 막혔다. 그가 정확히 들었는가? 그것이 사실일 수 있을까? 왜 오랫동안 그에게 그런 사실을 감춰왔을까? 후제는 혼란에 빠졌다. 간추는 그것을 그에게 보여주고 싶어 했다. 그래서 그들은 그의 아파트로 돌아갔고, 간추는 오래된 푸른색의 아디다스 스포츠 가방을 끌어 당겼다. 그는 가방에서 두꺼운 종이 뭉치를 꺼냈다. 그것은 끈으로 동여매여 있고 갈색 포장지로 포장되어 있었다. 포장을 풀자 거기에는 거의 5백 페이지에 달하는 누런색 종이들이 있었다. 각 페이지마다 검정 잉크로 쓰여져 있었는데, 그는 후제에게 이것을 읽어 보라고 했다.

나중에 간추는 이 책이 어디에서 나왔는지 설명했다. 문화대혁명이 지나자, 그는 옛 친구들로부터 많은 편지를 받게 된다. 그들은 한결같이 정치적 상황이 변했고 주자파들이 복권되었기 때문에 하루 빨리 베이징으로 돌아오라고 재촉했다. 그에 대한 복권과 베이징으로의 귀환은 그가 베이징에서 살 수 있고 직장을 구할 수도 있다는 것을 의미했다. 반면에 대부분의 사람들은 그들이 지금까지 있었던 노동수용소에서 가까운 곳에서 일자리를 얻었다.

간추는 중국사회과학원의 연구 센터인 문학연구소의 도서관에 일자리를 얻게 된다. 연구소 소장인 쑤쭈민은 간추의 대학 동창생과 결혼했는데, 그들 부부는 종종 그를 집으로 초대해 저녁을 함께 했다. 그가 베이징에 돌아온 지 3년이 지났을 때, 여느 때와 같이 저녁식사 초대를 받고 소장의 집으로 들어서자, 그는 린자오와 똑 닮은 부인을 보았다. 그 부인은 다름 아닌 린자오의 동생인 펑린판이었다. 그때서야 연구소 소장이 린자오와 4촌지간이라는 사실을 알았다. 그날 저녁때 그들 4명은 린자오에 대한 얘기는 거의 꺼내지 않았다. 간추는 그의 삶에서 린자오와의 인연은 숙명이라고 생각했다.

몇 년 뒤, 펑린판이 미국으로 이민을 떠나게 되자, 그녀는 연구소 소장에게 서류뭉치와 린자오의 옥중 수기들의 영인본들을 건넸다. 공산당이 주자파들을 복권시킬 때, 펑린판은 사후에라도 언니의 이름을 욕되게 하지 않기 위해 노력했다.

법원은 원칙적으로는 동의했지만 언니의 사건에 대한 어떠한 내용(증거)도 제출할 수 없었고, 언니에 관한 어떠한 것도 밝혀 낼 수 없었다. 그러던 어느 날 오후, 황푸강을 따라서 장엄한 유럽식 건물들이 늘어서 있는 거리에 위치한 상하이 경찰 관리로부터 호출을 받았다. 그녀를 만난 관리는 자신의 이름을 밝히지도 않고 질문도 생략한 채로, 몇 가지 당부를 했다. 그는 상하이 시의 경찰들은 린자오의 처리문제를 두고 오랫동안 의견이 나뉘어져 있는데, 그녀가 죽은 지 오래된 지금까지도, 그녀의 복권 문제는 뜨거운 감자로 남아있다고 말했다. 당시 많은 사람들이 린자오를 두둔하다가 처벌을 받았고, 심지어는 죽기까지 했다고도 말했다. 린자오에 대한 사형집행은 고위 간부들의 동의하에 이루어졌고, 집행을 주장한 사람들이 아직도 중요한 요직에 계속 남아있다고 말했다.

말을 하면서도 그 관리도 두려워하는 것 같았다. "나는 당신이 총명하다는 말을 들었다. 그러니 우리 사이의 대화는 잊어버리는 것이 좋겠다." 그리고 그 관리는 서류뭉치를 펑린판에게 건네주었다. 그녀는 즉시 그것이 언니의 수기라는 것을 알았다. 간추는 펑린판이 미국으로 이민간 후 오랫동안 그 기록들에 관해서 아무것도 아는 것이 없었다. 연구소 소장이 마침내 그것들을 그에게 보내주면서 도움을 요청했다.

그와 연구소장은 그 당시 둘 다 직장을 퇴직한 상태였고 소장의 시력은 약화되고 있었다. 소장은 린자오의 수기들을 읽을 수가 없었고 간추가 그것을 판독할 수 있기를 원했다. 간추는 수기들을 집으로 가지고 와서 잘 숨겨두었다. 가끔씩 그는 그가 살고 있는 아파트 단지에 있는 경비실에서 자원봉사로 밤을 지새우며 경비 일을 할 때가 있었다. 그럴 때면 밤새도록 경비실에 앉아서 린자오가 교도소에서 쓴 빛바랜 작은 글씨들을 확인해나가면서 한 줄 한 줄 집중해서 읽었다. 수기는 잉크로 쓰여져 있었는데, 린자오가 수기에서 밝힌 바에 의하면, 처음에는 잉크가 없어서 자신의 피로 썼는데 교도소 당국에서 펜과 종이를 준 후에는 다시 베껴 썼다는 것이다. 얼마 전까지 간추는 문장 하나마다 페이지 하나마다 정성들여 그녀의 수기를 복기했다. 그는 적어도 하루에 한 시간씩을 작업했다. 때로는 그녀의 수기를 옮겨 적으면서 경비실 구석에서 울기도 했고, 마음이 진정되면 다시 종이에 복기해나갔다. 마침내 복기를 마쳤고 원고는 469페이지에 달했다.

그것이 지금은 후제의 손에 있었다. 간추는 그 수기의 복기본을 3일간 빌려주겠다고 말했다. 후제는 수기를 찾아냈다는 감격으로 밤이 깊은 줄도 모르고 열심히 읽었다. 그가 린자오의 이름을 듣고 그녀의 옥중수기를 찾기로 마음 먹고 2년이나 지난 지금에서야 그의 수중에 들어왔다는 사실이 믿어지지가 않았다.

그는 그 책을 오랫동안 찾아 다녔고 린자오가 상당한 문학적 재능을 갖고 있다는 소문을 들어 왔는데, 막상 접하고 보니 그의 예상이 다소 빗나간 것 같았다. 그러나 그는 그녀의 말들의 열정과 강렬함에 빠져들어 그 작품에 매료되었다. 그는 복기의 복기본을 읽고 있었지만, 그 저술은 워낙 강렬해 그로 하여금 원래 피로 쓴 작품을 읽고 있는 것 같은 착각을 불러일으키게 했다. 그 기록은 표면적으로는 공산당 기관지인 〈인민일보〉의 편집인들에게 보내는 편지 형식이었지만, 그것은 후제가 지금껏 보아왔던 어떠한 편지와도 달랐다. 그것은 본문만 438 페이지에 달했고 8편의 부록이 실려 있었다.

린자오는 그녀의 나이 32세 때 몇 달에 걸쳐 편지를 작성한 것 같았다. 첫 장에서 그녀가 쓴 날짜는 프랑스 혁명일인 7월 14일이라고 썼고 마지막에 쓴 편지에는 1965년 12월 5일이라고 적혀 있다. 주요 내용은 사상과 논쟁에 관한 시대의 흐름에 대한 것이고 나머지 부분은 교도소에서 겪은 경험들이 일정한 체계 없이 길고 두서없게 서술되어 있었다. 어떤 부분은 일기처럼 보이기도 하고, 어떤 부분은 성명서처럼 보이기도 했는데, 그것들이 때때로 일관되지 않은 주장들로 비춰지면서 작품의 질을 떨어뜨리기도 했는데도 불구하고 모든 페이지들은 감동과 격정으로 넘쳐나고 있었다.

"반주자파운동 – 1957년에 있었던 폭압으로 얼룩진 시대는 많은 국민들의 삶에, 그리고 그 당시의 젊은 사람들의 삶에 상처와 허무감을 남겨주었다"고 편지의 앞부분에 썼다.

"이것은 물론 공산당의 과오였다! 그것은 분명한 잘못이고 대단한 잘못이었다! 1957년의 그 비참한 해를 생각할 때마다 나의 심장은 타버릴 것 같고 구역질이 난다! 사실 이 특별한 해가 언급될 때마다 나는 고통에서 벗어나질 못했다! 그때까지만 해도 중국의 지식인들은 정의감을 얼마쯤은 간직하고 있었다. 그러나 그 해가 지난 후, 정의감은 파괴되고 완전히 없어져 버렸다! 존경하는 언론들, 대중들이여 다시 한 번 폭력을 키우고 피의 악취를 풍겨라!"

린자오는 문학과 역사를 언급하면서 내용을 전개해나갔다. 그녀가 그녀의 펜과 종이들을 압수해 간 교도관들을 비난할 때, 그녀는 러시아 황제가 반체제 시인인 라이니의 입을 막기 위하여 똑같은 짓을 했다고 비유하면서 신랄히 공격했다. "그러나 나와 같은 젊은 반역자에게 그러한 짓을 한다는 것은 결코 잘한 일이 아니다." 그녀는 이미 인민일보에 보내는 피로 쓴 편지 두 통을 벌써 썼다고 말하면서 위와 같이 단언했다. 그녀는 가끔 자신을 제3의 인물로, 이를테면 "젊은 반역자", "자유의 투사", "그리스도의 전사"라는 식의 제3의 인격체로 묘사했다.

그녀는 공산당의 지배에 도전하는 것은 엄청난 대가를 치러야 한다는 것을 알고 있으나, 그녀의 양심에 따라야 하기 때문에 선택의 여지가 없다고도 했다.

그녀는 자신의 시대의 사상을 공산당이 전유하고 자의적으로 행사하는 것을 비난했다. 그리고 정치적 변화는 꼭 폭력을 수반하지 않고서도 평화적으로 달성할 수 있다고 강조했다.

그녀는 또 피로 글을 쓴다는 것이 얼마나 어려운 것인가를, 그녀의 손가락을 찌르고 머리핀을 펜 대신으로 사용하는 것이 얼마나 힘든 것인가를 설명하기도 했다. 피가 너무 빨리 굳어 버릴 때는 몇 글자를 쓰는 데도 반나절이 걸리고, 피가 너무 많이 흐르면 현기증이 나기도 했다고 썼다. 피에 관한 이야기들은 편지 곳곳에 자주 언급되고 있다.

> "이것은 피가 아닌가? 우리들의 결백과 순진함, 공정함은 교묘하게 이용되어 왔다. 우리들의 착한 본성과 열정적인 기질들도 악용되어 왔다. 우리가 성장하면서, 우리가 추구할 가치가 있는 민주주의에 대한 권리와 진실과 동

떨어진 무자비한 잔혹성을 이해하게 됨에 따라, 우리는 박해를 당하고 고문을 당하고 악의적이고도 전례 없는 억압을 당했다. 이것은 피가 아니고 무엇인가? 우리들의 젊음, 사랑, 우정, 공부, 경력, 야망, 사상, 행복, 자유…. 이러한 모든 것들이 우리가 추구하는 삶이고, 인간이라면 누구나 누려야 할 진정한 가치들이 지금의 전체주의적인 체제에 의해서 매장되고 파괴되어 버렸다. 이것은 피가 아닌가! 인간의 문명은 물론이고 이 나라의 역사를 난도질할 이러한 악의 체제는 피로서 설립되었고, 강화되었으며, 유지되고 있다."

린자오는 그녀가 교도소에서 당한 권력의 남용에 대한 사례들도 썼다. 구타, 고문, 성폭력에 대한 공포, 고통스러운 자세로 수갑을 채운 교도관의 불법행위, 그녀의 코에 음식을 집어 넣은 사례 등등, 그녀는 고문의 고통을 견딜 수 없을 때는, 비누를 삼키거나 유리조각으로 손목을 그으면서 자살을 기도했다고 썼다. 그녀는 그러한 고통 속에서도 의연함을 유지하기 위해 몸부림쳤다.

"나는 교도소 안의 콘크리트 벽에 피로 몇 마디를 썼다. 〔노, 노! 주님은 내가 목숨을 부지하는 한, 나를 미치게 놔두지 않을 것이다. 주님은 나의 기억을 보존케 하고 나를 온전하게 보호해 줄 것이다!〕 그러나 그러한 악착같고, 사악하고, 끊임없는 괴롭힘과 협박 때문에 나는 정말, 정말로 미칠 것만 같았다! 신이여, 신이시여, 나를 구해주소서! 나는 거의 미칠 지경이었다. 그러나 나는 냉정을 잃어서는 안 되었고 그리고 싶지도 않았다!"

이쯤에 가서 린자오의 저술은 두서없이 혼란스럽게 쓰여졌는데, 후제는 그녀가 정신장애를 일으켰는가 하고 의아하게 생각했다. 그러나 여러 군데의 산만한 구절들이 있음에도 불구하고, 거기에는 그가 여태까지 읽어 보지 못한 명확하고도 조리 있는 내용들이 있었다.

또한 기지가 넘치는 서술들은 편지에 추가된 보충 자료들에 녹아 있었다. 네 편의 시 가운데 하나는 잘 알려진 마오쩌둥의 시에 대한 풍자였고, 세 편의 짧은 수필들, 1965년에 있었던 유죄판결에 대한 린자오의 진술, 그리고 하나는 1964년 12월에 있었던 그녀에 대한 공소장에 주석이 달린 복사판이 있었다. 린자오는 공소장을 단어 하나하나씩 베끼고 그 문장에 자신의 비판을 끼워 넣었다. 후제는 그것을 보고 놀라움에 휩싸였는데, 그것은 린자오의 범죄 혐의에 대해서 처음으로 대하는 상세한 기록이기 때문이기도 하거니와, 그녀의 언급이 너무도 신랄하고 도전적이고 냉소적이라는 점에서였다.

린자오는 "중국 자유 청년 투쟁 연맹"의 반혁명도당의 주요범죄자로서, 경찰당국에 의해서 법적인 구속을 당했고, 그에 대한 조사를 끝마쳤다. 사건은 전적으로 이 기관에서 조사와 기소를 전담했다. 조사는 다음과 같다.

> "피고인 린자오의 본명은 펑 린자오이며 또 쑤핑으로도, 루밍이라고도 알려져 온 여성으로서, 나이는 32세(30세가 맞다)이며 태어난 곳은 장쑤성에 있는 쑤저우이며, 관료자본주의 계급의 배경아래 성장했고 (나는 당신들이 무슨 말을 하는지 이해할 수 없다.) 얼마간의 대학교육을 받은 성인 여성으로서 (나의 학업을 중단시킨 것은 1957년의 반주자파운동이라는 악명 높은 박해 때문이었다.) …… 1957년 그녀는 공산당과 사회주의에 반대했기 때문에, 그녀는 주자

파로 몰리게 되고 (전체주의 통치자들이 거짓과 왜곡으로 진실을 호도하면서 국민들을 속이고 있다! 이 문장은 다음과 같이 쓰여져야 했다. "그녀는 1957년에 열정적인 젊은이들과 아직도 꺼지지 않은 양심에 의해서 고무되고 이끌어진 5월 19일의 민주적인 반독재운동의 활동가였다!") 학생의 신분을 유지한 채 보호관찰 하의 노동형이 선고되었다. (자비와 관용을 보여 주어서 고맙게 생각한다. 그러나 그것은 그 시기의 나의 활동 상황에 대한 전모를 파악하지 못했기 때문이다.) 1959년에 그녀는 병을 치료하기 위해 상하이로 이송된다. 1960년 10월 14일에 그녀는 재구속되었다.

고소장에서 그녀의 아버지가 반혁명가로 처벌받을 것을 두려워하여 자살했다고 말했을 때, 린자오는 우리들은 모두 모든 것을 들어서 알고 있다고 반박했다. (많은 사람들은 그들의 혐의에 대한 '두려운 처벌' 때문에 자살을 한다.) 공소장에서 그녀가 나머지 삶을 교도소에서 보낸다 할지라도 자신의 소신을 굽히지 않겠다는 뜻을 "배고픔이 편지를 쓰도록 했다"는 편지에서 쓴 적이 있다는 대목에서는 "그것은 사실이다. 하늘과 땅이 함께 있는 한 계속할 것이다"라고 비판했다. 공소장에서 그녀를 "반사회주의자"라고 비판했을 때 "공소장에서 말하는 사회주의가 독재를 행하고, 박해를 가하고, 국민의 자존감을 훼손시키는 것을 의미한다면, 그런 사회주의를 반대하거나 공격하는 데 아무런 부끄러움도 가질 필요가 없다!"고 썼다. 그리고 공소장에서 그녀가 교도소에서 "혼신의 힘을 다하여" 공산당에 반대하고 있다고 썼을 때, 그녀는 공소장이야 말로 좋은 본보기라고 썼다.

공소장의 마지막 장에서, 검찰관들은 8권 분량에 달하는 그녀의 자술서들과 그녀에 대한 증인 조서들을 확보했다고 적었을 때 그녀는 다시 반박했다. "막스, 레닌주의에 의하면 '법'은 단지 '지배자의 의지'일 뿐이다! 저항하는 것도 범죄요, 자유를 위한 투쟁도 범죄요, 하물며 인간의 기본권을 요구하는 것도 범죄인데, '증거와 증언'들이 왜 필요한가?"

린자오는 법원이 그녀에게 20년 형을 선고하자, 인민일보에 보내는 서신에서 이에 대한 언급을 했다. "이것은 매우 어리석고 부끄러운 판결이다. 그러나 나는 반역자로서 이러한 영예를 자랑스럽게 받아들이겠다." 그리고 선고에 걸 맞는 "고된 노동"을 견뎌나가겠다고 덧붙였다. "그러나 다시 한 번 생각해 보라! 역사의 법정은 미래세대에게 판단을 내리게 할 것이다. 전제적인 지배자들, 기만적이고 위선적인 악당들, 부끄러움을 모르는 국가 권력의 탈법자들, 국민들에게 재앙을 덮어씌우는 반역자들, 너희들이야말로 진정한 피고인이고 비난 받아 마땅할 범죄자들이다. 정의는 밝혀질 것이다! 자유 또한 영원할 것이다."

후제가 그 기록물을 다 읽고 나자, 겨울 해가 안개 낀 도시 너머에서 떠오르고 있었다. 그의 누이동생의 아파트 창가에서, 첫 새벽의 여명이 고층 건물들 사이에 흩어져 있는 크레인 장비들을 비추고 있는 것을 보았고, 자동차들이 베이징 도심의 교차로에서 분주히 움직이는 것도 보았다. 몇 년이 지난 뒤에, 내가 후제에게 그날 아침의 기분이 어땠느냐고 물었을 때, 그는 이전에는 경험하지 못했던 새롭고 성숙한 생각을 갖게 되었고, 이러한 일이 자신의 나라에서 일어났었다는 것이 믿어지지 않았다고 말했다. "나는 창가에 서서 동쪽 하늘이 점점 밝아지는 것을 보며, 중국에 린자오와 같은 훌륭한 여성이 살았었다는 것이 자랑스러웠다고 생각했다. 그녀야말로 국가의 보배라고 생각했다."

후제가 린자오에 관한 기록들을 찾아 나선지 얼마 되지 않아서, 한 친구가 찾아와서 그에게 불길한 소식을 전해 주었다. 경찰국 소속 기관원들이 후제에 대한 정보들을 수집하고 다닌다고 말했다. 그가 신화통신에서 실직한 후부터, 그는 경찰들이 자신을 감시하고 있다는 것을 눈치 챘고, 때로는 그를 미행도 하고 그의 전화를 도청하기도 했다는 것을 짐작하고 있었다. 그러나 지금에야 그들이 하는 짓이 무엇인지 확실히 알 수 있었다. 경찰들이 그에 대한 내사를 하고 있고, 그들이 무슨 꿍꿍이를 하고 있는지, 언제 본격적으로 수사할 것인지 아무것도 모르는 상태에서, 그는 기운이 빠졌다. 후제는 당시의 심정을 곤충을 삼키고 난 뒤 몸속에서 어떤 일이 일어나고 있는지 궁금해 하는 것과 같았다고 비유했다. 괜히 불안하고 기분도 우울했다. 얼마 지나서, 또 다른 친구들이 경찰들이 그들에게 왔다 갔다는 연락을 해왔다. 그제서야 후제는 자신이 언젠가는 구속될지도 모른다는 생각이 들었다.

그가 염려한 것은 교도소에 가는 것이 아니었다. 그가 걱정하는 것은 다큐멘터리를 끝마칠 수 없을지도 모른다는 것 때문이었고, 다시는 린자오에 대한 이야기를 할 수 없을지도 모른다는 점 때문이었다. 그는 오랫동안 열심히 필름을 제작해왔다. 그는 "오랜 도제생활을 견뎌내고 걸작을 완성하기도 전에 죽음을 눈앞에 둔" 어느 예술가의 심경과도 같았다. 후제는 그 자신 이외에는 아무도 이 일에 대해 진실을 밝혀줄 사람이 없다는 것을 알고 있었다. 그 때문에 그가 작업을 그만두면 그가 밝혀냈던 모든 진실들은 또 다시 묻힐지도 모른다는 것이 못내 걱정스러웠다. 아마도 영원히 구속될지도 모른다는 생각이 그를 더욱 빨리, 열심히 일하도록 재촉했다.

후제는 수기를 간추에게 돌려주고 그에게 린자오의 사촌인, 은퇴한 문학연구소 소장을 소개시켜 달라고 부탁했다. 그리고 그 전직 소장은 린자오가 수기로 쓴 편지들의 원본을 후제에게 주었다. 몇 달 동안 후제는 간추의 작업을 재검토하고 그가 베끼면서 누락했던 단어의 의미들을 곰곰이 생각하면서 원본을 연구했다. 원본의 기록들은 흥미로운 정보들과 새로운 실마리들로 넘쳐흘렀다.

후제는 인터뷰 주제들에 대한 조사를 한 단계 높이고 확장하기로 결심했다. 그는 경찰과 심리전을 벌이고 있었고, 그들이 수사를 마무리하고 그를 연행해가기 전에 필름을 완성해야 한다는 심정으로 노력했다. 그것은 그의 신경을 거스르는 것이기도 하지만, 한편으로는 열심히 하라는 자극제 역할도 했으므로 작업에 박차를 가했다. 그는 필름을 제작하면서도 한편으로는 역사와 정치이론에 대한 이해를 깊이 천착하기 위해서 노력했다. 그는 시간이 나는 대로 많은 책들을 읽으면서 인상 깊었던 책들을 감옥에 갈 때 함께 가져가야겠다고 생각하기도 했다. 그는 친구들에게 경찰들이 또 찾아가면 자신에게 직접 와서 묻도록 전해 달라고 부탁했다. 그리고는 보다 많은 증언들과 객관적인 자료들을 확보하기 위한 시간을 벌기 위하여, 경찰들이 그를 찾아오면 향응을 베풀고 매수하는 일이 있더라도 좀 더 기다려 달라고 부탁할 작정이었다.

후제는 자연적인 —물리적인— 시한도 얼마 남지 않았다는 것을 알았다. 린자오의 세대들은 이미 늙었고, 기억도 희미했고, 그가 인터뷰하기를 원했던 사람들 중 어떤 사람들은 이미 사망하거나 심한 병을 앓고 있었다. 세월이 무대 중심에서 멀어져 갈수록 그들의 이야기들도, 경험들도, 역사들도 함께 멀어져 갔다.

후제는 더 늦기 전에 역사의 진실을 찾아야 한다고 믿었다. 린자오와 관련된 기록들은 그에게 많이 남겨져 있지만, 그는 아직도 그녀의 삶에 대해서 아는 것이 별로 없었고, 또 많은 사실들도 모르고 있지 않은가? 공소장에서 주장하는 바와 같이, 그녀는 아놀드라는 외국인에게 그녀의 서신들을 해외로 은닉해 달라고 요청했다는 것은 사실일까? 그녀는 자신의 항의 편지들을 보낼 당 고위 인사들의 명단을 작성했다는 것은 사실인가? 그 밖에도 감옥에서 무엇을 썼는가? 그녀의 형량이 20년에서 갑자기 사형으로 변경된 이유는 무엇인가?

그녀의 기록들을 읽으면서 새로이 떠오른 가장 의문스러운 점은 그가 처음 조사를 시작했을 때 들었던 루머와 관련된 것인데, 그 루머는 마오쩌둥이 교도소를 찾아갔다는 내용이었다. 후제는 그러한 일은 있을 수 없는 일이라고 생각했기 때문에, 처음에는 그러한 루머를 일축해버렸다. 그러나 린자오의 서신들을 검토하면서, 그는 그녀가 "독재자"라고 부른 사람과의 관련 내용을 적은 구절에 주목했다.

이러한 말들은 전형적인 그의 개성을 나타낸다. 젊은 사람은 그의 저작을 읽는 것처럼, 직접적이던 간접적이던, 그가 모습을 드러내던 감추던 간에, 쉽게 독재자의 말들에 대한 낌새를 알아맞힐 수 있다. "나는 어리석은 여인처럼 당신에게 굴복하지 않을 것이다", "내가 당신 말을 듣는다면, 당신도 내 말을 듣겠는가?

후제는, 처음에는 독재자는 간수들 중 한 명을 가리키는 것으로 보았다. 그러나 나중에서야 그녀가 "독재자" 또는 "너희의 독재자"를 마오쩌둥을 가리키는 것으로 명확히 사용한 많은 자료들을 발견했다. 그녀는 마오쩌둥 통치의 잔혹성을 공격했고, 그의 끔찍한, 냉정한, 무자비한, 비열한 정신을 비난하는 글을 썼다. 후제는 아마도 린자오가 어떤 때는 "독재자"를 마오쩌둥을 지칭하는 것으로, 또 어떤 때에는 교도소 관리를 지칭하는 것이라고 생각했다. 그리고 어떤 부분에서는 "독재자를 마오쩌둥과 교도소장 둘을 가리키는 호칭으로 쓰는 것으로도 볼 수 있었다.

> 그는 그의 행동의 결과들을 고려하지 않는다. 그가 행동할 때는 한쪽 면만을 생각한다. "저런 건방진 계집 하나를 굴복시키지 못한다는 것은 말도 안 된다"는 발언은 그의 조급한 성격, 완고한 고집, 거만하고 무례한 그리고 그의 광적인 상태를 명확히 보여주는 것이다. 솔직히 말해서, 나도 그 독재자가 어떻게 생각하고 있는가 하는 점을 두려워한다. 그는 강과 바다를 정복했다. 결국엔 장제스(장개석)의 군대를 몰아냈다. 그런 "내"가 저런 애송이 하나도 굴복시키지 못한다는 것이 말이나 되느냐? 그는 정말로, 그것을 믿고 싶지 않았을 것이다! 통치자의 잘못이건, 어리석은 생각이던 간에, 이러한 사실들은 통치자에게는 용납될 수 없었을 것이다.

후제는 린자오가 편지를 쓰고 있을 때, 그녀의 정신 상태는 완전히 정상적인 것은 아니었을 것으로 판단했다. 그러나 마오쩌둥의 "정부"가 될 수도 있는 여인이 마오쩌둥을 정면으로 공격했다는 사실은 마오쩌둥으로서도 결코 용납할 수 없었을 것이다. 후제는 그녀가 좌절을 겪고 있었다 할지라도 마오쩌둥이 그녀가 있는 교도소에 오지 않았으리라는 것을 의미하는 것은 아니라고 생각했다.

후제도 린자오가 감옥에 있을 때, 마오쩌둥이 가끔 상하이를 방문한 적이 있는지 확인해 줄 수 있는 학자들을 만나 보았다. 그들은 한결 같이 마오쩌둥의 잘 알려진 여성편력에 대해 알려 주었다. 그러나 마오쩌둥의 삶의 대부분은 공식적으로 비밀에 부쳐졌으므로, 아무에게서도 마오쩌둥이 교도소를 방문 했는지에 대한 대답은 들을 수 없었다.

후제는 그 비밀을 밝혀 낼 수 없어서 필름에서 그에 관한 언급은 피하기로 했다. 그러나 한 가지 단서를 찾아냈다. 2001년 여름에, 그 동안 연락이 없었던 니진슝으로부터 린자오의 동생인 펑린판을 만나보라는 연락을 받았다. 펑린판은 방문 목적으로 미국에서 상하이로 돌아와 있었다. 그녀는 70이 다 된 나이였지만, 후제는 동생을 보자마자 그가 사진에서 본 린자오의 젊었을 때의 모습을 빼닮았다는 것을 알아차렸다.

그는 그녀에게 언니에 대한 다큐멘터리를 만들고 있다고 설명하고 그가 편집한 린자오의 시와 저술들이 담긴 책 한 권을 선물했다. 놀랍게도 펑린판은 인터뷰를 거절했다. 그녀는 신경이 날카로워져 있었고, 그에게 미행을 당하지 않았느냐고 물었다. 그녀는 후제에게 그 프로젝트를 포기하지 않으면 경찰들이 자동차로 그를 치어 죽일지도 모른다고 말하며, 너무 위험하니까 필름을 제작하지 말라고 당부했다. 그러나 후제는 언니의 이야기가 기록으로 남아서 세상에 알려져야 한다고 주장하며 마음을 바꿔 달라고 부탁했다.

펑린판의 태도가 완강하자 후제는 자신도 모르게 의자에서 벌떡 일어나서 목청을 높이며, 린자오의 이야기는 당신 가족의 개인적인 자산이 아니라, 중국인들의 유산이라고 외쳤다. 다행히도 펑린판은 두 가지 질문에만 대답하겠다고 말했다. 후제는 그녀가 마오쩌둥과 그녀의 언니의 만남에 대한 것은 알고 있느냐고 물었다. 그녀는 그녀의 대답을 필름에 담는 것은 거절했으나, 1962년에 린자오가 병요양차에 집에 왔을 때 언니가 어머니에게 마오쩌둥이 교도소에 와서 그녀에게 질문을 한 적이 있다고 말하는 것을 들었다고 대답했다. 그녀의 어머니는 급히 언니의 입을 막았고, 그 후론 언니가 그것에 대해서 말하는 것을 듣지 못했다고 말했다.

두 번째 질문은 니진슝이 그에게 알려준 것인데, 문화대혁명이 끝난 뒤에 잠깐 펑린판과 린자오의 교도소 주치의 사이의 만남에 관해서 질문했다. 다시 펑린판은 그녀의 대답을 녹음하지 않는다는 조건하에서 대답했는데, 나중에 그녀는 그 의사가 그녀에게 말한 것을 홍콩에서 에세이로 출판했다.

닥터 X는 신경질적인 모습의 자그마한 체구의 사람이었는데 그는 그 당시에 대한 기억들을 더듬는 것 같았다. "린자오는 이 병원에 여러 번 머물렀다. 그리고 대부분 내가 진료를 맡아서 했는데, 그녀를 너무 두둔한다는 이유로 당국에 의해서 면직된 때를 제외하고는 나는 항상 그녀가 병원에서 좀 더 머무를 수 있는 방법을 생각해왔다. 그녀는 감정이 격하고, 고집이 셌다. 병세가 다소 호전되자, 그녀는 새롭게 알게 된 정치적 사안들에 대한 자신의 견해를 쓰기 시작했다.

그녀의 말은 유연했고 설득력이 있었다. 그녀는 몸 상태가 조금만 좋아져도 독재자들에 대한 일화들과 비난할만한 꺼리를 생각해낼 때마다 글을 써서 남기기를 좋아했다. 처음에는 그녀는 단식 투쟁 때문에 병원에 실려 왔다. 나중에는 피로 글을 쓰기 위해 너무 많은 피를 흘려서 실려 오곤 했다. … 그녀는 의사들은 물론이고 다른 사람들이 자신에 대해서 음모를 꾸미고 죽이려고 한다고 자주 말하곤 했기 때문에, 나는 정확한 정신 감정을 받기 위하여 정신병원으로 보내야 한다고 주장했다. 나는 그녀가 너무나 혹독한 고문을 당한 끝에 정신상태가 정상이 아닌 것으로 생각했다.

나는 그녀를 "감싸고 두둔한다"는 이유로 1년간 노동 교정형을 받아야 했다. 물론 그 일 때문에 나의 가족은 불행했지만, 내 의지는 변함이 없었으므로 그렇게 할 수 밖에 없었다. 내가 아쉬운 것은 나에겐 그녀를 구해줄 힘이 없었다는 점이다.

그녀가 마지막으로 병원에 왔었을 때는 피를 너무 많이 흘리고 있었고, 너무 야위어서 그녀의 몸무게는 70파운드(약 32kg)도 안 되어 보였다. 사실 나도 그녀를 알아볼 수 없을 정도였다. 그녀의 눈빛만이 광채로 빛나고 있었다. 주위에 아무도 없을 때, 나는 그녀에게 나지막하게 말했다. "왜 고생을 사서 하느냐?" 그녀는 매우 침착하게 말했다. "신념을 저버리느니 고통을 당하는 게 낫다." 나는 몹시 불길한 예감에 휩싸였다. 그날 아침 서너 명의 군인들이 병원마당으로 들어오더니 린자오를 병상에서 끌어냈다. 그 때 그녀는 포도당 주사를 꽂고 있는 상태였다. 군인들이 소리쳤다. "구제할 수 없는 극우주의자, 심판의 날이 왔다!"

린자오는 전혀 두려운 기색도 없이 침착하게 말했다. "옷을 갈아입게 해 달라." 군인들은 안 된다고 했다. 그 즉시 그들은 매가 병아리를 채어 가듯이 그녀를 들것에 싣고 떠났다. 린자오가 간호사에게 말했다. "닥터 X에게 고마웠다고 안부 전해 다오." 나는 그때 바로 옆 병실에 있었으므로 그 소리를 똑똑히 들었다.

나는 온 몸을 떨고 있었고 병실 밖으로 나올 수가 없었다. 나는 평생을 교도소병원의 의사로 일해왔었지만, 그 어떤 죄수도 병원에서 끌려 나가 즉시 재판에 회부되고 처형되는 경우를 듣지도 보지도 못했다.

같은 에세이에서 펑린판은 린자오가 언젠가 정신감정을 받기 위해 상하이에 있는 정신병원으로 보내진 적이 있다고 말했다. 그 병원의 원장인 쑤중화는 유명한 심리학자이기도 했는데, 린자오가 정신질환을 앓고 있다고 진단함으로써 그녀를 보호하려 했다는 혐의로 기소 당했다. 그는 홍위병들의 계속되는 폭행에 견디다 못해, 1970년 문화대혁명 기간에 자살했다.

후제는 마침내 린자오의 교도소 담당의사를 찾아냈다. 펑린판이 "닥터 X"라고 지칭했던 그 의사는 이미 90대였고, 상하이에서 새로 지은 아파트 4층에 살고 있었다. 그러나 그 노인은 이미 귀가 멀었고 치매를 앓고 있었다. 후제는 그에게 린자오에 대해서 생각나는 게 없느냐고 물었다. 그의 아내가 함께 있었는데, 그녀는 남편이 그의 포켓에 린자오의 시 한편을 갖고 있었다고만 기억해냈다.

후제는 무언가를 알아 보기 위하여 의사를 찾긴 찾았지만 정작 세월은 그들을 멀리했다. 흘러 가는 세월을 붙잡을 수만 있었더라도….

후제는 다른 교도소 관리들과도 인터뷰하고 싶었는데 그런 행운이 생길지 걱정이 앞섰다. 경찰들이 그에 대해 내사를 하고 있다는 사실을 안 지 몇 달이 지난 후였지만, 그는 이러한 시도가 경찰들을 자극시킬지도 모른다는 점 때문에 불안했다. 대신에 그는 교도소와 사업상 거래를 하고 있는 친구에게 도움을 청했다.

그 친구는 교도소 관리들을 잘 알고 있었고 그들을 인터뷰에 끌어 들일 수 있는 수완가였다. 그러나 후제가, 1960년대에 교도소에서 근무했던 늙은 간부를 만나러 갔을 때 그들은 일언지하에 거절했다. 후제의 또 다른 접촉 대상은 법원관리들과 지금은 밀려나 있지만 한때는 권력의 요직에 있었던 사람들과의 접촉이었다.

또 다른 친구의 도움으로 후제는 상하이의 검찰 사무실의 기록보관실에서 하나의 공식적인 기록을 확보하는 데 성공했다. 후제와 다른 사법관할 지역에서 근무하는 법원직원인 친구는 함께 검찰 사무실로 들어가서 친구의 신분증을 제시하며 린자오 사건 파일을 보여줄 것을 요구했다. 잠시 후에 그 서기는 얇은 서류철을 갖고 돌아왔다. 그 서류철에는 빛이 바래고 읽기 어려운 타이프로 친 몇 페이지의 서류와 열세 쪽짜리 읽기 쉬운 수기로 작성된 서류가 첨부되어 있었다. 그 서류제목은 "린자오 사건에 대한 가중처벌에 관한 자료들의 발췌록"이라고 적혀 있었다. 후제는 대충 훑어보고 그 서류의 중요성을 인식했다. 이 서류는 린자오의 사형집행을 권고하는 보고서였다. 그의 친구는 서기에게 사진촬영을 요구했고, 촬영을 하자마자 그들은 사무실을 빠져 나왔다. 그들의 가슴은 흥분으로 쿵쿵거렸다.

후제는 그 보고서를 주의 깊게 검토했다. 서류는 1966년 12월5일자로 적혀 있었고, 내용은 교도소 내에서의 린자오의 불법적인 범죄 행위에 대한 비판이었다.

1. 우리의 위대한 중국 공산당과, 우리의 위대한 영도자인 마오쩌둥 동지에 대해 미친 듯이 공격하고, 저주하고, 중상을 하고 있으며….
2. 프롤레타리아 독재와 사회주의 체제에 대해 극단적인 적의와 증오를 갖고

생각하고 있으며….

3. 공개적으로 극우적인 내용의 구호들을 외치고, 교도소 질서를 어지럽히고, 다른 죄수들에게 반역을 선동하고, 반혁명으로 처형당한 영혼들을 대신하여 복수하겠다고 협박하고….
4. 반체제적인 입장을 계속하여 유지하고 있고, 그녀의 범죄 사실에 대한 인정을 거부하고, 교리와 교육을 거절하고 교정노동을 무시하며….

그 보고서는 교도소 내에서의 린자오의 행동을 상세히 묘사했다. 그 묘사를 요약하면, 그녀는 자신의 생살을 찢어 그 피로 지극히 반체제적인 지독한 내용의 시, 편지, 수필 등을 쓰곤 했는데 단어 숫자가 수십만 개에 이른다. 한 작품은 18만 개, 또 한 작품은 20만 개에 이르는 것도 있었다. 또 교도소 벽과 그녀의 옷에 피로 구호를 쓰기도 했고, 심지어는 마오쩌둥의 사진에 피를 칠하기도 했고, 다른 죄수들을 선동하며 항의구호를 외치도록 자극하기도 했다.

그 보고서는 결론을 다음과 같이 적고 있다.

"노동 교정 당국의 의견: 우리의 의견은 죄수 린자오를 사형에 처해야 한다는 것임" 거기에는 또한 상하이 고위 경찰간부인, 왕지안이 3일 뒤에 작성한 기록이 추가되어 있었다. "가중 처벌로 집행하는 것에 동의함. 검찰관과 판사의 의견을 수렴하는 절차를 밟을 것임"

나중에 후제는 린자오와 같이 수감생활을 했고 그녀가 처형당하기 전에 마지막으로 그녀를 보았던 사람과 인터뷰를 가졌다. 그의 말에 의하면, 그녀의 외침 소리와 교도소의 확성기에서 가끔씩 린자오의 재교육 태도에 대한 비판을 했기 때문에 교도소에 있는 모든 사람들이 그녀를 알고 있었다고 했다. 그가 린자오를 마지막으로 본 것은, 그녀가 일반 교도소에서 4층에 있는 독방으로 이감되었을 때라고 말했다. 그녀는 독방에 혼자 있었고 때때로 그가 음식을 갖다 주기도 했다. 그때마다 그는 그녀가 철창을 뒤로하고 앉아 있는 것을 보았다. 그녀의 머리에는 그녀의 눈만을 제외하고 얼굴을 완전히 가리도록 제작된 헬멧이 씌워져 있었다. 교도소는 한 여인의 목소리를 차단하기 위하여 머리에 헬멧을 씌웠다.

자료가 계속 쌓여감에 따라, 후제는 그가 갖고 있는 자료들을 분류하며 편집을 시작했다. 그는 집에서 작업을 하면서 테이프 하나분의 분량만의 자료들을 챙겼다. 나머지 자료들은 경찰이 그의 아파트를 덮칠 경우를 대비해서 친구들과 친척들 집에 분산해 숨겨 놓았다. 그리고 한 편 한 편씩 편집을 완료할 때마다 여러 개로 복사해서 똑같은 방법으로 숨겨 놓았다. 점차로 다큐멘터리는 형식을 갖추기 시작했다. 후제는 다큐멘터리의 제목을 "린자오의 영혼을 기리며"로 정했다.
필름은 컬러로 촬영했고 필름의 길이도 공개하고, 린자오가 누군지, 그녀에게 어떤 일이 벌어졌는지, 왜 그가 이러한 의문들을 밝혀 내기로 결심했는지에 대해서도 스스로 녹음했다. 그는 다큐멘터리에 몇 가지 문제제기와 자신의 설명을 곁들이기도 했고, 린자오의 친구들과 그들의 동지들의 인터뷰를 대부분 수록했다. 후제는 이들 인터뷰 중간중간, 그녀의 흑백 사진과 기록물들을 배경으로 감동적인 고전음악들을 틀고 린자오의 시와 편지, 옥중 수기들에서 발췌한 인용구들을 낭독했다. 후제는 그가 수집한 자료의 방대함과 주제의 복잡함과 씨름했다. 그는 많은 시청자들이 내용을 잘 파악하지 못하지 않을까 염려스러웠다. 2003년 가을에, 그는 초기 작품을 추이웨이핑이라는 사람에게 선보였다. 추이웨이핑은 유명한 여성 운동가이자 베이징에서 영상학 교수로 재직하고 있었는데, 그녀는 필름에 흡족해서 그녀의 집에 있는 개인 영사실에 몇몇 학자들과 영상제작자들을 초대해서 그 다큐멘터리를 보여주었다. 후제도 그의 다큐멘터리가 전문가들에게 보여진다는 것이 처음이기 때문에 긴장했다. 상영이 끝나자 시청자들의 토론이 시작됐다. 그 방에 있었던 추이웨이핑과 역사가들은 감동을 받고, 국가에 의해서 숨겨진 과거의 암울한 사건들을 들춰낸, 처음으로 중국인에 의해서 만들어진 다큐멘터리라고 평가하면서 대단한 작품이라고 평가했다. 그러나 시청을 함께 했던 다큐멘터리 제작자들은 그것은 너무 감상적이고 진정한 다큐멘터리로 볼 수 없다고 치부하면서 필름을 폄하했다. 그들은 후제가 린자오를 치켜 세우는 데만 급급했다면서, 정부에서 만든 필름들과 본질적으로 다를 바 없는 "선전용 작품"이라고 혹평했다.

   후제는 역사가들의 반응에 고무되었고, 비판은 비판대로 겸허하게 받아들였다. 그도 이제는 더 이상 린자오에 대해 객관적으로 접근할 수 없다는 것을 알게 되었다. 그것은 그의 감정이 처음에는 단순한 호기심에서 출발했던 것이, 이제는 일종의 숭배에 가까운 집념으로 발전했기 때문이다. 그가 상하이에 있는 납골당에서 린자오의 유해를 안치하려고 했을 때, 소각할 때 타버리지 않은 머리채 한 다발을 간직한 것은, 그녀의 납골단지가 파괴되어 버릴지도 모른다는 우려 때문이었다. 린자오의 흑백 스냅 사진들이 그의 편집실에 붙어 있었고, 그녀의 초상화도 자그마하게 그려 놓았다. 그가 린자오에 대한 추적을 끝내자 한 친한 친구가 그녀와 사랑에 빠진 게 아니냐고 물었는데, 후제는 그 친구가 정곡을 찔렀다고 생각했다. 그는 린자오에 대한 이야기를 너무나 많이 들어와서 이제는 그가 그녀를 옛날부터 알고 있는 것 같았고, 그녀 주변에 있었던 많은 남성들이 왜 그녀에게 빠져 들었는지 이해할 수 있을 것 같았다. 그는 그녀에게서 매혹적인 강렬한 개성을 찾아냈고, 그녀의 저술들의 우아함과 열정에 감탄했다. 그는 또한 그녀의 용기와 단호한 정의감에 감동했다. 아직도 이러한 특별한 기질들이 중국 사회에 남아있었다는 것도 알게 되었고, 그는 그것 때문에 나라가 좀 더 빨리 발전할 수 있지 않을까 하는 기대도 가져 보았다.

후제는 필름을 편집하면서 개인적인 감정을 억제하려고 노력했다. 스스로 드라마와도 같은 역사에 감상적인 형식을 배제해, 보다 공정한 목소리를 내면서 새로운 인터뷰에서 얻어낸 자료들을 추가했다. 그는 경찰들을 경계하면서 필름을 디스크에 옮겨 저장하기로 결정하고, 그런 뒤에 필름을 배포하기 시작했다. 그리고 추가로 몇 편을 더 유통시켰는데도 아무런 반응도 없는 것을 보고, 그는 이미 당국과 미묘하고도 암묵적인 협상을 벌이고 있다고 생각했다. 그들이 이제 와서 그를 구속하지 않는다면, 후제는 다큐멘터리를 완성할 수 있고, 새로운 필름들을 발표하면서 많은 시청자들을 확보할 수 있을 것이다.

"린자오의 영혼을 기리며"는 후제가 처음 예상했던 것보다 훨씬 빠르게 확산됐다. 영상학 교수인 추이웨이핑은 다큐멘터리에 대한 에세이를 출판했고, 2004년 봄에는 광저우의 한 대학 교수는 그를 초청해서 그가 주관하는 세미나에서 다큐멘터리를 상영해줄 것을 부탁했다. 그 후에도 그 도시의 예술 박물관 관장이 중국의 박물관 관장들의 총회에서, 3백 명의 참석자들을 상대로 그의 필름을 상영해 줄 것을 부탁하기도 했다.

소문은 빠르게 퍼져나갔고 전국 각지의 대학들에서의 초청도 쇄도했다. 한 출판업자는 수백 군데의 대학들에서 강의용 교재로 쓸 수 있도록 비디오 테이프를 제작해 달라고 부탁해 오기도 했다. 후제는 모든 사람들의 부탁에 응하면서도, 그 필름은 아직 완성되지 않았다는 말을 빼놓지 않았다. 그 말의 의미는 더 많은 사람들이 필름을 보면 볼수록, 새로운 자료가 그를 찾게 될 것이라는 소망이 담겨 있었다.

때때로 후제는 청중들로부터 질문을 받기도 했고, 당과 국가에 대한 그의 사상이 의심스럽고, 그가 역사를 왜곡하고 있다는 도전적인 질문을 받기도 했다. 그러나 필름에 대한 반응은 압도적으로 긍정적이었다. 나이든 청중들은 울면서 필름을 보았고, 상영이 끝나면 후제의 주위로 몰려와서 그들 세대들의 과거의 기억들을 되살려낸 데 대해서 고맙다는 인사를 했다. 젊은 사람들도 역시 다큐멘터리를 긍정적으로 받아 들이면서, 그들이 자신의 나라의 역사에 대해서 모르고 있었다는 것을 알게 되었고, 그들이 지금까지 배워왔던 역사들에 대해 새롭게 재조명하는 기회가 되었다고 말했다. 학생들이 필름의 원본을 복사해서 인터넷에 올리자 많은 글들이 쇄도했고 웹사이트는 린자오를 추모하는 글로 넘쳐났다. 그녀의 동생은 다시 상하이로 돌아와서 후제가 쑤저우의 공동묘지에서 찾아낸 유해를 새로이 안치했다. 수백 명의 사람들이 추도식에 참석했고, 어떤 사람들은 무덤에 정기적으로 순례여행을 하는 조직을 결성하기도 했다. 후제는 5년에 걸친 힘들고도 외로운 조사를 마무리하면서, 자신의 국가가 지난 세월의 어두운 역사 속에서 드러난 정의에 대한 의지를 너무 과소평가해왔다는 데 대해 부끄러움을 느꼈다.

경찰들은 언제부터인가 조사를 중단하고, 그의 집을 방문했다. 그것은

2005년의 일이었다. 그의 필름이 지하에서 폭발적인 인기를 누리고 있을 때였다. 경찰들은 생각보다 젊었고 정중했다. 그들은 단지 대화를 나누기 위해왔을 뿐이라고 말했다. 그들 중 한 사람이 후제는 지금 아주 유명해졌고, 그들도 더 이상 그를 핍박할 수 없게 되었다고 말했다. 또 다른 경찰은 전국적으로 린자오와 유사한 이야기들은 많이 있다고 말했다. 그는 린자오와 같은 사람들은 "좌익의 잘못"된 정치의 희생자들이었다고 말했다. 그리고 이들에 대해서 책임을 질 사람은 아무도 없기 때문에, 그들에 관한 이야기를 쓰는 것은 별 의미가 없다고 말했다. 그리고 나서 그는 후제에게, 당신의 필름은 항상 정부를 부정적으로 설명하는데, 중국에 대해서 보다 긍정적인 다큐멘터리를 제작할 의도는 없느냐고 물었다.

후제는 사회를 비판적인 시각에서 바라보는 것은 다큐멘터리 제작자들의 의무라고 믿고 있다고 대답했다. 후제는 중국에 수백 개의 방송매체들이 있는데, 그들은 한결같이 공산당 간부들을 칭송하면서, 항상 긍정적인 이야기들을 방송하고 있지 않느냐고 물었다. 후제는 경찰들에게 이에 관한 기록들을 보겠느냐고 물었다. 그들은 이미 알고 있는 사실이라며 보지 않겠다고 말했다. 그리고 후제에게 되물었다. 린자오의 시대 이후에 개선된 것이 있다고는 생각하지 않느냐고 물었다. 후제는 웃으며 대답했다. 만약 문화대혁명 기간에 이러한 필름을 만들었다면, 그는 이미 총살당했을 것이라고 말했다. 또 십 년 전에 작업했더라면, 아마도 연행되거나 구속되었을 것이라고 말했다. "그러나 지금은 당신들이 현관으로 들어와서 서로가 친구들처럼 대화를 나누고 있지 않느냐"고 말했다. 후제는 "당신들은 나에게 너무 다정하게 대했다. 이것이 바로 그 동안의 발전이다." 경찰들도 그의 말에 동의하지 않을 수 없었다.

몇 년이 지난 후, 나는 후제가 베이징에 있다는 소식을 듣고, 제2순환도로에서 멀지 않은 커피숍에서 만나기로 약속했다. 그는 예전에 〈워싱턴 포스트〉에 자신에 관한 기사를 쓰지 말아 달라고 부탁한 적이 있었다(그는 당시에 그러한 공개적인 기사는 당국을 자극하는 짓이라고 두려워했다).

그리고 지금까지도 그의 부탁대로 기사화하지 않았다. 그러나 지금은 기사화해도 좋다고 동의했다. 그날 오후에 그는 30분이나 지나서야 커피숍에 나타났는데, 어깨에는 캔버스 카메라 가방을 걸치고, 검은 티셔츠를 입고 있는 여전히 야성적인 모습이었다. 최근 들어 더 악화된 교통난에 대해서 불평을 늘어놓으면서 의자에 앉는 그의 모습은 피곤해보였다. 그는 요즘도 몇 개의 새로운 다큐멘터리를 만드느라고 바빴다고 말했다. 그가 착수한 다큐멘터리의 대부분은 정치적으로 민감한 주제들에 관한 것이고, 한 프로젝트는 특별히 도전적인 것이라고 말했다.

후제는 그 다큐멘터리도 중국 역사의 어두운 면을 재조명하는 또 하나의 시도라고 말하면서, "반주자파운동"에서 "문화대혁명"으로 시대의 초점을 옮겼다고 말했다.

그는 일 년 이상이나 왕징야오라는 중국 사회과학아카데미에서 현대사를 연구하는 85세 된 학자와 조용히 인터뷰를 진행해왔다고 말했다. 왕징야오의 고인이 된 부인인 비안중원은 베이징의 정규 대학의 부속 중학교인, 이 도시에서 가장 권위 있는 중등학교의 교감선생님이었다. 문화대혁명이 일어나자, 이 중등학교 학생들은 사회주의에 반대하는 "숨겨진 적"들을 찾아내자는 마오쩌둥의 요구에 대답이라도 하듯이 비안중원을 반혁명분자로 몰아붙였다. 몇 주에 걸친 비판 모임들이 끝나자, 1966년 8월 5일 드디어 비극적인 사태를 마주하게 된다. 그때 10학년으로 구성된 일단의 학생들이 비안중원과 4명의 다른 교사들을 학교 운동장 주위로 끌고 다니면서 그들을 발로 차고, 손톱날이 박힌 장갑을 끼고 그들을 할퀴기도 했다.

몇 시간에 걸친 폭행 끝에 비안중원이 쓰러지자, 쓰레기차에 버려졌다. 그때 그녀의 나이는 48세였고 문화대혁명 때 죽은 첫 번째 희생자였다. 살해당한 부인 소식에 망연자실한 왕징야오는 휴대용 카메라를 가지고 시체안치소로 가, 그녀의 시신을 찍었다.

한 사진에서 찢겨지고 더러운 옷을 입은 비안중원은 콘크리트 바닥에 누워 있었고, 얼굴은 붓고 멍들어 있었으며 머리칼은 헝클어지고 피범벅이었다. 다른 사진들에서는 옷이 벗겨진 상태였고 타박상들과 긁힌 흔적들이 여기저기 나 있었다. 왕징야오는 이 사진들을 수십 년 동안 비밀로 간직해왔으나, "역사의 진실"을 기록으로 남겨 달라는 부탁과 함께 사진들과 기타 자료들을 후제에게 건넸다.

그러나 후제는 다큐멘터리를 제작하는 데 어려움을 겪었다. 그가 찾아낸 학생들과 교사들 모두가 인터뷰를 거절했다. 교감선생의 타살 후 그녀의 남편에게 익명의 애도 편지를 써서 보냈다는 이유로 처벌을 당한 한 여선생을 찾아냈으나 그녀마저도 인터뷰하는 것을 거절했다. 그녀는 75세였고, 거의 40년이라는 세월이 흘렀는데도, 후제에게 그 당시의 일을 꺼낸다는 것은 아직은 너무 이르다고 말했다. 할 수 없이 왕징야오가 건네준 사진들을 참고하면서 필름을 만들기 시작했다. 그리고 얼마 전에 작품을 마무리하고 왕징야오에게 필름을 넘겼다. 그러나 왕징야오는 불만스러워 했다.

　왕징야오는 작업이 힘겹더라도 후제가, 아내의 죽음에 대해 당국에서는 조사조차 하지 않았다는 의문도 함께 밝혀주길 원했다. 왜냐하면 당시의 그 학교의 학생들의 대부분은 공산당의 고위 지도자들, 예를 들면 덩샤오핑과 류사오치(Liu Shaogi, 劉少奇) 등의 딸들이 재학하고 있었다. 후제는 그때의 상황을 이야기할 때 한숨을 쉬었다. 문화대혁명은 중국에 많은 대립과 갈등, 분열과 상처를 남겼다. 많은 사람들은 아직도 문화대혁명에 대해 언급하고 싶어하지 않는다. 이러한 점들이 후제가 자료들을 확보하는 데 어려움을 겪는 이유이기도 했다. 그러나 왕징야오는 사회가 그의 아내의 죽음에 대해 관심을 갖도록 노력하겠다는 다짐을 했고, 후제에게 그러한 목표를 이루기 위한 충분한 자료들을 확보할 때까지 필름작업을 계속해 달라고 부탁했다. 그 때문에 다큐멘터리 완성에 몇 년이 더 걸렸다. 다큐멘터리의 제목은 "비록 나는 떠나더라도"이었다. 그는 필름의 초점을 왕징야오의 삶과 그의 아내의 죽음에 대해 맞추었기 때문에 필름은 린자오 때보다 더 산만했고 덜 감동적이었다. 후제는 필름의 거의 모든 부분들을 흑백으로 처리했고, 극적인 장면들을 삽입하면서, 시청자들의 감정에 호소하면서 내용을 다듬었다.

　가장 흥미진진하고 줄거리의 정점으로 향하는 장면에서, 왕징야오는 여행 가방을 꺼내어 열어 보인다. 그곳에는 그의 아내가 죽을 때 입고 있었던 흙과 피로 뒤범벅이 된 옷들이 있었다. 후제는 그 작품에 만족했고, 2007년 봄에 중국의 남서 지방에서 가장 권위 있는 다큐멘터리 경연대회에 그 필름을 제출했다. 대회가 열리기로 예정된 일주일 전, 정부는 필름 상영만 봉쇄한 것이 아니라 대회자체를 아예 취소시켜 버렸다.

후제는 1년 뒤, 홍콩에서 열린 다른 다큐멘터리 경연 대회에서 행운을 거머쥔다. 심사위원들은 대회의 대상으로 "비록 나는 떠나더라도"를 선정했다.

Chapter 04
홍위병의 무덤

중국에서 충칭(Chongqing, 重慶)만큼 과거를 되살리고 싶지 않은 지역은 그리 흔하지 않을 것이다. 지아링강과 양쯔강 상류가 합쳐지는 산들 중턱에 건설된 그 도시는 중국에서 성장이 가장 빠른 지역 중 한 곳이다. 도시는 두텁고 끝을 모르는 안개·연무와 공기오염으로 항상 몸살을 앓고 있는 지역이며, 1천 3백만 명이라는 인구를 수용하고 있는 거대도시이기도 하다. 한때는 조용한 개항장으로, 중일전쟁 때는 일본의 폭격을 견뎌낸 전시 수도로서 알려져 온 충칭은 현재 중국 남서부의 발전하는 경제 중심지로서, 양쯔강 동쪽 하류에 있는 상하이보다도 오히려 더 활기에 차있고 건축 열기로 달구어진 역동적인 도시다. 해마다 수십만 명의 이주자들이 이 습기 찬 도시로 꾸역꾸역 몰려오곤 한다. 이들은 계속 확장되는 산업 단지나, 도크에서 실은 자재들을 비탈진 산등성이로 들어 올리는 그 유명한 "날아다니는 운반차"가 있는 공사장으로 일을 찾아 돌아다닌다. 하나의 모노레일이 촘촘히 들어선 주택가를 지나 화려한 네온사인과 옥외 광고탑이 설치되어 있는 고층 건물들 사이를 오가곤 한다. 건설 크레인들은 여기저기 널려 있다. 야간에는 형형색색의 고층 건물들에서 뿜어 나오는 불빛들이 진흙으로 가득 찬 양쯔 강을 비추고, 떠들썩한 군중들은 강가에 늘어서 있는 뜨거운 냄비 식당으로 몰려들어 술잔을 부딪치곤 한다. 충칭은 한마디로 살아 있는 도시이고 중국의 어느 곳보다도 미래를 내다 볼 수 있는 지역처럼 보인다.

그런데 도시의 서쪽에 있는 조용하고 숲이 우거진 인공호수 쪽 완만히 경사진 외진 곳에, 담쟁이덩굴이 휘감고 있는 돌벽으로 가려진 이상한 공동묘지가 있었다. 그곳은 사평공원의 주 산책도로들에서 다소 떨어져 있고, 행운목 숲 뒤에 가려져 있어 쉽게 눈에 띄지 않았다. 여러 해 동안 공원을 찾는 사람들도 쉽게 그곳을 찾지 못했을 것이다. 우연히 녹이 슨 철문을 지나 길을 헤매는 사람들만이 그곳이 문화대혁명 때 죽은 사람들을 기리기 위해 세워진 공동묘지라는 것을 알 수 있다. 그곳은 중국에서 유일하게 남아있는 문화대혁명 때의 공동묘지이기도 하다. 곳곳에 쓰러진 나무로 어질러져 있고 잡초가 무성한 것으로 보아 오랫동안 방치되어 왔다는 것을 한눈에도 알 수 있었다.

가끔씩 그곳에 안개가 자욱이 깔려 있을 때는 등골이 오싹할 정도로 음침하고 무서웠다. 공동묘지는 매우 넓었고, 처음 보는 비석들이 여기저기 있었다. 벽돌로 만들어진 보도의 양쪽으로는 우뚝 세운 콘크리트 기둥들과 끝이 뾰족한 기둥들이 줄을 이었고, 가장 큰 것은 30피트가 넘는 비석들도 있었다. 이십여 명이 넘게 매장된 장소마다 비석들이 세워져 있었지만, 오랜 기간 부식되어 새겨진 글을 판독하는 것은 거의 불가능했다. 대부분의 비석들은 먼지나, 넝쿨덩이와 잡초들로 덮여 있었고, 몇 개의 비석들은 무너져있었다. 그런데도 여태껏 공동묘지로 남아있다는 사실이 놀라울 뿐이었다.

중국에 온 지 거의 십 년 가까이 되는데도, 나는 지금까지 이와 같은 곳이 있다는 것을 들어보지 못했다. 그 공동묘지에서 쩡쭝만큼 많은 시간을 보낸 사람도 없을 것이다. 그는 교육자로서 50대 중반에 접어든 호리호리하고 성실한 사람이었다. 그는 오랜 세월을 그곳에 묻힌 사람들의 신원을 확인하고 어떻게 해서 죽임을 당했는지에 관한 기록들을 찾는 일에 힘써왔다. 우리들의 첫 만남은 공동묘지에서 멀리 떨어져 있지 않은 공원의 휴게소에서 이루어졌다. 날씨가 찬 봄날 오후였는데, 우리가 차를 마시면서 가벼운 대화를 나누고 있을 때, 노인들은 걷기 운동을 하고 있었고, 젊은 연인들은 호수 주변에 놓여있는 벤치에 앉아서 가벼운 키스를 하며 사랑을 나누고 있었으며, 일시 해고된 노동자들과 연금수령자들로 보이는 이들이 테이블에 앉아 차를 마시며 떠들썩하게 마작을 하고 있었다. 쩡쭝은 처음에는 자리에 앉아 외국기자와 인터뷰하는 것이 부담스럽다면서 안절부절 못하다 조심스럽게 이야기를 꺼내기 시작했다. 그러면서도 자신이 알고 있는 것들을 전해주기 위해 열성을 다했다. 공동묘지에 대한 관심은 초등학교 교사들을 훈련시키고 있는 자신의 직업과는 아무런 관련도 없고, 그곳에 묻혀있는 사람들과도 아무런 관계가 없다고 말했다. 그의 공동묘지에 대한 의문과 관심은 공원을 산책하다가 우연히 녹이 슨 철문으로 들어가게 되었던 2005년 가을에서부터 시작된다. 그는 공원근처에서 살았고, 전에 공동묘지에 관해서 이야기를 들은 적은 있었으나,

한 번도 가 보지도 않았고 별로 신경 쓰지도 않았다고 말했다. 그가 처음으로 묘지를 보았을 때, 그는 깜짝 놀랐다고 한다. 한 시간 이상을 외경심을 갖고, 비석과 기념탑 사이를 왔다 갔다 했다. "나는 그때까지만 해도 문화대혁명 때의 폭거의 규모를 알지 못했다. … 나는 완전히 넋이 나갔다. 그 충격은 나의 등골을 오싹하게 했다."

문 화 대 혁 명 은 중국인들의 가슴속에 특별한 추억으로 자리 잡고 있다. 그 사건은 국가의 근간을 흔들었던 대사건임에 틀림없다. 그로 인해 너무도 많은 사람들이 직·간접적으로 충격을 받은 까닭도 있겠지만, 그리 많은 시간이 흐르지 않았는데도 불구하고 거의 잊혀져왔다. 공산당의 지배체제를 확고히 하고 지도층에 있는 그의 정적들도 겨냥해 젊은이들을 동원하여 혁명을 계속 수행하도록 만든 마오쩌둥의 교활한 선동은, 도시나 농촌 할 것 없이 중국의 거의 모든 사람들의 삶에 영향을 끼쳤다. '반주자파운동'이 미미한 진동이었다면, '문화대혁명'은 엄청난 사람들의 목숨을 앗아간 끔찍한 대지진이었다. 1966년부터 1976년 마오쩌둥의 사망 때까지 계속된 혁명으로 인한 잔혹한 참상이 알려졌음에도 불구하고, 공산당은 혁명발단에 대한 거론조차 금기시하고 일당지배에 대한 폐단보다는 민주적 개혁의 요구가 분출하는 데 따르는 혼란에 우려를 표명하면서 지속적인 단속을 벌인 끝에 눈에 띄는 성과를 거두었다. 공산당은 중국인들이 한편으로 그 일을 빠르게 잊혀지길 바랐던 심정을 이용해 일정부분 성과를 거두었다. 너무나 많은 사람들이 문화대혁명의 광풍에 휩쓸렸고, 폭력에 가담했거나 침묵을 지켜왔기 때문에, 공산당이 지난 과거를 뒤로 남겨두자고 국민들을 설득하는 것은 그리 어려운 일이 아니었다. 대다수의 가족은 부인들이 남편을 정치범으로 고발하면서 이혼을 하고, 자식들은 부모를, 부모는 자식들을 서로 고발하면서 풍비박산이 나버리곤 했다. 문화대혁명이 끝났을 때, 많은 사람들은 그것에 대해서 거론하는 것보다도, 그대로 덮어두는 편이 더 나았을 것이다. 그 때문에 광풍에 휩쓸렸던 사람들은 지나간 일을 잊어버리기를 원했지만, 그렇다고 그들의 손이 완전히 깨끗해질 수는 없었다.

그러는 동안 문화대혁명에 대해 그저 막연히 교과서에 나온 대로 알고 있는 새로운 세대가 자랐다. 문화대혁명이 끝난 후 지금 인구의 절반이상이 태어났는데, 많은 부모들은 자식들에게 그때의 악몽에 대해 말하기를 꺼렸고, 공산당도 학교에서 그것에 대한 거론을 하지 못하도록 강제해왔다. 그 결과 공산당의 지배 하에서 일어났던 사건들 중에서 가장 광기어린 사건이었음에도 불구하고 잊혀진 채 치부되어 버렸다. 그 엄청난 사건을 기억하는 사람들은 여전히 마오쩌둥을 추종하는 일부세력들이 아니면 홍위병들 때문에 당한 시련을 술로써 잊어버리려는 사람들뿐이었으리라. 중국에서나 해외에서 직접 겪어보지 않았던 사람들에게는 문화대혁명에 대한 기억은 이중적인 것이었다. 물론 문화대혁명은 어리석은 정치놀음이었다. 그러나 그것은 그 이상의 의미를 함축하고 있다. 문화대혁명을 두루뭉술하게 처리하면서 사태를 축소하고 은폐시킨 것은 또 다른 공모이자 범죄였다. 정부자체의 발표에 의하더라도, 농촌에서만 3천 6백만 명 이상의 국민들이 고통을 당했다. 그 중에 약 75만 명에서 150만 명이 살해되었고 이와 비슷한 숫자의 사람들이 불구자가 되었다. 도시의 희생자 수는 더욱 애매한데, 수십만 명이 죽음을 당한 것으로 추정할 수 있을 뿐이다. 베이징에서도 1966년 두 달간 1,770명이 살해되었고, 1968

년에만 거의 5천 명이 살해되었다.

이 놀라운 희생자 수만으로도 우리를 경악시키기에 충분하지만, 더욱 심각한 문제는 그 숫자의 이면에 담겨진 인간의 잔인성에 대한 성찰이다. 남녀 할 것 없이 거리에서나 운동장에서 야유를 퍼붓는 군중들 앞에서 매를 맞고, 자식들에게 그들의 부모를 때리도록 강요했다. 그러한 비인간적인 행위는 많은 희생자들에게 그들 자신의 삶은 물론이고, 그들이 사랑하는 사람들과 함께 삶을 선택할 기회마저도 빼앗아버렸다. 살인은 광적인 홍위병들의 손에서 이루어졌지만, 무장한 라이벌 계급들 사이의 거리전투에서도 일어났다. 그리고 이러한 모든 계획은 공산당 간부들에 의해 수행되었고 전국으로 확산되었다. 이들 집단 학살의 대상은 전직 지주들이었고, 또 다른 계급의 적들은 이미 몇 년 전에 그들의 친족들과 함께 처벌을 받았던 사람들이었다. 집행자들은 때때로 아이들에게만이라도 자비를 베풀어 달라는 애원도 거절했는데, 그것은 나중에 그 어린이가 성장해서 자신들에게 복수할 것이라는 두려움이 앞섰기 때문이었다.

1966년 여름, 베이징 남쪽의 시골교외에 있는 다신이라는 마을에서는 5일간의 '피의 향연'이 벌어져 325명이 죽임을 당했고 최연소 희생자는 태어난 지 한 달밖에 안 된 젖먹이였다. 후난성의 다오셴 현에서는 두 달에 걸쳐 5천 명이 처형되었는데, 마을회의에서 잠재적인 희생자의 이름이 큰 소리로 불러지고 나면, 마을 사람들의 투표가 이들의 운명을 결정했다. 그 외에도 사람들은 맞아 죽기도 했고, 교수형에 처해지기도 했으며, 총살을 당하고 때로는 생매장되거나 절벽에서 떠밀려 떨어져 죽기도 했다. 심지어 광시성에서는 적어도 다섯 군데의 마을에서 끔찍한 식인풍습이 자행되기도 했다. 이러한 폭력 사례들은 지방에서 올라온 기록들이 여과되지 않고 그대로 출판되는 바람에 예기치 않게 세상에 알려졌던 내용들이다. 중국에서는 문화대혁명의 야만성에 대해서 논의하도록 정부에 요구하는 목소리들이 커지고 있었다. 솔직하고 정확한 희생자 수의 집계와, 그 시대에 대한 객관적인 평가만이 오늘날까지 따라다니는 정권의 정통성에 대한 불신과 도덕적 불감증을 해소할 수 있다고 주장했다. 1986년 초만 해도 소설가 바진은 문화대혁명 박물관과 희생자들을 기리기 위한 추모관을 건립하자고 주장했다. 시간이 지나고 상처가 아물어감에 따라, 많은 사람들은 과거를 의연하게 재평가해야 한다는 의지를 키워왔다. 그러나 공산당은 국가적 차원의 진상규명을 위한 조사를 거부해왔다. 그 이유는 진상조사를 함으로써, 국민들이 억압에서 해방되었다는 감정을 자극하게 되고, 일당통치의 장점에 대한 회의를 불러올 수도 있다는 두려움 때문이었다. 문화대혁명이 발생한 지 40년이 되는 해였던 2006년에, 공산당의 선전부장은 모든 언론매체에 문화대혁명과 관련된 어떠한 언급도 하지 말라는 훈령을 내렸다. 2007년에도 그들은 마오쩌둥 개인과 그의 사상, 공산당에 대한 불신을 차단시키기 위해, 문화대혁명을 이용하려는 세력들에 대한 경계를 강화하라는 내용의 지시를 내렸다. 문화대혁명동안 모든 내용과 기록은 정부가 1981년에 발표한 공식적인 기록과 일치해야 한다는 것이 공산당의 변함없는 방침이었다.

공산당의 공식적인 기록은 일 년 이상의 작업 끝에 작성되었는데, 그 내용의 요점은 다음과 같다. "이데올로기적인 선전목적으로 과장되게 부풀어진 숫자와 관료주의의 폐단으로 인해 만들어진 피해자들에 대한 이중적인 계산은 국가의 얼굴에 먹칠을 하는 또 다른 폭력과 다름없다."

확실히 정부의 보고서에는 "문화대혁명은 인민공화국 건립 이래 당과 국가와 국민들에게 고통을 안겨준 중대한 과오였고, 시대에 역행하는 심각한 오류였다"고 언급함으로써 '지도부의 책임'을 인정하고 있었다. 공산당은 마오쩌둥의 부인인 장칭(Jiang Qing, 江青)과 다른 세 명의 지도자들을 사인방으로 비방하면서 공격했다. 그러나 문화대혁명은 시작부터 끝까지 마오쩌둥의 작품이었다. 72세의 나이인 1966년, 마오쩌둥은 그가 세운 공산당과 그의 측근들에 대한 의심이 깊어만 갔다. 그 당시 모스크바에서 일어나고 있는 정치적 상황도 그에게 부담을 주었다. 그 당시 후르시초프가 스탈린을 비난하고 숙청했을 때였는데, 마오쩌둥은 자신도 언젠가는 권좌에서 쫓겨나고 후계자들에게서 버림받을지도 모른다는 두려움에 빠졌다. 마오쩌둥은 미국에 대해 유화정책을 쓰고 있는 소련이 경제발전을 위해 사회주의를 포기했다고 믿었고, 그의 동료들도 중국을 같은 길로 몰고 갈 것이라고 의심했다. 문화대혁명은 이러한 상황들에 대한 그의 계산된 행동이었고, 새로운 혁명세대들을 피의 광란 속으로 몰아넣으면서 자신의 정적들을 제거하고 당을 새로이 장악하려는 악랄한 시도였다. 공산당의 공식역사가는 대재앙에 대해 책임져야할 수뇌부는 실제로 마오쩌둥을 일컫는다고 인정했다. 마오쩌둥의 뒤를 이었고 문화대혁명의 희생자이기도 했던 덩샤오핑은, 공산당은 마오쩌둥과의 인연을 끊을 수 없다고 판단했고 역사가들에게 마오쩌둥을 비극적인 영웅으로 묘사하지 말고, 한때는 잘못된 생각을 갖고 있었지만, 그럼에도 불구하고 위대한 프롤레타리아 혁명을 견지해온 노동자들의 지도자로 부르도록 당부했다.

기록에 따르면 덩샤오핑은 "용기 있는 국민은 계급을 철폐하고 미래를 내다보아야 한다"고 선언했다. 또 석방 후에 그의 희망을 피력했다. "상식적인 견해들이 계속 이어질 것이다. 그리고 머지않아 중요한 역사적 문제들에 대한 논쟁은 종지부를 찍을 것이다." 그것을 달리 표현한다면, 국민들은 역사를 잊도록 계획되어 진다는 역사에 대한 편견이었다. 그러나 문화대혁명에 대한 유일한 평가는, 특히 공산당만이 유일하게 존재하는 것과 마찬가지로 국민을 설득시키기에는 부족했다. 사람들에게 너무나도 많은 상처와 고난을 남겼기 때문이다. 이러한 이유로도 사람들이 그들 자신에게 일어났던 일들에 대해 계속해서 기억을 되살리려는 노력을 해야 하는 것이다.

문 화 대 혁 명 이 일어났을 때, 쩡쭝은 14살이었고 7학년 학생이었다. 문화대혁명은 중등학생과 대학생들을 동원하여 홍위병이라고 알려진 집단들을 만들면서 시작되었다. 쩡쭝은 홍위병으로 활동하고 싶었다. 그러나 그의 아버지는 공산당 점령이전에는 충칭에서 가장 큰 은행의 지배인이었고, 그 때문에 부르주아 계급으로 분류되었다. 공산당의 계급투쟁 이론에 따르면, 자식들은 그들의 부모가 과거에 무엇을 했느냐에 따라 운명지워진다. 노동자들, 농민들, 그밖의 프롤레타리아 자식들만이 진정한 혁명계급으로 인정되었다. 쩡쭝은 마오쩌둥을 비롯한 최고위 혁명가들도 사회주의에서 일컫는 '좋은 계급' 출신들이 아니라는 것을 알고 있었다. 그리고 마오쩌둥이 물려받은 계급의식의 원리에 의문을 갖고 있었다면, 당연히 당의 우경화도 의심하지 말았어야 했다. 홍위병들이 그의 아버지를 끌어내 지방에 있는 곡물창고에서 일을 하도록 시켰을 때에도, 그 후 홍위병들이 그의 집으로 들이닥쳐 값나가는 것을 모조리 약탈해 갈 때까지만 해도 쩡쭝은 그들과 하나가 되고 싶었다. 그가 다니는 학교의 홍위병 부대가 그를 단원으로 받아들이기로 동의했지만, 지원그룹의 일원이라는 조건으로 받아들여졌다. "나는 극우주의자 가족의 배경을 갖고 있는 것으로 취급되는 데 대해 굴욕감을 느꼈지만, 혁명에 참여하기 위해서라도 치욕을 감수해야 했다"고 술회했다. 한 달쯤 지나자, 그가 속한 부대는 방침을 바꿔 그를 추방했다. 그리고 얼마 지나지 않아 그의 아버지가 들것에 실려 집으로 돌아왔다. 200파운드나 되는 쌀가마를 계속해서 나르다보니 등창이 도졌던 것이다.

홍위병에서 추방된 쩡쭝은 아버지의 병환 때문에, 충칭에서 폭력이 기승을 부릴 때에도 집에 있어야만했다. 노동자들과 다른 직장에서도 홍위병 부대를 별도로 만들고, 서로가 대립함에 따라 긴장감은 더해갔고, 군수공장으로부터 무기를 탈취하기도 했다. 밤마다 총소리와 대포소리가 도시를 진동시켰다. 전투가 도시 전체를 휩쓸 때에도, 홍위병들은 쩡쭝과 그의 가족을 모른 체 했다. 가족은 집에서 꼼짝 않고, 조용히 지낸 덕분에 문화대혁명의 대재앙에서 살아남을 수 있었다. 쩡쭝은 다른 집들은 무사하지 못했다는 것을 알았다. 그로부터 십년도 되지 않아 묘지에 발을 들여놓으면서, 희생자의 규모를 파악하게 되고 문화대혁명이 어떻게, 무엇 때문에 일어났는지를 알아내기로 결심했다.

쩡쭝은 수첩을 꺼내 묘지를 여섯 구획으로 나누어 약도를 그렸다. 각 지역마다 15기에서 25기의 무덤들이 있다고 했다. 총 118기의 무덤 하나하나마다 명칭을 붙였다. 그런 다음에 사망자 숫자를 계산해나갔다. 약 350명의 이름들과 그 흔적이 약 90개의 기둥과 비석에 새겨져 있었다. 그리고 20여 개 이상이나 되는 무덤의 흔적과 너무 부식되어 더 이상 이름을 식별할 수 없는 비석들이 있었다. 쩡쭝은 적어도 5백 명 이상의 사람들이 공동묘지에 묻혀 있다고 계산했다. 그의 목적은 그들 모두의 신원을 파악하고 각자 죽음의 동기를 밝혀내는 데 있었다. 그는 가능한 많은 시간을 묘지에서 보냈고, 망자의 친구들이나 친족들이 나타나기라도 하면 그들에게 조심스럽게 접근해서 궁금한 사항을 묻기 시작했다. 겨울에는 발바닥을 따뜻하게 하기 위해서 발을 구르며, 두세 시간씩 묘비 사이를 맴돌았으며, 따뜻한 계절에는 좀 더 오랜 시간을 머물렀다. 가끔 아무도 나타나지 않을 때도 있었고, 사람들이 나타난다 할지라도 그들은 문화대혁명에 대해서 생각하고 싶지 않다면서 그의 인터뷰를 거절했다. 그러나 대개의 경우는 그에게 도움이 되는 말을 했다. 그러는 동안 쩡쭝은 묘지에 묻힌 2백여 명에 대한 정보를 모으게 되었다. "그것은 마치 조각그림 맞추기 퍼즐 같았다. 가끔 나는 똑같은 사건에 대해서 4개의 서로 다른 주장들을 들은 적도 있었다. 그럴 때는 그 주장들을 모두 적어서 집에 있는 컴퓨터에 저장해두었다. 그것과 관련된 증언을 해주는 사람을 만난다면 그의 주장과 일치하는 견해를 우선적으로 참고할 것이다. 그것이 역사를 서술하는 방법인 것 같았다."

우리가 테이블에서 대화를 나누고 있을 때, 공원관리인이 뛰어와서 내가 알아들을 수 없는 충칭 사투리로 쩡쭝에게 무어라고 말을 했다. "미안하지만, 양해를 구해야겠다." 쩡쭝은 노트를 챙기며 떠날 채비를 했다. "지금 묘지를 방문하고 있는 사람들이 있다고 한다." 내가 같이 가도 되겠느냐고 묻자 그는 흔쾌히 승낙했고, 우리들은 황급히 묘지 쪽으로 올라갔다. 비탈길을 올라가면서 쩡쭝은 공원에서 일하는 관리인들과 친해졌고, 그들이 적극적으로 도와주고 있다고 말했다. 어떤 사람이 묘지에 들어가는 것을 보면 그에게 전화를 걸거나, 그가 제때에 묘지에 도착하지 못할 때는, 정보를 대신 전해주기도 한다고 말했다. 공원관리인은 씩 웃으면서 "모든 것이 비공식적"이라고 주의를 주었다.

쩡쭝은 걸음을 빨리했고, 점차 흥분하기 시작했다. 그는 한 특별한 무덤 때문에 오랫동안 궁금해 했다고 말했다. 대부분의 무덤에는 천안문 광장에 있는 인민영웅 탑과 같은 소련양식으로 만들어진 끝이 뾰족한 탑들이 세워져 있었는데 거기에는 망치와 낫, 총, 횃불과 같은 사회주의 표식들이 조각되어 있었다. 그런데 그 특별한 무덤에는 둥근 기와들과 처마와 같은 전통적인 중국의 지붕이 얹혀있었다. 그러한 모양의 묘비는 이 묘지에서는 유일한 것이었고, 쩡쭝도 그 안에 묻혀있는 다섯 사람들에 관해서 아는 것이 없었다. 그 묘비에는 이름만이 새겨져있을 뿐, 나이나 다른 인적 사항들은 적혀있지 않았다. 다만 이례적으로 그들이 '초원을 불태우는' 부대라고 불리는 홍위병 부대에 소속된 인물들이라고만 각인되어 있었다. 이름 아래에는 1968년 10월이라고 적혀있고 이름 뒤에는 6개의 큰 문자로 '순교자들이여 영생하라!' 라고 쓰여 있었다. 쩡쭝은 여태까지 이 무덤을 찾은 사람을 한 번도 본적이 없다고 했다. 우리들이 묘지로 들어서자, 그곳에는 두 남자와 한 여자가 무덤 옆에 서 있었다.

"이 사람들이 죽은 이유를 알고 있고 있습니까?" 하고 쩡쭝이 물었다. "모를 까닭이 있겠습니까." 한 사람이 대답했다. 그는 오십대 중반의 땅딸만한 사람이었다. 그리고 쓰촨 지방의 느린 어조로 말했다. "주칭원이 죽었을 때 나도 같은 침대에서 함께 자고 있었습니다." 주칭원은 기둥에 적혀있는 다섯 명의 명단에 포함돼 있었다. 쩡쭝은 수첩을 보면서 물었다. "제철학교에 다니는 학생들이 그들을 죽였다고 들었습니다." "그놈은 제철학교에 다녔던 뒤지엔이라는 놈이었죠." "뒤지엔이 직접 죽인 것이 아닙니다. 그는 그 짓을 한 학생들을 지휘했었습니다."

그는 자신과 주칭원은 충칭에 있는 71중등학교의 같은 반 학생이었고, 홍위병 동료였다고 말했다. 1968년 8월 16일 밤, 그들은 총기문제로 다툼이 있던 다른 홍위병 부대로부터 쫓기고 있었고 한 학교로 숨어들었다. 그 학교에는 갑자기 불청객들이 들이닥치는 바람에 당연히 침대가 모자랐다. 그와 주칭원은 침대 하나를 배정받아 잠을 청하게 되었다. 다음날 새벽에 뒤지엔이 동료학생들을 데리고 와서 총을 난사했다. 그는 침대 아래로 굴러 담요를 뒤집어썼고, 주칭원은 잠결에 놀라 앉아 있다가 머리에 총상을 입었다고 말했다. 쩡쫑은 계속 받아 적으면서 묘비의 특이한 모양에 대해서 물었다. 그 사람은 웃으면서 그와 친구들은 처음에는 공동묘지에 있는 다른 묘비들처럼 기다란 묘비를 만들려고 했다고 말했다. 그들은 정치적 추방자들(지주, 부르주아, 주자파와 다른 범죄자들)로 이루어진 마을 주민들에게 그들을 돕도록 일을 시켰다. 2주일이 지나자, 재료들은 바닥나고 시체들이 부패해서 악취가 풍기기 시작했다. 결국 학생들은 그들이 이제껏 만든 묘비의 꼭대기에 중국식 지붕을 얹음으로써 묘비제작을 마무리하기로 결정했다.

쩡쫑은 묘비에 새겨진 다른 사람들에 대해서도 물었다. 그 사람은 그들은 모두 같은 홍위병들이지만 각자 다른 사건으로 죽었다고 말했다. 그들 중 두 명은 9학년 학생이었고 또 한명은 8학년 학생이었는데, 그들이 어떻게 해서 죽었는지에 대해선 기억이 나지 않는다고 말했다. 쩡쫑은 수첩에 대화 내용을 적고나서 고맙다는 인사를 하며 자신의 전화번호를 적은 얇은 종이 한 장을 그에게 건넸다. 그러면서 그 사람에게 더 할 이야기가 있거나 새로운 기억이 떠오르면 전화해달라고 부탁했다.

"나는 항상 내 전화번호를 남겨주고 전화해달라고 부탁하지만 전화하는 사람은 30%도 안 된다"고 쩡쭝은 방문객들이 떠난 후에 내게 말했다.

쩡쭝은 처음에는 자기 자신을 미확인된 정보를 수집하는 사람(이른바 풍수지리가, 점술가 등)으로 간단히 소개했다. "나는 가능한 한 많은 정보들을 얻고 싶고 그것들을 다음 세대에게 남기고 싶다. 그래야만 미래 세대들은 그것의 의미를 헤아리고 결론을 이끌어낼 수 있다"고 말했다. 때때로 그는 죽은 사람들의 가족들을 찾아내어 그들의 집으로 찾아가기도 했다. 그는 같은 전투에서 적군과 아군으로 나뉘어 싸우다 죽은 형제에 관한 이야기도 들었다. 이 묘지는 한 도시의 한 구역에서 한 홍위병 부대에서 생긴 희생자들의 일부만이 묻혀있는 하나의 공동묘지에 불과하다. 그는 왜 이러한 광풍이 일어났고, 왜 당시의 사람들은 서로에게 증오를 갖고 대했는가에 대해서 자문할 때마다, 그가 어렸을 때 공산당이 그에게 가르쳤던 가치들을 생각하곤 했다. 지금도 여전히 그 가치들을 학생들에게 가르치고 있다는 생각에 그는 전율을 느꼈다.

한때 충칭전역에 걸쳐 문화대혁명 때 희생자들의 묘지들은 수십 군데가 있었다. 공산당은 마오쩌둥 사망 후 그 묘지들을 전부 허물어 버렸다. 지금은 사핑공원에 있는 이 공동묘지만 남아있는데 정부는 "그것마저도 빨리 부식되어 자연스럽게 소멸되기만을 원하고 있다"고 쩡쭝은 말했다. 즉 정부는 국민들이 무엇이 일어났는가에 대해서 더 이상 생각하지 말기를 원하고 있다는 뜻이다. 그러나 나는 이러한 역사가 망각된다면 엄청난 손실이라고 생각해왔다. 왜냐하면 그런 어처구니없는 짓은 중국인의 피와 눈물을 우롱하는 모욕이기 때문이다. 미래의 세대들은 이와 같은 비극적인 사건들이 다시는 일어나지 말아야 한다는 교훈을 배워야한다.

"미래의 어느 날 국민들이 이 공동묘지를 방문했을 때는 묘비에 새겨진 글들을 더 이상 볼 수 없을지도 모른다. … 그 때에 내가 쓴 저술이 그 공백을 대신해주길 바랄뿐이다."

묘 지 에   있 는   대부분의 묘비들은 풍화작용으로 부쉬져가고 있는 데 반해서, 일부 묘비들은 보존 상태가 좋았고 새로이 복구되어 있는 묘비들도 있었다. 새로이 복구된 묘비 중 하나는 공동묘지의 중간쯤에 놓여 있는데, 쩡쭝의 지도에서 4구역의 6번째 묘비로 정해진 단순히 끝이 뾰족한 묘비이다. 그 묘비의 크기는 바닥에서 가로로 약 5피트이고 높이는 약 10피트가 되는데, 이 묘비에는 공산주의의 구호나 상징들이 전혀 새겨져 있지 않았다. 우아한 검정색의 대리석 판넬의 동쪽 면에는 오래된 큰 글자들이 중앙 아래쪽에 황금색으로 조각되어 있다.

어머니의 무덤

후앙

페이잉

오른쪽 면에는 작은 글자로 세 줄의 글귀가 새겨져 있다.

1928년 9월 24일 태어나시고
1967년 8월 24일 충칭에 있는
마오시안 계곡에서 돌아가시다.

오른쪽에는 죽은 부인의 다섯 자녀들(4명의 아들과 한 명의 딸)의 이름이 새겨져 있고, 1996년 중국의 전통적인 벌초날인 청명에 효도를 다하기 위해 묘비를 다시 세운다는 문자가 함께 새겨져 있다.

가끔 이른 새벽에 한 남자가 묘비 옆에서 대리석 제단을 바라보고 담배를 피우면서 서성이는 것이 목격되었다. 그는 건장했고, 적당한 덩치에 스포츠머리를 하고 금테 안경을 끼고 있었으며, 윤기가 흐르는 둥근 얼굴을 한 사람이었다. 그가 어머니의 무덤을 찾을 때마다 시친성은 어두운 셔츠와 어두운 바지 위에 검정외투를 걸치고 있었고, 그 때마다 그의 모습은 쓸쓸해보였다. 날씨가 좋을 때면 그의 아내도 함께 와서 남편을 남겨두고 호숫가를 돌며 산책을 하곤 했다. 그는 공동묘지가 도심의 소음에서 멀리 떨어져 조용히 격리되어 있는 것을 다행으로 생각했다. 이러한 고요함은 그에게 생각하고 기억할 수 있는 기회를 만들어주었다.

묘비들 사이에 서있노라면 그의 기억들은 과거로 돌아가서 그가 사춘기를 보냈고, 여기에 묻혀있는 사람들이 살아있던 그 시절의 충칭으로 데려가곤 했다. 그때마다 그는 대포알이 날아가는 소리와 기관총이 발사되는 소리를 듣고 있는 것 같았다. 그는 또 총알자국이 여기저기 박혀있는 텅 빈 건물들, 탱크들이 지나간 흔적과 거리 여기저기에 흩어져 있는 시체들도 보았다. 공중에 퍼져있는 화약 냄새와 부패된 시체의 냄새도 맡을 수 있었다. 그리고 그가 한때 홍위병으로 있을 때 폭행하고 고문했던 사람들의 고통소리도 들을 수 있었다. 그는 또 어머니의 애틋한 사랑과 자식들을 살려내겠다는 그녀의 결연한 의지도 생각해낼 수 있었다. 그는 어머니가 자식들을 살려내기 위하여 자신의 피를 팔고, 대약진운동으로 촉발된 기근 때, 나무뿌리와 넝쿨을 파고 있는 모습들도 떠올려 보았다. 문화대혁명 때 그가 가입한 홍위병 부대에서 끌어내 집으로 데리고 갔던 기억을 회상해내기도 했다. 그리고 총알이 관통한 어머니의 머리에서 흘러나오는 피가 그녀의 가슴으로 흘러내릴 때 그의 손으로 어머니의 머리를 감싸 쥐며 눈을 맞추자, 그녀는 아들의 눈을 바라보면서 뒤로 축 늘어졌다. 채소밭에서 일어났던 어머니의 마지막 모습이 아직도 눈에 선했다.

"어머니가 돌아가셨을 때 나는 15살이었고, 장남이었다." 시친성은 어느 날 묘지를 찾았을 때 내게 말했다. "사람들은 어머니의 사랑이 그 무엇보다도 위대하다고 말한다. 어머니를 일찍 여읜 사람들은 이 말을 누구보다도 실감할 수 있을 것이다. 어머니의 죽음은 우리가족 모두에게 큰 충격을 주었고, 그래서 우리는 문화대혁명의 재앙을 매우 개인적인 일로 느껴왔다."

마오쩌둥이 1966년 5월에 학교, 뉴스, 예술과 출판 영역에서 자본주의를 비호하는 세력들을 탄핵하도록 촉구하면서 문화대혁명에 불을 붙였을 때만해도 앞으로 전개될 비극에 대해서 아무도 예상하지 못했다. 다른 지역에서도 사정은 마찬가지였지만, 충칭시의 공산당 지도자들도 반주자파운동과 유사한 운동이 전개될 것이라고 내다보았다. 그래서 충칭시의 당 지도부는 작업팀을 구성하여 신문사와 학교, 대학, 기타 문화기관들에 파견하여, 각 기관의 자율적인 지도하에 자본주의 비호자들을 색출하고 숙청할 것을 지시했다. 7월말쯤, 마오쩌둥은 근본적인 마녀사냥 이상의 것을 마음속에 담고 있다는 것을 명확히 밝힌다. 베이징에서는 마오쩌둥의 측근들이 대학생들에게 스스로 홍위병을 조직해서 활동할 것을 은밀하게 선동했다. 그리고 대학생들이 공산당의 작업팀들과 충돌할 때면 마오쩌둥은 학생들을 두둔함으로써 공산당 관계자들을 놀라게 했다.

"반역은 정당하다!" "수뇌부를 공격하라!"고도 명령했다. 이에 따라 공산당 작업팀들은 철수하게 되고, 그들을 조직해서 파견했던 사람들(당의 고위층들, 덩샤오핑 총서기, 류사오치[劉少奇] 주석 등)은 수세에 몰리게 된다. 뉘른베르크 스타일(나치전범재판)의 천안문 집회에서 마오쩌둥에 의해서 부화된 홍위병들은 권위의 장막 뒤에 숨어있는 수정주의자들과 자본주의 비호자들을 색출할 수 있는 권한을 부여받게 된다.

충칭에서도 학생들은 갑자기 지방 당 간부들과 당의 작업팀과 적대적인 관계로 돌변했다. 학생들의 분노의 도화선은 대중적인 지지를 받고 있는 충칭대학교의 총장인 정쓰췬에 대한 예우 때문이었다. 당에서 그를 자본주의 비호자 중의 한 사람이라고 비난하자 충칭대학의 총장은 자신의 목을 찔러 자살했다. 지방의 공산당 지도자들은 그가 죽은 뒤에, 총장을 당에서 축출함으로써 자살에 대한 부정적인 반응을 보였다. 11일 후, 충칭대학의 수천 명의 학생들과 교수들이 이웃 대학의 캠퍼스에 있는 당사를 에워싸고 당 간부들을 비판하기 시작했다. 결전의 날인 8월 15일 집회는 절정에 달했다. 사태의 주도권을 잡으려는 공산당 간부들은 중등학생과 대학생들을 홍위병에 가입시켜 그들에게 과거 지주들의 집과 주자파들, 기타 부르주아적 인물들을 찾아내 약탈하도록 부추겼다. 그러나 충칭대 학생들은 자신들의 홍위병으로 '8·15부대'를 만들어 지방 공산당 간부들과 대치하기 시작했다. 소위 혁명이라는 이름아래 충칭시 곳곳에서 또 다른 홍위병 부대가 새로이 만들어지면서 혼란은 극에 달했다.

시친성은 그때 14살이었고, 일주일은 수업을 받고 일주일은 구두공장에서 작업을 하는 직업학교에 다니는 총명하면서도 때론 반항적인 소년이었다. 정치적 소요는 일상의 권태로부터 그를 탈출시켜 주었고, 그는 홍위병에 자원하게 된다. 그가 교과서, 영화, 노래를 통해 들어왔던 공산주의의 영웅들의 신화는 결국 그 자신을 영예로운 혁명에 참여해 국가를 위해 숨은 적들과 투쟁하라는 말과 같았다. 젊은 십대들은 소매에 붉은 완장을 두르고, 마오쩌둥 어록이 실려 있는 작은 붉은 책들을 흔들고 구호를 외치면서, 떼를 지어 시내를 휩쓸고 다녔다. 선배들은 후배들에게, 전단을 뿌리고 건물에 포스터를 붙이고 의심스러운 계급배경을 갖고 있는 집들을 습격해 구시대의 유물(예술품, 골동품, 거적, 자본주의 취향의 옷들)과 관련된 것들은 모조리 파괴하라고 지시했다. 거리의 명칭들도 바뀌었고, 심지어는 도시의 명칭도 새로운 사회주의적인 명칭으로 바꾸도록 하자는 주장도 있었다. 시친성은 학생들이 평소 앙심을 품고 있던 교사들을 고문하고 그들의 머리에 둥근 종이 모자를 씌우고 칠판을 그들의 목에 매달은 채 시가를 행진하게 하는 것을 보기도 했다.

"그것은 바로 광풍이었다. 수많은 군중들이 모여 행진하고, 항의하고, 연좌대모를 하곤 했다. 도시의 모든 거리에는 큰 글자로 쓰인 현수막으로 물결쳤다. 우리는 중등학교 학생으로 아직은 어린 나이였기 때문에 쉽게 흥분했고, 맹목적으로 따랐고, 조직에 가담했다. 당연히 우리들이 무엇을 하고 있는지도 몰랐다. 그저 마오쩌둥에게 충성만 하면 그뿐이었다."

마오쩌둥에 대한 개인숭배는 열광적이었고, 종교적 맹종에 가까웠다. 학생들은 기도문을 암송하는 것처럼 마오쩌둥의 어록들을 큰 소리로 읽었고, 때로는 그의 초상화 앞에서 읽기도 했는데, 이러한 모습은 세계 어느 곳에서도 볼 수 없는 광경이었다.

충칭에 있는 홍위병들은 마오쩌둥에 대한 충성에는 변함이 없지만, 지방공산당 당국의 견해와는 의견이 엇갈렸다. 한 진영에서는 충칭시 공산당위원회를 지지했고, 시 당의 지시를 따랐다. 지방공산당의 주도와 지원으로 조직된 '왕당파' 홍위병들은 처음에는 운동을 주도해나갔다. 그러나 몇 주일이 지나자 '8·15부대'들이 '왕당파Royalists' 홍위병들을 공격하면서 시민들의 지지를 늘려나갔다. '8·15부대'는 충칭대학과 다른 대학의 학생들과 교수들을 주축으로 구성되었고, 공장 노동자들과 지식인들, 공산당의 과거 정책 때문에 소외되고 희생된 자들도 뜻을 함께 했다. '왕당파'와 '8·15부대'의 홍위병들이 서로를 사회주의의 반역자라고 공격을 하기 시작했고 급기야 이러한 논쟁들이 도시전역을 더욱 혼란스럽게 만들었다.

시친성과 급우들은 대학교에 다니는 선배들의 지시에 따라서 '8·15부대' 진영에 머물고 있었다. 그는 시청 앞에서 열렸던 군중집회와 단식투쟁에도 참가했다. "충칭시 정부는 우리들에게 학교로 돌아갈 것을 당부했으나 마오쩌둥은 그들의 도전은 정당하다고 말했다. 우리는 마오쩌둥의 격려에 고무되어 도전을 계속했다."

가을로 접어들어 마오쩌둥의 의중이 '8·15부대' 홍위병들의 편에 있다는 것이 명백해지자 여론은 '8·15부대' 진영으로 휩쓸려 돌아섰다. '왕당파'들은 그들에 대한 지지가 떨어지자 시의 당 지도부에 있는 그들의 간부들에게 반기를 들기로 결정했다. 그러나 '8·15부대' 진영은 그 반전을 반기기보다는 오히려 '왕당파'들이 그들의 본색을 감추고 혁명의 승리를 가로채려 한다면서 비난했다. 12월 4일에 '왕당파'들이 시 당국과 지방당 간부들을 탄핵하기 위해서 충칭 중앙운동장에서 군중집회를 열었을 때, 양진영간의 대립이 폭발했다. 10만 명 이상의 군중들이 운동장을 가득 메웠고, 그 중에는 홍위병에 가담한 시친성의 11살 된 동생인 칭추안도 끼어있었다.

집회가 시작되자마자 양 진영사이에서 충돌이 빚어졌고 곧 폭동으로 변했다. "처음에는 다소의 동요가 있었는데 곧이어 무질서한 혼란으로 빠져들었고 한번 싸움이 붙자, 급기야 통제 불능의 상태로 빠졌다. 그들은 나무막대기와 쇠몽둥이를 들고 싸웠고, 군중들은 그곳을 빠져나오려고 애썼다." 칭추안은 무사히 빠져나왔으나 많은 사람들이 다쳤다. 그 운동장에서의 충돌은 충칭시에서 문화대혁명으로 인한 폭력이 처음으로 발생한 중요한 사건이었다. 그것은 끝이 아니라 시작이었다.

처음으로 마오쩌둥과 그의 측근들은, 폭력행사는 심히 우려되지만 문화대혁명의 목적을 이루기 위해서는 어쩔 수 없다는 점을 분명히 했으며, 작업팀들을 해체하고 대신 다른 간부들을 학교로 보내 문화대혁명을 이끌게 했다. 문화대혁명기간에 주요 실세로 급부상한 마오쩌둥의 아내인 장칭은 베이징에서의 군중집회에서 마오쩌둥의 생각을 대신 전했다. "선한 사람이 악한 사람을 폭행할 때, 악한 사람이 매를 맞는 것은 당연하다." 베이징에서 폭력이 난무하고 여학교 교감선생이었던 비안중원처럼 맞아 죽은 사람들이 생기자, 몇몇 학생들은 공산당이 개입해야 한다는 진정서를 썼다. 마오쩌둥은 베이징은 아직은 끄떡없다는 식의 불평으로 대신했다. 마오쩌둥은 천안문 광장에서 열린 첫 홍위병 집회에서 공개적으로 당 관료를 폭행한 한 여학생을 연단으로 불러서 칭찬하기도 했다. 그리고 경찰들에게 혁명을 수행하는 학생들을 구속하지 말라고 지시하기도 했다. "악한 사람들을 벌하는 것을 나쁘다고 나무라지 말라." 공안부

장도 거들었다. "그들이 악한 사람을 때려죽였다면 그것으로 끝이다. 우리가 그것을 나쁘다고 말한다면, 우리는 악한 사람을 두둔하는 결과가 된다. 결국 악한 사람은 악한 사람이고 그들이 맞아 죽는다 해도 그게 무슨 대수인가?"

1966년 12월 그의 73회 생일 때, 마오쩌둥은 전국에 걸쳐서 새로운 혁명을 전개하고 있는 국민들의 노고를 치하하기 위해서 빵을 하나씩 하사했다. 몇 주일이 지나자 충칭시는 베이징에서 파견한 당 간부들이 장악하고 '8·15부대'도 이들에 의해서 지도되었다. 이와 유사한 권력 장악은, 마오쩌둥이 전국 각지의 군 당국에 극단파를 지원하라는 명령을 내렸을 때 중국 곳곳에서 벌어졌다. 충칭시에서도 '왕당파'들이 패배함에 따라 '8·15부대'가 54군단의 지원 하에 1월 말경 시정부를 장악하게 된다. 시 당국자들은 투항했고 30만 명이 참가한 군중시위에서 탄핵을 받게 된다. 전국에 걸쳐 다른 관료들이 당했던 것처럼 그들도 공개적으로 모욕을 당하고 종이로 만든 둥근 모자를 쓰고 머리를 아래로 쳐박고 팔은 뒤로 올리는 그 유명한 '비행기 폭격' 자세를 취하게 된다. 8·15부대원들은 그들을 비웃었고 검은 악마라는 표시로 얼굴에 검은색 잉크를 뿌리기도 했다. 충칭시의 고위간부이자 덩샤오핑의 실세 측근이었던 리징취안은 이러한 공개적인 고난의 나날들을 견뎌냈지만, 그의 아내는 끝내 목을 매 자살했다. 다른 도시에서도 사정은 마찬가지였으며, 일부 쫓겨난 충칭시 간부들은 고문을 이기지 못하고 자살하기도 했다. 마오쩌둥과 그의 동료들은 눈 하나 깜짝하지 않았다. 윈난성의 당 서기가 자살했을 때에도 저우언라이(Zhou Enlai, 周恩來) 수상은 그를 염치없는 배신자로 몰아붙였다. 빌딩에서 뛰어내려 자살을 시도하다가 불구가 된 한 육군 장성은 심판을 받기 위해 대형 바구니에 담겨진 상태로 군중시위장으로 넘겨졌다.

지방 공산당에 대한 홍위병들의 승리는 그것으로 끝이 아니었다. 충칭시에서는 홍위병들이 권력을 잡자마자 그들 사이에서 싸움이 벌어졌다. 어떤 사람들은 54군단에 의해 설립된 집행위원회에서 제외되자 당황했고, 반면에 다른 사람들은 54군단과 협력하고 있는 '8·15부대' 지도자들을 자본주의 사상이 물들어 있다는 이유를 들어 그들을 비판했다. 군부의 지원을 등에 업은 새로운 지방정부는 몇 달 동안 수백여 명에 달하는 홍위병들을 구속함으로써 반대파를 제거하기 시작했다. 그러나 1967년 3월 말, 마오쩌둥은 충칭에서 뿐만 아니라 전국의 도시들에서 군이 오히려 혁명의 걸림돌이 되고 있다는 결론을 내렸다. 마오쩌둥의 새로운 국방장관으로 취임한 린뱌오(Lin Biao, 林彪)가 군부에, 혁명에서 손을 떼고 구속했던 사람들을 석방하라고 지시했다. 이에 따라 충칭시에서도 새로운 홍위병 지휘본부가 설치되고 '극단파 Rebel to the End'로 알려진 분파가 권력을 잡게 된다.

시친성과 그의 젊은 동료들은 '극단파'들을 지지했지만, 그의 부모들은 '8·15부대'를 지지했다. 그의 아버지는 서점의 트럭운전기사였고, 그의 어머니는 그 서점의 창고에서 근무했다. 프롤레타리아 사상으로 무장된 그의 부모는 둘 다 문화대혁명에 적극적으로 참여했다. 그러나 그들은 혼란이 곧 닥쳐올 것이라고 예감하고 있는 것 같았다. 어느 날 오후, 시친성은 학교에서 동료들에게 '8·15부대'와의 싸움에서 자신의 역할을 자랑하면서 주위를 둘러보다가 그의 어머니가 문 앞에 서 있는 것을 보았다. 그녀가 아들의 허리띠를 꽉 잡고 밖으로 끌어내자, 그의 아버지가 자동차를 대기시켜놓고 기다리고 있었다. 그날 이후로 그는 외출이 금지되었다. 그의 어머니는 그가 밖으로 나가지 못하도록 집에서 온종일 지키고 있었다.

자식에 대한 부모의 사랑이 그의 생명을 구했는지도 모른다. 충칭시에서 두 파벌간의 대립은 중국의 다른 지방에서 일어난 문화대혁명 중에서 최악의 폭력사태를 불러일으켰다. 봄부터 전투는 산발적인 충돌로 시작되었지만, 6월 5일에는 사범대학 도서관 앞에서 수천여 명이 참가한 총력전으로 비화됐고, 3일간이나 계속되었다. 홍위병들은 돌, 곤봉, 쇠몽둥이, 칼, 검, 창 등을 사용하면서 서로 공격했다. 이윽고 전투의 중심지는 학교와 대학에서 외곽지대에 있는 군수공장들로 옮겼다. 충칭은 오래 전부터 무기생산의 중심지였는데, 그것은 국경에서 멀리 떨어진 내륙지방이라는 지리적인 이점 때문이었다. 그 공장들에서는 온갖 종류의 무기들과 반자동소총, 수류탄, 경 또는 중 기관총, 화염방사기, 곡사포, 대공포, 대포, 탱크, 등 전투기를 제외한 거의 모든 무기들을 생산했다. 지금 두 경쟁 파벌들은 이들 공장들을 먼저 장악하고 무기를 확보하기 위해 싸웠다. 양측의 홍위병들은 전투기지를 설치하고, 공장과 학교는 물론 홍보전에서도 유리한 고지를 점하기 위해서 방송국을 접수하기 시작했다.

7월 7일, 처음으로 총기로 인한 사망자들이 발생했고, 이후 몇 주가 지나면서 도시는 내란 상태로 빠졌다. 7월말이 되자, 두 진영은 수류탄, 기관총, 화염분사기 등을 사용했고 8월 초에는 대포와 탱크들도 등장했다.

첫 전투가 시작되었을 때 시친성은 매우 흥분해 있었다. "매일 밤마다 대포소리와 함께 폭음이 들려 왔고 탱크는 거리를 질주했다! 나는 당장이라도 뛰쳐나가고 싶었다. 나는 흥분했고, 전투에 참가하는 것은 매우 영광스럽고 대단한 기쁨이라고 생각했다." 그러나 전투가 멈춘 뒤 그의 부모가 그를 밖으로 데리고 나갔을 때, 그의 소망은 공포로 바뀌었다. "그 장면들은 너무나 끔찍했다. 모든 건물들은 텅 빈 조개껍데기 같았고, 여기저기 불타버린 자동차와 시체들이 널려 있었다. 그 후로는 대포소리만 들려도 가슴이 떨렸고 나도 모르게 바닥에 엎드렸다."

 1967년 여름 충칭은 무장전투를 겪은 유일한 도시는 아니었다. 이와 비슷한 광란의 발작은 전국에 걸쳐 모든 주요 도시들에서도 일어났다. 베이징에서 발간되는 신문의 한 뉴스속보에서는 8월에 들어서서 지방에서만 해도 매일 20~30건의 무력충돌이 일어났다고 보도했다. 그러나 충칭시의 전투는 다른 지역보다 더 치열했고 사망자도 많았는데, 그 원인은 충칭이 군수공장의 밀집지역이였기 때문일 것이다. 충칭에 있는 마오쩌둥의 측근들이 상황을 파악하기 위해 방문했을 때, 그들은 즉시 전투중지를 촉구했다. 그러나 고위층에서 내려오는 메시지는 너무 혼란스러웠다. 마오쩌둥은 홍위병들이 무기를 지니고 있는 것에 대해서 걱정하지 않는다는 점을 명백히 밝혔으며 무기를 공급하도록 군부를 다그치기도 했는데, 다음 구절은 전국적으로 슬로건으로 사용된 구호이기도 했다. "좌파에게 무기를!", "우리는 왜 노동자들과 학생들에게 무장을 허용하지 않는가? 나는 그들도 무장시켜야 한다고 주장한다"고 말했다. 마오쩌둥의 부인 장칭은 또 다른 슬로건을 제창한다. "공격은 명분이 필요하고 방어는 힘이 있어야 한다. 여러분들은 너무 결백할 필요도, 너무 감상적일 필요도 없다." 그녀는 하이난성의 홍위병 대원들에게 말했다. "위기에 몰린 사람들이 무기를 갖고 여러분들을 공격한다면 혁명 군중들도 무기를 갖고, 스스로를 방어할 수 있어야 한다." 충칭에 있는 홍위병 신문의 한 편집인은 그녀가 언급한 내용을 읽고 그것들을 동료들에게 전달했다.

"나는 딱 한 가지만 말하겠다. 중앙에서 더 이상 이 상황을 통제하기를 원하지 않는다면, 우리보고 어떻게 하라는 것이냐?" 그는 회상했다. "모두가 말했다. 그러면 싸우자!"

충돌이 더욱 격화되자, 시친성과 그의 가족들은 보다 안전한 지역으로 떠나기 위해 아파트를 나왔다. 세 명의 어린 동생들은 친척집에 보내졌고, 그의 부모들은 그와 그의 동생 칭추안을 그들이 일하고 있는 서점의 창고로 데리고 갔다. 창고지하에 있는 사무실은 이미 30여명의 시민들로 북새통을 이루고 있었다. 잠은 마룻바닥에서 자고 밤에는 화재를 예방하기 위해서 불을 껐다. 그러나 8월 3주째 일어난 전투는 그들을 집중공격의 중심에 놓이도록 했다. 그들이 있는 빌딩 옆에 있는 언덕위에는 '8·15부대'가 있었는데, 그들은 '극단파'가 장악하고 있는 반대편의 언덕을 정복하기 위해 애쓰고 있었다. 시친성은 빌딩에서, 탱크와 대공포에서 발사되는 포탄들이 '극단파'가 있는 곳을 향해서 날아가는 것을 보았다. 그는 포탄이 산에 떨어지면서 폭발하는 것을 볼 수 있었다. '극단파'는 꼭꼭 숨어있었다. '8·15부대'의 병력이 천천히 산으로 오르기 시작할 때, '극단파'와 총격전이 시작되었다. 멀리서보니 그들은 개미탑 위로 길을 헤쳐 나가는 곤충들처럼 보였다. 시친성이 보기에 그들이 '극단파'의 첫 번째 참호를 장악하는 것 같았는데, 무슨 일이 일어났는지 그들은 갑자기 허둥거리면서 올라갈 때보다 훨씬 빠르게 산을 내려오기 시작했다. '극단파'의 지원부대가 도착해서 기관총을 발사하기 시작했던 것이다.

'8·15부대'는 전열을 정비하기 위하여 후퇴했다. 시친성의 아버지는 그 전투에서 정찰병 역할을 했는데, 동료들과 함께 후퇴했다. 다음 날 아침 시친성의 어머니는 자식들을 사촌의 집에 있게 하는 것이 더 안전할 것 같다고 생각했다. 그 날은 칭추안의 열세 번째 생일이었다. 그녀는 아들을 위해서 특별히 양배추절임을 곁들인 국수로 아침식사를 준비했다. 식사를 마치자 각자 가방을 챙겨, 비 무장한 시민이라는 표시로 하얀 티셔츠를 입고 언덕진 밭고랑을 지나는 뒷길을 택해서 걸음을 재촉했다. 그 날은 무더운 여름날 아침이었는데, 두 시간쯤 걷다가 한 농가 근처에서 잠시 휴식을 취한 뒤 다시 사탕수수와 야채밭 사잇길을 걸었다. 시친성이 앞에 어머니는 그 뒤에, 동생은 맨 뒤에서 따라왔다. 그들이 농가를 떠난 지 몇 분도 안 되어 갑자기 총소리가 들려왔다. 시친성은 그의 머리 위로 총알이 지나갔다고 느끼자마자 땅에 엎드렸다. 뒤이어 총성이 울렸고 어머니의 비명소리가 들려왔다. 그가 고개를 돌려 어머니를 보았을 때, 그녀는 머리에서 피를 흘리면서 땅바닥에 쓰러져 있었다. 그는 어머니 쪽으로 기어갔다.

"나는 어떻게 해야 좋을지 몰랐다. 나는 그저 내 셔츠를 찢어서 어머니의 상처부위를 압박했다. 그러나 피는 멈추질 않았다. 어머니를 안고 눈물을 흘리며 바라보니 어머니의 눈은 나를 보고 있었다. 나는 어머니가 정신을 잃어 가고 있다는 것을 알았다. 그녀의 눈이 굳어지자, 나는 미칠 것 같았다. 나는 그들을 향해서 외쳤다. '쏘지 마라! 우리는 민간인이다!' 그런데도 그들은 기관총을 난사하기 시작했다."

잠시 후에 총성이 멈추었다. 시친성은 멍하니 앉아 있었고, 가슴이 쿵쿵거렸다. "하늘도 다르게 보였다"고 그때를 회상했다. "하늘은 구름 한 점 없는 파란색이었는데, 나에게는 칠흑같이 캄캄해보였다." 정신을 차린 그는 어머니의 가방을 챙기고 야채밭에 웅크려 겁에 떨고 있는 동생을 달래 안간힘을 다하여 —어머니의 시신을 뒤로하고— 아버지를 찾아나섰다. 그들은 흙먼지로 더럽혀져 있었고 셔츠도 입지 않은 채 고속도로를 따라서 걸었다. 그들이 '8·15부대' 관할 지역이라고 표시된 지점을 지나자, 헬멧을 쓰고 무장한 사람들을 실어 나르고 있는 긴 트럭 행렬을 보았다. 어두워지기 시작한 후 그들이 사촌 집에 도착해보니 그곳은 총알자국만 선명히 남겨진 채 버려져 있었다. 그들은 계속해서 걸었고, 행여 알고 있는 사람들을 만날 수 있을까하여 거리를 배회했다. 그들은 국수가게에 들러서 국수를 시켰는데, 조금 먹었는데도 식욕이 달아나버렸다. 그때 그들은 옆 이발관에서 아버지의 동료직원 한 사람을 발견하자마자 뛰어갔는데, 아버지도 이발관에 있었다. 그때 비로소 어머니의 죽음 이후 처음 울음을 터뜨리고 말았다.

충격은 '8·15부대'가 있는 곳에서 일어났기 때문에 그의 아버지가 아내를 죽인 범인을 찾는 데 오랜 시간이 걸리지 않았다. 몇 사람이 사건에 대해 증언했는데, 범인은 군대에서 얼마 전에 제대한 30대의 제철소 노동자였고, 홍위병에서 중요한 보직을 맡고 있는 사람이었다. 함께 임무를 수행했던 다른 사람들은 상대가 민간인들이기 때문에 발사하지 말라고 그에게 말했지만 범인은 자신은 곧 보직을 옮겨야하기 때문에 탄약을 다 써버리겠다고 말했다. 아무도 그를 말리지 못했고 그는 길을 걷고 있는 몇 사람을 보자 그들을 맞출 수 있는지 시험해보고 싶었다고 했다. 이 말을 들은 시친성의 아버지는 격노했고, 그와 동료들은 범인을 그들에게 인도해줄 것을 요청했다. 그러나 이미 그가 도망쳐버린 뒤였다.

그날 밤 소년들은 어머니의 시신을 찾기 위해 50여 명의 무장 정찰대원들과 아버지를 따라나섰다. 다음날 시신은 충청대학교로 옮겨졌는데,

그곳에는 학교운동장 밖에 임시 시체 공시소가 마련되어 있었다. 그곳에는 수십 구의 시신들이 땅에 나란히 놓여 있었고, '8·15부대'에 나포된 '극단파'의 포로들이 매장준비를 하고 있었다. 포로들이 어머니의 시신을 씻은 후 하얀 실크로 시신을 감고 그 위에 군복을 덮고서 관에 넣었다. 대학생들과 교수들은 캠퍼스에 묻혔지만, 대부분의 '8·15부대' 희생자들은 가까운 사평공원에 있는 공동묘지로 옮겨졌다. 소년들과 아버지는 무장경호를 받고 묘지로 올라갔고, 포로들이 땅을 파고 관을 안치할 때까지 기다렸다. 그들이 관을 흙으로 덮자 홍위병들은 군대식 예포를 공중으로 향하여 발사했다. 시친성은 그때 묘지가 수백 개에 달하는 새로운 무덤들로 꽉 차 있는 것을 보았다.

시 친 성 은 담 배 한 모금을 빨고 나서 그의 어머니가 처음에 묻혀있었던, 묘지의 끝자락에 있는 지점을 가리켰다. 어머니가 죽은 뒤 일 년 뒤에 그의 아버지는 묘지 가운데 쪽이 더 안전할 것이라는 생각에서 무덤을 묘지 중심으로 옮겼다. 시친성과 그의 동생은 아버지가 근무하는 서점 동료들의 도움으로 한 달 간에 걸쳐서 묘비를 만들어 세웠다. 묘비는 원래는 충칭시 혁명 전진사령부소속 서점전투대의 순교자로 묘사했었다 30년이 지난 뒤에, 가족들은 보다 온화한 비문이 어머니에게 어울린다고 결정하고 원래 새겨진 비문들을 대리석 판넬로 덮어씌우고 효도를 다하기 위해 헌상한다고 바꾸었다.

시친성과 그의 남매들은 일 년에 두 번, 청명과 8월 어머니 제삿날에 묘지에서 함께 만난다. 그는 그의 남매들이 어머니를 기리기 위해 갈 수 있는 곳이 아직도 남아있다는 것을 행운이라고 생각했다. 그는 문화대혁명 때, 생겨난 많은 묘지들이 고속도로나 빌딩들을 건설하면서 철거되거나 매몰되었고, 심지어 충칭대학교에 있었던 묘지는 지금의 기숙사 정면의 분수대로 변해버렸다. 1980년대 중반, 충칭시당국은 일반인들이 접근을 못하도록 사핑공원 묘지 주위를 돌로 벽을 쌓아 차단했다. 그러나 그것도 시친성이 어머니 무덤을 찾아가는 것을 막지는 못했다. 그는 아무도 보는 사람이 없을 때까지 기다렸다가 담을 넘어 들어가곤 했다.

그로부터 몇 년 후, 시친성은 충칭시 당국이 사핑공원을 에펠탑이나 자유의 여신상과 같은 세계적인 명소와 유사한 테마파크를 만들기 위해 공동묘지를 헐어버릴 계획을 하고 있다는 것을 알았다. 시당국은 홍콩의 투자자들과 계약을 체결했고 건설작업은 묘지의 반대편에서부터 시작했다. 그가 전해들은 바로는 공동묘지는 케이블카를 타는 승강장으로 바뀌게 되어 허물어질 예정이었다. 그는 황당했지만 그렇다고 항의할만한 통로도 없었다. 그는 국영 전자제품공장의 노동자에 불과했고, 탄원서를 제출하는 것은 문제만 복잡하게 만들 것이고 심지어는 그의 직장도 잃을 위험이 있었다. 그래서 그는 익명의 협박을 시작했는데, 공원관리들에게 공중전화를 걸어 그들이 묘지에 손을 대기만 하면 그날이 바로 당신의 제삿날이 될 것이라고 협박했다.

"나는 이름을 밝히지 않았다. 죽은 사람의 친척이라고만 말했다. 나는 아무런 대책도 없이 묘지의 시신들을 방치해버린다면, 공산당은 신망을 잃게 될 것이고 따라서 누구라도 이런 짓을 한다면 그와 그의 가족은 지구 끝까지 쫓아가서라도 복수할 것이라고 협박했다. 나는 전화할 때마다 매번 목소리를 바꾸었고, 그런 식으로 수도 없이 협박 전화를 계속했다."

다행히도 충칭시 당국은 테마공원계획을 백지화했다. 시친성은 계획이 취소된 것이 그의 전화공세와 협박 때문인지 아니면 투자자들의 자금 사정 때문인지 알 수 없었다. 그 이후로도 공동묘지가 개발을 위해서 철거될 것이라는 소문들이 뜬금없이 나돌기도 했지만 아직까지는 아무런 조짐도 보이지 않고 있다.

시친성의 어머니가 죽은 뒤 몇 주가 지나, 중앙정부는 충칭시에 있는 두 개의 홍위병 분파들 사이의 휴전을 중재했다. 그러나 충칭시와 다른 도시들에서의 정치적 폭력은 새로운 지배관료들이 통제를 강화하고 시민들을 협박하고 라이벌들을 제거하면서 여전히 계속되고 있었다. 1968년 여름, 마오쩌둥은 수백만 명의 젊은이들을 농촌으로 내려 보내면서 홍위병을 해체했다. 시친성 또한 1969년 농촌으로 보내졌는데, 마오쩌둥에 대한 충성에 의문을 갖기 시작한 것은 그때부터였다. 농촌의 빈곤을 직접 목격하면서 그를 비롯한 수많은 동시대의 세대들은 공산당의 위선에 대해서 회의적인 시각으로 바라보게 되었다. 1971년 마오쩌둥의 오른팔이었던 린뱌오가 중국을 탈출하다가 비행기 사고로 죽었을 때, 공산당이 갑자기 태도를 바꿔 그는 처음부터 배신자였다고 선언했을 때 시친성의 실망은 극에 달했다. 언론은 역사를 다시 쓰기 시작했고 마오쩌둥이 정적들에 대한 비난을 퍼부었을 때, 시친성은 그의 한심한 언급들 중에서 오로지 하나의 수긍할 수 있는 부분을 찾아냈는데, 그것은 젊은이들을 시골로 내려 보내도록 제안한 것이 린뱌오였는데, 그것은 '위장한 노동징역'이라고 규정한 점이다. 마오쩌둥이 1976년에 죽었을 때 시친성은 너무나 즐거워 미칠 지경이었다.

1978년 덩샤오핑이 권력을 잡은 후 문화대혁명은 부인되었고, 정부는 박해를 받은 사람들을 복권시키는 작업에 착수하고 악질적인 범죄를 저지른 자들은 처벌했다. 그러나 덩샤오핑에게 가장 시급한 것은 공산당의 생존이었다. 그런 까닭에 지난 십년에 걸쳐 일어난 사건 진상에 대한 철저한 조사가 이루어지지 못했고, 지난 과거의 공과를 따지는 공개적인 토론도 없었으며, 국민들의 화해의 장도 마련할 수 없었다. 국민과 사회의 정신을 탐구하는 것은 사회나 국가를 위해서 바람직하지만, 자칫하면 당을 위협할 수도 있었다. 그래서 국가는 모든 것을 덮어두고 앞으로 나아가자고 강조해왔다. 국민들은 농촌에서 돌아와서 한때 자신들을 괴롭혔던 사람들과 함께 일했고, 천벌을 받아 마땅한 경찰들은 시류에 편승하여 한마디 사과도 없이 그저 '정의'라는 립서비스를 제공할 뿐이었다. 감옥에서 고생을 했던 많은 사람들이 농촌으로 끌려갈 때는 한마디 변명할 기회조차 주지 않았고 그들이 자유의 몸이 되었을 때에도 그동안 그들이 어디서 무엇을 했는지에 대해 언급할 기회도 주지 않았다.

문화대혁명이 채 마무리되기 전인 1973년, 충칭시 경찰은 시친성의 어머니의 사망에 대한 조사를 착수했다. 얼마 후 그들은 범인을 잡았다고 가족들에게 통보했다. 그러나 경찰은 그 구속이 어머니의 살해와 연관된 것인지, 다른 범죄혐의로 재판에 회부된 것인지, 어떤 형을 선고 받았는지에 대한 아무런 결과통보도 없었다. 그러던 어느 날 시친성은 그의 어머니를 살해한 자가 병보석으로 풀려나 지방의 병원에서 치료를 받고 있다는 소식을 들었다. 그에 대한 생각은 그를 미치게 했다. 시친성은 그를 만나서 그날 그가 쏘려고 했던 소년들에게 어머니를 죽인 데 대한 응분의 대가를 치를 수 있도록 하고 싶었다. 만약 공산당이 그렇게 하지 않는다면 그 자신이 정의를 실현할 것이라고 결심했다.

그는 자동차 1대와 경찰 제복을 훔치고, 그의 목을 감기 위해 철사줄을 만들었다. 그리고 그의 동생 칭츄안과 함께 계획을 꾸몄다. 동생이 오전 11시 30분에 범인을 태우기 위해 병원으로 차를 몰고 가면, 그때쯤 대부분의 의사와 간호사들은 구내식당에서 점심을 먹고 있을 것이다. 경찰복장을 한 시친성은 안으로 들어가서 자신을 수사관이라고 소개하고 살인자에게 함께 동행해줄 것을 요구하며 자동차로 데리고 간다. 살인자를 앞좌석에 앉힌다. 그리고 그는 뒷좌석에 앉는다. 그들은 살인자를 인정사정 볼 것 없이 두들겨 팬다. 그리고는 몇 시간 동안 그린 지도를 따라 산으로 올라간다. 혹시 그 살인자가 정신이라도 들면, 그들은 그에게 몇 년 전에 살해한 부인에 대해 물을 것이다. 그들은 그녀의 아들들이고 복수하려 한다고 말한다. 그리고 시친성은 그의 목을 철사로 조를 것이다. 그들은 시체를 우강에 버리고 차를 몰아 충칭으로 돌아온다.

시친성과 그의 동생은 더 이상 소년들이 아니었다. 지금은 20대 후반의 장성한 청년들이고 생각도 깊었다. 그들은 아버지 앞에 무릎을 꿇고 앉아 그들이 무엇을 하려고 하는지 아버지에게 말씀드렸다. 모든 것이 준비가 되었다. 시친성은 여분의 가솔린도 사두었으므로 연료가 바닥날 염려도 없었다. 다음날 계획대로 동생이 자동차를 몰고 병원으로 갔다. 그리고 시친성은 어머니의 살인자를 찾기 위해 병원으로 들어갔다. 그러나 그의 침대는 텅 비어 있었다. 의사는 그가 30분 전에 퇴원했다고 말했다.

훗날 시친성은 그의 아버지가 미리 정보를 흘려 그가 병원에서 빠져나올 수 있도록 하지 않았나 하는 의구심이 들었다. "아버지는 이러한 식의 복수는 두 아들을 망치는 것이라고 생각했을 것이다. 그렇다면 아버지로서는 그게 최선이었을 것이고, 만약 아버지가 우리들의 계획을 미리 알리지 않았다면, 그것은 하늘의 뜻일 것이다."

그는 동생과 함께 그 남자를 찾으려고 몇 년 동안을 노력했으나 결국 찾지 못했다고 말했다. 나는 아직도 죽이고 싶으냐고 물었다. "지금은 상황이 다르고, 내가 생각하는 방법도 변했다"고 대답했다. "그 역시 시대의 희생자였다. 우리가 복수를 해야 할 대상은 그가 아니고 바로 공산당 체제이다." 그러나 나중에 다시 그 주제로 돌아갔을 때, 시친성은 어머니를 죽인 살인자에 대한 분노는 아직도 완전히 가시지 않았다고 말했다. 그리고 그를 모든 책임에서 용서할 의사도 없었다. "그는 우리 가족들에게 말로 표현할 수 없는 고통을 안겨주었다", "그를 죽이지 않는다 해도, 죽지 않을 만큼 실컷 두들겨 패줄 것이다. 비록 그가 지금쯤 노인이 되어 있을 테지만…."

우리는 묘지에 홀로 남겨져 그의 어머니의 무덤 옆에서 서 있었다. 이미 정오에 가까웠고, 태양은 아직도 두터운 안개 속에 가려져 있었다. 시친성은 담배 한 개비를 꺼내 불을 붙이고는, 그의 어머니의 묘 옆에 있는 묘비로 갔다. 누군가가 그 묘비에 몇 글자 갈겨 쓴 것이 보였다. "역사는 이곳에 있다. 그들은 억울하게 죽었다."

어머니가 죽은 뒤, 그는 홍위병에 다시 들어갔다. 그때는 아버지도 말릴 수 없었다. 그에게 총이 주어지고, 몇 번의 전투에서 총을 쏘기도 했다. 그 또한 시골로 보내지기 전, 화가 치밀 때마다 많은 사람들을 괴롭히기도 했다고 말했다. 나는 그 격동의 시절에 그가 저지른 나쁜 짓들은 어떤 것이었냐고 물었다. 그는 다른 진영의 포로들을 고문했고, 부르주아 계급의 배경을 갖고 있다는 이유로 노인들을 가두었다고 말했다. "그들은 좁은 방에 갇혀 있었는데, 자신이 다소 흥분해 그들을 폭행하기도 했다고 말했다. "우리에게 인간성이라고는 없었다. 우리는 어렸고, 무지했기 때문에 그들을 비난하고 폭행했다."

시친성은 그를 비롯한 수많은 사람들이 문화대혁명기간 동안 왜 그렇게도 난폭했었는지에 대해 설명하려고 애를 쓰고 있었다. 그에 대한 부분적인 요인은 공산주의 일당지배 아래서의 억압된 삶에 대한 혼란 때문이라고 말했다. 국민들은 참혹한 고난과 끔찍한 기근을 겪었다. 그때만 해도 국민들은 마오쩌둥과 공산당에 대해 충성하고 있었지만, 그들의 삶을 직접 통제하고 정책을 집행하는 지방당원들에게는 적개심을 갖고 있었다. 공산당 일부 조직의 타도를 목표로 잡은 마오쩌둥은 군중들에게 그들의 분노를 이들 지방 간부들에게 분출시키는 빌미를 제공해주었다. 시친성이 말했듯이 더욱 중요한 것은, "격렬한 선전구호의 문화"에 노출되어 온 그의 세대에 대한 교육이었다. 공산당은 학교에서 극단주의를 고무하고 폭력을 미화하는 가치 체계를 가르쳐왔다. 중국의 어린이들은 공산주의 영웅들을 찬양하는 판에 박은 이야기들을 들으며 자라왔다. 그들의 영웅들은 계급투쟁에 자신의 생명을 바치는 사람들이고, 악마로 묘사한 계급의 적들을 공산주의 혁명을 방해하기 위해 숨어서 음모를 꾸미는 사람들로 묘사해왔다. 마오쩌둥은 교과서에 "혁명은 저녁만찬이 아니고, 한 계급이 다른 계급을 쓰러뜨리는 난폭한 행동"이라고 말해왔다. "진실한 혁명과업은 적이 좋은가 나쁜가를 떠나서 야만적인 행위를 믿느냐 믿지 않느냐에 달려 있다." "우리는 어느 한 계급을 파괴하기 위해서 폭력을 사용해왔다. 누군가를 고문할 때에는 충분한 구실이 따라다녔다"고 시친성은 말했다. "한번 적으로 몰리면 그때부터 그들은 인간이 아니었다. 그들이 적이라면, 그들에게는 죽임을 당할만한 이유가 있었고, 고문을 당할

만한 이유도 있었다. 이것이 우리가 어렸을 때 받아온 교육이었다. 그리고 문화대혁명은 서로가 서로를 물고 뜯고 죽이는 지옥의 정점을 향해 달려가게 만들었다."

문화대혁명은 국민들에게 인간의 야만성을 적나라하게 드러나게 했고 정치체제에도 최악의 결과를 가져왔다. 시친성은 "일당지배야말로 인간의 폭력성을 보여주는 결정적인 사례였다. 그러나 개인들도 —그의 어머니를 죽인 그 사람이나, 그 자신도— 책임을 공유해야 한다"고 말했다. "어떻게 무자비한 독재가 이 나라에서 번성했는가? 왜 국민은 그것을 지지했는가?" 그러나 내가 고문했던 사람들을 찾는 것을 생각해 보았느냐고 물었을 때 시친성의 대답은 솔직했다. "나는 그들을 찾고 싶지 않다. 나는 내가 저질렀던 나쁜 짓들을 생각하고 싶지 않다."

2007년 봄, 나는 사핑공원에 있는 공동묘지를 구해낸 장본인을 만났다. 랴오보캉은 문화대혁명이 흐릿한 기억으로 남기 시작했던 1980년대에 충칭시의 공산당 서기로 재직했다. 내가 그를 방문했을 때, 그의 나이는 83세로 은퇴한 지 거의 14년이 되었고 청두(Chengdu, 成都)에서 살고 있었다. 대머리에다 둥근 얼굴을 한 상냥하고 쾌활한 타입의 그는 반갑게 나를 반겼고 고층아파트의 거실로 안내했다. 우리가 대화를 나누면서 차를 마실 때, 그가 우연히 소파 뒤로 등을 기대면서 웃었는데, 그의 눈가에는 장난기어린 주름살이 있었다. 랴오보캉은 충칭 태생이었고, 그가 충칭시 공산당 청년동맹의 대표로 있었던 1963년, 악의적인 정치운동의 희생양이 되었던 것을 기억하고 있다. 대약진운동이 끝날 즈음에 그는 베이징으로부터 인근시골에서의 상황을 조사하고 농업생산성을 끌어올리라는 지시를 받게 된다. 다른 지역에서는 기근에서 벗어나고 있었는데, 유독 그의 성에서만 기근이 계속되고 있었다. 한 마을에서는 전 주민이 굶어죽었고 지방정부에서는 시신을 묻기 위하여 이웃마을의 주민들을 동원해야 했다. 그러나 그들도 영양실조로 너무 쇠약해져, 그들 중 몇 사람은 무덤을 파다가 죽었다. 그는 새롭게 밝혀낸 사실을 정리한 보고서를 베이징으로 올렸다. 그 보고서에는 1957년에서 1960년 사이에 쓰촨성(Sichuan, 四川省)에서 죽은 사람들은 최소한 천만 명은 될 것이라고 보고했고, 기근에 대한 책임은 비합리적인 농업정책을 지시하고, 전시행정으로 자금을 낭비하고, 중앙정부로부터의 곡물지원을 거절한 지방의 간부들에게 책임이 있다고 결론을 내렸다. 얼마 후 베이징으로부터 철저히 조사해서 보고하라는 복명이 내려왔다. 보고서를 다시 올렸으나 쓰촨성의 공산당 실세인 리징취안은 아무런 책임도 지지 않았다. 그리고 일년 뒤 리징취안은 그때의 보복으로 랴오보캉을 숙청해서 노동현장으로 보냈다. 문화대혁명이 일어나자 랴오보캉은 다시 탄핵을 당했고 곧이어 홍위병들이 리징취안을 탄핵하면서 랴오보캉은 집행유예로 풀려났다. 그는 항소하기 위하여 베이징으로 갔다. 덕분에 그는 충칭시에서의 최악의 폭력사태를 피하게 되었고 고향으로 다시 돌아왔을 때, 그는 재무장교육을 받으며 4년이라는 힘든 세월을 보냈다.

랴오보캉은 문화대혁명이 끝나자 복권되었고, 1983년에는 충칭시를 총괄하는 자리로 승진했다. 그의 첫 업무는 혼란을 극복하고 질서를 회복하는 일과, 아직까지도 남아있는 당 간부들 사이의 갈등을 해소하는 것이었다. 그는 간부들에 대한 연설에서 문화대혁명을 악몽으로 비교한다. "우리는 지금 깨어있기 때문에 필요한 것은 우리가 꿈속에서 했던 일이 잘한 일이냐, 못한 일이냐를 되새겨보는 것이다. 지금 공산당은 문화대혁명을 부정하고 있다. 따라서 여러분들 역시 모두 잘못을 저질렀다."

사핑공원에 있는 공동묘지가 문제가 된 것도 문화대혁명의 악영향들을 제거하기 위한 운동의 일환이었다. 충칭시의 문화대혁명 때 희생된 이들의 묘지들은 랴오보캉이 당 서기로 취임하기 전에 모두 파괴되었다. 그러나 사핑공원의 묘지만이 남아있었다. 그것은 묘지가 도심에서 멀리 떨어져 있다는 점도 있지만, 이웃에 관리들이 살고 있었고 그들 대부분이 '8·15부대'의 멤버들이었기 때문에 지금까지 보전될 수가 있었다. 그러나 지금은 당내에서 조차도 묘지를 없애야 한다는 압력이 있었다. 정부는 문화대혁명은 잘못된 운동이라고 선언했고, 그 운동의 모든 흔적들을 지우고 있는데, 묘지도 없애야 한다는 주장에도 일리가 있었다. 많은 관리들이 주장했던 그대로 놔두자는 의견은 공산당이 '8·15부대'를 인정하고 그들의 무력전투는 정당했다는 메시지를 보내는 것과 같은 효과를 얻을 수 있기 때문이다. 각자의 의견은 중구난방이었지만 공동묘지를 어떻게 처리할 것인가에 대한 문제는 결국 1985년에 랴오보캉에게 넘겨졌다.

그 해 봄, 쌀쌀한 날씨에도 불구하고 랴오보캉과 몇몇 보좌관들이 사핑공원에 도착하여 묘지를 둘러보았다. 처음에는 몇몇 참배객들만 있었는데, 시의 당 서기가 왔다는 소식이 알려지자 군중들이 꽤 많이 몰려들었다. 랴오보캉의 일부 보좌관들은 묘지가 예상보다 크다는 것을 보고 철거해야 한다고 주장했다. 그러나 한 젊은 여성보좌관이 묘지를 그냥 놔두고, 미래의 세대들에게 충칭시에서 어떤 일이 벌어졌는가에 대한 교훈으로 삼자면서 묘지의 보존을 주장했다. 랴오보캉은 그들의 의견들을 듣기만 하고 자신은 아무 말도 하지 않은 채 바로 떠났다. 그러나 그는 이미 결심했다.

"묘지를 보았을 때, 나는 문화대혁명이라는 비정상적이고 이해할 수 없는, 정말 어처구니없는 사건에 대해 생각했다. 지금에 와서 이런 것들은 안개와 연기처럼 모두 사라져버렸다. 그러나 이곳에 보존할만한 가치가 있는 구체적인 형상이 있었다. … 그 당시에 죽어간 무고한 사람들은 역사적 증거로서, 비정상적이고 격동의 삶을 살아온 증거로서 이곳에 남겨져 나름대로의 역할을 할 수 있다고 생각했다."

그는 아직도 생생히 남아있는 묘지에 대한 인상이 두 가지 있다고 말했다. 첫 번째는 이름 없는 14살 소녀의 무덤이었다. "그 나이 또래의 소녀는 부모 곁에 있거나 방안에서 장난감들을 갖고 놀면서 집에 있을 나이였다. 그러나 그 소녀는 아무런 영문도 모른 채 희생되어 매장되었다. 아무도 그 소녀의 이름을 남기지 않은 채로…." 두 번째는 그 공동묘지를 "순국자의 묘지"라고 쓴 간판이었다. 랴오보캉은 그것을 보자 신경이 거슬렸다. "그들은 어떤 유형의 순국자인가? 순국자의 의미는 조국을 위해 그의 목숨을 아낌없이 바친 사람을 뜻한다. 정치적 운동에서 과오를 저질러서 죽거나 서로 싸우다가 총에 맞아 희생된 사람들에게 순국자라는 말을 써서는 안 된다"고 강조했다. "우리나라의 도시들은 문화대혁명의 와중에 많은 사상자를 냈지만, 우리 충칭시 만큼 많은 사망자가 발생한 곳은 없다." "그 묘지가 없어진다면, 그때의 참상을 후손들에게 남겨줄 흔적은 어디에서도 찾아볼 수 없을 것"이라고 생각했다.

묘지를 방문하고 나서 며칠 후 랴오보캉은 "묘지는 보존하기로 했다"고 공식적인 발표를 했다. 그는 문화대혁명은 단순히 잊어버릴 것이 아니라 왜, 무엇 때문에 일어났는지 교훈을 통해서 알아야 한다는 취지에서 모두가 관심을 가질 필요가 있다고 믿었다. 충청시의 공산당 서기로서, 그는 공동묘지를 존속시킬 수 있는 권한을 갖고 있고, 그렇게 결정하는 데 따르는 정치적 부담도 없었다. 그러나 랴오보캉은 그 결정에 불만이 있는 사람도 있다는 것을 알았다. 그래서 논의를 일단락 짓기 위해서 "국민들은 단결하고 미래를 내다보자"고 강조하면서 공동묘지를 둘러쌓는 돌벽을 세우기 위한 예산을 배정하고 시민들의 접근을 금지하라고 지시했다. 랴오보캉은 그 결정과정을 나에게 설명하고 나서, 그의 장난기어린 웃음을 보이면서 덧붙였다. "어떤 사람들은 내가 공동묘지를 보존하기 위한 절묘한 묘안을 찾아냈다고 말했다."

나는 그에게 문화대혁명을 국민들의 기억에서 지워버리려고 노력하는 이들은, 그렇게 함으로써 공산당에 대한 평가가 더 좋아질 것이라고 믿고 있기 때문이라는 시각에 대해서 어떻게 생각하느냐고 물었다. 그는 다시 웃으면서, "우리는 시간상으로나 공간상으로 십년이라는 세월을 지워버릴 수가 없다. … 좋든, 싫든 역사는 그 자체로 객관적으로 존재한다. 사람들은 주관적으로 역사를 지워버리려고 애써 노력하겠지만 그들과는 상관없이, 역사는 지워지는 것이 아니다."

그의 역사관을 듣고 나서, 그가 덩샤오핑의 훈령, 즉 문화대혁명은 세세한 기록보다는 신중한 접근과 노력에 의해서 서술되어져야 한다는 훈령에 동의한다고 말했을 때 나는 깜짝 놀랐다. "국민들은 지금은 경제성장에 매진해야 한다. 경제가 발전하고 나라가 번창해지면 국민들은 에너지와 시간을 갖고 이러한 것들을 조사하게 될 것이다. 우리는 지금 한눈을 팔 겨를이 없다." 그는 또 내가 학생들에게 문화대혁명에 대해서 가르쳐야 하느냐고 물었을 때도 같은 맥락에서 대답했다. "학생들은 알아야 한다. 그들에게 진실을 가르쳐주되, 판단은 나중에 내릴 수 있도록 해야 한다. 바로 이 순간에도, 우리는 생산성을 높여야 하고 나라를 발전시켜야 한다. 과거는 미래에 논의될 수도 있다. 우리는 항상 과거를 기억해왔기 때문에, 지금의 현실을 뒤로 미뤄서는 안 된다. 우리는 과거를 잊어서는 안 되지만 과거를 보존하되, 논의와 평가는 나중의 일로 남겨두어야 한다."

그가 말했을 때, 랴오보캉은 공동묘지를 구해내면서 중국사회가 문화대혁명과 같은 엄청난 사건에 대한 기억을 어떻게 하면 부작용 없이 해결해나갈 수 있는가를 깨달았다는 것이 내게는 명백히 보였다. 그는 이렇게 말했다.

"문화대혁명이 발생한 지 벌써 40년이라는 세월이 흘렀고, 혼란스럽고 갈등의 소지가 있어 사회에 부정적인 영향을 미칠 수 있겠지만 우리는 철저하게 조사해야 한다. 그것을 지워버리거나 완전히 망각하는 것은 어리석은 일이다. 우리가 선택할 수 있는 최선의 방안은 좀 더 시간을 충분히 갖고 처리해나가자는 것이다. 만약 의견이 분분하다면, 다음으로 미룰 수도 있다. 장벽은 역사를 파괴하지 않더라도, 역사의 주변에서 만들어질 수 있다. 사핑공원에 있는 공동묘지는 지금은 일반 대중에게 개방되어 있다. 하지만 아무도 불평하지 않는다. 사람들은 아무 때나 들어가기도 하고 볼 수도 있다. 이것이 바로 대안이다."

*2009년 12월 충칭시는 홍위병의 무덤을 문화재로 지정해 영구보존하기로 했다─옮긴이

02 부패

Chapter 05
노동자의 삶

공산당을 내전에서 승리로 이끌고, 인민공화국을 설립하고, 인류의 5분의1에 가까운 국민을 지배하는 최고의 권력자가 된 마오쩌둥은 독재자가 되기 훨씬 전에는 노동운동가였다. 2억 5천만 명의 농민들과 도시노동자 계급이 갓 출현하고 있고, 산업혁명의 시기를 놓친 나라에서 농민의 아들이 최고의 권력을 잡았다는 것은 믿기 어려운 일이었다. 그러나 그의 가족은 그에게 도시에서 교육을 받게 할 정도로 부유했다. 중국이 마지막 제국의 붕괴 이후 민족이 자기 성찰의 반성을 하고 있을 때, 일본과 서구열강이 중국을 조차지와 식민지로 분할하는 데 대한 중국의 굴욕과 무능함에 대한 대안으로써, 마오쩌둥은 마르크스주의를 받아들인다. 그가 공산당에 입당했을 때, 그는 학교교사였고, 아이의 아버지로써 아직 서른도 안 된 나이였다. 그때만 해도 중국 공산당원은 전국에 걸쳐 수십 명에 불과했다. 초기에 공산당은 소련공산당과 친밀한 접촉을 유지하면서 노동자들을 결집하기 시작했다. 마오쩌둥도 그의 고향인 후난성(Hunan Province, 湖南省)으로 가서 노조설립을 돕고, 조직적인 파업을 유도하고, 노동자들에게는 노동권을 요구하도록 선동했다. 후난성과 장시성(Jiangxi Province, 江西省)의 경계에 있는 안위안(Anyuan, 安源) 현의 한 탄광에서 가장 유명한 공산당주도의 파업이 1922년에 일어났는데, 그곳은 당시 중국에서 가장 큰 산업노동자들의 집결지 중 하나였다. 마오쩌둥은 간접적으로 개입했을 뿐인데도 공산당은 그의 활동을 과장해 국가 창조의 신화와 연계시켜 찬양했다. 문화대혁명 때에는, 안위안 근처에 있는 산 정상에는 바람이 머리를 헝클어뜨리고 학사가운을 뒤로 날리게 하는 마오쩌둥의 모습을 그린 선전용 포스터가 있었다. 정부는 "마오쩌둥 안위안에 가다"라는 포스터의 복사판을 9억장 이상 인쇄했다. 그 사진들은 중국의 모든 남성과 여성, 어린이들에게 나누어줄 수 있을 정도의 양이며, 아마도 세계 역사에서도 가장 많이 복사된 사진일 것이다.

2002년에 나는 안위안으로 내려가 탄광파업 80주년 기념식에 참석했다. 덥고 우중충한 오후에 탄광 앞 광장에 노동자들이 모이자, 지방 공산당 간부들이 문화대혁명 때의 초상화를 묘사한 갈색 동상을 공개했다. 공산당의 수준을 감안하더라도 그러한 행사는 부끄러움을 모르는 한심한 작태였다. 대부분의 도시들이 과거 그들이 저지른 잘못을 관대하게 처리하도록 내버려둔 후에, 이들 관료들이 마오쩌둥 시대의 새로운 동상을 세웠다는 것이 문제가 아니다. 그들이 안위안의 파업에서 마오쩌둥의 역할에 대한 역사적 왜곡을 영속시키려 하고 있다는 것도 문제가 아니었다.

(마오쩌둥이 광부들을 조직하는 데 가장 큰 역할을 한 당원들을 사형시킴으로써 왜곡된 사실을 은폐했다.) 그 문제의 심각성은 공산당을 "노동자 계급을 대표"하는 것으로 나타내려는 한심한 작태, 바로 그것이었다. "노동자를 대표한다"는 말은 노동자들에게 직장과 복지를 보장하는 "철밥통"을 주겠다고 약속하고, 국가가 프롤레타리아에게 그 약속을 이행하려고 노력했을 때에만 해당되는 말이었다. 그러나 마오쩌둥이 죽은 지 4반세기가 지난 지금에 와서는 뻔뻔한 위선자들만이 공산당은 노동자의 편이라고 주장할 뿐이고, 사실은 안위안의 광부들의 사례에서 보듯이 공산당은 이들을 경계하고 있었다.

동상이 공개되기 바로 전날, 나는 몇몇 광부들과 시간을 함께 보냈다. 그들은 거칠고 강인한 사람들이었고, 비좁고 누추한 아파트에서 살고 있었는데, 그들의 검게 그을린 얼굴에는 피로한 기색이 역력했다. 이들의 대부분은 과거에 공산주의 운동에 헌신했던 광부들의 자손들이었다. 그들은 나에게 1949년 혁명 이후에 탄광광부들은 어떤 직업보다도 가장 많은 보수를 받으면서 다른 사람들로부터 부러움을 샀다고 알려주었다. 그 당시에 대한 그들의 동경은 마오쩌둥에 의한 거듭되는 정책실패, 소비에트식의 명령경제, 이로 인한 빈곤의 만연 등으로 점차 그리웠던 옛날의 추억이 되어버렸다. 그러나 사회주의라는 선택이 안위안의 광부들을 실망시켰다면, 당의 자본주의로의 선회는 그들에게 더 많은 곤궁을 안겨주었다. 정부는 석탄 산업을 새로이 개혁하면서, 중국에서 가장 큰 산업체 중 하나인 안위안 탄광의 주식을 상하이 주식거래소에 상장했다. 대량해고가 뒤따라 일어났고, 더 많은 해고가 예정되어 있었다. 직장에 남아있는 광부들도 석탄가격과 생산량은 증가하는데도 불구하고, 자신들의 실질적 임금은 급격히 줄어들었다는 것을 알았다. 무엇보다도 퇴직한 노인들은 국가를 위해 평생 동안 석탄을 캐면서 폐질환을 앓고 있었는데, 그들은 관료들에 의해 연금을 약탈당하고 있고, 의료행위도 거부당하고 있다고 분통을 터뜨렸다. 심지어 어떤 사람들은 자신의 아내가 가족의 생계를 돕기 위하여 대도시에 나가서 몸을 팔고 있다고 말했다.

그날 오후에 몇몇 광부들이 장비들(고무장화, 작업복, 작은 램프가 달린 플라스틱 헬멧)을 한 아름 안고 와서 내게 입혔다. 그리고 그들도 작업복을 입었다. 우리는 아래쪽으로 경사진 큰 터널 안으로 걸어 들어가서 낡은 괘도 차에 탔고, 그것은 우리를 날카로운 각도로 땅 속 깊이 데리고 갔다. 우리가 어둠 속을 내려가고 있을 때, 광부들은 낡은 장비와 시설물 때문에 많은 위험을 감수해야 한다고 불평을 늘어놓았다. 어떤 이는 작업 중에 부상당하는 사람이 많이 늘고 있다면서 특히 신참자들 중에서 많이 발생하는데, 그들은 아무 훈련도 없이 바로 작업장에 보내진다고 했다. 우리의 목적지인 지하 수백 피트의 동굴 같은 석실에 도착하자 나는 안위안에 있는 음침한 상황들은, 그래도 다른 탄광들 보다는 나을 것 같다는 생각을 했다. 일 년 전, 장쑤성(Jiangsu Province, 江蘇省)에 있는 강쯔 마을의 제5탄광으로 알려진 채굴장을 방문한 적이 있었다. 그곳은 만 명가량의 광부들이 일하고 있는 비교적 소규모의 탄광 중 하나였는데, 1980~1990년대에 공산당이 시장개혁을 시작할 때, 지방의 관료들이 인수하여 개장한 곳이다. 안위안의 탄광은 물론 다른 탄광들도 마찬가지로 국가 경제의 애물단지였고, 새로운 자본주의 경제에서 살아남으려고 노력하고 있었다. 강쯔 마을의 제5탄광과 비슷한 규모의 탄광들은 대부분 개인 소유였는데, 그들은 원가를 절감하기 위하여 노동과 안전에 대한 법규들을 무시하면서 시장점유율을 늘리는 데에만 급급했다. 강쯔 마을의 광부들은 석탄 가루로 두텁게 막혀 제구실을 못하는 환기통과 화씨 95도가 넘는 열악한 환경 속에서 일주일에 6~7일씩 장시간 노동했다. 안위안의 탄광에서는 걸어 다닐 수 있지만, 강쯔 마을의 탄광에서는 광부들이 기어 다녀야 했다.

    내가 강쯔 마을을 방문하기 며칠 전에 그곳에 있는 제5 석탄광산에서 사고가 발생했다. 낡은 환풍기가 기능을 제대로 발휘하지 못해 갱 안이 가스로 가득 차, 결국 폭발로 이어졌고 92명의 광부들이 죽었다. 이들의 죽음은 현대 중국 노동자계급의 실상을 적나라하게 보여주고 있었다. 국영탄광 시절에 일했던 상당수의 광부들은 해고되었고, 부인들이 자녀의 학비를 벌기 위해 악착같이 일해야 했다. 많은 노동자들은 일자리를 찾기 위해 수백 마일 떨어진 농촌에서 올라온 농부들이었다. 그들 중에 가오웡뤼라는 피골이 상접한 열여섯 살짜리 학생이 컴퓨터 학원에 등록할 돈을 벌기 위하여 일하고 있었다. 그의 아버지인 가오베이윈은 이전의 폭발 사건 때 부상당한 석탄 광부였는데, 그의 어머니는 병원비를 벌기 위해 아버지 대신 제5탄광에 일하러 갔다고 했다. 그의 아들은 요리 학교를 졸업했는데, 식당에서 일자리를 구하지 못해 최근에 석탄을 파고 있었다고 말했다. 광부들은 보기가 안타까워 그의 어머니를 찾아 아들을 데리고 가라고 했다. 부인과 미성년자들은 탄광에서 일을 할 수 없도록 법으로 규정되어 있었지만, 강쯔 마을에서는 아무도 이런 법규에 신경 쓰지 않았다. 어떤 탄광들에서는 열세 살 된 소녀들을 석탄 손수레를 끄는 일에 고용하기도 했다. "그들은 늘 안전규칙을 위반했다. 그러나 어디에 가서 하소연하겠나?" 가오베이윈은 계속해서 말했다. "우리는 일자리가 필요하다.

그리고 소유주들은 지방 관료들과 연결되어 있다." 그의 목소리는 점차 잦아들었다. 폭발 사고로 그의 아내와 아들은 죽었고 그의 동생과 부인도 희생되었다. 그의 나이는 46세였고, 가구라고는 아무것도 없는 좁은 집의 거실 낡은 의자에 앉아 있었다. 그는 어떻게 하면 그의 딸과 동생의 두 아들들을 키울 수 있을지 내게 물었다. 내가 〈워싱턴 포스트〉에 기사를 보내기 위하여 사진을 찍자고 하자, 그는 아들의 사진을 품에 안았다. 그의 눈은 눈물 자국으로 얼룩졌고, 카메라 대신 콘크리트 바닥만 계속해서 응시했다.

공산당이 안위안의 파업 80주년 행사를 하고 있을 때, 통계학자들은 중국탄광산업의 상황이 얼마나 악화되어 있는가를 작성하고 있었다. 공식적인 기록에 의하더라도 매년 정부에서 발표하는 탄광사고로 인한 사망자 수는 5천에서 7천 명으로 추산하고 있는데, 이러한 수치는 탄광 환경이 얼마나 열악한가를 보여주고 있다. 실제로 탄광 환경의 상황은 더 더욱 열악했는데 당국과 소유주들이 사고를 은폐하고 있었기 때문이다. 통계학자들은 내부적인 보고 자료나 산업관련 잡지에서 상황이 어느 정도 나쁜지를 밝히려고 노력해왔는데, 그들은 다음과 같은 수치에 동의하고 있다. "지난 20년간의 경제개혁기간 동안 탄광사고로 인한 사망자수는 연평균 1만 명에서 4만 명에 이르고 있다. 이것은 놀라운 숫자인데, 중국의 광부들이 가스폭발, 낙반사고, 환기통침수 등의 사고로 30분에 1명씩 죽고 있다는 것을 나타낸다. 언론의 자유가 보장된 국가에서라면, 이러한 비일비재한 사고는 정부를 몇 번씩이나 무너뜨릴 수도 있다. 그러나 중국에서는 이러한 것들은 뉴스거리도 아니다. 공식적인 수치만 보더라도 중국의 탄광사고는 세계의 평균치를 훨씬 상회한다. 중국에서는 백만 톤의 석탄 생산량 대비 4~5명의 사망자가 발생한다. 이에 비하여 러시아나 인도에서는 1명 이하이고, 미국과 영국에서는 0.05명이다."

중국 정부는 탄광사고로 광부가 사망하면 탄광소유주가 유족들에게 보상금을 지급하도록 규정했다. 내가 안위안을 방문했을 때, 보상금액은 광부의 몇 년치 급여에 해당하는 1천 2백불에서 6천 4백불에 달했다. 석탄은 급성장하는 중국의 생명줄로서 값싸고 가장 손쉽게 구할 수 있는 에너지원이다. 그것은 산업의 확산을 가능케 하고, 제철소와 공장들에 동력을 제공하며, 도시들에는 전기시설과 냉·난방 시설들의 사용을 가능하게 한다. 석탄에 대한 초과수요는 탄광을 통제하는 관리들과 사업가들의 배만 불려주고, 그들은 생산능력은 생각하지 않으면서 초과생산을 독려하고, 그럴수록 광부들의 피로는 누적되어 갔다. 이익적인 측면에서 보더라도, 광부들의 공식적인 사망보상금이 많지 않기 때문에 소유주들은 안전시설과 보안장비에 투자하기보다는 광부들을 죽게 내버려두는 편이 그들의 재정상에 이익이 된다는 점을 악용하고 있다.

공 산 당 은 한때 자본주의를 냉정한 사람들에게나 적합한 잔인한 경제이론이라고 비난했다. 그러나 지금은 노동자들을 비난하는 것이 상식이 되어버린 자본주의 체제를 받아들이고, 권력을 유지하기 위해 이 체제에 의존하고 있다. 마오쩌둥이 죽기 전, 공산당은 그들 스스로를 노동자들의 전위로서, 국가를 사회주의의 유토피아로 만들어나가는 기관차로 지칭하면서 자신들의 일당지배를 정당화했다. 그러나 마오쩌둥에 의해 자행된 통치의 재앙은 국민들에게 고통만 안겨주었다. 뒤를 이은 덩샤오핑은 공산당의 이념을 재창출하기 위한 새롭고 급진적인 과정을 계획하고, 공산주의가 국민들의 삶의 질을 끌어올리지 못한다면, 공산주의는 하나의 이데올로기로 전락할 수밖에 없다며 새로운 모험을 하고 있었다.

그는 권력에 대한 공산당의 독점은 그대로 유지하면서, 한편으로는 자유시장과 개인소유를 법적으로 보장하고 국민의 경제적 자유를 허락했다. 그는 그것을 '중국식 사회주의'라고 불렀지만, 실제로는 권위주의적 자본주의와 다름없었다. 1997년 덩샤오핑이 죽을 때까지 그는 중국을 발전시켰다. 2억의 국민들을 굶주림에서 벗어나게 했고, 그의 조국을 1세기 전보다 더 번영되고 견고한 국가로 끌어올렸다. 그러나 이 발전의 과정에서, 공산당은 마르크스 혹은 마오쩌둥과 같은 사람들이 그토록 경계했던 노동자들의 착취를 동반하는 자본주의 체제를 채택했다. 자유시장의 힘은 부와 번영을 끌어올렸지만, 권위주의적 일당체제는 노동자들에게 열악한 작업환경 조건을 제공했다. 노조 설립과 파업의 자유가 제한됨에 따라서 탄광노동자들과 다른 산업의 노동자들은 세계에서 가장 큰 노동시장을 갖고 있으면서도, 그 노동력을 이용하여 소유주들과 맞설 수 있는 어떠한 수단도 박탈되었다. 언론 자유가 부재하고 독립된 사법제도가 마련돼 있지 않는 상황에서, 노동자들은 그들이 임금지급을 거절하거나 건강상의 위험에 노출되었을 때에도 불만을 호소할 수 있는 곳은 중국 어디에도 없다. 또 제대로 된 선거제도도 없기 때문에 노동환경을 보완해주기는커녕 소유주들과 결탁하는 부패한 관료들을 퇴장시킬 방법도 없다.

누가 뭐라고 하던, 자본주의 체제로의 전환 이후 가장 혜택을 본 사람들은 공산당 관료들과 그들과 관련을 맺고 있는 사업가들일 것이다. 원래의 이데올로기에 대한 공산당의 배신, 선동가들이 갑작스러운 변화들을 설명하기 위해 사용되어온 자가당착적인 왜곡, 권력을 유지하기 위해서는 어떠한 수단도 정당화시킬 수 있다는 어리석은 생각은 당의 간부들은 물론 많은 국민들에게도 냉소적인 생각을 갖게 했다. 그리고 급속한 경제성장의 결실인 부의 분배에 공산당이 관여하면서 당과 국가의 성격도 변화하게 되었다. 관료들의 부패는 전례 없이 신물이 날 정도의 수준이고, 당의 기구들은 범죄단체의 조직망과 다름없었으며, 자신의 패거리들과 계파 라이벌들 사이의 암묵적인 묵계에 따라 전리품들을 나누어가졌다. 한때 많은 공산당원들을 이끌어왔던 사상들은 이제는 설 자리를 잃었고, 왜곡되어 사라져 버렸다. 공산당은 급속한 경제 성장에만 몰두했고, 그것은 당원들과 그의 동료들, 그리고 그들과 거래하는 사람들을 부유하게 만들었는데, 이러한 폐단은 그들의 권위주의 체제를 유지하기 위해서도 필요했다. 마오쩌둥 시대의 재앙들과 천안문 광장 학살 뒤에, 공산당의 리더십은 국민들에게 경제적 번영을 계속 안겨줄 수 있느냐에 따라서 좌우되었으며, 그것만이 정치적 변화의 바람을 잠재울 수 있었다. 경제의 하강이나 침체는 모든 것을 한 순간에 날려버릴 수 있는 위협이었다.

물론 급속한 경제성장이 정치적 모험일 수도 있다. 그것은 과잉 팽창된 국가경제의 해체를 요구할 수도 있기 때문이다. 또 그것은 수천 개의 공장 폐쇄와 수천만 명의 노동자들의 해고를 의미할 수도 있다. 중국은 국가부문에서 1995년에 1억 1천만 명 이상을 고용하고 있었다. 이것은 도시 노동력의 거의 3분의 2를 차지 하지만, 생산량에서 보면 국내 생산의 3분의 1에 불과했다. 은행들은 국영기업체들에 대출해준 악성 부채들 때문에 허덕이고 있다. 회수될 가능성이 거의 없는데도 은행들은 계속해서 대출을 승인해주고 있는데, 그 까닭은 공산당 간부들이 기업이 망하는 것을 두려워하기 때문이다. 이러한 사태는 리더십을 유지하는 데 치명적일 수 있다. 국영기업의 민영화는 동유럽에서나 러시아에서도 원활하게 진전되지 못했다. 민영화는 중국에서는 더욱 더 어려울 수도 있다. 왜냐하면 중국 공산당의 일부에서는 여전히 국가소유의 생산 수단이라는 마르크스적 타령을 하고 있기 때문이다. 그러나 아무런 조치도 없이 손을 놓고 있으면 오히려 성장을 위협할 수도 있다. 그래서 자본이 잠식된 국영기업을 정리하거나 정상화시키는 방법을 선택해야 한다. 결국 전략적인 산업의 대기업들만이 국가 소유로 남게 될 것이다.

공산당의 지도자들은 그들이 추진하고 있는 경제정책을 표현할 때 '사유화'라는 단어를 사용하지 못하도록 주의를 기울여왔다. 결국 공산당은, 노동자들은 '기업의 주인'이고 공장은 그들의 것이라는 말을 계속해서 사용해왔다. 그렇다고 기업들이 사유화될 수 없는가? 누가 그것을 추진하고 있는가? 이러한 의심들을 피해가기 위하여 지도자들이 선택한 묘안은, 국영기업들이 '개혁'을 추진하고 있고 조직을 '재편성'하고 있다고 말해왔다. 이해 당사자들이 저항하기 전에 고통스러운 개혁을 신속히 밀어붙이기 위한 특단의 노력이 없이는 특별한 대안도 있을 수 없다.

공산당 지도자들은 번영하는 사기업 부문이 확장할 수 있도록 충분한 시간을 주면서 실업자들을 흡수할 수 있기를 바라고 있다. 1990년대 후반부터 새로운 세기의 출발 때까지 정부는 매년 5백만에서 6백만 명의 노동자들을 일시 해고하고 있다. 2002년까지 약 4천만 개의 일자리가 사라졌고, 그것은 국가부문의 3개 중 1개 이상의 일자리가 없어졌다는 것을 의미한다. 직장을 잃은 대부분의 노동자들은 그들이 당면한 새로운 세계에 적응할 준비가 되어있지 않았다. 이전에는 대부분의 사람들이 직장을 구하러 다닐 필요가 없었다. 국가는 항상 그들에게 취업을 알선해주었다. 그들의 '노동조합'은 사회주의를 위한 노력봉사에 대한 보상으로 집과 의료보험, 자녀들의 학비를 보장해주었고, 또 직업안정과 은퇴 후의 연금도 약속해주었다. 그러나 지금은 그들 스스로 생계를 꾸려나가도록 내버려졌다. 한편 공산당 간부들은 이들 일반노동자들의 삶은 아랑곳 하지 않고 '개혁'의 진행과정에서 나오는 '떡고물'에만 관심을 갖고 있다. 전국에 걸쳐서, 사업주들은 공장들을 부도처리하는 담당자들과 공모하여, 국가자산을 파격적인 가격으로 사들이고 있다. 사업주들이 회사자금을 빼돌리면서 노동자들에게는 임금지불이 중지되었고, 퇴직자들의 몇 개월 또는 몇 년간의 월급에 해당하는 연금지불도 중지 되었다.

대량해고와 만연하는 부패로 인하여 혼란이 가중되었고 중국공산당이 스스로 혁명을 조장했던 이래, 눈에 보이지 않는 노동 불안의 조짐들이 나타나기 시작했다. 2001년 겨울, 나는 상하이에서 북쪽으로 150마일 떨어진 다펑에 있는 섬유공장을 점거하고 있는 이천 여명의 노동자들과 앉아있었다. 점거 농성의 원인은 관료들이 그들의 연금을 빼돌렸고, 공장의 제품들을 빼돌렸으며 그들의 임금을 삭감했기 때문이다. 농성 3일 째 되는 날 밤, 경찰들은 부인들의 머리채를 잡아당기고, 전기곤봉으로 사람들을 찌르면서 노동자들을 해산시키기 위해 폭력을 행사하고 있었다. 내가 농성 4일 째 되는 밤에 현장을 찾았을 때, 관리 사무소는 난방장치를 정지시켰고, 기온이 영하로 내려가자, 노동자들은 꼭꼭 붙어 앉아서 두터운 담요로 몸을 감싸고 있었다. "우리는 이러한 행동이 매우 위험하다는 것을 알고 있다. 그러나 지금은 두려워 해봐야 아무 소용이 없다." 한 부인의 말이었다. 이와 유사한 사태들은 절망적인 수백만 명의 노동자들이 구속을 각오하고 파업을 하고 농성을 하면서 시, 현을 막론하고 전국으로 번졌다. 국가안전부에 의해 매년 작성되는 '군중 시위'의 수는 1990년대에 눈 깜짝할 사이에 4배로 증가했다. 2003년까지 보안당국은 시위를 하루에 평균 160회로 제한하기 위해 노력해왔다. 몇 건은 안위안에서 일어났다. 마오쩌둥의 동상 공개 후 얼마 되지 않아 해고된 수천 명의 광부들이 지방정부청사 주변의 교통을 봉쇄했다. 또 다른 그룹들은 청사 꼭대기에 올라가서 자살을 하겠노라고 위협했다.

중국 공산당은 폴란드에서의 자유로운 노조 운동이 소련의 붕괴에 어떠한 영향을 끼쳤는가에 대해서 연구해왔고, 중국의 역사에도 노동자 소요로 인한 혁명의 잠재력이 남아있다는 결론을 내린바 있다. 그래서 공산당 지도부는 간부들에게 노동자들의 시위를 심각하게 받아들이고 어떠한 독립적인 노동세력의 출현에 대해서도 경계를 늦추지 말 것을 지시했다. 오래 전에 마오쩌둥과 그의 측근들은 공산주의도 노동운동을 조직화할 수 있다는 것을 과시했었다. 그러나 지금 그의 후계자들은 노동 운동을 박멸시키겠다고 벼르고 있다.

２００２년 봄, 노동 불안은 정점을 향해 치달았다. 무대는 랴오닝성(Liaoning, 遼寧省)이었는데, 베이징 동북쪽의 평야지대에 위치한 오래된 산업 도시, 랴오양(Liaoyang, 遼陽)이었다. 그 도시의 서쪽 지방은 한때 만주로 알려져 왔다. 이곳은 중국의 산업 중심지로서, 석유와 석탄이 풍부했고, 얼지 않는 황해바다와 연결되어 한국의 국경과 가까운 곳에 위치하고 있다. 20세기 초에 러시아와 일본의 점령은 그 지역 중공업의 발전을 빠르게 촉진시켰고 공산주의 혁명 후에는 가장 산업화되고 도시화된 지역으로 개발되었다. 1950년 후반 랴오닝의 산업시설들은 중국의 철

생산의 3분의 2 이상을 생산했고, 그 가운데 강철이 절반 이상을 차지하면서, 랴오양같은 도시들(많은 군수 산업체들과 유명한 화학 공장들의 본거지)은 중국경제에서 절대적인 몫을 차지하는 곳이 되었다. 만리장성에서부터 시베리아 국경까지 뻗어있는 중국의 동북지역은 한때 중국경제의 상징이었으나, 지금은 경제성장의 뒤안길에 있는 사양 산업지대로 변해버렸다.

자본주의 도입과 때를 같이하여 그 지역을 지배해왔던 국영산업은 비효율적인 자본손실에 노출되었고, 공산당이 시장개혁을 추진해나감에 따라, 지역경제는 휘청거렸다. 실업률은 급속히 증가하여 위험수준에 이르렀는데, 그 지역 노동자들의 30~60%가 해고되거나 직업을 구할 수가 없었고, 그나마 공장에 남아있는 사람들도 제때 임금을 받지 못했다. 랴오양 지역의 상황은 그 어느 곳보다도 심각했다. 많은 국영산업체들이 쓰러졌다. 나머지 산업체들도 경영부진으로 비틀거렸다. 벽돌로 지어진 공장들이 수 마일에 걸쳐서 길가를 따라 이어져 있는데 그 공장들의 깨진 유리창은 바람이 불 때마다 을씨년스러운 소리를 냈다. 먼지가 가득 긴 도로 옆의 다 쓰러져가는 주택단지 앞에 실업자들이 비공식 노동시장(인력시장)으로 떼를 지어 몰려있는데, 그들은 똑같이 자신의 전공을 홍보하기 위해 만든 전단지를 손에 들거나 목에 걸고 있었다. 용접공, 전기수선공, 목수, 요리사, 미싱공 등 그들의 직업도 다양했다. 그들은 중국의 가장 오래된 노동계급 공동체의 구성원들이고, 한때 사회주의의 우수성을 확인시켜주는 프롤레타리아로 추켜세워졌던 사람들이었으며, 평생직장 보장과 복지혜택을 보장받을 것임을 국가로부터 약속 받았던 사람들이었다. 그러나 지금은 자식과 연로한 부모를 부양하기 위해 취업을 구걸하고 있다.

노동자들의 소요사태는 3월의 추운 월요일 새벽에 일어났다. 그 때는 베이징에서 공산당 전국인민대표대회('전인대'로 약칭)가 열리는 기간이었다. 도시의 고위간부들은 수천 명의 노동자들이 랴오양 합금공장 또는 랴오톄(최근에 부도처리 됐다)라고 불리는 큰 강철생산업체 앞에 몰려들고 있다는 긴급보고를 받고 잠에서 깨어났다. 시위자들이 그 도시의 간선도로인 '민주주의의 길'로 향하고 있을 때 ─파산된 섬유업체, 화학업체, 피스톤공장, 피혁공장, 이들 산업과 관련된 정밀기계 공장 등의─ 수천 명의 또 다른 노동자들이 그들과 합류하기 위해서 몰려왔다. 그들이 첫 목적지인 지방 법원에 도달했을 때 군중들은 3천 명 가량이었다. 그들은 그 지방의 법원장과 검사장에게 부패를 근절시키기 위해서 무엇을 하고 있는지 설명하라고 요구하였고, 그들이 나타나지 않자 시 청사가 있는 거리로 몰려가서 그 도시 공산당 실세 중의 한명인, 시장의 사임을 요구했다. 정오가 될 때까지 노동자들은 시청 앞으로 몰려들고 있었다. 랴오톄 회사 노동자들의 대표는 나란히 꿰여서 이은 하얀 천을 가져와서 검정색 잉크로 글씨를 썼다. "우리들은 식량을 원한다." "우리는 노동을 원한다!" "우리는 도산을 원하지 않는다!"라는 구호였다. "산업 전사들은 먹어야 한다!"고 한 사람이 외쳤다. 노동자들이 그 현수막들을 들고 시청 앞에 당도하자 군중들은 환호했다. 시청 문 밖에서 시위자들은 시장이나 시의 공산당 서기와의 면담을 요구했으나, 시당국에서는 보다 하위직 관리들만이 그들과 면담할 수 있다는 말을 했다. 노동자들은 그 제의를 거부하고 다음날도 시위를 계속하겠다고 선언했다.

처음에 공산당 지도자들은 랴오양 시위 사태를 지방 관료들이 매주 통제하던, 전국에 걸쳐 수백 건의 소요사태와 별다를 바 없는, 흔히 일어나는 사건으로 간단히 치부해버렸다. 그러나 3월 11일에 랴오양에서 벌어진 사태는 몇 가지 이유에서 경종을 울렸다. 다른 지역에서의 소요사태는 대부분 경제적 불만에 초점이 맞추어 졌으나 랴오양에서의 시위는 그들이 지방 당 간부들의 부패혐의를 거론하면서 인민위원회 위원장의 사퇴를 노골적으로 요구하고 있다는 점이었다. 또 하나는 그곳의 사태를 공산당이 지금까지 흔히 다루어 왔던 단일 사업장의 시위와는 확연히 다른 사태의 진전으로 최소한 7군데의 서로 다른 사업장들의 노동자들이 행동을 함께하고 있다는 점이었다. 또한 경찰당국의 판단에도 치명적인 실수가 있었다. 노동자들이 철로를 봉쇄하려고 계획하고 있다고 판단한 랴오양 시의 당국은 시위대의 길을 지키거나 시청주변에 병력을 배치하는 대신 철로 변에 경찰들을 배치했다. 다음날 아침 대규모의 군중이 시청 앞에 모였을 때 노동자들은 소규모의 경찰들 앞에서 두려울 것이 없었다.

둘째 날의 소요사태가 공산당의 관심을 이끌어냈다는 것은 의심의 여지가 없었다. 그들이 시내에 도착했을 때, 그들은 시청건물이 소규모의 경찰기동대에 의해 경비되고 있는 것을 보았다. 그들이 요원들을 밀치고 들어가려 하자 시청의 고위관리가 노동자들의 대표와 만나서 협상을 하겠다는 제의를 해왔다. 한 시간이 넘도록 노동자들은 어떻게 대응할 것이냐에 대해서 토론했다. 몇몇 사람들은 신중론을 폈다. 그들이 안으로 들어간다면 그들은 당국에 그들 스스로가 랴오양 시에서 이전에는 볼 수 없었던 대규모 노동시위의 주동자로 각인되어 구속의 위험도 감수해야 할 것이라고 했다. 다른 사람들은 경고를 할 시기는 이미 지났다고 주장했다. 2년 동안이나 임금이 체불되었고, 대폭적인 복지혜택의 폐지로 그들은 많은 고통을 받아왔다. 그들은 관리들이 공장에서 철강을 빼돌리는 것을 보았고, 그것이 파산의 한 원인이었다고 믿었다. 그들은 정부에 항의해왔고 그때마다 매번 무시되었다. 이제 그들은 혼자가 아니라는 것을 알았다. 도시 각처에서 몰려온 노동자들은 그들과 함께 연대하여 힘을 뭉치고 있었고 그들이 변화를 요구하기를 바란다면 지금이 바로 그때일 것이리라. 이윽고 환호하는 군중들 속에서 수십 명의 남자들과 여자들이 나오자 그들은 경찰기동대의 경계선을 무너뜨리고 시청 안으로 들어갔다.

제일 처음 돌진해 들어간 사람들 중에 샤오원량은, 랴오테 회사의 거친 목소리의 하역노동자로 시위를 주도하는 지도자적인 역할을 하고 있었다. 일 년 뒤 그는 이렇게 말했다.

"그때 우리들은 두려운 게 없었다. 물론 우리들은 위험을 각오 했지만, 두려워하지는 않았다. 오히려 더 흥분했고, 각양각색의 노동자들로부터 격려를 받았으며 이러한 군중심리에 몰입되어 멈출 수가 없었다." 그 후 그는 구속되어 교도소에 보내졌다.

시 위 당 시 그는 55세였다. 대충 깎여진 새치가 듬성듬성한 머리에 튼튼한 체격인데도 평생을 고된 노동을 한 사람의 피곤한 모습이 역력했다. 샤오원량은 노동지도자들 중에서 교육을 많이 받았거나 말을 잘하는 편도 아니었다. (그는 초등학교도 중퇴했다.) 그는 회사와 정부에 대해서 불만을 갖고 있는 사람이었다. 그리고 공산당에 대한 그의 불만은 오랜 세월 동안 누적되어 왔다. 랴오양의 변두리 시골마을에서 어린 시절을 보낸 그는 대약진운동의 기근 때 살아남기 위해 나뭇잎과 풀을 뜯어 먹으면서 성장했다. 청년이 되자 그는 군에 입대했고 공산당원이 되었다. 문화대혁명이 끝나갈 때 그는 랴오톄 회사로 보내진다. 그는 그곳에서 회사 관리인들이 강철합금 기술개발에는 관심이 없었고, 정치투쟁에만 관심을 기울이고 있는 것을 보았다. 그가 관리인들의 기득권에 강한 의문을 제기하자 그들은 그를 7개월 동안이나 숙직 당번을 시키기도 했다. 13년 후 민주화운동이 천안문 광장에서 일어났을 때는 샤오원량은 변화를 갈망하면서 베이징 시위에 참여하기도 했다. 그 곳에서의 대학살이 일어난 후, 그는 공산당을 철저히 저주했다.

이러한 정치적 불만에 대한 감정은 1990년대에 접어들어 자신의 공장은 물론이고 랴오양에 있는 공장들의 경영실적이 악화되고 노동자들이 대량 해고될 때 더욱 더 반체제적인 성격으로 굳어져 갔다. 샤오원량의 생각이 점점 비판적으로 발전하면서, 그는 아래 쪽 거리에 살고 있는 야오푸신이라는 전직 제철노동자와 우정을 나누고 있었다. 야오푸신은 40대 후반의 몸집이 큰 사람이었고, 둥글고 통통한 얼굴에 날카로운 눈매를 갖고 있는 사람이었다. 샤오원량은 종종 그를 만나러 이웃 나들이를 하곤 했는데, 그때마다 샤오원량은 '미국의 소리'와 같은 외국뉴스를 더 많이 접하기 위해서 단파 라디오를 귀에 꽂고 다녔다. 야오푸신의 아내는 해고 사태 때까지만 해도 랴오톄 회사에서 근무했었고, 지금은 그들의 소유인 자그만 편의점의 뒤편에 있는 방에서 부부가 함께 살고 있었다. 작업이 끝난 후 매일저녁 샤오원량은 그들을 방문했고, 상점에 앉아서 랴오톄 회사와 다른 국영산업체들의 문제점들을 들추어내면서 대화를 나누곤 했는데 어떤 때에는 밤늦도록 계속되었다. 야오푸신은 지식이 많은 편은 아니었지만 그의 생각은 합리적이었고 그가 말할 때마다 샤오원량은 공감을 표시하곤 했다. 노동자들이 자본주의로의 전환에 대해서 불만을 표시할 때 야오푸신은 자신들의 처지를 정치체제의 탓으로 돌리며 비난했다. 그는 경제개혁 자체에는 잘못이 없지만 공산당 일당체제하에서 권력자들은 경제의 많은 부분에서 이점들을 누리고 있는 데 반해, 일반 시민들은 그들의 권력 농단으로 더욱 피폐해지고 있다고 주장했다. 일당체제의 국가에서는 정부 관료들의 권력 남용에 대한 어떠한 견제장치도 없고, 그들의 권력 남용을 억제시킬 공식적인 통로도 없다고 말했다. 복수 정당제도에서라면, 관료들은 그들이 지금 랴오양에서처럼 천방지축 날뛰는 행동은 할 수 없을 것이라고 말했다.

1980년대 후반에 야오푸신이 일하고 있었던 국영기업의 압연 공장이 비틀거리기 시작하자 그는 자유 시장경제에서처럼 그 스스로 새로운 길을 개척하기 위해 노력했다. 그는 친구들로부터 자금을 빌려서 작은 트럭 한대를 구입했다. 도시 가까운 곳으로 짐을 운반하는 용역 업무를 시작하면서 얼마 동안은 꽤 많은 수입을 올렸다. 그러나 그와 또 다른 독립한 용역 기사들은, 자신들이 지방 관료로 부터 압력을 받고 있다는 사실을 알게 된다. 지방 관료들은 그들과 유착관계를 맺고 있는 국영 운송회사들을 견제한다는 구실로 그들의 기업 활동을 격려하고 용역기사들을 도와주기는커녕 세금이나 사례비를 걷어들이는 일에 더 신경을 쓰고 있었다. 당황한 야오푸신은 수백 명의 용역기사들을 동원하여 각자 트럭을 타고 시청 앞으로 모여 도와줄 것을 호소했다. 지방정부는 그들의 요구를 거부하고 야오푸신을 압연공장에서 해고시켰다. 그런 일이 있고 난 후 그의 아내도 1993년에 직장에서 해고되자, 부부는 그 동안 저축했던 돈을 털어서 편의점을 시작했다.

편의점은 50스퀘어 피트도 안 되는 작은 상점이었으며, 랴오테 회사

근처의 간선도로변에 있었다. 공장 상황이 악화되어지자 샤오윈량은 그 상점에서 야오푸신과 함께 대화를 나눌만한 친구들을 초청했다. 그 후로 다른 노동자들도 그들의 불만들을 털어놓기 위해서 편의점에 들르곤 했다. 랴오톄 회사는 1949년에 설립되었을 때만 해도 소규모의 제련만을 하는 작업장에 불과했다. 그러나 노동자들은 그 도시에서 가장 큰 기업의 하나로 성장하는 것을 지켜보면서 열심히 일했다. 그 결과 전성기 때에는 생산라인이 두 배로 늘어났고, 학교와 병원을 비롯해 7천명이라는 직원을 갖고 있는 대기업으로 성장했다. 그러나 야오푸신의 편의점에서 흘러나온 전성시대에 관한 이야기는 과거의 일로 치부하더라도 지금 모든 노동자들은 공장의 새로운 지배인인 판이청이 회사를 곤경에 빠뜨리고 있다는 데에 의견을 같이 했다. 그는 샤오윈량과 동갑이고 키가 크고 말쑥하게 생긴 공산당의 전문 경영인으로서 공장에서 기술자로 시작해서 경영자의 지위로까지 올랐던 자수성가한 사람이었다. 공산당은 1993년에 그를 랴오톄 회사의 총지배인으로 임명했고, 그는 취임하자마자 기업의 구조조정을 시작했다. 그는 수백 명의 노동자들을 해고했고 수백 명 이상의 노동자들을 조기 퇴직시켰다. 그는 생산라인들을 독립된 자회사들로 분리시켰다. 그는 새로운 관리자들에 의존해서 회사를 운영했다. 그 결과 회사의 상황을 개선하기 보다는 오히려 회사를 더욱 어렵게 만들었다. 그가 취임한 지 일 년도 안 되어 랴오톄 회사는 노동자들에게 제때에 임금을 지급하지 못할 정도로 어려워졌다. 드디어 퇴직자에 대한 연금지급도, 해고한 노동자들에 대한 실업수당도 훗날로 미뤄졌다. 1995년에는 노동자들의 연금과 건강보험혜택도 중단되었고 1996년에는 원자재 공급과 현금부족으로 오랫동안 조업중단 사태를 겪기도 했다.

야오푸신의 편의점에 모인 샤오원량을 비롯한 많은 사람들은 회사의 부패가 어려움의 근원이라고 의심했다. 생산된 강철수요는 높은 가격을 유지했고, 회사는 해마다 노동자들을 해고하면서 생산원가를 절감하고 있는데도, 자금난에 허덕이고 있었다. 그 많은 돈은 전부 어디로 갔는가? 편의점의 음료수나 라면이 진열되어 있는 선반 아래에 있는 간이의자에 앉아 밀린 임금들에 대해서 불만을 터뜨리면서, 노동자들은 그들이 해답을 찾아냈다고 생각했다. 그들은 판이청과 그의 관리자들은 이미 부자가 되어 있고, 새로 뽑은 고급승용차를 타고 다니는 것을 본 사람이 있으며, 해외로 호화여행을 다니고 있다거나, 그들의 자녀들을 해외로 유학 보내고 있다는 등의 이야기들이 오고 갔다. 그리고 회사의 회계 분야에서 일하는 경리 직원이 편의점에서 그들과 합류했을 때에야 문제의 심각성을 이해할 수 있었다. 경리 직원의 말에 의하면 다양하고 은밀한 수법으로, 판이청과 공산당 관료들은 수백만불에 달하는 회사의 자산들을 그들이 소유하거나 관리하고 있는 개인 회사로 빼돌리고 있었다. 경리직원이 이 사실을 보고하려고 하자, 경찰은 그녀를 14일 동안 구치소에 감금하기도 했다. 지방 공산당의 고위층에서도 돈 냄새가 흘러나왔고, 그 때문에 판이청은 보호를 받을 수 있었다.

경리직원이 폭로한 사실들은 재빠르게 랴오테 회사의 노동자들에게 퍼졌고, 샤오원량은 치를 떨었다. 편의점에서의 모임은 새로운 활기를 띄게 되었고, 이렇게 모여 앉아 불만만 늘어놓을 때가 아니라 행동이 필요한 때라고 생각했다. 야오푸신도 동의했고, 샤오원량과 함께 일하는 편의점의 정기적인 참석자 팡칭샹이라는 트럭 배차원도 동의했다. 그 세 사람은 노동자들의 당연한 권리를 주장하기 위한 노동자들 모임의 핵심 조직을 만들었다. 그들은 노동자들의 분노를 나타내는 서한을 만들어 해당 지방 정부 관리들을 만나 도움을 청하기 위한 대표단을 구성했다. 공산당에 의해 통제되는 공식 노조는(법률에 의해 허용된 유일한 노조) 그들의 요구를 거절했다. 노동중재국에서도 그들의 청원을 접수하길 거부했고 국영언론, 경찰, 법원, 검찰, 공산당의 징계위원회 등 모든 기관들도 그들을 외면했다. 노동자들은 기금을 모아 탄원서를 제출하기 위해 대표들을 성의 수도인 선양(Shenyang, 瀋陽)과 베이징으로 보냈으나 결과는 역시 같았다. 어떤 노동자들은 임금체불을 금지하는 정부정책들을 요약한 기록들을 보이면서 판이칭과 직접 담판을 벌이기도 했다. 그러나 교활한 총지배인은 그 기록들은 회사의 재정 상태가 나쁘기 때문에 쓸모없는 종잇조각에 불과하다면서 그들의 민원을 무시했다.

1998년 야오푸신은 다른 곳에서라도 노동자들을 도울 수 있는 방안을 모색하고 있었다. 그 해에 미국의 클린턴 대통령이 중국을 방문하기 전, 잠시 동안의 정치적 해빙기간 동안, 전국에 걸쳐있는 반체제 인사들로 구성된 소규모의 그룹이 반정부 신당 창당을 추진하고 있었다. 당명은 가칭 '중국 민주당'이라고 정했고 1970년대부터 민주주의를 주창하여 잘 알려진 인물인 쉬원링라는 전직 전기기술자가 베이징 지부의 의장으로 선출되었다. 덜 알려진 인물들은 나머지 도시들에서 조직 활동을 하고 있었다. 그것은 대담하고도 어리석은 행동이었다. 그때 야오푸신도 관심을 갖고 몇 차례의 정당모임에 참석하기 위하여 가까운 도시로 다녀 온 적이 있었다. 그럼에도 불구하고 그는 오래 전부터 그 정당은 탄압에서 살아남을 수 없을 것이라고 결론지었다. 그래서 그는 랴오양의 대표로 봉사해 달라는 제의를 거절했다. 그의 직감은 옳았다. 클린턴의 방문이 끝나자마자 경찰당국은 쉬원링를 체포해서 13년의 징역형을 선고했고, 중국 민주당을 해산시켰다. 그 해 12월, 랴오양 지방 경찰은 야오푸신을 억류하고 신당그룹에서 탈퇴하라고 경고했다. 그는 동의하고 진술서에 사인을 한 후 풀려나왔다.

2000년 봄이 되자 랴오테 회사의 노동자들은 매우 분노했고 절망적인 심정이었다. 아직도 직장에 남아있는 2천 명의 노동자들은 2년 동안의 임금을 받지 못하고 있었고, 회사가 책임을 져야 할 3~4천명의 퇴직자들과 해고자들은 3~6개월간의 복지 수당도 받지 못하고 있었다. "그 때 우리들의 삶은 고통 그 자체였다"고 샤오원량이 말했다. "노동자들은 옥수수만으로 끼니를 때웠고 자식들을 부양하기 위해 처절하게 몸부림치고 있었다. 늙은 노동자들은 추위를 견디다 못해 집에서 죽어 나갔다." 한편 위기의식을 느낀 관리자들은 판이청의 부패혐의에 대해서 많은 정보들을 흘렸다. 5월이 되자 노동자들은 충분히 사태를 파악했고, 수백 명의 노동자들은 도로들을 점거하고 랴오양과 선양 지역을 연결하는 고속도로를 봉쇄하며 아직까지도 지급되지도 않은 임금과 연금들을 달라고 요구했다. 12시간이 지난 후, 자정이 지나자마자 당국은 진압경찰과 전투경찰에게 시위대를 해산하라는 명령을 내렸다. 양측의 충돌과정에서 수십 명의 노동자들이 부상을 당했으며, 샤오원량과 팡칭샹은 구속되었다. 앞으로 예상되는 시위들을 예방하려는 차원에서 지방 정부는 그들을 풀어주었다. 샤오원량은 그 날의 일을 결코 잊지 못할 것이다. "내가 본 것은 바로 공산당의 전제정치였다." "나는 노동자들이 식량을 구걸하는 것을 보았다. 그런데도 당국은 진압경찰과 전투경찰의 무력으로 일관했다. 그것은 바로 파시스트이고, 독재였다. 그 날 도로에서 수천 명의 경찰과 관료들은 우리 노동자들을 위협하려는 듯 보무도 당당하게 행군했다."

다른 공장 출신의 노동자들도 매일 공업단지에서 나와서 비슷한 시위들을 벌이고 있었다. 랴오테 회사의 남녀 노동자들처럼, 그들도 목숨을 건 도발적 행동을 하기로 결심했는데, 위험에 대한 부담은 있었지만 공산당의 통제 아래에 있는 언론, 법원, 노동조합의 정치체제의 문제점에 대하여 관계당국이 관심을 갖도록 하는 가장 효과적인 방법이라는 것을 알고 있기 때문이었다. 그들이 공식적인 절차를 통해서 도움을 요청했을 때, 공산당은 노동자들의 요구를 묵살했다. 그러나 노동자들이 도로를 점거하자 공산당은 재빨리 주의를 기울였다. 지난 시절 공산당 관료들은 무모하게 부패를 저질러왔고, 그것이 부메랑이 되어 공포스러운 멍에로 돌아왔다. 그들 역시 노동자들의 분노 원인과 사태의 심각성을 이해하고 있었다. 그리고 그들은 시위를 적당하게 처리한다면 노동자들은 더 세를 확장하여 통제 불능의 상태가 될 수 있다는 것을 우려했다. 노동자들은 이러한 점을 노려 활용했다. 시위가 더 크고 과격해질수록 공산당은 신속히 반응하고, 노동자들의 주장들을 경청할 것이다. 그리고 노동자들이 시위를 통해서 일부분이라도 양보라도 얻어낼 수 있었다면 공산당도 양보한 것 이상을 얻을 수 있었다. 그것은 노동자들에게 한 쪽에는 당근을 주고 다른 쪽에는 적대적인 태도를 유지하면서, 노동자들을 이간하고 시위를 진정시켜 체제 변화에 대한 요구도 물리치게 할 수 있었다.

랴오테 회사의 노동자들은 시위를 더 자주했다. 그런 이유에서인지는 몰라도 회사는 노동자들에게 지불할 임금의 일부를 지급하곤 했는데, 그 후 또 다시 지급이 늦어지기도 했다. 당국은 노동자들에게 회사부패에 관한 주장들도 수용하겠다고 약속했다. 그리고 조사단이 부패의 증거를 확보하기 위해서 회사에 파견되자, 노동자들은 폭죽을 터트리며 이들을 반겼다. 그러나 조사는 용두사미였다. 조사단원 중의 한 사람이 개인적으로 노동자에게 말하길, 부패는 노동자들이 알고 있는 것보다 더 심각했다고 말했다. 그리고 조사관들이 파헤칠수록 많은 지방 공산당 간부들이 관련되어 있는 것으로 밝혀졌다고 귀띔해주었다. 나중에 그 조사관은 인사이동 조치를 당했다. 노동자들은 판이청 총지배인이 궁상우와 친밀한 관계를 유지하고 있었다고 말했다. 궁상우는 전직 시장으로 그 지역의 인민위원회 위원장으로서 당의 대표였고, 회사의 공금으로 사치스러운 해외여행을 다녀왔다는 구설수에 오르내리고 있는 인물이었다. 나중에 그들의 혐의는 성의 지사인 장궈광에게 옮겨 붙었다. 2001년에, 다른 성의 지사로 임명되기 전에 그는 공장을 방문해서 회사가 파산절차를 밟게 될 것이라고 말한 적이 있었다.

이러한 발표는 즉각적인 긴장을 불러일으켰다. 샤오원량과 그의 동료들은 다른 국영공장들이 파산하는 것을 보아왔다. 파산은 노동자들에게는 사형선고나 다름없었다. 랴오톄 사가 파산절차에 들어간다면, 노동자들은 그 동안 밀린 임금들을 받지 못할 것이다. 국가는 노동자들에 대한 복지의무를 포기할 것이고, 사회주의를 위해서 헌신한 평생의 노동의 대가는 단돈 몇 푼의 퇴직금만 손에 쥔 채 사라져 버릴 것이다. 또한 그들의 회사를 무너뜨린 부패의 진실은 영원히 밝혀질 수도 없을 것이다. 노동자들은 그 누구보다도 공장에 대한 소유권을 강하게 주장해왔었다. 노동자들은 그 공장을 설립했고, 오늘이 있기까지 열심히 일하면서 발전시켰다. 그리고 중국은 노동자들의 국가라고 다들 생각해오지 않았는가? 그리고 공장이 정리된다면, 공장은 밀실에서 공산당 간부들과 그들의 친인척들에게 아주 헐값으로 매각될 것이다. 발표가 있은 지 몇 달 후, 한밤중에 일단의 사람들이 공장에 들이닥쳐 수천 톤의 값나가는 철광석과 장비들을 준비해온 트럭들에 실었다. 노동자들과 뜻을 함께하는 경비원들이 샤오윈량을 깨우러 왔고, 그는 다른 동료들과 함께 잠옷 차림으로 공장으로 뛰어갔다. 그러나 그들은 수적으로 밀렸고 무엇 때문에 이러는지 질문해도 답변을 들을 수가 없었다. 다음날 노동자들은 시위를 열었고, 당국으로부터의 설명을 요구했지만 당국 역시 그들의 요구를 묵살했다.

중국공산당 법규에 의하면, 국영기업을 정리할 때에는 재무 상태를 보고한 후 노동자 대의원들로부터 승인을 받기 위하여 투표를 해야 한다고 규정되어 있다. 랴오톄 사는 회사의 재무 상태에 대한 어떤 보고도 없이 2001년 10월 아침 파산 결정투표를 하기로 이미 예정 되어있었다. 그날이 되자, 샤오윈량과 동료들은 시위를 강화했다. "우리는 지금이 최대의 고비라는 것을 알고 있고 우리의 권익을 위해 투쟁할 마지막 기회이다"고 말했다. 투표 전날에 천 명이 넘는 노동자들이 선양으로 가는 고속도로를 다시 봉쇄했다. 경찰은 샤오윈량과 다른 노동지도자들을 연행해갔다. 수백 명의 진압경찰들이 노동자들이 회사정문 앞에 모여들기 전에 공장 주변에 배치되었다. 몇몇 노동자 대표들은 입장이 봉쇄되었고, 회사관리 팀들은 노동자들은 두 줄로 나누어서 들여보냈다. 두 사람씩의 사복 경찰들이 찬반 투표의 여부를 확인 하기 위해 각 투표실 마다 서 있었다. 일부 노동자들이 반대투표를 했을 때 그들의 투표용지를 앞에서 찢어버렸다.

투표가 끝나자 경찰은 샤오윈량과 다른 노동지도자들을 풀어주었다. 몇 주일 후 당국은 공식적으로 파산을 선언했다. 노동자들의 노력에도 불구하고 랴오톄 강철회사는 더 이상 존재하지 않았다.

춘절(구정)은 중국에서는 즐거운 명절이다. 오랜만에 가족들이 함께 모이고, 선물들을 주고받고 집에서 만든 고기만두를 먹으면서 음력 새해 첫날의 시작을 축하한다. 그러나 랴오톄의 노동자들이 거주하고 있는 황갈색으로 칠해진 주택단지에는 2002년 2월에 말띠 해의 시작을 기리는 명절분위기라고는 찾아 볼 수가 없었다. 요란한 소리라고는 늙은 노동자들이 함께 모여 노래를 부르면서 이웃을 시끄럽게 하는 것이 고작이었다. 그들에게 익숙한 곡인, 그들이 어렸을 때부터 배워온 노래인 '혁명가'가 이웃집까지 들려왔다.

> 일어나라, 춥고 배고픈 노예들이여!
> 일어나라 세계의 고통 받는 인민들이여!
> 나의 가슴을 가득 채운 피는 뜨겁게 끓어오르고,
> 우리는 진실을 위하여 싸워야 한다.!
> 낡은 세상은 떨어지는 꽃잎과
> 넘쳐흐르는 물처럼 사라져 가지만,
> 일어나라, 노예들이여, 일어나라!
> 우리가 아무것도 갖고 있지 않다고 말하지 말라,
> 우리는 세상의 주인이 될 것이다!

회사가 파산된 후에 노동자들의 상황은 급속히 악화되었다. 회사가 민영화된 후에, 일부 노동자들은, 관리자들과 함께 생산을 재개한 일부 공장에 고용되었다. 그러나 대부분의 노동자들은 실업상태로 남아있었는데, 그들은 아직까지도 몇 달분의 체불임금과 복지수당을 받지 못하고 있었다. 약속한 퇴직금은 아직도 지급되지 않았고, 많은 노동자의 가족들은 취사용 기름과 난방용 기름조차 구할 수 없을 지경이 되었다. 도시에는 너무나 많은 사람들이 해고된 상태였고 샤오원량은 건설현장의 용역시장에서 일용노동자로 일해서 벌어오는 돈으로 그의 아내와 세 딸들을 부양하고 있었다.

그러나 정작 샤오원량을 화나게 하는 것은 빈곤이 아니라, 노동자들의 고단한 삶과 공산당 간부들의 부유한 삶 사이의 괴리감 때문이었다. 샤오원량은 평소에 성실한 노력과 능력에 의해서 운을 개척해나가는 사업가들을 존경해왔다. 그러나 지금의 당 간부들의 부유함은 그들의 노력과 능력과는 관계가 없으며, 그저 권력을 잡고 있다는 사실에 기인하고 있기 때문에, 그가 평소에 생각해왔던 것과는 거리가 멀었다. 샤오원량은 그들이 도둑이나 강도와 다를 바 없다고 생각했다. 왜냐하면 당 간부들은 노동자들이 이루어놓은 공장을 훔쳐갔기 때문이다. 도시 곳곳에 있는 호화로운 사우나들, 클럽들, 가라오케 홀들이 성황을 이루고 있었다. 그리고 샤오원량이 놀란 것은 최고급 차인 벤츠들을 보았을 때였다. 그 벤츠들은 당 간부들과 사모님들을 환락가에서 또 다른 환락가로 실어 나르기에 바빴다. 춘절 때에도 랴오톄 회사의 노동자들은 공산당 간부들이 요란한 쇼핑을 하면서 선물로 가득 찬 대형 가방들을 들고 아파트를 오고 가는 것을 보았다. 그들은 춘절을 지내는 것이 아니라 회사의 파산을 축하하고 있는 것처럼 보였다.

공산당의 천인공노할 부패는 근처에 있는 선양시에서 발표한 규모가 큰 숙청에 관한 뉴스가 보도 되었을 때, 노동자들에게 명확히 전달되었다. 선양은 랴오닝성의 수도였고, 중국에서 가장 큰 도시들 중의 하나였다. 그 곳에서 시장을 비롯하여 백 명 이상의 각 기관의 간부들이 부패혐의로 체포되었다. 국가언론들은 그 사건을 당 간부들이 청렴결백해야 한다는 공산당의 의지를 보여주는 사례라고 보도했다. 사람들은 그들의 부패 규모에 놀랐고, 왜 부정이 그토록 만연하도록 방치했는지 의아해 했다. 이 스캔들의 중심에는 마피아 두목이 있었다. 그 두목은 류융이라는 사람인데 선양의 인민위원으로 있었고, 30~40명의 조직원들로 구성된 범죄조직을 운영하고 있었다. 조직의 자금원은 담배공급의 독점과 담배 소매상의 유통 체인망에서 나왔다. 그 사건에 연루된 사람들 중에 시장인 무쑤이신 이라는 자가 있었는데, 그 시장은 사치스러운 당 간부로서 메르세데스 벤츠를 타고 다니고, 여행이라도 할 때에는 별 다섯 개의 특급호텔의 VIP의 객실만 고집하는 사람이었다. 무쑤이신 시장은 한때 공산당으로부터 국영기업체를 개혁하는 그의 노력이 모범적인 사례로 인정되어 표창을 받은 적도 있었다. 수사관들이 그가 갖고 있는 두 채의 집을 수색했을 때, 150개의 롤렉스 시계들과 6백만불에 해당하는 금괴가 벽 속에 숨겨져 있는 것을 찾아냈다. 그의 제 1부인, 제 2부인, 누이, 동생, 딸, 심지어는 운전기사까지 부패에 관여했다. 부패는 무쑤이신 시 정부의 모든 기관에도 확산되었고 그 수법도 다양했다. 밀수, 강탈, 관직매매, 계약조작, 횡령은 물론이고 심지어는 애인과의 유흥을 위해 공금을 유용하기도 했다. 부시장인 마샹둥도 도박에 빠져 마카오와 라스베이거스 등에서 시 정부의 공금 5백만불을 탕진하기도 했다. 도시의 법원장, 검사장, 세무서장, 국가자산관리공사 사장 등도 구속되었다.

선양의 부패 스캔들은 랴오톄 노동자들을 격분시켰다. 그들은 랴오양의 상황도 선양과 별다를 게 없고, 당 간부들이 비슷한 사례의 부패들을 은폐하기 위하여 그들의 공장을 도산시켰다고 확신했다. 노동자들은 선양의 지사가 랴오톄 회사의 해체를 지시했다는 것을 알고 있었다. 지시를 내린 지사는 선양의 사건이 터지기 직전에 선양의 당 서기로 있었고, 그가 승진시킨 시장과 많은 간부들이 지방 교도소에 가 있었다. "그들 모두 한 통속"이라고 샤오윈량은 말했다. "우리 공장에서 훔친 돈은 판이청 혼자만의 것이 아니었다. 그는 시의 간부들에게 상납했고, 시의 간부들은 성의 간부들에게 상납했으며 또 그들은 공산당 고위층에게 상납해야만 했다." 그는 공산당 자체가 범죄조직이라 믿었고, 그것을 밝히기 위해 무언가를 해야만 했다.

산업중심지에서 일어나는 거의 모든 시위들은 노동자들에 의해서 임금들과 연금 등의 지급을 요구하는 개별사업장의 불만으로 이루어지는 경우가 다반사였다. 그 동안 샤오윈량, 야오푸신, 팡칭샹이 조직해나갔던 시위들도 예외는 아니었다. 그래서 구정기간 동안에 편의점에 모여 시위의 문제점들을 보완하는 방안에 대해서 논의했다. 정치체제가 변하지 않는 한, 위정자들은 권력을 남용할 수밖에 없다는 데 동의했다. 그래서 노동자들은 그들의 삶에서 최소한의 개선이라도 이루어지길 희망해왔다. 진정한 진보를 위해서라면, 그들은 극적인 방향전환이 필요하다는 데 공감했다. 또 그들은 노동자들에게 민주화운동을 주장하는 시위에 참여하도록 설득하기란 불가능하다는 것도 알고 있었다. 노동자들은 천안문 학살사건을 가슴에 안고 살아왔다. 그들 모두는 공산당이 그들의 권위에 대한 직접적인 도전에 대해서는 단호히 대응할 것이라는 사실을 알고 있었고, 또 그 누구도 교도소에 가는 것을 원하지 않을 것이다. 보다 나은 전략은 부패에 반대하는 시위에 노동자들을 동원시키는 것이었다. 이러한 전략은 공산당 진영의 내부의 취약점을 겨냥하는 것이었다. "부패에 대한 항의"라는 문제 제기는 민주화의 열정에 불을 지피는 것뿐만 아니라 공산당 일당지배체제의 문제점을 거론하는 것이기도 했다. 현 체제를 확고히 하기 위해서는 당국의 고위 지도층으로 하여금 부패의 심각성을 깨닫게 하고 부패를 근절시켜야 한다는 각성을 촉구한다는 점이다. 이 방법은 부패에 반대하는 시위에 참가하는 시민과 노동자들에게도 안전한 전략이었는데 공산당은 어떠한 명분에서든 당의 도덕적 권위를 해치는 위험부담을 감수하면서까지 노동자들을 구속할 수는 없을 것이다. "그것은 전술상의 문제였다"고 샤오원량은 말했다. "우리들은 민주주의를 주장하고 싶었으나 말을 꺼낼 수가 없었다. 그래서 차선책으로 부패에 항의하는 시위를 하기로 결정했다. 시민들을 각성시키고 부패의 원인을 깨닫게 하고 싶었다."

샤오원량과 동료들이 노동운동을 한 단계 끌어올리려는 차원에서, 그들은 임금 지불 요구대신 관료들의 부패에 초점을 맞추는 전략을 택했다. 전략의 변경은 비록 작은 것이었으나, 그로 인한 결과는 엄청난 것이었다.

3월 5일, 전국에서 올라온 공산당 간부들이 전인대의 개회식에 참석하기 위하여 베이징에 올라왔다. 중국의 헌법에 의하면, 전인대는 국가 최고의 권력기관이다. 그러나 실제로는 공산당의 하부기구로 운영되고 있었다. 전인대 모임은 천안문 광장에 있는 인민대회의 당에서 열리는데, 중국지도층의 의례적인 모임이다. 해마다 각 성에서 올라온 대표들은 정부의 장관들로부터 지루한 업무보고를 들은 뒤, 공산당의 정책들을 압도적으로 승인하는 투표절차를 거친다. 이러한 행사는 공산당도 민주적 절차를 밟고 있다는 것을 국민들과 세계에 보여주는 상징적인 행사이다.

전인대가 열리고 있었던 바로 그날 백 명 이상의 노동자들이 파산한 랴오테 강철회사의 한 낡은 건물로 몰려들었다. 그들의 의도는 과감했다. 전인대가 열리고 있는 시점에서 랴오테 노동자들은 공산당 서기장인 장쩌민과 지도층들의 관심을 끌어내기 위하여 랴오양에서 중요한 시위를 계획하고 있었다. 어떤 노동자들은 공산당 지도층들이 그들의 어려운 처지를 이해할 것이라고 믿었고, 다른 노동자들은 여전히 공산당을 불신하며 중앙의 지도자들도 랴오양의 지도자들과 똑같은 사람들이라고 생각했다. 그럼에도 불구하고 그들은 중앙정부가 그들의 시위에 대한 관심을 갖도록 하는 것만이라도 도시의 당 간부들이 노동자들에게 임금을 지불하도록 하는 심리적 압박을 가할 수 있고, 더 나아가서 파산에 대한 수사를 촉구할 수 있는 계기가 될 수 있다는 것에 대체로 동의했다.

거수투표로서 노동자들은 13일간의 시위를 단행하기로 결정했다. 이어서 노동자들은 그들을 대신해서 당국과 협상을 벌일 10명의 대표들을 선출했다. 샤오원량, 야오푸신 그리고 팡칭샹도 대표단에 포함되었다. 회의 막바지에 팡칭샹이 일어나서 말했다. 그는 노동자들을 대신하여 쓴 일련의 서신들을 읽기 시작했고, 그전에 추가할 내용들이 있으면 주저 없이 말해달라고 당부했다. 샤오원량은 팡칭샹이 그 서신들을 조심스럽게 작성했다는 것을 알았다. 그 서신들에는 정치체제에 대한 불만도 밝히지 않았고, 민주개혁에 대한 언급도 없었다. 그는 공산당 지도부에 대한 노동자들의 불만은 지방 공산당의 일부 간부들과 그들의 정책에 관련된 것임을 되풀이하여 강조했다. 장쩌민 주석에게 보내는 서신에는 공산당의 서기장의 정치이론이나 연설들을 칭찬하고, 그를 '경애하는 지도자' 또는 '존경하는 영도자'로 호칭하면서 최대한의 경의를 표하고 노동자들의 어려운 사정을 호소했다. 성의 신임 지사인 보시라이에게 보내는 서신에는 그를 유명한 '청렴한 관리', '훌륭한 당원동지'라고 추켜세우면서 도움을 부탁했다. 동시에 판이청과 도시간부들을 노골적이고도 준열한 문구로서 공격했다.

"자유시장경제의 다양한 도전에 직면하고 있는 어려움에 빠진 회사를 관리하는데 있어서, 총지배인인 법적인 대표로서의 공식적인 위치에서 볼 때, 전반적인 경제적 성과를 개선하기 위한 전략을 세우고 생산품의 품질향상, 생산성의 개선, 기업의 수익성창출 등이 판이청의 의무이고 책임이었다."

그러나 판이청은 이러한 일들을 전혀 하지 않았다. 그는 총지배인으로 임명되자마자 자신의 의사에 충실히 따르는 사람들만 중용하는 편파적인 인사정책을 취했고 그의 의사에 반대하는 사람은 누구라도 그에 따르는 합당한 조치를 취했다. 그와 가까운 측근들, 동료들 그리고 친인척들은 그가 직접적으로 이익을 챙길 수 있는 회사의 주요 요직에 배치했다. 이들은 한통속이 되어 국가재산인 수십억 위안을 집어삼켰고, 수백억 위안의 재산손실을 발생시켰다. 우리들은 이에 관한 상세한 자료들을 갖고 있다. 노동자들의 피와 땀은 이들 기생충 집단을 살찌우는 데 악용되었다. 총지배인은 상품들을 구매한다는 구실로 시간만 나면 해외로 여행하고는 했는데, 그렇게 하면서 그의 개인 금고는 가득 차 넘칠 정도로 엄청난 외화를 축적했다. 회사에서는 노동자들을 회유하고 협박하기 일쑤였고, 그의 집을 새롭게 단장하거나, 두 자녀를 해외로 유학 보내기 위하여 수십 억 위안에 달하는 공금을 유용하기도 했다. 총지배인과 그의 측근들은 놀고, 먹고, 마시고, 도박하는 등 그들이 하고 싶은 모든 것을 위해서 공금을 횡령했다. 그들의 낭비는 끝이 보이지 않았다.

랴오톄 회사의 도산이 내적인 재정 요인으로 인해 경영 실적이 악화되고 자본 잠식으로 이어졌다는 것은 사실이 아니다. 회사의 파산요인은 국가재산의 총체적인 횡령과 총지배인과 그의 측근들에 의해서 노동자들의 피와 땀이 착취되는 등, 이러한 요인들의 복합적인 결과였다.

파산절차가 진행되고 있을 때, 모든 노동자들에게는 눈물만 남겨졌지만 부패에 가담한 지방 당 간부들은 은행으로 달려가면서 웃고 있었다. 더구나 그들은 착복한 자금을 새로운 기업들을 세우는 데 사용하고 있다. 마술이라도 부리듯 그들은 한 순간에 기업가로 변신했다. 불법적인 활동으로 벌어들인 돈으로 합법적인 회사를 설립하고 있었다. 그리고 시 정부는 그것을 철저히 은폐해왔고, 이러한 완벽한 범죄행위와 연루되어 왔다. 이 지구상에서 이성과 정의를 찾기 위해서 우리들은 어디로 가야 한단 말인가? 공산당의 일당 체제에 살고 있는 노동자들에게 일자리를 마련해주지 않는다면, 그게 어디 될 법이나 한 행동인가?

샤오윈량은 팡샹량이 베이징의 국가지도자들과 랴오양의 지방 간부들 사이를 이간시키기 위해 애쓰고 있다는 것을 알았다. 그의 의도는 공산당 지도자들에게 소신과 법률에 따라 처신해줄 것을 요구하면서, 한편으로는 그들에게 하나의 단서, 즉 정부의 이미지를 훼손시키는 부패한 행동을 척결할 수 있는 기회를 주고 있다는 점이다. (비록 그들이 다른 곳에서 벌어진 그와 같은 행위들을 묵과했고, 그들 스스로가 개입되었을지라도 말이다.) 확실히 그 서신들은 공산당 지도자들에게 공산당의 위상을 높이고 그들의 권력 장악을 확고히 하기 위해서라도, 랴오양에 있는 간부들을 희생양으로 삼도록 요구하고 있었다.

그리고 팡샹량의 단어 선택의 이면에는 또 다른 동기가 있었다. 그와 다른 노동자들이 지원세력이 없이 홀로 남겨진다면, 성공의 기회도 제한적일 수밖에 없다는 사실을 알고 있었다. 그들은 이미 몇 차례의 시위를 벌인 적이 있었고, 그럴 때마다 지방의 간부들은 노동자들의 요구를 묵살했으며 중앙의 당국자들도 개입할 의사가 없었다. 그래서 궁여지책으로 시위의 목적을 경제적인 불만보다는 부정부패에 초점을 맞춤으로써 대규모 시위로 번지게 하고 다른 공장들로부터도 이와 유사한 권력 남용으로 고통을 받고 있는 노동자들의 지원을 이끌어내기를 원했다. 그들은 도시 곳곳의 이웃노동자들에게 편지를 보내려는 계획을 하고 있었고, 그들이 동참할 수 있도록 공감대가 형성되길 원했다. 또 노동자들에게 랴오톄사를 쓰러뜨린 부패의 근본 원인을 깨닫게 하고 싶었고, 회사에서 무슨 일이 벌어졌었는지에 대해서 생각하고, 총지배인에 관한 사실과 그들의 삶을 피폐하게 만든 당 간부들의 자세에 대해서도 숙고하기를 바랐다.

샤오원량은 이번의 시위는 분명 모험이라고 생각했다. 이전에 랴오양에서 노동자들이 행동통일을 하지 못한 데에는 이유가 있었다. 각 사업장들의 조건들이 달랐고, 그에 따라 불만들도 각양각색이었다. 한 작업장의 노동자들을 만족시킬 수 있는 대안들도 다른 작업장의 노동자들은 하찮은 것으로 치부해버렸고, 어떤 노동자들이 중요하다고 생각하는 불만들도 다른 노동자들은 부차적인 것으로 생각했다. 이제 노동자들의 공통관심사인 부패에 초점을 맞춤에 따라서 랴오양의 노동자들은 이와 같은 분열들이 하나로 통합되길 원했다. 그들은 당국에서 눈치를 챌 수 없도록 믿을 수 있는 사람들에게만 접근했다. 우연히 그들이 정부청사 밖에서 시위를 하고 있는 다른 지역의 노동자들을 만났을 때 그들의 도움을 바랄 뿐이었다. 그리고 동맹을 구축하기 위해 필요한 신뢰를 쌓는 방안들도 어려운 일이었다. 특히 도시 곳곳에 흩어져 멀리 떨어져있는 작업장들에서는 서로간의 커뮤니케이션이 잘 이루어지지 않았다. 따라서 도시전체를 아우르는 조직을 만들려는 시도는 생각조차 할 수 없었다. 랴오테 회사의 노동자들은 그들의 계획을 다른 작업장들에게도 알리려고 노력했다. 그러나 그러한 시도는 많은 위험을 감수해야 했다.

전인대가 열린 지 하루 아니면 이틀이 지난 뒤, 샤오윈량은 집에서 전인대의 행사에 관한 보도를 텔레비전으로 보고 있을 때, 랴오양 시의 전직 시장이고 지금은 당 서기인 궁샹우가 랴오양 시의 경제상황에 대해서 한 리포터에게 말하고 있는 것을 보았다. "랴오양 시에 일시 해고된 노동자들은 있지만, 실업자들은 없다"고 그가 단언했다. "일시 해고된 노동자들은 매달 280위안의 생계연금을 받고 있다." 샤오윈량은 그 말에 깜짝 놀랐다. 그것은 터무니없는 인터뷰였고, 그의 말은 도시전체의 노동자들을 격분시켰다. 어떻게 해서 고위 간부가, 그것도 그들 지역의 인민위원회의 위원장이고 베이징에서 그들을 대표하는 사람이 정색을 하면서 그러한 주장을 할 수 있단 말인가? 직업을 잃은 수십만 명의 노동자들과 랴오양 시의 2백만 시민들이 어려운 생계를 꾸려가면서 버티고 있는 가운데, 그들이 실업자가 아니라고 정면으로 말하는 뚱뚱한 당 간부의 발언으로 도시의 분위기는 격앙되었다. 생계연금에 관한 뻔뻔스러운 거짓말은 사태를 더욱 악화시켰다. 그것은 마치 궁샹우가 노동자들을 기만적인 술책으로 놀리고 있는 것처럼 보였고, 그래서 그는 자신의 지역의 직업안정을 유지하고 있다는 것을 전인대에서 과시하고 있는 것처럼 보였다.

랴오양의 노동자들은 분노로 치를 떨었고, 랴오톄 노동자 대표들도 야오푸신의 편의점에 모여 1주일 일정으로 시위에 돌입하기로 결정했다. 그들은 며칠 만에 시위대를 조직하고 활성화시켰다. 랴오톄 노동자들의 모임이 소집되었는데, 이때에는 육백 명이 넘는 노동자들이 참가해서, 대표들은 더 큰 회의실을 마련하기 위해서 동분서주했다. 경찰은 그러한 큰 집회를 지켜보기만 했고, 노동자들도 그들을 두려워하지 않았다. 그들은 분노에 차있었고, 결국엔 그들 스스로 다짐했다. "회의를 하는 것도 죄가 되느냐?" 샤오원량은 "궁상우를 파면하라, 랴오양을 해방하라"라는 새로운 구호를 제안했고 팡칭샹은 똑같은 타이틀을 붙인 새로운 서신들을 작성했다. 대책위원회가 구성되었고, 각자의 역할분담이 정해졌다. 한 그룹은 현수막을 만들도록 정해졌고, 다른 그룹들은 시위기간에 사기를 드높이는 임무, 안전을 책임지는 임무, 비상의료대책을 마련하는 임무 등이 맡겨졌다.

노동자 대표중의 한 사람인, 천뎬판이라는 이름의 땅딸막한 목수가, 그들의 시위대에 마오쩌둥의 초상화를 앞세우는 것이 어떠냐고 제안했다. 그가 사진 한 장을 구해 대형 초상화를 만들겠다고 말했을 때, 샤오원량은 즉석에서 찬성했다. 그는 마오쩌둥을 실패한 지도자로 생각해왔지만, 일부 연로한 노동자들은 마오쩌둥이 저지른 잘못은 잊어버리고, 그 당시의 노동계급 사이의 평등과 사회주의체제에 대한 동경에 미련을 갖고 있다는 것을 알고 있었다. 샤오원량으로서는 이런저런 사정을 따질 겨를이 없이 그저 거리에 더 많은 사람들을 동원하는 것이 급했다. 공산당의 부정부패를 폭로하고 노동자들의 투쟁을 지원하기 위해서라면 마오쩌둥의 이미지를 사용한들 어쩔 것인가? 마오쩌둥의 초상화 아래서 행진하는 것은 노동자들이 충성스런 시민들임을 과시하는 것이며 시위에 참여하면 구속될지도 모른다고 걱정하는 사람들에게도 위안이 될 수 있을 것이다. 그리고 당국도 시위를 진압하는 데 어려움에 봉착하게 될 것이라고 판단했다.

노동자들은 공장건물에서, 때로는 야오푸신의 편의점에서 계속적인 모임을 가졌다. 샤오원량은 군중들 틈에서 질서를 유지하고 시위 동안 분노를 억제해야 한다고 누누이 강조했다. 그가 우려하는 것은 과격하고 불법적인 행동은 경찰에게 개입할 명분을 준다는 것이었다. 드디어 시위의 날이 다가오자, 노동자들은 지금까지 반복해서 들어왔던 주제에 대해 논의했다. 경찰이 그들을 구속하기 시작할 때는 어떻게 행동할 것인가? 긴급 상황에 대비한 계획이 마련되었다. 노동자들은 지금까지 샤오원량, 야오푸신과 팡칭샹을 그들의 지도자로 생각해왔다. 그러나 지금은 그들에게 예기치 못한 상황이 벌어졌을 때, 그들을 대신해서 행동하기로 약속한 40여명의 노동자들의 명단을 작성했다. 만약 경찰이 샤오원량, 야오푸신과 팡칭샹을 구속한다면 그 다음 팀이 책임을 떠맡아서, 그들의 석방을 요구하는 시위를 이끌어나간다. 또 이 노동자들이 구속될 때에는 또 다른 그룹이 임무를 떠맡고, 계속해서 되풀이한다. 마침내 시위 계획은 완료되었다.

첫 날 의   시 위 는 대단히 고무적이고 성공적이었다. 도시 곳곳의 작업장들에서 나온 노동자들은 거리를 가득 메웠고, 그들이 예상했던 것보다는 훨씬 많은 숫자였다. 샤오원량은 너무나 흥분해서 어쩔 줄을 몰랐다. 어떤 노동자들은 각자의 작업장 명을 적은 현수막들을 들고 행진했고, 다른 노동자들은 부패를 비난하는 구호들을 적은 현수막을 들고 행진했다. 어린아이들과 함께 행진하는 부모들도 보였고, 삼륜자동차의 기사들은 노약자들을 태우고 뒤를 따랐는데, 그들의 표정은 노동자들과 함께 시위에 참가하는 것을 자랑스러워하는 모습이었다. 샤오원량이 법원 앞에서 연설을 하기 위해서 시위대의 앞에 서서 확성기를 갖고 팡칭샹의 서신들을 읽어 내려가면서, 그는 투쟁이 성공의 문턱에 거의 도달했다고 확신했다.

열기는 둘째 날에도 이어졌다. 그 날의 하이라이트는 야오푸신이 시청 옆에서 진행한 연설이었다. 그는 동료 노동자의 미망인인 한 늙은 부인을 팔로 부축하면서 연단에 섰다. 야오푸신이 분노에 찬 목소리로 말을 해나갈 때 그들 두 사람의 뺨에서는 눈물이 흐르고 있었다. "우리는 공산당을 위하여 우리의 젊음을 바쳐왔다. 그러나 점점 나이가 들어가니 아무도 거들떠보지 않는다! 우리들은 아무 조건 없이 젊은 청춘을 공산당에 바쳤다!" 수많은 군중들은 그의 연설에 매료되어 침묵 속으로 빠져들었으며, 그가 연설을 끝내자, 우레와 같은 박수 소리가 터져 나왔다.

시 정부의 협상 제의를 받아들이고 난 후, 랴오테 사의 대표들을 포함한 다른 작업장들의 대표들은 시청 2층에 있는 화려한 회의실로 안내되었다. 부시장, 경찰국장, 지방법원장과 십여 명의 관련기관 간부들이 테이블 한쪽에 나란히 앉고, 맞은편 자리에는 노동자들의 대표 12명이 앉았다. 회의장의 분위기는 어색한 긴장감이 감돌았으나 논의는 진지하게 진행되었다. 부시장은 그들이 시위를 멈추면 노동자들의 요구사항을 검토하겠다고 약속했고 경찰국장은 그럴 경우에 아무도 구속하지 않겠다고 확약했다. 야오푸신은 노동자들이 시 정부와 함께 일을 하고 싶어 하고 그러한 건의가 받아들여진다면 그들도 기뻐할 것이라고 말했다. 샤오원량은 만약 부패한 간부들과 관리자들을 처벌한다면 도시의 공장들은 다시 활기를 띠게 될 것이라고 주장하면서, 부패문제를 정식으로 제기했다. 다른 대표들도 미지급된 임금과 복지연금에 대해 언급했다.

회의가 끝날 무렵, 부시장은 시장과 당 서기가 베이징의 전인대에 참석차 현재 부재중이라 시 정부가 대안을 제시하는 데에는 좀 더 시간이 필요하다고 말했다. 그러면서도 노동자 대표들에게 그들의 요구사항들을 충분히 검토하고 랴오톄 작업장에서 벌어진 부패에 대한 주장들을 전반적으로 조사하겠다고 확약했다. 이러한 유화적인 대응에 고무된 노동자 대표들은 시위를 중단하고 시 정부가 대책을 마련할 수 있도록 시간을 주겠다고 약속했다.

샤오원량은 2시간에 걸친 회의를 끝내고 나서, 소기의 목표는 달성되었고, 앞으로의 전망도 낙관적으로 기대하고 있었다. 국영지방 방송국들은 시위에 관한 뉴스보도를 금지 당하고 있었지만 '미국의 소리'와 같은 외국의 통신사들은 시위를 자세히 보도했기 때문에, 샤오원량은 베이징의 공산당 지도자들도 관심을 갖고 있을 거라고 확신했다. 그날 저녁 노동자들은 야오푸신의 편의점에 모여 그날의 시위를 회고하고 있을 때, 다른 노동자 대표들은 시위 중단은 현명한 선택이었다고 동감을 표시했다. 노동자들은 이틀에 걸친 행진과 시위로 모두 지쳐있었다. 그러면서도 마냥 기다리고만 있을 수는 없다고 결론지었다. 다음날 확대회의에서 노동자들은 시 정부가 6일안에 대안을 제시하지 않는다면, 또 다시 거리로 나가기로 합의했다. 최후의 선택시점은 베이징에서의 회의가 끝나기 전이었다.

3일은 조용히 지나갔다. 네 번째 날 오후에 랴오톄 회사의 관리자 중 한 사람이 샤오원량을 불러서 부시장이 개인적으로 그를 만나기를 원한다고 말했다. 샤오원량은 야오푸신과 팡치샹, 네 번째 서열의 대표와 함께 가겠다고 말했다. 승용차가 대기하고 있다가 그들을 시청으로 데리고 갔다. 부시장은 천창이라는 이름의 키가 크고 나이가 들어 보이는 학자풍의 관료였는데 안경을 쓰고 있고 안색은 어두워 보였다. 그는 이번 주에 있었던 이전의 만남에서, 대부분의 간부들이 연설할 때 사용하는 억압적이면서 생색내는 듯한 어조를 사용하지 않음으로써 노동자 대표들에게 강한 인상을 남겼다. 부시장은 지금 다시 호의적인 목소리로 그들에게 말하고 있었다. "샤오원량 씨, 나는 진심으로 이 운동이 중단되기를 원한다. 더 이상 강행하지 말아 달라. 여러분들의 문제는 이미 국제적인 문제가 되었다. 해외에서도 여러분들을 노동지도자들이라고 부르고 있다."

샤오원량은 즉각 부시장이 말하는 뜻을 이해했다. 공산당 간부의 입장에서 '노동지도자' 라는 말은 좋은 의미가 아니다. 공산당은 노동지도자들을 적으로 간주해왔다.

"나는 당신들이 시위를 중단하기를 원한다. 그 이유는 우리는 이제 시위 발생의 원인을 파악하고 있고 이 사태를 매우 심각하게 생각하고 있기 때문이다." 부시장은 계속 당부했다. "시 간부들은 노동자 대표들과의 만남을 계속하려고 하고 있다. 그러므로 시위를 중지했으면 좋겠다."

샤오원량은 천 부시장이 중앙정부를 대신하여 메시지를 전달하고 있다는 것을 알았다. 그러나 그는 한편으로는 부시장이 순수한 마음에서 우러를 나타내고 있다고 믿었다. 샤오윈량은 경찰국장이 구속하지 않겠다고 약속했음에도 불구하고, 시 정부 일부에서는 강제 진압으로 밀어붙일 수도 있다는 생각을 하고 있을지 모른다고 예측했다. 아마도 결정은 이미 내려졌을지도 모른다. 지금으로서는 시위중단이라는 것은 생각할 수도 없었다. 시 당국은 지금까지 노동자들의 요구사항들을 검토하는 어떤 행동도 취하고 있지 않고 있었다. 추가 시위는 이틀간에 걸쳐 벌이기로 계획되어 있었고, 이미 노동자들은 도시 곳곳에 집회에 관한 안내 포스터를 붙인 상태였다. 샤오윈량은 부시장에게 고마움을 표하면서 말했다. "우리는 그만 둘 수가 없다. 그리고 당신이 시위를 만류했다는 이유만으로 시위를 중단하라고 노동자들에게 말할 수는 없다"

그날 밤, 샤오윈량과 야오푸신, 팡칭샹이 다른 노동지도자들에게 낮에 있었던 대화를 전달하고 다음과 같이 행동하기로 결정했다. 도시의 노동자들은 그들을 중심으로 뭉쳐왔다. 그리고 해외의 언론과 베이징 당 지도부도 우려를 안고 지켜보고 있다. 여기까지 오는 데에는 랴오톄 노동자들의 몇 년간에 걸친 절실한 투쟁의 결과이다. 이제 노동자들은 시 정부로부터 실질적인 양보를 얻어낼 때까지 압박을 계속하기로 결정했다.

다음 날 아침 정부당국은 행동을 개시했다. 야오푸신이 그의 상점에 구색을 갖추기 위해 상품들을 구하러 아침 일찍 집을 나간 뒤 돌아오지 않았다. 처음에는 무슨 일이 있었는지 아무도 몰랐다. 경찰은 그의 구속을 부인했고, 공산당 간부들이 범죄조직과 연결되어 있었기 때문에 가족들은 그가 납치되었거나 아니면 최악의 상황도 생각하면서 걱정했다. 샤오윈량은 친구를 찾느라 이곳 저곳을 헤메고 다녔다. 그는 어떤 도로 한편에서 야오푸신의 모터 달린 자전거를 찾아냈고, 한 주민으로부터 세 명의 남자들이 야오푸신을 체포해서 차 안으로 태우는 것을 보았다는 말을 들었다. 세 명의 남자들은 경찰복을 입지 않았지만, 샤오윈량은 야오푸신이 구속되었다는 가정아래 노동자들이 행동해야 할 때라고 생각했다. 이 소식이 퍼지자, 사람들은 분노를 터뜨렸다. 노동자 대표들은 그날 밤 랴오톄 작업장에서 비상대책회의를 열었다. 그러나 토론할 필요도 없었다. 그들은 모두 다음 날 시위를 벌이기로 동의했다. (그리고 야오푸신의 석방을 제1의 요구사항으로 정했다.) 그 모임이 끝난 후, 노동자 대표들은 거의 다 집으로 가지 않았다.

그들은 경찰이 대표들을 모두 검거해 시위를 무산시키려 할지도 모른다고 걱정했기 때문에, 대부분의 사람들이 친구나 친척의 집에서 밤을 지새웠다. 샤오윈량도 두터운 면 코트를 걸쳐 입고 버려진 공장건물에 몸을 숨겼다. 그는 2층에 있는 빈 방을 찾았는데, 깨진 유리창 너머로 달빛이 길 아래를 비추고 있었다. 그리고는 춥고 더러운 마룻바닥에서 새우잠을 잤다. 그가 다음 날 아침 동틀 무렵에 일어나자 온몸이 쑤셨지만 시위를 주도하기 위해 총총히 건물을 나섰다.

시위참가자들은 전날의 시위 때보다도 많았다. 3만 명이나 되는 노동자들이 행진할 때, 자신들의 동료를 석방하라는 노동자들의 함성은 시위를 더욱 새롭고도 격렬한 양상으로 몰고 갔다. 시위대들은 야오푸신의 구속을 비난하는 현수막들을 끌어올렸고, 연로한 노동자들은 혁명가를 부르면서 흐느꼈고, 공산당을 저주했다. 샤오윈량과 팡칭샹은 경찰국 앞에서 시위 군중들의 대열을 정비했고, 야오푸신의 25살 된 딸은 확성기를 통해 그녀의 아버지의 행방을 알려줄 것을 요구했다. 다시 진압경찰과 전투경찰이 시 청사를 에워싸며 경계하고 있었다.

그날은 시 정부로부터 어떠한 반응도 없이 끝났고, 노동자들은 다음 날 아침에 시위를 재개하기로 했다. 그날 밤 샤오원량은 버려진 그 건물에서 시간을 때우다가 경찰이 작정만 한다면 그를 찾아내는 것은 쉬울 것이라는 생각이 들었다. 두 번째 날의 시위가 끝나고 집에 돌아오자 경찰은 그를 연행해갔다. 경찰은 그를 구속시키지는 않고 경찰서의 접견실로 데리고 갔다. 그곳에는 네 명의 사람들이 기다리고 있었다. 그들(관할경찰서장, 랴오톄 회사 간부, 시청간부 두 명)은 매우 이례적인 부탁을 했다. 그들은 샤오원량에게 반대편 지역에 있는 윈난성에서 휴가를 취하는 것이 어떻겠느냐고 물었다. 그들은 이미 그의 가족들의 이름으로 예약해둔 항공권을 그가 앉은 테이블 위에 놓았다.

"당신이 휴가를 즐기고 야오푸신에 대한 생각을 하지 않는다면, 당신의 과오를 불문에 붙이겠다. 돈은 걱정할 필요가 없다."

샤오원량은 야오푸신이 교도소에 있는 동안 여행을 즐긴다는 것은 자신의 양심이 허락하지 않는다고 말하자 한 간부가 그를 은근히 협박했다.

"당신이 우리가 시키는 대로 따르지 않으면, 우리는 당신을 가만두지 않을 것이다. 이번이 마지막 기회이다."

샤오원량은 가족들이 그의 행동을 못마땅하게 생각해왔고, 시위대에서 손을 뗄 것을 바라고 있다는 것을 알고 있었다. 또 그가 구속이라도 당하는 날에는 생계를 꾸려나가기 위해 가족들이 모진 고생을 감수해야 한다는 것도 알고 있었다. 그러나 그의 결심은 단호했다. 경찰에서의 모든 대화는 10분도 채 지나지 않아 끝이 났다.

다음 날 아침은 비가 왔고 추웠다. 그 때문인지 시위에 참가한 노동자들은 수천 명에 불과했다. 그들이 시청 앞에서 시위를 하자 전투경찰 대장이 확성기를 통해서 계엄령에 의한 통행금지를 선언하고, 노동자들에게 해산할 것을 명령했다. 수백 명의 경찰병력이 갑자기 들이 닥쳐 포획하고 노동자들을 두 그룹으로 나누었다. 샤오윈량과 팡칭샹은 시위 주동자 그룹에 있었다. 노동자들이 집으로 돌아올 때, 사복경찰들이 샤오윈량을 낚아채고, 노동자들이 미처 반발할 새도 없이 재빨리 차에 태워 떠났다. 경찰은 팡칭샹을 체포할 때에는 시간이 좀 걸렸다. 노동자들은 팡칭샹을 둘러싸고 보호했다. 그러나 경찰은 천천히 포위망을 좁혀 들어가며 마치 배추나 무를 던지듯이 노동자들을 낚아채어 내팽개쳤다. 부상자들이 늘어나자, 팡칭샹은 스스로 경찰에 몸을 맡겼다.

그들이 구속된 다음날, 시 정부는 타협안을 발표했다.
"부패혐의에 대해서는 조사하겠다. 랴오테 사의 노동자들에게는 원래의 금액의 절반을 지급하겠다. 동시에 앞으로는 이유 여하를 막론하고, 숫자의 많고 적음에 관계없이 시위에 관한 법률을 적용하면서 책임을 묻겠다"는 경고도 잊지 않았다. 랴오테의 노동운동은 갈림길에 있었다. 샤오윈량롸 야오푸신, 팡칭샹이 구속되면, 제 2선의 노동지도자들이 지휘를 맡아 동료들의 석방을 위하여 시위를 주도하도록 계획되어 있었지만, 실천에 옮겨지지 않았다.

예정된 기회를 놓쳐버린 사람들 중 천뎬판이라는 사람이 있었는데, 그는 시위자들에게 마오쩌둥의 초상화를 운반하도록 제안한 노동자였다. 60대에 접어든 땅딸막한 체구로 랴오테 사에 고용되었던 그는 첫 번째 시위가 있은 후에 샤오윈량과 야오푸신, 팡칭샹과 함께 행동을 같이해왔고, 가장 열성적이고 신뢰할 수 있는 노동조직가로 평가 받아왔다. 그러나 지도자들이 구속되고 난 후부터 갑자기 그의 행방이 묘연해졌다. 몇 달이 지난 후, 노동자들은 천뎬판이 경찰에 의해 매수되었다고 나에게 말했다. 천뎬판의 나이의 절반밖에 안 된 젊은 노동자들이 직장을 구하려고 혈안이 되어있을 때, 그리고 다른 노동활동가들이 블랙리스트에 올라 있을 때, 천뎬판은 랴오톄 공장의 구내식당에서 편안하게 지내고 있었다고 말했다. 노동자들은 그를 배신자로 취급하고 있었다. 그는 가족을 버리고 교도소로 가느냐, 아니면 그의 친구들과 동료 노동자들을 배신하여 수치스럽게 살아가느냐의 기로에서 그는 후자를 택한 것 같다.

시위가 있고 몇 달이 지난 후에, 나는 천뎬판에게 전화를 걸어 인터뷰를 갖자고 했으나, 그는 전화가 도청되고 있고 경찰이 감시하고 있기 때문에 개인적으로 만날 수 없다고 말했다. 내가 그에게 경찰이 당신을 회유했다는 것이 사실이냐고 물었을 때 "나는 당신의 질문에 대답할 수 없다"고 말했다. 그는 전화를 끊기 전 "그때만해도 샤오윈량과 야오푸신, 팡칭샹을 지지했었다. 그러나 시위를 계속 이끌어나가는 것이 너무 두려웠다. 그들은 솔직하고 정직한 사람들이었다. 그리고 그들이 바라는 것은 복지연금들과 우리 노동자들에 대한 보다 나은 대우였다. 그들은 부당하게 처벌받았다"고 말했다. "나는 그들이 구속된 후 시 정부로부터 엄청난 압력을 받았다. 내가 어떤 시도라도 감행한다면 바로 구속하겠다는 협박도 받았다는 점을 이해해주길 바란다"고 말했다.

몇 주일 또는 몇 달에 걸쳐 많은 시위들이 일어났고 구속자들도 늘어났다. 시위의 대부분은 야오푸신의 딸에 의해서 주도되었고, 그녀는 잠시 동안이나마 시위 사태를 국제적인 언론 매체들로부터 관심을 갖도록 하는 데 성공했다. 그러나 경찰이 적극적으로 나서 남아있는 노동지도자들을 회유하고 협박하면서 시위운동은 점차 소멸되어 갔다. 많은 노동자들이 잠적했고, 어떤 노동자들은 그들이 갖고 있던 랴오양의 서신들의 복사판들을 불태워버렸는데, 그것들이 나중에 그들에게 불리한 증거로 이용될 것을 두려워했기 때문이다. 당연히 경찰은 노동지도자들의 목록을 작성했고, 한 사람 한 사람씩 찾아 다녔다. 그들을 만날 때마다 경찰은 똑같은 제안을 했다. "동료들에 대한 정보를 경찰에 알려라, 그러면 당신의 재정적인 어려움은 해소될 것이다. 내가 만난 노동자들은 똑같이 경찰의 그런 제안을 거부했고, 그에 대한 대가를 치렀다고 말했다. 경찰은 상호간의 불신과 의심을 조장하기 위해 악의적인 소문을 퍼뜨리기도 했다. "잠시 동안이나마, 우리들은 뭉쳤다. 그러나 지금 노동자들의 결속력은 사라져버렸다"고 한 시위주도자가 말했다. "우리는 서로를 불신하고 있으며 아마도 이러한 불신은 당분간 계속될 것이다."

 경찰이 노동지도자들을 회유하고 있을 때, 정부도 시위 사태를 불러온 노동자들의 누적된 불만을 달래기 위해 노력했다. 일 년이라는 세월에 걸쳐 그들이 받아야 할 금액의 전부는 아니지만 상당한 액수의 임금이 랴오테 사로부터 노동자들에게 지급되었다. 또 공산당은 희생양이 필요하다는 판단에서 판이청 총지배인과 7명의 회사 간부들을 본보기로 삼아 구속시켰다. 판이청은 밀수와 직무유기혐의로 기소되어 13년의 징역형을 선고 받았고 3명의 관리자들도 유죄가 확정되었다. 랴오테 사의 파산을 승인한 성의 지사는 나중에 뇌물사건에 연루되어 수감되었다. 그러나 전인대에서 랴오양에는 더 이상 실업이 존재하지 않는다고 거짓말을 했던 궁상우라는 지방 공산당 간부는, 판이청과 공모한 혐의로 기소되었는데 결국에는 무혐의로 처벌을 면했다.

2003년 겨울, 검찰은 야오푸신과 샤오윈량을 체제전복 혐의로 기소하려고 노력했으나, 당 간부들 사이에서 그들의 범죄행위에 이견이 분분했고 결국, 야오푸신이 한때 중국민주당에 가입했었다는 혐의로, 샤오윈량은 그의 추종자로서 기소했다. 국제노동기구와 국제인권단체들의 반대에도 불구하고, 야오푸신은 7년의 징역형이, 샤오윈량은 3년의 징역형이 선고되었다. 잠시 동안 두 사람은 판이청과 같은 교도소에서 수감생활을 했다. 판이청은 공판 전에 가석방되었으나 몇 년 후 암으로 죽었다.

공산당은 일시 해고된 노동자들로부터 랴오양의 노동운동과 같은 심각한 위험에 다시는 직면하지 않았다. 몇 년에 걸쳐서, 정부는 노동자들이 감내할만한 수준에서 노동자들의 수를 줄여나가면서 많은 국영기업들의 민영화를 마무리 했다. 동시에, 정부는 확산되는 노동자들의 소요에도 불구하고, 처음부터 전국적인 노동운동을 차단하면서, 대량해고의 부담을 극복하는 데 성공했다. 효과적으로, 공산당은 자유시장경제로 이행하는 데 있어서 가장 어려웠던 정치적 도전들 중 하나를 헤쳐 나가는 데 성공한 것이다. 이러한 성공의 비결은 언론에 대한 엄격한 통제였다. 언론에 대한 통제는 노동자들의 시위를 다른 도시로 파급시키지 못하도록 했고 정부에 대한 비판과 불만을 최소화시키면서 유연하게 처리했다. 이러한 전략은 상황에 따라서 강경하게 대처하거나 아니면 유화적인 태도를 취하면서 사태를 진정시키는 데 도움을 주었다. 공산당 지도자들은 민영화를 이루기 위해서는 관료들의 저항을 최소화하기 위한 인센티브를 부여하는 것이 불가피하다는 시각에서, 관리자들이나 국영기업체의지방 간부들에게 어느 정도의 부패를 묵인하는 정책을 선택했다. 또한 공산당 간부들은 노동자들에게 최소한의 복지 연금을 지급하면서 그들을 이간

질하고 분열시키는 정책을 취했다. 시위가 악화될 기미라도 보이면 노동자들의 신망 있는 대표들을 구속하는 한편, 노동자들을 회유하면서 신속하게 대응해나갔다. 그리고 이러한 방법이 먹히지 않을 경우, 당의 몇 사람들을 희생양으로 구속함으로써 노동자들을 진정시키는 당근과 채찍의 전략을 펼쳐 나갔다.

랴오양의 시위 사태 이후 몇 년 동안 공산당 지도자들은 사양 산업지대에 대한 투자를 늘리고, 전국적으로 일시 해고된 노동자들에 대한 복지연금에 많은 예산을 배정했다. 일부 노동자들은 시장경제에 발 빠르게 적응해나갔고, 또 성공하기도 했다. 그러나 많은 사람들, 특히 노년층에서는 빈곤한 삶이 계속되었고 공산당이 그들을 푸대접하고 있다면서 불만을 털어놓고 있었다. 랴오양에서의 실업은 다소 줄어든 것 같지만, 소득격차는 더욱 벌어졌으며, 주민들은 여전히 노동조건과 부패에 대해 불만이 고조되고 있었다. 시의 고위 간부 며느리는 랴오테 회사가 파산했을 때, 많은 돈을 빼돌렸다는 의심을 받고 있었다. 새로이 생산을 재개한 랴오테의 공장 한 켠에는 새로운 슬로건이 걸려있다. "오늘도 열심히 일하라, 그렇지 않으면 내일은 더 힘든 직장을 찾아야 할 것이다."

샤오윈량을 마지막으로 만났을 때 그는 정부가 자신에게 제시한 제안을 거절한 것을 한 번도 후회해 본적이 없다고 말했다. "내가 휴가를 갔다면, 어떻게 동료들과 이웃들을 만날 수 있겠는가? 어떤 식으로든, 개인적인 이익을 위하여 노동운동을 한 것이 아니다. 나는 항상 우리의 행동이 몹시 위험하다는 것을 알고 있었다." 3년간의 옥중 생활은 그와 가족들에게는 힘든 나날이었으나, 그는 소신을 굽히지 않았다. 그는 아직도 야오푸신의 석방을 위해서 동분서주하고 있으며, 앞으로도 노동자들의 권리를 위해 싸울 것이라고 말했다. 또 다른 맥락에서, 희생의 대가로 얻은 것은 무엇이냐에 대한 질문에는 마음이 착잡한 것 같았다. "어떤 사람들은 우리가 구속되는 바람에 시위가 실패했다고 말한다. 그러나 나는 소기의 목적을 달성했다고 생각한다." 그는 랴오톄 사의 노동자들에게 밀린 임금 등이 지급되었고, 전국의 일시 해고된 노동자들에 대한 복지연금액이 늘어난 것을 예로 들었다. "이것들은 우리의 투쟁의 결과이다." 대화를 계속 이어나가면서 샤오윈량은 노동자들은 임금 등의 물질적 보상은 받았지만, 결국엔 정부가 노조의 결성 등과 같은 보다 중요하고 근본적인 변화들에 대한 요구들을 슬쩍 넘겨 버리도록 도와준 꼴이 되었다고 아쉬워 했다. "노동자들은 장기적인 미래를 내다보지 못했다. 너무 눈앞의 이익에만 매달렸다."

그렇다면 결국 공산당이 승리한 것인지 내가 물었을 때 그는 "공산당은 많은 것을 얻었다"고 대답했다.

Chapter 06
마담 천리화

불도저가 그의 집 앞에 있을 때 류스뤼는, 그의 형의 눈에 띄지 않도록 신경을 곤두세우고 철거 장면을 보려고 모여든 사람들 뒤에 서 있었다.(그 집은 그의 아버지가 베이징의 오랜 찻집에서 한 중년 남자로부터 서른여섯 벌의 옷으로 매입한 토지 위에 그의 아들들과 함께 벽돌을 한 장씩 얹어가며 지은 집이다.) 그날은 2000년 겨울의 추운 아침이었다. 류스뤼는 모여든 군중들을 둘러보다가 치를 떨었다. 거기에는 시청공무원들 몇 명과 부동산 관리회사 직원들, 수십 명의 건설 노동자들과 경찰들이 함께 있었다. 대부분의 주민들은 이미 짐을 꾸리고 이 지역을 떠난 뒤였다. 류스뤼의 집은 이 거리의 마지막 남은 집들 중 하나였고, 오늘 철거 될 예정이었다.

류스뤼는 아직 오십도 되지 않았는데 벌써 머리가 벗겨졌고 희끗희끗한 스포츠형의 머리를 하고 있으며 얼굴은 둥근 편이었다. 그는 어렵게 버텨나가고 있는 전기부품회사의 노동자였다. 그는 그의 평생에 지금 헐어 버리려고 하는 집과 같은 집을 장만할 수 없을 것이라는 것을 알고 있다. 거리에서 보면 그 집은 자그마한 2층 집으로 각층에 방이 하나, 둘 정도만을 갖춘 단순해 보이는 집처럼 보였지만 반대편 집 뒤편에는 중국의 전통적인 앞마당이 있었는데, 그곳에는 사과나무 한 그루와 포도넝쿨이 엉켜있는 정자가 있었고 그 반대편 쪽에도 몇 개의 방들이 있었다. 집은 상당한 부동산 가치를 지니고 있었다. 그곳은 베이징의 중심부에 위치해 있었고, 번화가인 왕푸징 쇼핑지구와 가까웠고 역사적으로도 유서 깊은 골목길에 위치하고 있었다. 그 골목은 후퉁이라고 알려진 올렛길(소로길)이었다. 후퉁이라는 말은 몽골어로서 쿠빌라이 칸이 베이징을 재구축하고 수도로 삼으면서 중국에 들여오게 되었다. 류스뤼의 집이 위치해 있는 후퉁이라는 명칭은 14세기에 명나라의 귀족이 그곳에 거주한 이후로는 '쑤이안보'라고 불렸다. 최근에 들어와서는 당과 군부의 고위층 간부들이 쑤이안보 후퉁에 있는 집을 매입해서 살기도 했다. 그들 중 한 사람인 덩퉈는 유명한 작가이자 전직 〈인민일보〉 편집장이었는데 문화대혁명 때 자살했다.

류스뤼의 아버지는 공산당이 정권을 잡기 일 년 전에 쑤이안보 후퉁 10호에 있었던 원래의 토지를 매입해서 집을 지었다. 아버지는 글을 모르는 문맹이었고, 지방에 있는 병원에서 사업용 의료기구들을 만드는 작업장의 수리공이자 주인이었다. 그가 구입한 이 집은 그가 평생에 걸쳐 이룬 땀과 저축의 열매였다. 가족은 다섯 아들 중 막내인 류스뤼가 태어나자 그 집으로 이사했다. 처음 몇 년 동안은 많은 우여곡절이 있었다. 그의 보잘것없는 배경에도 불구하고 류스뤼의 아버지는 자본주의자로 기소되어 그의 사업장은 강제로 국가에 넘겨지게 되었다.

류스뤼는 후퉁에서 어린 시절을 보낸 즐거웠던 기억들만을 간직하고 있었다. 그의 어머니는 행사가 있는 날에는 음식을 장만했고, 그는 모래주머니를 마당에 있는 뽕나무 가지에 매달아 복싱연습을 하면서 가족의 따뜻함을 느끼면서 자라왔다.

류스뤼의 행복했던 전원생활은 문화대혁명이 일어나면서 끝이 나게 된다. 1966년 여름, 공산당은 개인주택을 갖고 있는 사람들을 자본가 계급으로 낙인찍고 그들의 재산들을 국가에 헌납하라고 명령했다. 류스뤼의 부모들은 기가 찰 노릇 이였지만 어쩔 수 없었다. 그의 형들은 그들의 작업장이 바빴기 때문에, 그 당시 17세였던 류스뤼가 재산증명서 등을 작성해서 제출했다. 그때부터 가족들은 정부에 임대료를 내기 시작했고, 정부는 다른 두 가구의 가족들을 그 집에서 살게 했다. 류스뤼의 형들은 집을 떠나 다른 곳으로 옮겨 살게 되었고, 류스뤼도 고등학교를 마치자 역시 집을 떠나게 되었다. 그 나이 또래의 많은 젊은이들이 그랬듯이 그도 농촌으로 보내졌고, 그곳에서 8년 동안 농사일을 하면서 지냈다. 문화대혁명이 끝나자, 그는 국가가 운영하는 석탄 공장에서 일하도록 임명되었다. 1989년 그는 20년 만에 베이징으로 돌아가도록 허락 받았다. 집에 돌아왔을 때 모든 것이 변해 있었다. 그의 아버지는 돌아가셨고, 어머니는 노쇠해져 형들과 함께 살고 있었다. 정부는 쑤이안보 후퉁 10호의 증서를 가족에게 돌려주었다. 그때 재산에 대한 분쟁이 있었고, 류스뤼는 가족 간의 다툼에 어머니 편을 들었고, 어머니는 돌아가시기 몇 달 전에 그 집을 막내아들에게 상속시켰다. 당연히 형제들의 사이가 벌어졌지만 류스뤼의 형들 중 한 가족은 안쪽 마당의 남쪽에 있는 방에서 계속해서 살았고, 류스뤼의 가족은 북쪽에 있는 방들에서 아내와 세 아들과 함께 지냈다.

몇 년이 지난 후, 류스뤼와 그의 아들들은 북쪽에 있는 건물을 2층으로 새로 지었다. 원래의 건물을 헐어버렸는데, 집을 새로 지은 데는 그만한 이유가 있었다. 류스뤼는 고등학교에 다니는 두 아들들이 얼마 지나지 않아 결혼을 하게 될 것이고, 딸을 가진 대부분의 부모들이 방 한 칸 없는 사람과 결혼 시키지 않을 것이라는 점을 염려했기 때문이다. 베이징에서는 주택난이 심각했고, 도시 근처에는 거주할만한 곳이 없어 집을 마련하기란 하늘의 별 따기였다. 류스뤼는 아들들이 결혼하면 안쪽 마당에서 살게 하고 싶었다. 그렇게 되면 거기에서 손자 손녀들을 돌볼 수 있었고, 쑤이안보 후퉁 10호에도 옛날처럼 웃음꽃이 되살아나리라고 기대했다. 그러나 한편으로는 어쩌면 그의 계획에 차질이 생길지도 모른다는 불안감도 존재하고 있었다.

베이징은 급속하게 변하고 있었다. 그리고 도시 가운데에 있는 후퉁의 지역들이 현대식 업무용 빌딩들, 고층쇼핑몰들과 호화로운 아파트들을 위한 도로를 만들기 위해 헐리게 될지도 모른다. 이와 같은 재개발은 중소중심가의 땅값을 끌어올린다. 그러나 류스뤼와 같은 주택 소유주들에게는 엄청난 저주가 될 수도 있다. 부동산 가격의 상승은 개발업자들에게는 매력적이다. 그들은 가치 있는 땅들을 적당한 값으로 매입할 수 있다. 종종 그들은 싼 값으로 토지를 매입하는 방법을 찾기도 한다. 류스뤼가 그의 집을 새로 지은 지 일 년 후에, 그의 형수가 살고 있었던 후퉁 지역도 새로운 금융 중심지로 탈바꿈할 사무용 빌딩단지를 위한 도로를 만들기 위해 헐리게 될 예정이었다. 개발 지역에 있는 그녀와 다른 주민들은 자신들의 집을 매수하겠다는 어떤 제의도 받지 못했다. 그들이 퇴거되는 대신, 원래의 집값보다 가격이 훨씬 못 미치는 가격의 외곽 지역에 있는 새 아파트를 분양 받았다. 모두 합쳐서 대략 4천 채의 집들이 철거되었고 1만 2천 명 이상의 주민들이 이주했다. 류스뤼는 그 상황을 지켜보면서 똑같은 일이 그와 그의 이웃에도 일어날지 모른다고 우려했다.

    대규모의 재개발 계획이 쑤이안보와 그와 이웃한 후퉁 지역으로 예정되어 있다는 소문이 퍼지자 이와 같은 우려는 현실이 되었다. 10월 말경의 추운 저녁때쯤 류스뤼가 텔레비전을 보고 있을 때, 올렛길에서 시끄러운 소리가 들려오자 그는 무슨 일인가 싶어 잠옷 바람으로 뛰쳐나갔다. 그의 이웃들은 골목을 가득 메웠고, 벽에 붙여진 흰 종이에 인쇄된 공고 게시판주변에 모여 있었다. 류스뤼는 게시판 주위에 몰려있는 사람들 앞으로 걸어갔다. 철거 후의 재이주에 관해 주민들에게 알리는 공고문이었는데 자세한 내용은 다음과 같았다.

    "베이징 시민정부의 둥청(Dongcheng District, 東城)구, 진바오 대로(大路) 재개발 프로젝트 본부는 베이징 건설국의 공문 제 0157-2000호에 의해 도로 양쪽의 재개발 사업과 진바오 도로가 들어설 지역에 낡은 건물들에 대한 철거와 재이주를 확정하여 시행 중에 있다. 진바오 도로의 건설과 도로양쪽의 재개발 사업은 중요한 지역 현안 사업이다. 이 계획은 왕푸징 쇼핑상가 지역의 교통체증을 해소하고, 도시의 재개발 사업을 원만하게 추진하기 위한 중요한 사안이다. 이 계획은 둥청 지역의 경제적 번영을 기할 수 있는 긍정적인 방안이고, 베이징 올림픽 유치를 현실화시킬 수 있는 확고한 지원 방안이기도 하다."

류스뤼는 처음에는 어리둥절했다. 왜냐하면 이 부근에 진바오라는 도로가 없었기 때문이다. 그러나 계속 읽어나가면서 전모를 파악하게 되었다. 시 당국의 계획은 왕푸징 쇼핑상가 지역에서 도시의 중심업무 지역까지 약 0.5마일에 달하는 이 지역을 관통하는 새로운 도로를 만들 계획이었다. 공시문에 의하면 2천 채 이상의 주택들이 모두 헐리게 된다. 철거 작업은 다음 날부터 예정되어 있고 한 달 안에 매듭지어질 계획으로 있었다.

류스뤼와 이웃들은 기가 막혔고 화가 치밀어 올랐다. 일부 사람들은 평생을 후퉁에서 살아왔는데 이제 와서 불과 몇 주일 만에 이사를 하라는 말이었다. 공시문에는 주민들은 그들 집이 수용되는 보상으로 평방제곱미터 당 8백 불의 보상금을 받게 될 것이라고 명시했고, 그들이 빨리 집을 비우면 5백불의 특별 보상금이 지급된다고 공시했다. 그러나 공시문에는 국가 소유의 집에 세 들어 사는 세입자들과 류스뤼와 같이 자신의 집들을 소유한 사람들 간의 보상 차이에 관한 어떠한 명시도 없었다. 부동산에 대한 예상 시장가격을 나타내는 기준도 없었고, 매입을 위해 의논하겠다는 언급도 없었다. 주민들은 올렛길에 서서 새벽 2시가 넘을 때까지 분노에 치를 떨며 저주를 퍼부었다.

류스뤼는 그의 형수가 당했던 것을 보았기 때문에 스스로 재산을 보호하겠다고 결심했다. 그는 집의 소유자였고, 개발업자가 철거하려 한다면 합당한 가격을 지불해야만 마땅하다. 그가 응할 리도 없지만, 공시문에 제시된 보상 가격은 실제 가격과는 너무도 동떨어져 있었다. 그가 알기로 베이징 도심의 아파트는 제곱미터 당 2천 5백불 이상으로 거래되고 있었다. 빌딩 지역에 가까울수록 그 가격은 훨씬 높았다. 그의 집은 대지가 70제곱미터였고, 개발업자들이 거기에 고층건물이라도 짓는다면 그들이 벌어들일 수 있는 예상수입은 건축이 허가되는 층수만큼 몇 배, 몇 십 배로 늘어날 수 있었다. 류스뤼는 공시를 무시하기로 했고, 조용히 기다렸다. 몇 주가 지나자 부동산 개발회사의 직원들이 방문하자, 그는 그들에게 그들이 제시한 조건을 받아들일 수 없다고 했다. 그들이 무엇을 바라느냐고 묻자, 류스뤼는 자신이 이 집을 수십 년간 소유하고 있었다는 사실을 알아주었으면 한다고 말했다. 이 사실을 인정하지 않는다면, 가격은 논할 필요도 없다고 잘라 말하자, 그들은 머뭇거리기만 했다. 대화는 몇 분 만에 끝났다.

몇 주일 후, 그들은 다시 찾아와서 새로운 대안을 제시했다. 그들은 개발업자가 류스뤼의 집을 특별한 경우로 취급해서 이주하는 데 파격적인 가격을 지불하겠다고 하면서 가족 1인당 6만 위안씩, 합계 3십만 위안을 지급하겠다고 제시했다. 그러나 류스뤼는 그들이 그 집의 소유권을 인정해줄 수 없다고 하자 제안을 거절했다. 그들이 제시한 금액은 많은 금액이기는 하나 실제 부동산시장의 시세보다는 터무니없이 적었고, 도시 외곽의 아파트조차 살 수 없는 금액이었다. 류스뤼는 그들에게 돈이 문제가 아니라 그의 소유권에 대한 존중과 적절한 절차가 결여되어 있다는 점을 지적했다. 그것은 그의 집이었고 집의 매매를 원한다면 그들이 중개인을 내세워 나름대로 제안을 하고, 적정한 가격으로 돈을 지불해야 이치에 맞지 않느냐고 강조했다. 대화는 다시 간단히 끝났다.

그의 형은 그들의 제안을 받아들이라고 윽박질렀지만 그는 한마디로 거절했다. 시간이 흐르자 한 사람 한 사람씩 이웃들은 개발업자와 합의를 하고, 보상금을 타서 떠나기 시작했다. 이웃들은 정부가 이미 개발업자의 계획을 승인하였고 또 국가적인 중요한 프로젝트라고 선언했기 때문에, 적당한 선에서 타협하는 것이 좋겠다고 판단했다. 이러한 판단은 집의 소유자들이나, 세입자들도 같은 생각이었다. 개발업자들이 정부의 지원을 받고 있다면 계획대로 추진할 것이고 아무리 불평하고 버텨보려 애써도 결국에는 떠나야 할 것이다. 그래서 이웃들은 최대한의 보상금을 받고 떠나는 것이 최선이라고 생각했다.

12월 초가 되자, 개발회사측은 류스뤼를 제외한 모든 거주민들과 합의를 했다. 개발회사는 시 당국에 류스뤼의 집을 강제 철거하도록 승인해달라고 공식적으로 요청했다. 시 당국은 승인했고 철거가 강행되기 며칠 전에, 개발회사 측은 류스뤼에게 이웃에 설치해놓은 임시연락소에서 만나자고 통보했다. 둥청 구 주택국에서 나온 두 사람의 공무원들이 테이블 가장자리에 앉아 있었고, 류수뤼가 들어서자 그들 앞에 앉으라고 손으로 가리켰다. 그들은 다짜고짜 강압적으로 류스뤼에게 떠날 것을 요구했다. 진바오 대로 건설은 국가의 역점사업이기 때문에 그의 부동산 소유권 증서를 넘겨야 한다고 말하면서 3십만 위안의 보상금을 받으라고 말했다. 그렇지 않으면 집은 당연히 철거되겠지만 보상금은 한 푼도 받지 못할 것이라고 윽박질렀다. 류스뤼는 자신의 주장을 말하려고 했으나 그들은 이것이 마지막 통보라고 하면서 그의 말을 막았다.

그가 할 수 없이 사무실에서 나왔을 때 그의 형이 들어가는 것을 보았다. 그의 형은 보상금을 받고 떠나기를 원했으나 개발회사측은 보상금 지급을 거절했다. 형은 다른 사람들과 마찬가지로 세입자였다. 그러나 개발회사는 류스뤼가 부동산에 대한 소유권 증서를 넘기기 전까지는 보상금을 지급할 수 없다고 말했다. 이러한 방법은 개발회사들이 계속해서 이용해온 가족 간의 불신을 조장하는 계략이었다. 그날 밤, 류스뤼가 후퉁으로 돌아가고 있을 때 그의 형과 몇 명의 사람들이 그를 덮쳤다. 류스뤼는 도와달라고 고함쳤고 경찰이 나타났다. 경찰은 싸움을 말리기는커녕 그를 땅바닥에 내동댕이쳤다. 류스뤼는 이 과정에서 이가 부러졌고 그들이 방심하는 사이 재빨리 도망쳤다. 습격을 당한 후 류스뤼는 집에서 지낼 수가 없어 장모 집에서 기거했다. 집에 남아있던 그의 아들들이 류스뤼에게 연락해 큰아버지가 일꾼들을 고용해서 안마당 남쪽에 있는 방들을 헐어버렸다고 전했다. 또 큰아버지가 아직도 아버지를 찾고 있으며 불량배들을 고용하여 소유권 증서를 넘기지 않으면 죽여버리겠다고 협박하고 있다고 전했다. 류스뤼는 몇 년 동안 형과의 사이가 원만하지 못했지만 사태가 이 지경에까지 이를 줄은 꿈에도 생각지 못했다.

철거 날 아침 류스뤼는 거리에 모여있는 사람들을 조심스럽게 훑어보았다. 그의 형은 동생이 소식을 듣고 철거를 보기 위해 돌아올 것이라고 생각했을 것이다. 류스뤼는 그의 형이 근처 어딘가에 있을 것이라고 믿었지만, 그는 다투고 싶지 않았다. 그의 아내와 아들들, 그리고 형수가 사람들 앞에 서 있었다. 공무원들 중 한 사람이 그들에게 다가가서 몇 마디 말을 하고 그의 아내와 악수했다. 류스뤼는 공식적으로 그들에게 집을 떠나도록 명령했다는 것을 알았고, 곧 철거될 것이었다.

류 스 뤼 는 진바오 대로 건설을 추진하고 있는 부동산 개발회사를 찾아냈다. 그와 가족이 시 변두리의 슬럼가에 정착하고 난 후 그의 후통 집터에 호화로운 호텔이 건설될 것이지만, 그가 소송을 제기할 곳은 아무데도 없었다. 그는 또 그 회사를 누가 운영하고 있는지도 알았다. 그 회사 주인의 이름은 천리화였고, 중국의 모든 여성 중에서 가장 부자였다. 그녀는 이미 베이징에서는 전설적인 인물이었다. 뚱뚱하고, 큰 안경을 끼고, 매력 없는 파마를 한 그녀의 모습은 영락없는 촌스러운 시골 아주머니였다. 주민들은 그녀를 후포, 또는 부유한 사모님이라고 불렀다. 59세의 그녀는 거대한 부동산 개발회사를 소유하고 있었고, 정부의 자문기구에서 중요한 요직에 있었으며 박물관 뒤에 있는, 그녀의 회사가 직접 지은 10층짜리 맨션에서 살고 있었다. 그녀는 〈포브스Forbes〉에서 발표한 2001년 중국의 갑부들 명단에서 5억 5천만불 이상의 재산을 가진 6번째의 갑부였고 여성 중에서는 최고의 갑부로 발표되었다. 국영언론들은 그녀가 가난뱅이에서 최고의 갑부로 올라서기까지의 이야기와 자선활동들을 보도하면서 아첨을 떨었고, 사람들은 그녀보다 열 살이나 연하인 TV 탤런트 남편과의 결혼에 대해 수군거리면서 웃곤 했다. 그녀의 홍보 담당자들은 그 탤런트가 돈 때문에 그녀와 결혼한 것이라는 소문을 무마시키기 위해, 언론에 보도할 두 사람의 젊고 발랄한 로맨스를 만들어내느라 진땀을 빼고 있었다. 나는 그녀의 재산보다 어떻게 그 엄청난 재산을 모을 수 있었는지 그 과정이 나의 관심거리였다.

    서구에서는 중국의 일반 개인 기업들의 발전은 중국의 민주화를 앞당길 것이라는 전망이 있다. 새로운 기업가들은, 세계의 다른 나라의 기업가들과 마찬가지로, 기업 활동에 도움이 되는 정치 환경을 선호하고, 민주주의 체제는 권위주의 체제보다 그들의 기업을 몇 십 배 더 성장시킬 수 있는 요인이 된다고 주장한다. 이들 기업가들은 당의 간부들에 의한 자의적인 지배보다도 법률의 지배에 의한 예측 가능성을 더 좋아한다. 기업가들은 계약을 이행하도록 하고, 분쟁을 해결할 수 있는, 그리고 개인의 재산권을 보호해줄 수 있는 공명정대한 사법제도를 원한다. 기업가들은 정부에 의한 은행통제를 불신하고 있고 경제 정책을 수행하는데 있어서 정부의 무능에 실망하고 있으며 시장경제하에서도 여전히 만연하고 있는 공산당의 이익 배분에 대한 참여를 못마땅하게 생각하고 있다.

그리고 2003년에는 쑨다우라는 유명한 농업계의 거물이 공산당에 거슬리는 말을 했다고 5개월간 수감되기도 했다. 따라서 이러한 예를 보면 사기업들이 중국이 민주화를 앞당길 것이라는 예측은 빗나가고 있는 것 같다. 앞에서 설명한 것처럼 정치 개혁을 받아들일 준비가 되어있는 기업가들이 있는가 하면, 다른 한 편에서는 권위주의 체제에 안주하는 기업가들이 있는데, 그들은 일당지배를 지지하고 그들의 미래도 그것에 의존하고 있다. 천리화는 후자의 범주에 해당하는데, 그녀에 관한 이야기는 중국에서 거대한 부를 축적한 사람들의 전형적인 사례이고 또한 그들의 거래는 대부분 공산당 간부들과 밀실에서 이루어진다는 점이다.

부자들 중에서도 최고의 반열에 오른 천리화의 급부상은 중국에서 자본주의가 어떻게 작동하고 있는가에 대한 비정상적인 한 예이다. 수십 년간의 정치적 격동기를 겪은 후, 천리화와 같은 야심을 가진 남녀들은 사회주의에서 자본주의로의 이행을 일생에 단 한번 행운을 잡을 수 있는 기회로 보았다. 1980~1990년대에 낡은 계획경제는 해체되고, 새로운 시장경제가 매일 우후죽순처럼 생겨날 때, 이들 기업가들은 공산당 간부와의 밀약으로 만들어진 음모와 계략이 이러한 시장들을 장악할 수 있다는 사실을 처음으로 깨달았다. 면허증과 허가증을 취득한 후, 부도난 국영기업들을 헐값에 인수하고, 또는 부동산을 낮은 가격으로 매수할 수 있는 특권을 확보하여 도시 요지의 땅에 빌딩을 지으면서 재산을 키워나갔다. 가장 성공한 기업가들은 대부분 전직 관료였거나, 간부들의 자식들이었는데 그들은 그러한 이익을 챙길 수 있는 최선의 방법이 당 고위층의 신뢰를 얻는 것에 달려 있다는 것을 깨닫고 있었다. 천리화와 같은 벼락부자들은 불법을 저지를 필요도 없었다. 법 규정이 자주 바뀌고, 또 규정을 자기들 멋대로 확대 해석하고 있고 있기 때문에 중국인들은 그들의 범죄를 원죄(필요악)라고 부른다. 정치적 바람이 불어오기라도 하면, 당에 있었던 그들의 후원자들은 권력에서 밀려나고 이들에게 의존했었던 벼락부자들은 부패혐의로 기소되고 감옥에서 신세를 한탄하면서 옛날을 그리워한다. 천리화와 같은 일부 부유층들은 그들의 후원자인 당 간부들을 권좌에 계속 눌러 앉히기 위해 애를 쓴다.

마담 천리화에 관한 이야기들은 언론에 여러 번 보도되었는데 모두 위선과 조작으로 얼룩져 있었다. 그녀는 때로 청나라 때의 만주 귀족의 후예로 묘사되거나, 마지막 황제의 먼 친척으로 묘사되었으며, 궁정의 뜰 가까운 곳에서 성장했다고 전해지기도 했다. 이와 같은 설명에는 그녀를 신화화 하려는 시도가 있다는 것을 보여준다. 한편 천리화는 자신의 가족이 문화대혁명 때 박해를 피하기 위하여 그녀의 혈통을 입증할 족보를 없애버렸다고 말함으로써, 그녀가 귀족의 후손이라는 주장을 뒷받침하는 것이 사실상 불가능하게 되었다. 그 주장이 사실이든 아니든 간에 천리화의 어린 시절과 젊은 시절의 종적은 여전히 신비에 가려져 있다. 청 왕조는 1911년, 그녀가 태어나기 30년 전에 몰락했는데, 그녀의 부모가 왕조의 몰락 후에 무엇을 했는가에 대해 그녀가 언급한 내용들이 어떠한 기록에도 보이지 않고 있다. 또 공산당이 정권을 잡고나서 그녀의 가족들의 생활에 대해서도 오리무중이었다. 내가 처음으로 천리화를 만났을 때, 이러한 궁금 점을 물었는데, 그녀는 그녀의 아버지가 만주 귀족이었다는 말만 되풀이했다. 내가 더욱 파고들자, 그녀는 아버지가 평범한 직업을 가졌었다고만 말했고 구체적인 답변을 회피했다.

어쨌든 천리화는 문화대혁명 때, 가족의 배경 때문에 생계가 어려웠고 많은 고통을 당했다는 것은 사실인 것 같다. 그 당시에 그녀는 이십대였고, 침모로 생계를 꾸려나가다가 공무원과 결혼한 아기엄마였다. 문화대혁명 때 홍위병들은 골동품들을 빼앗아가거나 파괴했다. 그때 그녀는 귀중한 자단나무(향나무의 일종)로 만든 크고, 복잡한 옷장 하나를 빼돌려 그것을 해체하여 시골에 있는 돼지우리 옆에 파묻었다고 한다. 10년 후에, 문화대혁명이 끝나자, 그곳으로 돌아와 옷장을 끄집어내어 다시 조립했는데 놀랍게도 옷장은 온전한 상태로 보존되어 있었다. 이것이 천리화로 하여금 자단나무에 대한 관심을 갖게 했고, 골동품 가구를 복원하는 첫 사업을 벌이게 되었다고 전해진다.

그녀는 1970년대 후반과 1980년대 초에 걸쳐서, 진귀하고 멸종위기에 처한 나무로 알려진 자단나무의 공급원을 확보하기 위하여 동남아시아로 여러 번 여행을 했다고 한다. 국영방송에서는 그녀가 당나귀를 타고 정글을 여행하고, 희귀한 뱀들을 수집하고, 독이 있는 벌들의 혹독한 공격을 견뎌내면서 여행을 하는 모습을 보여주고 그녀를 마치 용감한 여성 인디애나 존스로 확대 비유하면서 그녀의 삶에 새로운 해석들을 이끌어내려는 의도가 엿보였다.

1980년대 초, 천리화는 홍콩으로 이민을 가게 되고 그곳에 저택을 짓는다. 그곳의 모든 언론들은 천리화가 국제무역을 하고 있다거나 부동산 개발회사를 경영하면서 돈을 벌었다는 식의 뉴스 가치도 없는 것들을 보도하곤 했지만, 구체적인 알맹이가 없는 이러한 보도들은 1988년까지 계속되었다. 그때쯤 그녀는 베이징으로 돌아왔는데, 엄청난 재산을 가진 기업가가 되어 있었다. 그러던 중 첫 남편과 이혼하고 1990년 탤런트와 결혼했다.

이와 같이 수수께끼 같은 내용들의 이면에는 중국의 혼란스럽고 과도 기적인 경제상황에서 부를 축적하는 최선의 방법(공산당 간부들에게 비위를 맞추는)을 터득한 현명하고 예리한 여성 기업가라는 결론에 이르게 된다. 내가 그녀를 알고 있는 사람들에게서 자주 들은 설명에 의하면, 문화대혁명이 끝나고 얼마 되지 않아서 천리화는 이웃에 살고 있는 공산당 간부와 친하게 되고, 그 간부가 홍콩으로 발령받아 떠나게 되자 그의 딸을 맡아서 돌보게 된다. 그녀는 이같은 인연을 이용하여 홍콩으로 이민을 갈 수 있었고, 나중에는 베이징 고위 당 간부들과의 인맥을 구축하는 데까지 발전한다. 그녀가 당의 고위층들과 유대 관계를 맺기 위해 계략을 꾸미고 정성을 들였다는 것에서 그녀의 성공 비결의 한 단면을 볼 수 있다. 1980년대 후반, 그녀는 당 간부들과의 유대 관계를 이용해, 베이징의 남쪽에 있는 국영가구공장에 접근하게 된다. 그 공장에는 문화대혁명 때 홍위병들에 의해 약탈된 골동품 기구들로 가득 찬 창고가 있었다. 그 공장의 고용인들에 의하면, 천리화가 정기적으로 공장을 방문해 골동품들을 헐 값에 구입해갈 수 있는 특권이 부여되었다고 한다. 이들 중에는 값나가는 청나라와 명나라 시대의 작품들도 있었고, 대부분의 작품들은 국가 문화재로 지정되어 법적으로 해외 반출이 금지된 것들이다. 그러나 천리화는 연줄을 이용해 그녀가 구입한 대부분을 홍콩으로 빼돌렸다고 한다. 노동자들은 또 그녀가 공장을 방문할 때마다 많은 선물을 사들고 와 창고 노동자들에게 나누어 주었으며, 한번은 공장 관리인에게 소련제 자동차를 사주었다고 말했다. 몇 년 후 그 관리자가 부패혐의로 구속되었을 때에도 그녀는 건재했다. 수사관들은 노동자들에게, 그녀가 고위층 당 간부들의 비호아래 희희낙락거리고 있다고 귀띔했다.

1980년대 후반, 천리화는 부동산 개발로 방향을 돌렸다. 그녀의 처음 프로젝트는 아파트 단지 공사도, 오피스 빌딩도, 쇼핑센터 건립도 아니었다. 그녀는 개인 사교클럽 건물을 만들었다. (그런 종류의 사업은 베이징에서는 처음이었다.) 그 클럽은 정치가들과 기업가들이 서로 어울리는 장소로 이용되었다. 4천 6백만불을 들여 만든 사교클럽 건물은 훌륭한 레스토랑과 자단가구로 장식된 호화스러운 라운지, 테니스장과 스쿼시 코트, 수영장, 볼링장으로 유명했다. 그 클럽이 1995년에 문을 열자마자, 신흥 부자들은 그곳을 공산당의 권력자들과 격의 없이 사귀는 데 최적의 장소로 여기게 되었다. 천리화는 창안 클럽을 베이징의 자금성에서 멀리 떨어지지 않은 평화의 거리에 세웠는데, 그 거리는 베이징의 중심을 관통하는 거리였다. 그 당시만 해도 부동산 개발 사업은 국가가 직접 관장했기 때문에 정부와 밀접히 관련된 개발업자만이 그러한 정부소유의 노른자 땅 위에 건축허가를 받을 수 있었다. 내가 그녀에게 이 프로젝트에 관해서 물었을 때, 천리화는 건설허가를 따기 위해 관료들과 로비하는 데 6년이 걸렸다고 했고, 시의 간부들과의 관계도 슬쩍 내비쳤다. 그녀는 투자에 대한 걱정에 잠을 뒤척이다 새벽 2시에 그 지역으로 가 삽을 집어 들고 직접 땅을 파기 시작했다. "그날은 차가운 날씨였는데 바람까지 강하게 불었다"

고 그때를 회상했다. "나를 발견한 누군가가 부시장 장바이파에게 보고했고, 그는 현장으로 달려왔다. 땅을 파고 있는 나를 본 그가 내 집념에 탄복했는지 삽을 달라고 부탁하면서 안으로 들어갔다. 그는 감동을 받아서인지 건축허가를 검토하겠다고 말했다."

클럽은 성공적인 투자의 산물이었다. 천리화는 그것이 완공되기 전에 이미 클럽의 무한한 잠재력을 간파하고 있었다. 마오쩌둥이 사망한 후 20년 동안에 중국 경제에서 사기업 부문은 괄목할만한 성장을 이루었다. 이에 따라 새로운 기업가들이 등장했고, 기업의 성장을 위해서는 당 간부들에게 접근해야 할 필요성을 느끼고 있었고, 그들을 이용하기 위해 막대한 자금을 준비하고 있었다. 기업가들에게 창안 클럽은 당 간부들을 유혹하고 거래를 성사시키는 데 최적의 장소였고, 클럽을 이용하는 비용을 아끼지 않았다. 클럽이 천리화에게 많은 수입을 안겨주었지만, 사업주라는 그녀의 위상에서 파생되어 나오는 눈에 보이지 않는 이익에 비하면 아무것도 아니었다. 클럽은 그녀를 알리는 무대였고, 그곳을 이용하는 모든 사람들과 만나는 기회를 제공했으며, 말단에서 고위 당 간부들에 이르기까지 그곳에서 거래하는 모든 정보를 접할 수 있는 기회를 마련해주었다. 클럽은 또한 그녀에게 권력의 핵심부에 가까이 다가설 기회를 제공했다. 부시장이 클럽을 허가한 것도 이러한 것들을 염두에 두고 결정했을 것이다. 그리고 천리화는 얼마 지나지 않아 베이징의 당 서기인 천시퉁과, 중앙당 서기국 상임위원인 링뤼환과 같은 서기국 멤버들과도 친분을 쌓게 되었다. 링뤼환은 그 클럽에서 싱가포르 수상과 테니스를 치는 장면이 사진으로 언론에 공개된 적도 있다.

천리화는 그녀의 회사 본부를 푸와국제그룹이라는 이름으로 클럽의

맨 위층에 마련했다. 그녀는 이사회 회장을 맡았고, 그녀의 아들은 사장으로, 그녀의 딸은 이사로 등록했다. 1999년에 회사는 첫 주거단지인, 리가든이라는 이름의 호화 아파트 단지를 준공했다. 베이징은 16개 구로 나누어져 있는데, 각 구마다 자체정부(구청)를 가지고 있다. 클럽과 아파트 단지 둘 다 둥청 구에 건립되어 있다. 그곳은 천안문 광장의 동쪽에 있는 인구 50만 이상의 도심지이다. 천리화는 특별히 둥청 구의 간부들과 밀착된 관계를 유지하고 있었다. 둥청 구의 직원이 퇴직이라도 하면 즉시 그녀의 회사로 영입했다. 지역 수준의 당 관료들과의 이러한 유대는, 천리화에겐 중앙당의 거물급 간부들과의 접촉만큼이나 중요한 것이기도 했다. 당의 고위간부들은 처음에는 둥청 구를 관통하는 도로를 건설한다는 그녀의 야심 찬 계획에 비판적이었다. 천리화는 전화를 해서 서기국 멤버들에게 부탁하는 것에 대해 고심하고 있었는데, 그럴 필요가 없어졌다. 둥청 구의 관료들이 알아서 승인을 해주었기 때문에 그녀는 목표를 쉽게 달성할 수 있었다.

 비록 가끔씩이지만, 천리화의 사업도 난항을 겪을 때가 있었다. 2004년, 그녀의 회사가 둥청 구의 오래된 또 다른 지역을 개발하기 위한 계획으로 철거를 추진하고 있을 때, 시 당국은 그녀의 회사에 토지사용권의 승인을 거부했다. 주민들은 주택 철거를 적극적으로 반대하고 있었고, 이러한 상황은 해외 언론의 주요 기사로 다루어질 정도였다. 관료들 중에서도 일부는 그 사업을 취소하는 것이 현명한 방법이라고 결론 내리는 상황이었다. 천리화는 링뤼환에게 편지를 썼다. 링뤼환은 전에 서기국상임위원으로 있었고 중국에서 가장 영향력 있는 인물들 중 한 사람이었다. 몇 년 후에 나는 그 편지의 복사본을 보았다. 회사의 로고가 새겨져 있는 편지지 대신에, 보통 종이에 손으로 직접 쓴 편지였는데, 천리화는 상단에 회사의 이름을 직접 썼다. 내용자체는 형식적이었는데, 몇 년간에 걸친 링뤼환의 지원과 도움에 대한 고마움을 표시하는 것으로 시작하면서, 기업가적인 어조로 천리화의 불만이 이어졌다. 그녀는 토지사용권을 승인 받기 위하여 모든 법규의 절차를 이행했으나 납득할 수 없는 사유로 승인이 지체되고 있다고 불만을 털어놓았다. 그 편지는 즉각적인 반응을 가져왔다. 그녀가 편지를 보낸 지 한 달도 되지 않아서 토지사용권이 승인되었고, 본격적인 공사가 착수되었다. 그녀가 더 많은 부를 축적하는 동안 철거주민들은 하나 둘 이삿짐을 싸게 될 것이다.

베이징은 한 때 새로운 도시계획의 모델이었다. 북중국의 평야들을 가로질러 북쪽의 끝자락에 위치한 베이징은, 진 왕조 시대 이전에 거의 천년 동안이나 국가 수도로 명맥을 유지해왔다. 그러나 13세기에 몽골이 베이징을 점령하자, 쿠빌라이 칸은 그곳을 수도로 삼았고 특유의 후퉁들이 생겨났다. 그 후 명나라 때, 그 도시는 근대적인 모습으로 변했고, 25제곱 마일에 달하는 거리와 호수들, 공원들과 사원들을 에워싸는 거대한 성을 축조했다. 그 당시 얼마 동안은, 베이징은 세계에서 가장 큰 도시였고, 황제의 궁전들이 있었고, 그 중앙에 자금성이 있었다. 권력과 신분들은 거의 대칭적인 바둑판 눈금처럼 놓여 있는 황궁에서부터 나왔다. 문관 엘리트들은 궁성 가까이에 있었고, 상인과 장인들은 보다 멀리 떨어진 곳에 자리 잡았으며, 가장 수가 많은 평민들은 성 밖에서 거주하며 마을을 형성하고 있었다. 웅장한 디자인은 도시 특유의 형태를 갖춘, 고대 베이징의 삶을 상징해온 후퉁들이었다. 후퉁은 조용한 골목길에 넓이 30피트 이하의 벽으로 둘러 싸인 안마당이 있는 주택들을 일컬었는데, 전통적인 마을 공동체의 유대감을 키워오는 데 이바지해왔다. 이들 후통들은 명나라와 청나라, 단명한 공화국 정부 때까지 수백 년을 이어왔다.

1949년 공산당이 정권을 잡은 후, 새로운 패러다임의 도시계획이 시작되었다. 소련은 공산당 정부에 베이징의 잔재들을 쓸어버리고, 거대한 대로와 대규모의 공장들을 이루어진 현대적인 산업도시로 탈바꿈시켜야한다며 조언했다. 일부 지식인들은 공산당이 도시의 형태를 유지하되, 성안의 마을들을 보존시키도록 주장했으나, 마오쩌둥은 고대 황실의 건축 유산의 중요성을 인식하지 못했다. 도시의 성들은 1950년대에 허물어버렸고, 1960년대에는 많은 성들 중에서 몇 개만 남기고는 모두 철거해버렸다. 수백 개의 사찰들이 폐쇄되었거나 철거되었고, 또는 사무실이나 공장으로 개조되었다. 자금성의 서쪽에 있었던 시장은 철거되어 천안문 광장으로 흡수되었고, 그 광장은 세계에서 가장 큰 광장이 되었다. 광장의 양 옆으로는 웅장한 사회주의 건축물들, 전인대의 강당과 혁명역사관 등이 들어섰다. 마오쩌둥은 공산당의 중앙 당사를 황궁성터 옆에 세웠고, 정부 청사들은 한때 구시대의 귀족들이 살았던 저택들을 차지하여 그대로 사용하거나 새로 건축했다. 수십 년 동안, 도시의 인구는 공장 등에 일자리를 찾아서 온 외지인들로 인하여 급팽창했고, 마오쩌둥의 중앙집권적인 경제 계획은 심각한 인구 팽창을 유발했으며 만성적인 주택난을 부채질했다. 주택난이 계속해서 악화되자, 원래는 한 가족을 위해 지어진 안마당이 달린 주택들이, 가능한 다세대가 살 수 있도록 새로 지어졌다. 이러한 우여곡절을 겪으면서도 후통은 살아남았다.

마오쩌둥이 죽고 난 후 옛날 베이징의 모습은 거의 사라지고 콘크리트와 철근, 유리가 뒤엉킨 정체된 모습의 도시로 변해버렸다. 시장개혁 등 제반 개혁조치들은 파괴와 건설의 광란을 부추겼다. 그러나 도시의 변화를 가능하게 한 것은 주택 소유자들에 대한 그들의 재산권들을 박탈한다는 공산당의 결정이 있고 난 후부터였다. 1982년, 처음에는 국가는 도시의 모든 토지를 국유화한다고 발표했으나 곧 국민들에게 토지사용권은 갖도록 허용하겠다고 한 발 물러섰다. 이러한 정책의 변화는, 순수한 부동산 시장에 문호를 개방했고, 베이징과 기타 도시들에서의 만성적인 주택난은, 토지가격을 천정부지로 뛰게 만들었다. 개발업자들에게는 다시없는 기회가 찾아왔다. 만약 개발업자들이 공산당 간부들을 회유해서 토지사용권을 시장가격보다 터무니없이 싼 가격으로 매입할 수 있다면 대박을 터뜨리는 것은 시간 문제였기 때문이다.

그렇지 않아도, 지방 관료들은 개발업자들과 협조할 이유가 있었다. 시 당국에서 개발업자들에게 토지사용권을 승인함으로써, 그 대가로 무상으로 도로를 건설하고, 기관의 청사들을 건축하며, 시 공무원들을 위한 아파트 단지를 건설해야 하는 조건을 내걸었다. 때로는 그러한 협조로 뇌물을 챙길 수도 있었고, 또 그러한 프로젝트를 열심히 추구하는 것만으로도 그들의 근무평가를 끌어올려 승진하는 데에도 유리하게 작용할 수 있었다. 그러나 무엇보다도 관료들이 업자들과 협력을 하기로 한 가장 큰 이유는, 완전한 공동체 사회가 와해되거나 전격적으로 해체되는 등에 따르는 민감한 문제를 민간부문에 전가시킬 수 있기 때문이었다. 베이징 시 정부는 그 도시의 중심지에서만 토지의 3분의 2가량에 해당하는 토지 사용승인권을 갖고 있었다. 개인주택 소유자들 역시 토지사용권을 가지고 있었다. 주요 프로젝트들도 재개발을 할 경우에는 두 가지의 경우로 나누어 처리되어질 것이다. 거주할 집을 마련해줄 것이라는 사회주의의 약속에도 불구하고, 계속 철거되는 공공주택의 세입자들에 대한 보상 문제, 그리고 개인주택 소유자들의 토지사용권의 매입이라는 두 개의 문제는 별개로 다루어져야 할 사안이었다. 시 당국은 개발업자들을 끌어들임으로써, 이러한 난제들을 그들에게 떠넘겨 버렸다.

부동산 개발이 한창일 때, 이 문제에 밝은 내부소식통에 의하면, 개발업자들은 베이징 중심지역에 있는 토지사용권들을 그들 프로젝트의 최종예산의 10% 정도면 시 당국으로부터 매입할 수 있다고 말했다. 이들 프로젝트에 들어가는 가장 큰 예산 항목은 건설 비용이 아니라, 거주자들을 위한 보상금과 철거 비용이었다. 당연히 개발업자들은 가능한 최소의 보상금으로 거주자들을 퇴거시키려고 할 것이다. 주택 소유자들은 그들에게 큰 걸림돌이었는데, 그들은 부동산 시장의 시세가격을 요구하거나 또는 매매를 거부할지도 모르기 때문이다. 그럴 때마다 개발업자들은 관료들과 공모하여 주택 소유자들에게 토지사용권을 포기하라고 압력을 행사하곤 했다. 개발업자들은 종종 폭력배들을 고용하여 소유주들을 협박하기도 했다. 그럴 때마다 경찰은 수수방관하고 있었고, 지방당국에서는 퇴거를 거부하는 거주자들에게 전기, 수도, 난방용 가스 공급을 중단했다. 때로는 정부는 개발업자들을 대신하여 개입하고 애매한 법 규정을 들먹이며 강제퇴거를 명령하기도 했다.

1991년부터 2003년에 걸쳐 베이징에서만 50만 명 이상의 가구들이 개발업자들에 의해서 퇴거되었다. 한 중국의 경제학자는 1990년대 동안 정부법령 하에서 그들에게 지급되어야 할 보상금 기준으로 할 때, 베이징에 있는 주택 소유자들은 최소한 45억불이상을, 공공주택의 세입자들은 70

억불이상을 지불받지 못했다고 발표했다. 동시에 당국이 개발업자들과 밀실에서 거래하지 않고 시장가격을 기준으로 경쟁 입찰을 했을 경우에는, 최소한 55억불의 재정수입을 늘렸을 것으로 계산했다. 이 금액을 전부 합하면, 개발업자들과 관계당국은 1990년대에 걸쳐서, 베이징에서만 170억불 이상의 공적 자금을 갈취했는데, 이 금액은 1995년도 베이징시의 전체 GNP에 해당하는 금액이었다.

개발업자들과 당 관료들 사이의 이와 같은 공모로 주택 소유자들의 권익을 침해한 것이 아무 문제없이 그냥 지나갈 리가 없었다. 수만 명에 달하는 거주자들이 개발업자들과 시 정부를 상대로 소송을 제기했고 퇴거에 항의하는 거리 시위를 벌이기도 했다. 그러나 공산당은 법원에 대해서 소송을 각하 하라는 훈령을 내렸고, 경찰력을 동원하여 시위를 봉쇄하고, 진압하였다.

집단퇴거에 반대하는 시위들은 중국의 거의 모든 도시에서 일어났다. 시안Xian에서는 일단의 수녀들이 개발업자들이 성당의 집기들을 압수하는 것을 제지하다가 구타를 당했다. 난징Nanjing에서는, 한 절망적인 주택 소유자가 이웃에 설치한 임시철거사무소에 들어가 자신의 몸에 기름을 붓고 스스로 불을 붙였다. 화려한 도시의 경관들은 이들의 고통과 아픔을 딛고 건설되었다. 중국의 대도시들을 변화시킨 새로운 비지니스 빌딩들과 아파트 건물들의 이면에는 이러한 가슴 아픈 사연들이 얽혀있었다. 베이징에서의 퇴거와 철거는 '국가를 위하여' 라는 미명하에 이루어졌다. 그러나 최악의 불법행위는 상하이에서 일어났다. 그곳의 공산당 지도자들과 개발업자들은 중국의 경제성장의 상징이 될 새로운 초고층 건물을 지었다. 상하이 당국은 중국의 주요도시들 중에서 가장 최첨단의 건물을 짓고 싶은 욕망으로 다른 도시들보다도 권위적이었다. 언론은 엄격히 통제되었고, 보안당국은 더욱 위협적으로 설쳐댔다. 도시를 새롭게 단장하기 위해서 백만 이상의 가족들이 퇴거되었고, 많은 사람들이 저항하려고 할 때마다 시 당국은 법적인 검토도 없이 그들의 시위를 분쇄했다. 퇴거에 불응하는 거주민들은 영장도 없이 구속되거나 심지어는 정신병원으로 보내졌다. 거주민들의 소송을 맡은 변호사인, 쩡언충은 뉴욕에 있는 인권단체들과 거주민 투쟁에 관해 정보를 교환했다는 혐의로 구속되어 2003년에 3년의 징역형을 선고 받았다. 한편으로 상하이 공산당은 시민들의 분노를 진정시키기 위하여 상하이에서 가장 유명한 개발업자인 저우정이를 체포했는데, 그는 포브스잡지에서 발표한 중국의 갑부 중 11번째의 순위에 있는 사람이었다. 2006년에는 저우정이의 후원자이며 실세였던 상하이 공산당 서기 천량위가 숙청되었다.

'진바오 대로(大路)' 프로젝트는 베이징과 다른 도시들에서 있었던 부동산 개발의 전형이었다. 천리화의 회사는 1998년에 제곱미터당 250불의 가격으로, 시 정부로부터 토지사용권을 사들였다. 낮은 가격에 대한 보답으로, 천리화는 새로운 도로와 둥청의 청사를 건립해주기로 동의했는데, 그에 대한 건설비용은 주민들의 퇴거비용에서 충당해야 했다. 그녀는 이 사업에 약 7억 5천만불을 투자하기로 계획했다. 마을들을 철거하고, 그곳에 비지니스 빌딩, 초대형의 쇼핑몰, 두 개의 호텔, 호화로운 아파트 단지와 학교, 기타 상업용 시설들이 들어서게 될 계획이었다. 이것은 천리화의 사업 중 가장 규모가 크고 야심찬 계획이었다. 그것은 또 위험부담이 전혀 없는 사업이었다. 초기의 투자 금액도 소규모였고 토지사용권을 얻기만 하면, 그것을 담보로 국책은행으로부터 대출을 받기로 되어 있었다. 얼마 지나지 않아 천리화는 원안의 설계안보다 몇층을 높여달라고 시간부들을 설득하면서 그 프로젝트의 층당 면적을 늘리며 추가적인 이익까지 누리게 된다.

2002년 후반, 그녀의 회사가 프로젝트를 시작한 지 2년 만에 새로운 간선도로가 개통되어 차량들이 꼬리에 꼬리를 물고 있었다. 도로 양 옆으로 건축되는 빌딩들은 2008년 올림픽 전까지 완공될 예정이다. 천리화의 부동산 개발회사는 기존 마을들의 거주자들과 그들의 주택을 신속하고 원만하게 처리했다는 데에 대해서 지금도 자랑스럽게 생각하고 있었다. "2천 1백 채의 집을 철거하는 데 28일 밖에 걸리지 않았다." 전직 시청공무원이자 현재 진바오 프로젝트의 총지배인으로 발탁된 왕서우위안이 나에게 말했다. "이것은 당시만 해도 전례가 없는 일이었다. 우리는 철거를 끝내고 거리를 새로 만들었다. 이것은 베이징에서는 경이적인 일이었다. 어떠한 불만도, 부정적인 반응도 전혀 없었다."

나는 어떻게 해서 회사가 그토록 많은 사람들에게 그렇게도 빨리 그들의 집을 포기하도록 설득할 수 있었느냐고 그에게 물었다. "철거를 신속히진척시키기 위해서 '당근과 채찍'이라는 동시 전략을 구사했다"고 귀띔했다. "당근은 충분한 돈을 주는 것을 의미하고, 채찍은 정부의 힘을 빌리는 것을 의미한다. 그것이 비결이다."

물론 진바오 대로 프로젝트를 추진하는 과정에서 부정적인 반응이 없었다는 그의 언급은 과장이었다. 류스뤼는 투쟁을 생각했던 철거민 중 한 사람이었다. 많은 사람들은 천리화와의 싸움에 승산이 없다고 판단했기 때문에 마지못해 퇴거를 받아들였다. 그 프로젝트를 반대했던 사람 중 화신민이라는 인물은 베이징에서 유명한 문화보호주의자였다. 그녀의 할아버지는 공산당체제에서 몇 년 동안 베이징의 수석 엔지니어로 일했었고 그녀의 아버지는 지방 정부의 고위 건축사로 근무했었으며 마오쩌둥에게 베이징의 옛 모습을 보존하도록 설득했던 사람들 중 한 사람이었다. 가족은 문화대혁명 때 프랑스로 망명했다. 그러나 화신민은 1990년대에 베이징으로 돌아와서 아버지의 운동을 이어받아, 개발업자들이 역사가 깃든 안마당이 있는 후통의 주택들과 다른 건축유산들을 철거하지 못하도록 투쟁하고 있었다. 그러나 그것은 무거운 짐을 지고 먼 길을 떠나는 나그네와 같이 힘겨운 나날이었다. 진바오 대로 프로젝트에 대한 반대는 개인적인 이유도 있었다. 그녀는 곧 철거될 후통의 한 집에서 어린 시절을 보냈다.

화신민은 늘 베이징의 문화유산들을 보존해야 할 당위성을 설득력 있게 주장해왔다. 그녀는 개발업자들이 주택 소유자들의 재산권을 침해하고 있다고 이의를 제기했다. 그것은 설득력이 있었고 정치적으로도 민감한 사안이었다. 그녀의 주장은 중국의 도시들에서 행해지고 있는 재개발 사업을 위축시킬 것이고 2004년에 개정된 헌법에 명시된, 개인의 재산권을 보호하겠다는 당의 약속이 위선이라고 폭로하는 것이었다. 또 하나의 화신민의 주장에는 사회의 선(善)을 위해서는 개인의 희생은 불가피하다는 당의 노선에 반기를 들었다는 것이다. 그녀가 지적하는 것은 일반 시민들은 이러한 개발프로젝트에서 희생을 당하고 있는 반면 돈과 권력을 갖고 있는 —천리화와 같은 사람들— 사람들은 이익을 취하고 있다는 것을 겨냥하고 있었다. 오랫동안 화신민은 여러 지역의 지방방송과 기타 언론매체와의 유대관계를 돈독히 해왔고, 이러한 매체들은 한때 그녀를 중국에서 가장 영향력 있는 지식인들 중 한 사람으로 거론하기도 했다. 그러나 그것은 문화유산보호의 주창자로서 그녀를 평가한 것이고, 사유재산권을 보호해야 한다며 정부의 책임에 의문을 제기하는 것과는 별개의 문제였다.

화신민의 노력에도 불구하고 이들 지역 방송들은 진바오 프로젝트에 관한 문제점들을 일체 거론하지 않았다. 한편 천리화는 정의롭게 포장된 기사들을 거리낌없이 기자들에게 제공하고 있었다. 그녀는 평소에도 언론인들에게 선물과 큰 금액의 현금공세를 펼치며 관리하고 있는 것으로 알려져왔다. 여러 신문들에는 진바오 프로젝트가 시내의 교통체증을 완화시키고 경제성장을 끌어올리는 데 공헌할 것이라는 칭찬일색의 기사들로 가득했다. 오래된 후통의 철거에 관해서는 철거민들 중에서 만족하고 있는 거주자들만을 골라 그들의 말을 인용했다. "당과 시 정부는, 처음부터 서민들을 걱정하면서, 우리들의 삶을 개선시키려고 노력하고 있다"고 말했다. 한편 천리화는 거주민들에게 오래되고 낡은 마을에서 벗어나게 해주었고, 현대식의 새로운 아파트를 마련해준, 애국적이고 자애로운 모습으로 표현했다. 그녀가 철거지역을 방문하자 주민들은 그녀에게 감사하는 현수막을 내걸었고 올림픽에 대한 열광적인 성원과 도시의 혁신을 위해 노력해 달라고 부탁했다고 한 신문은 보도했다.

나는 두 번에 걸쳐서 천리화를 만났고, 그때마다 그녀는 내게 선물을 주었다. 첫 만남에서 그녀와의 인터뷰를 끝냈을 때, 그녀는 내게 녹음기를 꺼달라고 부탁하고 비서에게 손짓했다. 그녀의 비서는 영리해 보였고 주변에서 서성거리고 있다가 그녀가 손짓하자 재빨리 선물

가방을 가지고 왔다. 선물은 중국 스타일의 솜을 넣은 실크 재킷과 캐시미어 코트였다. 내가 떠나기 전 그녀는 옷들이 나에게 맞는지 입어보라고 했다. 옷에 달린 가격표를 보니 코트는 거의 5백불에 달했다. 비서에게 실크 재킷의 주머니에 1천불의 홍콩은행 수표를 넣으라고 말했다. 나는 미국의 기자들은 선물을 받지 않는다고 말하고 이런 행위는 〈워싱턴 포스트〉의 정신에도 어긋난다고 말하면서 완강히 거절했다. 그러나 천리화는 못들은 척했다. 그녀는 세계의 많은 기자들과 인터뷰를 했고 그때마다 선물을 주었다고 말했다. 내가 끝내 거절한다면 그것은 자신에 대한 모독이라고 말했다. 그녀와 몇 분간 실랑이를 벌이다, 선물들을 받아 자선단체에 기부하겠다고 말하자, 그녀는 자신의 목적이 달성했다는 듯이 만족스러워했다.

우리의 두 번째 만남은 그녀의 맨션 5층에 있는 한 회의실에서 이루어졌다. 회의실 밖 복도에는 천리화가 9명의 정치국 상임위원들과 함께 앉아 손을 흔들고 있는 사진들이 나란히 걸려있었다. 물론 과거의 당 지도자들과 함께한 사진들도 있었고, 콜린 파월 등을 포함한 외국의 정치인들과 함께 찍은 사진들도 있었다. 천리화는 TV에서 본 모습보다도 더 세심한 면을 보여주었다. 그녀는 몸집이 크고, 모성애를 느끼게 하는 타입이었다. 그녀는 손님들을 접대하는 일을 즐기는 듯 보였으나, 별로 내세울 게 없는 학력과 미천한 출신 배경 때문인지 불안한 기색이 엿보였다. 그녀는 가끔 의사를 표현하는 데 애를 먹었다. 관용구들을 나열하면서 지식인처럼 보이려고 애를 썼지만, 그녀가 구사하는 어휘력은 어색하기만 했다. 그녀는 붉은색의 자단나무에 대한 자랑을 늘어놓기를 좋아했다. 한번은 그것이 건강에 좋다는 것을 입증이라도 하려는 듯, 그녀의 주먹으로 나를 툭 건드렸다. "나는 지금 60십대이다. 전에 말한 적이 있었나?"고 물었다. 나는 정중히 "노"라고 대답하자, "나는 17년 동안 당뇨를 앓아왔지만, 자단나무 만큼 좋은 약은 없었다"고 강조했다.

천리화는 문화대혁명 때 그녀가 구해낸 골동품 가구들에 관해 행복한 표정으로 이야기를 하기 시작했다. 그리고 미얀마에서 독을 품은 벌떼들이 있는 산을 여행한 것을 자랑스럽게 이야기했다. 그러나 내가 어떻게 해서 돈을 벌었느냐고 묻자마자, 천리화는 얼렁뚱땅 둘러대면서 화제를 바꾸었다. "그것은 열심히 일한 덕분이다. 돈을 벌려면 정의로워야 한다. 돈을 쓰는 것도 적정해야 한다. 그것이 내가 배운 돈에 관한 철학이고, 실제로 돈을 적정하게 쓰고 있다. 나는 중국에 투자하기를 좋아한다. 그것이야 말로 돈을 합법적으로 벌어야 한다는 것을 입증한다. 어떤 면은 개인적인 일에 많이 관련되어 있어 나는 더 이상 말할 필요성을 느끼지 못하고 있다." 나는 그녀의 논지를 이해하려고 애썼지만, 이해할 수 없었다. 나의 인터뷰에 따라온 중국인 통역사에 의하면 천리화가 횡설수설하고 있다고 했다.

나는 그녀가 홍위병들이 약탈한 골동품 가구들로 가득 찬 가구 공장 창고에 자주 드나들었는지에 대해 질문하며 다시 한 번 그녀의 약점을 찔렀다. 그녀는 웃으면서 공장에서는 몇 가지 볼품없는 물건들만 샀다고 말했다. 그리고 그 골동품 가구를 하나도 팔지 않고 보관해왔다고 덧붙였다. 그것은 황당한 진술이었는데, 그녀는 부동산 개발에 뛰어들기 전에 골동품 가구 사업을 했다고 말한 적이 있기 때문이다. 그녀가 어떠한 가구도 팔지 않았다면, 어떻게 생활해왔을까? "나는 저축한 것이 있었다. 나는 항상 경제적으로 불가사의한 것을 갖고 있었다"고 이해할 수 없는 말을 했다.

천리화는 중국에서 사업을 하기 위해서는 인맥의 중요성을 알고 있지만, 자신은 공산당 지도자들과 어떤 특별한 관계를 갖고 있지 않다고 말했다. "인맥은 중요하다. 그러나 당신이 생각하고 있는 것과는 다르다. 일반적으로 인맥은 법도 무시하고, 어떠한 것도 해낼 수 있다는 생각과는 다르다. 나의 경험으로는 그렇다." 천리화는, 그녀와 관료들과의 인연을 공명정대하고 순수하고, 신뢰 속에서 이루어진 관계라고 했다. "인맥을 구축하기 위해서는 신뢰가 바탕이 되어야 한다. 법규와 정책에 따라야 한다. 그들이 말하는 데로 따라야 한다. 그러면 그들도 당신을 신뢰하게 된다. 한 번 그들의 신용을 얻게 되면, 그것을 남용하지 말아야 한다. 나는 수십 년 동안 사업을 해오면서도 그들에게 어떠한 청탁도 한 적이 없다. 지도자들은 국가와 국민의 지도자들이다. 우리는 그들을 존경해야지, 그들에게 청탁을 해서는 안 된다. 우리가 그들에게 청탁을 한다거나 안락의자처럼 그들에게 의지한다면, 문제가 생긴다. 지도자들은 우리들과 거리를 유지해야 한다."

중국에서 기업가들이 당 간부들의 도움 없이 성공할 수 있느냐고 묻자, 그녀는 얼마든지 가능하다고 했다. "어떤 사업을 하려면, 개혁과 개방에 관한 법규와 정책에 따라서, 관련 부서들에 찾아가 차라도 한잔 하면서 사업계획을 이해시키기 위해 노력한다." 그처럼 간단하다고 말하면서 관료들에게 향응을 베풀거나, 큰 선물을 줄 필요도 없다고 덧붙였다. 그녀는 관료들에게 자단나무 조각과 같은 사소한 것만을 주었다고 말했다.

천리화는 베이징의 낡은 후퉁 마을의 집단적인 퇴거와 철거를 옹호하면서, 일반 시민들은 그들에게 무엇이 이익이 되는지 모르기 때문에, 자신이 그들을 위해서 사업을 벌인 비전이 있는 기업가로 자화자찬했다. "어떤 사람들은 이사하는 것을 원하지 않았다. 그것은 이해가 된다. 태어난 곳을 떠나는 것은 쉽지 않다. 그들의 집이 좁다고 말하지 말라. 그들은 거기에서 자랐고, 그곳에 익숙해 있다"고 말했다. 그들에게 떠나라고 요청하면, 그들은 처음에는 이해를 못할 것이다. 그러나 그곳을 떠나 아파트로 입주하면서, 그들은 삶의 질, 문화의 질이 변했고, 그들의 취미가 달라졌다는 것을 알게 된다. 그것이 그들의 행복이다. 거주민들이 철거를 반대하면, "우리는 그들과 타협하기 위하여 최선을 다한다." 자신은 합의가 이루어지지 않는 한 어떠한 강제퇴거나 철거도 없었다고 단언했다. 그녀는 진바오 프로젝트에 관해서 이야기를 시작하면서 퇴거한 주민들 중 어느 누구도 불평을 하지 않았다고 말했다.

"나는 국가와 계약했다. 나는 화신민과는 어떤 계약도 하지 않았다. 그러나 화신민은 나를 괴롭혔다. 그녀는 가족의 땅을 빼앗겼다고 나를 고소했다. 그녀는 프랑스인이다. 그녀는 중국의 여성 기업가인 나를 프랑스인 대하듯 얘기한다. 나는 그녀가 프랑스인이건 다른 나라 사람이건 신경 쓰지 않는다. 나는 우리나라의 합리적이고 합법적인 방법으로 그녀의 주택을 철거했다고 주장하려고 한다. 국가는 철거를 허락했다. 그녀는 나에게 책임을 물을게 아니라 정부를 상대로 소송을 제기해야 마땅하다."

천리화에게 그녀와 같은 기업가들이 권위주의 정치체제에 대해 어떻게 생각하느냐고 물었을 때 그녀는 다소 머뭇거렸다. 내가 일당체제와 복수 정당제도에 대한 견해를 밝혀달라고 그녀에게 묻기 전에, 중국에서의 외국인 투자에 관해서 질문했을 때에도 잠시 중얼거렸다. "나는 중국에서는 일당체제가 좋다고 본다. 왜냐하면 그것은 계속해서 유지될 것이기 때문이다. 미래에는 어떻게 될지 모른다. 그러나 지금은 우리가 갖고 있는 일당체제가 계속 유지되길 바란다. 일당체제에는 많은 이점들이 있다. 누군가 나라를 통치할 것이고…"라고 말했다. 나는 마오쩌둥 시대의 일당체제에서 벌어진 참혹한 실상과 문화대혁명 때 그녀 자신이 겪은 고통을 상기시키면서 물었다. "그것은 개혁과 개방 이전에 일어난 일이다. 개혁과 개방 이후에는, 모든 것이 좋아졌다"고 대답했다. 그녀는 잠시 멈추더니 멍하니 웃었다.

"나는 그저 평범한 여편네이다…."

Chapter 07
공산당 간부

1994년 4월 3일 아침, 왕잉 마을 주민들은 경찰 사이렌 소리를 듣고 깜짝 놀라 잠이 깼다. 곧바로 그들에게 마을을 떠나지 말라고 명령하는 소리가 확성기를 통해서 들려왔다. 이것은 마을 사람들에게는 전혀 예상하지 못했던 사태였다. 많은 주민들이 몇 달 동안 지방 공무원들에 대항해 조세저항운동에 참여해왔고, 멀지 않아 경찰의 진압이 전개될 것이라는 소식은 듣고 있었다. 그러나 어느 누구도 8대의 군용트럭, 그것도 각 트럭마다 기관총을 장착한 트럭들이 몰려오리라고는 생각지 못했고 그에 대한 대비도 없었다. 그 트럭들은 안후이성(Anhui Province, 安徽省)에 있는 먼지가 자욱한 시골길을 덜커덩거리면서 달려왔다. 진압장비로 무장한 백여 명 이상의 중대병력이 트럭에서 내리고 있었다. 경찰들이 다가오기 전에 대부분의 농민들은 공포에 떨면서 그들의 아이들을 부둥켜 안고 양파 밭을 가로질러 뛰면서 이웃하고 있는 성의 경계지점으로 달아났다. 마을에 남아있는 사람들은 늙었거나 허약하거나, 조세운동에 참가하지 않은 사람들로 추정되었다. 그러나 그들은 운이 없었다. 얼마 후 경찰 병력이 마을을 떠나고 나자, 한 노인이 먼지 속에서 죽은 듯이 엎드려 있었고, 몇몇 주민들은 피를 흘리고 있었으며 또 몇몇 사람들은 타박상을 입었다. 조세저항운동에 참여하지 않았던 수십 명의 남녀들이 경찰서에 끌려갔고 구타와 고문을 당했다. 경찰은 한 남자의 머리에 펄펄 끓는 차를 붓기도 했고, 어떤 이들은 발목에 족쇄가 채워져 경찰서 앞마당을 무릎걸음으로 걷도록 고문을 받았다.

왕잉 마을 주민들은 누가 습격을 주도했는지, 그것이 전하는 메시지는 무엇인지에 대해서 모두들 알고 있었다. 그들의 행정구역인 린취안 현의 최고 실력자인 당 서기인 장시더는 그들을 벼르고 있었다. 한 달 전, 백여 명의 마을 사람들이 트랙터와 트럭을 몰고 현의 당 사무실로 몰려가, 그의 부하직원들이 거두어 간 불법적인 세금들을 돌려 달라는 요구로 사무실 밖에서 장시더와 대립하고 있었다. 마을 주민들은 1993년 후반, 그의 비리를 조사해 베이징에 탄원서를 제출하면서, 그의 권위에 도전했다. 마을을 덮친 경찰들은 조세저항운동을 주도한 주민들을 찾기 위해 혈안이 되어 있었다. 그러나 그들은 이미 도망친 뒤였고, 경찰은 그들의 집을 찾아내 값나가는 물건들은 압수하고 나머지는 마구 부숴버렸으며, 어떤 집에 가서는 곡식창고에 있는 곡물에 쥐약을 섞어 그 계절에 수확한 양곡들을 모두 망쳐놓았다.

공산당은 얼마 뒤, 왕잉 마을에서 있었던 사건들을 조사해 장시더가 경찰에 습격하도록 지시했다는 것을 확인했다. 그러나 그 뒤에 발표한 공식적인 보고에서는 그의 행위가 정당했다고 명시했다. 당은 '4월 2일 사건'을 하나의 에피소드로 처리해버렸는데, 공식적인 발표에 의하면, 경찰 출동은 전날 밤 한 경찰관이 납치되고 총기까지 탈취 당해 그를 구출하기 위해 내려진 부득이한 조치였다고 한다. "4월 2일 사건에 대한 대처 방안은 시의 적절했고 합당한 조치였다." 당국은 주민들에게 보내는 공개서한에서 언급했다.

"그 사건에 대해서 왈가왈부해서는 안 된다. 여러분들의 의견은 충분히 검토되었다. 린취안 현 인민위원회는 사태를 주의 깊게 고려했고 법에 따라 행동했다. 이점에 대해서 성과 지방의 당 간부들은 적절한 행동이었다는 의견의 일치를 보았다."

몇 년 동안, 왕잉 마을 주민들은, 이 결론에 따라서 조용히 지냈다. 궁색하고 가난에 찌든 마을의 이웃과 외부에도 '4월 2일 사건'은 거의 알려지지 않았다. 마을 주민들은 그들의 한을 가슴에 묻고 그들의 분노를 꾹꾹 누르면서 지냈는데도, 경찰은 아무런 문책도 받지 않고, 오히려 당 서기는 승진했다. 그러나 2003년에 왕잉 마을에 일어났던 사건에 대한 스토리가 문학잡지에 개제되었고 이윽고 단행본으로 출간되었다. 전국의 중국인들이 왕잉 마을과 공산당 간부 장시더에 관한 내용을 읽으면서 놀라움과 슬픔으로 가득 찼다.

거의 대머리에 가깝고, 작고 가느다란 눈을 가진 키가 작고 땅딸막한 사람인 장시더는 그의 오랜 근무처였던 린취안 현에서 멀리 떨어져있지 않은 푸양 시의 당 간부로 일하고 있었다. "이 내용은 당신에 대한 이야기를 시작하면서 문학잡지에 실린 내용의 일부이다. 그 내용을 읽어보라." 그의 동료 한 사람이 그에게 말했다. "그들은 당신에 대해서 끔찍한 사실들에 관해서 쓰고 있다." 그때 장시더는 그 도시의 인민위원회 정치자문협의회의 부의장으로 재직하고 있었다. 장시더는 그의 부하 직원을 시켜서 학술도서관에 가서 잡지의 사본을 가져오라고 지시했다. 그때까지만 해도 그는 별로 걱정하지 않았다. 잡지는 국영기업체에서 발행되고 있고, 당에서는 여전히 검열을 해오고 있기 때문에 별일이야 있겠느냐며 안심하고 있었다.

장시더는 그의 생애의 대부분을 그가 태어나고 자란 푸양 부근의 농촌 현 단위에서 당료로 재직하면서 지내왔다. 그때 그의 나이는 58세였고, 곧 정년을 눈앞에 두고 있었다. 지위에 걸 맞는 연금과 노후가 보장되어 있었다. 그가 근무했던 지역들은 여전히 가난했지만, 그럼에도 불구하고 그는 그 지역들의 경제성장을 이끄는 데 이바지했고, 지역농민들의 삶을 개선시켰다고 믿고 있었다. 그의 부모는 문맹이었고, 밀과 콩을 주로 재배했던 농민이었는데, 그는 자수성가를 했고, 아들은 지금 판사로 재직하고 있고 딸은 세무서에서 근무하고 있었다. 여러 면에서 그는 전형적인 당 관료였고, 수백만 명의 충성스러운 평범한 당 관료들 중 한 사람이었다. 그들은 일당체제의 국가를 굳게 믿고 있었고, 당으로부터 혜택을 누려왔으며 또 이러한 체제를 유지하는 데 이바지했다.

그래서 '지체된 탄원서'라는 잡지 기사에서 어떻게 묘사했는지를 보았을 때, 그는 눈에 띌 정도로 당황했다. 그 기사는 『중국 농민에 대한 탐구』라는 책의 한 장을 개제했다. 기사의 시작에서부터 작가들은 장시더가 '4월 2일' 사건에서 부정할 수 없는 책임이 있고, 비열하고 잔인한 행위를 저질렀다고 쓰고 있다. 그리고 내용은 더 신랄했다.

> 장시더에 관해서 말할 것 같으면, 그는 린취안 현 TV를 통해서 사람들에게 널리 알려져 있다. 그는 '다섯 개의 짧은 모습(두 개의 짧은 팔, 두 개의 짧은 다리, 그리고 하나의 짧은 목)'을 갖고 있고, 말할 때는 손을 크게 움직이는 것을 좋아한다. 그가 행하는 보고서들과 연설들은 그의 보좌관들이 쓴다. 그 덕분에 그는 말을 잘하는 편인데도, 준비된 원고가 없을 때에는 꼭 시골뜨기처럼 말한다. 어떤 모임에서 가족계획 담당 공무원이 할당된 수보다 초과해서 출산을 하면 안 된다고 강조할 때, 장시더는 주먹을 흔들며 쓸데없이 지껄인다. "하나라도 더 낳아봐라, 가족들을 전부 몰살시켜 버리겠다!" 그가 이러한 말을 할 때마다 모든 사람들이 얼굴을 찡그린다. 이러한 흉폭하기 그지없는 언행은 광범위하게 퍼져갔고 그것을 들은 마을 사람들의 등골을 오싹하게 만든다.
>
> 왕잉 마을 사람 전부가 베이징에 탄원하러 갔다는 소식은 린취안 현에 널리 퍼졌다. 현의 공산당 서기인 장시더도 깜짝 놀랐다. 그가 처음에 생각한 것은, 어떻게 하면 마을 주민들의 팽배한 불만을 진정시킬 수 있을까 하고 숙고하는 것이 아니었다. 대신에 보다 강도 높은 폭력과 탄압만이 탄원을 끝낼 수 있는 최선의 방법이라고 굳게 믿고 있었다.

잡지에서는 '지금부터 쓰는 이야기는 1993년과 1996년에 걸친 많은 세금에 대한 시정을 요구하는 마을 사람들의 운동에 관한 것'이라고 말했고, 이러한 내용을 기사화하는 것은 관료들의 횡포를 막기 위한 처방이라고 덧붙였다. 페이지를 넘길 때마다 장시더는 더욱 화가 치밀었다. 그는 린취안 현에서 당 서기로 재직하는 동안 최선을 다했다고 생각했다. 그는 그곳에서 일을 잘 처리했고, 그 현에서 근무했던 어떠한 지도자 보다 잘했다고 자부하고 있었다. 그런데 잡지에서는 그를 비열한 미련 곰탱이라고 묘사하고 있고, 국가를 위해서라는 명분을 내세우면서, 그를 조롱하고 비판하고 있는데 대해서 그는 극도로 격앙되었다. 그는 저자의 이름을 기억하고 있었다. 그는 작가와 다툰 적이 있었다. 그래서 작가가 그에 대해서 보복하고 있는 것으로 보았다. 그러나 그의 분노는 이러한 사적인 것보다 다른 데 이유가 있었다.

그는 작가들이 너무 앞서갔다고 생각했다. 그들의 기사는 그에 대한 공격에서 그치는 것이 아니라 공산당에 대한 공격이었고, 정치체제에 대한 도전이었다. 그는 공산당을 위해서 일생을 헌신해왔고, 중국을 위대한 국가로 만드는 데 이바지해왔다고 믿고 있었다. 그들이 공산당을 농민들의 고통을 제대로 인식하지 못하는 무능한 조직으로 묘사하고 있는 점, 그들이 지방의 공무원들을 농민들의 이익을 착취하고, 또 다른 범죄를 은폐하고 있다 고 비난하는 점, 그들이 경찰을 고문을 일삼는 폭력 집단처럼 묘사하는 점, 이러한 모든 점들은 일당지배체제를 거부하려는 불손한 기도이며, 중국은 민주주의를 받아들여야 한다고 믿는 사람들에게 합당한 명분을 줄 수도 있다고 생각했다.

"이 책은 이러한 것들을 공표함으로써 은연중에 대중들을 선동하고 있다"고 나에게 말했다. "그것은 반 공산당 성향을 보이고 있는 것이 확실하다. … 그것은 이런 생각들을 하고 있는 사람들에게 명분을 주고 있다. 그 기사가 왜 대중적인 관심을 끌고 있는가! 이유는 명백하다. … 최근 들어 개혁과 개방을 추진하면서 많은 변화가 있었다. 계획경제는 자유시장 경제로 전환되었고, 표현의 자유를 비롯한 민주주의와 법에 의한 통치 등 많은 진전이 있었다. 그런데도 왜 이러한 내용에 대중들이 관심을 가지는지 이해가 안 된다…."

기사를 읽은 후 장시더는 베이징의 잡지사를 찾아가 편집자에게 그 기사를 취소해달라고 요청했다. 그가 거절하자, 출판사를 찾아가 편집장에게 책을 판매하지 말아 달라고 요청했고, 적어도 내용을 수정하거나 자신의 이름이라도 삭제해달라고 요청했다. 그는 편집장에게 린취안 현에 직원을 보내 책의 내용이 정확한지 확인해보라고 제의했다. 자신이 그들의 조사에 적극 협조하겠으며 현의 공문서 기록 보관소도 공개하겠다고 제안했다. 그로부터 며칠 후, 그 편집장이 전화를 걸어 책의 저자들과 상의했다고 말했다. 저자들은 책을 수정할 의사가 없고, 왕잉 마을에 관한 이야기를 뒷받침해주는 증거도 제시했다고 말했다. 그래서 출판사는 원안대로 출판을 할 것이라고 덧붙였다.

"나는 그 이야기를 듣고 화가 치밀었다. 나는 그에게 법정에서 만나자고 말했고 지금 소송계류 중이라고 했다."

린 취 안 현 은 안후이성의 북쪽 끝에 있는, 황하와 양쯔강 사이를 잇는 중국 중앙의 평원에 자리잡고 있다. 모래흙으로 이루어져 빈번한 홍수로 인해 시달려왔고, 중국에서 가장 인구가 많으면서도 피폐한 지역 중의 하나이다. 그곳에는 거의 2백만 명에 가까운 인구가 살고 있지만, 연간 소득이 전국 평균의 6분의 1도 안 되는 250불에 불과하다. 농번기에는 논과 밀밭에서 일을 하고, 농한기에는 수백 마일 떨어져 있는 도시에서 일하면서 생계를 꾸려가고 있기 때문인지, 마을이 메마르고 어질러진 모습이고 정막감이 감돌고 있었다. 농촌생활의 전통적인 관습은 변화를 거부하는 경향이 있다. 1931년 출판된 펄벅 여사의 『대지』라는 소설은 린취안에서 멀지 않은 지역을 배경으로 쓰여졌는데, 그 지역의 많은 농민들은 여전히 소설에서 소개된 방법(손으로, 간단한 연장들로, 때때로 황소를 이용하면서)으로 토지를 경작하고 있다.

공산당은 농촌 사람들을 따로 구별하고, 그들을 하류계급의 서민들로 대하는 정책을 유지해왔다. 농민들은 도시의 안정적인 물가정책 유지를 위해 곡물을 낮은 가격으로 정부에 판매하도록 강요받고 있는 동시에, 도시로 이사하는 것을 제한받고 있는데 구체적인 예로, 그들이 이사를 하려면 당국의 허가를 받아야 하고, 그들의 자녀가 도시의 학교로 진학하는 것을 제한받거나 엄격히 통제받는다. 건강보험이나 기타 사회보장혜택도 도시 주민들 보다 낮고 직장 이동도 제한된다. 무엇보다도, 농민들에게는 1990년대 훨씬 이전부터 많은 세금이 강제로 부과되었다. 도시 주민들은 1994년부터 세금을 납입하기 시작했는데, 그들의 월수입이 800위안 또는 약 100불 이상일 때에만 부과되었다. 그러나 농민들은 수입이 있든 없든 상관없이 세금을 물어야 했다. 1990년대에는 전국적으로 세금 증가가 수입보다 더 빨리 늘어났고, 2000년경에는 도시 주민들은 농민들보다 6~7배는 수입이 많았음에도 불구하고 세금은 농민이 도시 주민들보다 평균 4배를 더 부담했다.

농촌지역의 조세부담의 증가는 지방정부가 농민들에게 납득시킬 수가 없는 정치구조상의 특징이었다. 공산당은 한마디로 기생충이었고, 농민들에게 기대어 살면서도 그들에게 혜택을 주는 것은 거의 없고 그들의 문제를 해결할 구체적 방안도 없었다. 지방 공무원들은 자신들의 급료를 올리기 위해 과도한 세금을 부과하고, 거의 모든 예산을 급여와 행정관련 비용으로 사용하면서도, 농민들을 위한 기금을 조성하는 데에는 관심이 없었다. 당연한 결과로, 공무원들은 농민들이 그들의 자녀들을 공립학교에 보내려고 할 때면 더 많은 수업료를 청구하곤 했다. 많은 공무원들은 자신들의 능력을 인정받기 위해 또는 승진에 도움이 되는 사업에 예산을 사용한다. 그러한 계획들은 종종 실패를 자초하고 호화스러운 관청의 청사들은 텅 빈 사무실로 가득하고, 도로들은 제 구실을 못한다. 프로젝트가 제대로 굴러간다고 해도, 농민들이 분통을 터트리기는 마찬가지인데, 왜냐하면 공무원들이 그들의 세금을 적절히 사용하고 있는지 알 수 있는 방법이 없기 때문이다. 1980년대, 일부 공무원들은 양곡비출기금을 다른 사업에 전용하고 있었고, 농민들은 이로 인한 부채를 갚고 있었다.

당 간부들이 그들의 동료와 친척들을 위해서 새로운 일자리들을 만드느라 세금이 계속해서 오르기도 했다. 1990년대에 시행된 정부의 행정구역 개편을 보면, 5만 6천 개의 인민공사를 해체하고, 현과 마을 중간에 9만 6천 개의 읍 지구를 신설할 때에도, 농민들의 세금으로 예산이 집행되었다. 몇 년간에 걸쳐서, 농촌의 인구증가율보다도 모든 관료기구의 공무원 수의 증가율이 빠르게 상승하였다. 읍 지구의 수준에서 보았을 때, 1982년부터 2000년까지, 농촌의 인구에 비해서 공무원들의 수적 증가 비율은 10배나 증가했다. 농촌의 당 기구들은 급속히 팽창해서 교사들이나 일반 공무원들에게 급여를 지급할 돈이 모자라기도 했다.

대표 없는 과세는 농촌 공무원들의 자리를 늘렸고, 농민들은 이들 공무원들이 세금으로 먹고 마신다고 분통을 터뜨리기도 했다.『중국 농민에 대한 탐구』의 저자들도 그 책에서 안후이 성에서 공무원들이 먹고 마시는 데 낭비한 엄청난 액수의 외상값에 대한 이야기를 적고 있다. 몇 년 후, 식당은 대금지급 청구를 법원에 제기했고, 결국 읍 청사의 일부가 압류되었다. 이러한 압류는 이번이 세 번째였는데, 읍 당국은 공무원들의 외상값을 갚기 위하여 공공건물을 팔아야 할 처지에 몰렸다고 저자들은 폭로했다.

> 문제의 심각성은 중국의 광대한 농촌지역이 미식가들의 천국이 되었다는 사실이다. 메뚜기 떼처럼, 공무원들은 그들의 식욕에 이끌려 읍 지역까지 침범했고, 먹고 마시는 데 필요한 여러 가지 구실들을 만드느라고 여념이 없었다. 조사관들과 식사를 하고, 회의 때 식사를 하고, 농촌의 빈곤대책을 의논하기 위해 식사를 하고, 재난구제를 위한 대책을 마련하기 위해서 식사하고, 대책을 마련했다고 식사하고 마련하지 못했다고 식사하고, 신용을 얻었다고 식사하고, 대출을 받았다고 식사하고…… 자유로이 먹는 것은 신분의 상징이 되어버렸고, 지위의 지표가 되어버렸다. 저녁식사의 메뉴는 계획이 성사되었느냐 아니냐에 따라 결정되고, 승진이 될 때마다 결정되었다. 이제는 관료 문화의 한 부분이 되어버렸다.

2003년 작가들이 쓴 책에 의하면, 전국적으로 정부 관료들은 일 년에 공적 자금으로 먹고 마시는 데 사용한 자금이 100억 불에서 130억 불에 이른다고 했는데, 이는 올림픽 관련 예산을 뛰어넘는 금액이다. 베이징 당국은 1990년대 중반에 지방 당국에 대한 예산을 삭감하면서 낭비를 억제하려고 시도했다. 그러나 지방 공무원들은 마을 또는 읍 단위 차원에서 돈을 빌리고, 농민들에게는 세금과 공공요금을 더 올리면서 낭비를 계속해왔다. 한때 나는 시추야성의 산속에 있는 샤오어찬 이라는 작은 마을을 방문한 적이 있었는데, 그 마을은 너무 가난하여 포장된 길도 없었고, 전화도 없었으며, 전기도 제한적으로 공급되었다. 그 곳 농민들은 수확한 것을 대부분 식량으로 자급하고, 조금 남은 것은 팔았는데, 그들의 수입은 연 평균 25불 정도였다. 그러나 지방 공무원들은 매년 세금과 공공요금으로 각 가구당 37불을 할당했다. 이러한 세금들을 납부하기 위해서는 그들 자녀들을 학교에 보내는 대신 도시로 일거리를 찾아 내보내며 그렇게라도 수입을 보충해야 한다고 말했다.

지방 당국은 주민들이 조세저항이라도 하면, 공무원들로 구성된 특별 전담반을 보내 세금을 징수하고, 현금징수가 어려워 보일 때에는 소유한 재산들(가구, 텔레비전과 자전거 등)을 압수하는데, 그들이 압수한 목록들은 부과된 세금금액을 훨씬 상회했다. 1980년대와 1990년대에 늘어나는 조세부담에 대한 분노와, 각 가정이 한 자녀 또는 두 자녀 이상을 가져서는 안 된다는 정부의 정책에 대한 반발은 농촌에서 농민들과 당 관료들 사이에 폭력사태를 불러 일으켰다. 어떤 농촌에서는, 농민들이 사제 폭탄을 만들어서 지방 관료들의 집을 파괴했다. 소요사태에 놀란 당 지도부는 1993년에, 농민들에 대한 조세부담을 경감시키고, 강제적인 공공요금 부과도 중단하도록 훈령을 내렸으나 아무런 효과도 없었다. 지방 관료들은 법규들을 무시하거나 아니면 법규와 훈령들을 비켜나가는 방법들을 찾아냈고, 때로는 새로운 조세항목들을 만들기도 했다. 린취안 현에서는, 농민들이 돼지를 도살할 때는 도살세 명목의 요금을 내도록 강요되었고, 농민들이 불응하기라도 하면 또 다른 요금이 부과되었다. 어떤 현에서는,

그것을 '도전세금'이라고 불렀는데, 그것은 농민들이 그들의 세금을 납부하기를 거절할 때 부과하는 '괘씸한' 행동에 대한 세금이었다.

작가 천구이디가 처음으로 장시더를 만난 것은 1994년 여름이었다. 그때만 해도 그는 장시더가 나쁜 사람이라고는 생각하지 않았다. 오히려 린췌안 현의 당 서기는 훌륭한 인상을 주었다. 그는 열린 마음을 갖고 있는 사람처럼 보였고, 천구이디가 여태껏 지방에서 만나본 많은 당 관료들 중에서 가장 솔직해보였다. 더욱 인상적인 것은 그가 정치적 결과에 관계없이, 그 자신을 두둔하기 위하여 공허한 이데올로기적 허튼 소리도 하지 않으면서 솔직히 이야기하려는 자세였다. 천구이디는 당시에 안후이성의 수도에서 당 기관지인 신문사에서 일하고 있었는데, 그 지역의 기업가가 연루된 독직사건에 관한 기사를 취재하기 위하여 린췌안 현을 방문하고 있었다. 그 지역의 기업가는 현의 자금을 횡령했고 검사장과 다른 간부들에게 뇌물을 준 혐의를 받고 도주를 한 상태였다. 이 사건은 특종이었고, 정치적으로 매우 민감한 사안이었다. 관료들은 마지못해 사건에 대한 질문에 응하고 있었다. 그러나 장시더는 적극적으로 협조했을 뿐 아니라, 천구이디가 원하기만 하면 린췌안 현 지역의 모든 공무원들을 만날 수 있도록 배려해주었다.

어떤 의미에서 장시더는 그의 이해관계 때문에 적극성을 보이고 있다고도 볼 수 있었다. 그 사건을 해결하고 도주한 기업가를 구속하는 것은 그의 지역인 린췌안 현의 책임이었다. 행여 성과라도 있는 날에는 승진할 기회도 생길 수 있었다. 그러나 뇌물을 받고 사건을 무마해준 지방 검사장은 그보다 훨씬 높은 지위에 있었다. 말을 꺼낼 때까지만 해도, 장시더는 그의 지위에 위험부담을 안고 있었다. 그런데도 전혀 두려워하는 기색이 없었다. "그는 현재 혐의를 받고 있는 검사장일 뿐, 그 이상도 이하도 아니다."장시더는 그가 마련한 만찬에서 기자에게 말했다. "그는 사건의 배후에 있는 거물이 아니다." 천구이디는 그의 발언이 허세인지, 용기인지 확신할 수가 없었다. 그러나 그는 장시더 같은 사람들을 존경했다. 그는 또한 그가 안후이 성의 다른 관료들과는 다르다는 인상을 받았다. 장시더는 베이징에서 대학을 다녔고 농업사 학위를 받았다. 지금은 이곳에서 장래가 촉망되는 당 간부로 일하고 있고, 소신 있게 일하는 사람으로 생각되었다. 그 당시에 "내가 만난 많은 관료들은 비겁한 사람들이었다"고 천구이디가 일 년 후에 나에게 한 말이다. "그들은 어떠한 일에도 책임을 지려하지 않았다. 그러나 장시더는 달라 보였다⋯ 나는 그가 훌륭한 당 서기라고 생각했다."

그에 대한 인상은 다음날 일어난 장면들을 보면서도 변함이 없었다. 천구이디는 린취안 현의 법원 밖에 있는 농민시위대들과 마주쳤다. 그는 무슨 일이냐고 그들에게 물었다. 그러자 그들은 마을 사람들의 구속을 항의하고 있다고 설명했다. 그러면서 그들은 나에게 서류뭉치를 건넸다. 그날은 1994년 여름이었고, '4월 2일 사건' 이 지난 지 얼마 되지 않은 때였고, 농민들은 왕잉 마을에서 올라온 사람들이었다. 다음날 천구이디는 장시더에게 시위에 관해서 물었다. 장시더는 경멸하는 투로 웃었다. "농민들은 점점 과격해지고 있다." 농민들은 항상 사사건건 정부에 탄원하고 있다고 불평했다. 천구이디도 농담으로 받아들이면서 대화를 계속했다. 그는 린취안 지역의 사기사건에 대한 취재에 매달리고 있었기 때문에 농민들에게서 건네받은 서류들을 치워버리고는 곧 잊었다.

몇 달이 지난 후, 린취안 현 독직사건에 대한 그의 기사에 대한 1회분이 게재된 후, 천구이디는 늦은 밤에 장시더로부터 전화를 받았다. 그 지방 공산당 서기인 장시더는 신경질적이고 겁에 질린 듯한 목소리로 말했는데, 완전히 딴사람 같았다. 주위 사람들이 그 기사를 보고 걱정하고 있다고 말하면서 그의 지위도 위험하게 됐다고 말할 때 그의 목소리는 떨리고 있었다. 비록 그가 그 기사의 원본을 받았고 그것이 사실이라 하더라도, 장시더는 나머지 부분을 게재하지 말아달라고 애원하면서, 그가 기사에서 언급했던 서류를 돌려달라고 부탁했다. 천구이디는 당황했다. 기사를 철회한다면, 그의 신문은 선전부에 의해서 징계를 받게 된다. 결국 신문사는 장시더의 의견을 무시하고 기사의 나머지 부분을 게재했다. 그리고 장시더는 그 기사에 대항함으로써 자리를 보존했다. 천구이디는 장시더도 결국 진실보다는 자신의 위치를 지키려는 보통 관료들과 다를 게 없다고 결론짓고 얼마 지난 뒤에 그에 대해서 잊어버렸다.

그로부터 6년 뒤인 2000년에, 천구이디와 그의 아내인 우춘타오는 농민들에 관한 책을 집필하기 위하여 여러 곳을 방문하고 있었다. 그들 부부는 성의 수도에서 살았는데 둘 다 농민 출신이었다. 천구이디는 안후이성 태생으로 키가 크고 날카로운 모습을 한 신중한 사람이었다. 57세인 그는 화이 강 지역의 오염에 관한 책으로 수상을 한 작가였고, 몇 편의 희곡과 소설들도 출판한 적이 있었다. 부인인 우춘타오 역시 뛰어난 작가였고, 주로 지역문단에서 활동했다. 그녀는 남편보다 20년이나 아래였고, 체구가 자그만 하고 붙임성 있는 부인으로 나이보다 더 젊어 보이고 교양 있는 부인이었다. 그들은 문예협회에서 만났고, 결혼 10년만인 2000년 봄에 아들을 가져 산부인과에 있을 때, 분만실에 들어온 농민부부가 처참한 일을 당하는 것을 보았다. 농민은 아내가 하혈하자 그녀를 병원으로 데리고 왔다. 의사들은 그들에게 3천 2백 위안 또는 4백 불을 내지 않으면 환자를 받아줄 수 없다고 했다. 그들에게는 그만한 돈은 엄두도 못 낼 액수였다. 병원에서 거절당하자, 그들은 농촌으로 내려갔다. 농촌에서는 사내아이가 태어나면 200위안을, 계집애가 태어나면 100위안을 받는 조산원이 있었다. 며칠 후 우춘타오는 옆 병실에서 고통스러운 외침소리를 들었다. 하혈이 계속되자, 그녀는 조산원에서 병원으로 후송되었다. 그러나 시간이 너무 지체되어 산모와 아기는 죽고 말았다. 그녀의 남편은 마룻바닥을 주먹으로 치며 통곡했다. 그것이 작가 부부가 『중국 농민에 대한 탐구』라는 책을 저술하기로 결심하게 된 동기였다.

그들은 작업을 시작하자마자 린춰안 현에 대한 이야기들을 듣기 시작했는데, 농민들이 부과해야 할 세금에 관한 이야기, 한 간부가 9명의 가정부와 하인들을 거느리며 황제 같이 살고 있다는 이야기, 당 간부가 메르세데스 벤츠를 타고 다닌다는 이야기들이 포함되어 있었다. 천구이디는 당 간부의 이름, 장시더를 즉시 기억했다. 그리고는 농민들이 법원 밖에서 그에게 주었던 서류들도 생각났다. 그가 서류들을 찾아내서 다 읽고 나자, 왕잉 마을 주민들의 참상에 충격을 받았고, 그가 장시더에게서 받은 첫 인상이 얼마나 잘못된 것인지 깨달았다.

2001년 1월, 그들 부부가 왕잉 마을을 찾아왔을 때, 주민들은 말을 아꼈다. '4월 2일 사건'이 일어난 지 6년이라는 세월이 지났고 장시더도 다른 지역으로 자리를 옮긴 지 오래되었고, 농민들은 아직도 당국에 항의하는 것에 겁을 집어먹고 있는데다, 도시에서 온 이들 부부가 그들에게 얼마나 도움을 줄 수 있을지 미덥지 못했기 때문이다. 그러나 천 부부는 끈

질기게 그들을 설득했고 점차 신뢰를 얻기 시작했다. 마을 사람들이 하나 둘 관심을 갖기 시작했고 사실들을 털어놓았다. 그들 부부는 상당한 양의 증거가 될만한 서류들, 일기들, 공식기록들, 세금영수증들을 모았다. 그들 부부는 왕잉 마을을 8차례나 방문한 끝에, 마침내 그 마을에서 있었던 조세저항운동에 대한 전말을 파악했다.

조 세 저 항 운 동 은   한 대의 텔레비전이 발단의 시작이었다. 1993년 가을, 그 지역의 공무원들로 구성된 특별전담반이 왕잉 마을에서 세금을 거두고 있을 때, 한 나이든 부인이 새로이 부과된 75센트 요금의 납부를 거절했다. 공무원들은 요금 대신에 텔레비전을 압수했다. 그 해에 마을 사람들은 밭에서 고생해서 번 수입이 가뭄 때문에 평소보다 적은 34불에 불과했다. 지역 관료들은 그들의 실적을 올리기 위해서, 실제보다 4~5배가량 부풀려서 수입을 보고했고, 전국 평균수입의 5%를 훨씬 상회하는, 각 가구에 평균 21불씩의 세금을 부과했다. 이러한 시기에 일어난 텔레비전 사건은 드디어 농민들의 분노를 건드렸다. 이에 대한 이야기가 마을에 퍼지자, 주민들은 유사한 횡포에 대한 사례들을 주고받기 시작했고, 그들에게 부과된 조세항목들에 관련된 세금에 관한 정보를 교환했다. 마을의 젊은 사람들 중 왕씨 성을 가진 세 사람이 조세저항운동의 대표들로 뽑혔다. 그들은 마을을 관할하는 읍의 사무실로 가서 그들의 고충을 털어놓고 도움을 부탁했다. 그곳에서 그들의 민원이 거절되자, 그들은 단계를 밟아 린취안 현의 청사로 가서 도움을 호소했다. 그곳에서도 다시 거절되자, 세 사람의 왕씨는 마을의 현안을 베이징으로 가져가기로 결정했다.

중국인들은 상급기관에 곧바로 호소하는 탄원활동을 설명할 때 '상팡'이라는 말을 사용한다. 그 낱말의 의미는 '상급기관을 방문한다'는 뜻인데, 실제로 천 년간은 아니더라도 수백 년 동안 중국정치문화의 한 제도로서 정착되어 왔다. 중국역사의 많은 부분에서, 하급기관에서 저질러진 잘못들을 바로잡기 위하여, 황제에게 직접 호소하거나 아니면 각 부의 장관들에게 호소하는 것을 볼 수 있다. 오늘날도 상팡 제도는 다소 변형된 형태로나마 계속 유지되고 있었다. 많은 중국인들은 억울한 일을 당할 때마다, 당의 통제를 받고, 법 위에 존재하는 법원에 소송을 제기하기보다는 당의 고위층에 직접 호소하는 것이 바람직하다고 믿고 있었다. 황제에게 호소하는 것을 오늘날의 제도로 표현한다면 공산당의 '종합민원실'에 해당할 것이다. 중국의 모든 국가 또는 공산당 기관들 중에서 가장 바쁜 곳이 베이징에 있는 공산당 중앙민원실이다. 전국 곳곳에서 올라온 수많은 민원인들이 그들이 당한 억울한 사연들이 담겨있는 서류뭉치들을 꽉 움켜쥐고, 해마다 베이징으로 몰려온다. 그들의 대부분이 빈민가에서 또는 민원실 밖에서 야영을 하며 끼니를 해결하는데, 보통 관광객들이 보지 못하는 뒷골목에 자리를 잡는다. 그들의 억울한 사연은 다양하고 아직도 일말의 희망을 버리지 못하고 있다. 관료들은 그들의 고충을 대충 훑어보고 그들을 대신해서 중재에 나서기도 한다. 그러나 달라지는 것은 별로 없는데도, 많은 사람들이 몰려오는 것을 막을 방법이 없다. 이러한 민원인들은 베이징에서 몇 달 동안, 몇 년 동안, 심지어는 수십 년 동안 머무르는 사람도 있는데, 그들은 단념할 수도 없고 또 마땅히 가야할 곳도 없었기 때문이었다.

세 명의 왕씨는 마을 사람들이 6백 마일에 달하는 기차여행 비를 마련하기 위해 거둬들인 돈으로 1993년 겨울은 베이징에서 보내면서 민원인들의 대열에 뛰어들었다. 베이징에서 그들은 중앙위원회, 국가자문회의, 농업부의 민원실에 민원서류를 접수시켰다. 접수시킬 때마다 관료들은 검토하겠다고 약속했다. 농업부의 관리는 한 술 더 떠서 그들의 불만을 인정한다는 내용의 서류를 그들에게 건네면서 안후이성 당국자에게 전하라고 당부하기까지 했다. 이들 세 사람이 안후이성 당국에 가자, 관료들이 즉석에서 그 서류를 보고, 다른 서류를 그들에게 주면서 린취안 현 당국에 전하라고 했다. 그들의 입장을 지지한다는 두 장의 서류들을 가지고 한껏 고무된 그들은 300명이나 되는 마을 사람들을 데리고 린취안 현 청사무실로 갔다. 그때까지만 해도 이제 조세문제는 해결될 것이라는 낙관이 지배적이었다. 그러나 나중에 깨달은 것은 그 서류들과 민원실 관리들은 실질적인 권한이 없었고, 민원인들을 고향으로 돌려보내기 위해서 그러한 서류들을 건네주는 것으로 알려졌다. 농민들을 만난 공무원들은 한편으로는 이해하면서도 농민들의 불만에 대해서는 애매한 태도를 취했다. 한 직원은 회의적인 반응을 보이면서, 그 서류에서 지시한 대로 세금을 줄인다면 현청은 제 역할을 할 수 없을 것이라고 말하기도 했다. 당황한 농민들은 현의 당 서기와의 면담을 요청했고 그들의 뜻이 관철될 때까지 청사를 떠나길 거부했다.

몇 시간이 지나 날이 어두워지기 시작할 때 왕잉 마을의 농민들은 현의 당 서기를 어렴풋이 보았다. 농민들이 청사 밖에서 농성을 벌이고 있을 때, 장시더는 자동차에서 내려서 그들을 향해 걸어왔다. 농민들은 재빨리 그의 주위로 몰려가 무릎을 꿇었다. 그들은 마을에 부과된 불법적인 조세들이 5% 제한액을 훨씬 초과하고 있다고 말하면서 베이징과 안후이성에서 받은 서류들을 그에게 보여주었다. 처음에 장시더는 자신은 세금문제에 관여하지 않는다고 말하면서 책임을 회피했다. 그러나 농민들이 그가 떠나려는 것을 가로막고 그에게 서류들을 읽어보라고 윽박지르자, 그는 천천히 읽었다. 그는 서류를 읽을 때도 당황하지 않았고, 그의 주변에 있는 흥분한 군중들을 보고도 태연했다. 드디어 장시더는 군중들을 쳐다보면서 거듭 말했다. "읍 당국이 농민들의 조세부담을 늘렸다면, 나는 그 돈을 돌려주도록 그들에게 요청하겠다"고 말했다. 세 사람의 왕씨가 문서로 보장해 달라고 요청하자 그는 각서를 썼다.

"왕잉 마을에서 올라온 농민들은, 마을 행정당국이 초과하여 징수한 자금을 돌려달라고 탄원해왔다. 적당한 선에서 협의를 해 초과해서 거둬들인 돈을 돌려주도록 검토 해주기를 바람"이라는 내용의 각서였다.

각서는 강제력이 없으나 마을 사람들은 득의만만해졌다. "우리는 현 공산당 서기로부터 책임 있는 지시를 확보했다고 믿었다." 청원운동의 대표자중 한 사람인 왕샹둥이 회상했다. '우리는 당연히 돈을 되돌려 받을 것이라고 생각했다.'

그 후 몇 주에 걸쳐서 지방 공무원들이 확인 차 왕잉 마을을 둘러보고 갔다. 납부자들 몇 명은 세금을 돌려받았고, 마을 공무원들도 징계처분을 받았다. 그러나 그들은 나머지 돈은 돌려주길 거부했다. 그리고 세 명의 왕씨들은 어려운 난관에 봉착하게 된다. 왕씨 중 한 명은 읍 지구의 토지관리국에서 일했던 직업을 잃게 된다. 나머지 왕씨 두 명은 읍 지구의 청사에서 공무원들과의 회의에 소환된 후 폭력배들로부터 습격을 받게 된다. 마을 사람들은 읍 지구의 공무원들이 그들의 대표들에게 앙갚음을 하고 있고, 장시더의 지시도 거부하고 있다고 결론 내리고 100여명이 장시더를 만나기 위해 현청의 당사계단을 점령했다.

처음에 장시더는 읍 지구 공무원들에게 돈을 돌려주도록 지시했다고 말하면서, 그들의 불만들을 무시하려 했다고 농민들은 회상했다. "그들이 따르지 않으니 난들 어떻게 하느냐?"고 되묻기도 했다. "나는 그들을 통제할 권한이 없다."

그러나 농민들은 계속해서 그를 압박했다. 그는 현의 당 서기가 아닌가? 읍 지구의 공무원들은 그에게 보고하지 않는가? 그는 공무원들이 세금을 돌려주기를 거부한다면 그들에게 책임을 물을 수 없는가? 농민들이 계속해서 그를 떠나지 못하도록 막자, 갑자기 장시더가 이성을 잃기 시작했다. "너희들은 생각하는 것을 그대로 하는가?" 그는 언성을 높였다. 그리고는 장시더는 그들에게 세금을 돌려주지 않겠다고 말했다. "나는 그 돈을 돌려주느니 차라리 지나가는 강아지에게 주겠다."

농민들은 놀랐고, 일부는 베이징으로 올라가서 그에 대한 진정서를 제출하자고 제의했다. "베이징으로 가고 싶은 놈은 가라!" 공산당 서기는 격앙되어 있었고, 농민들을 핍박하면서 문제는 점점 확대되었다. 심지어 그가 작심만 하면 그들을 처벌하는 것이 식은 죽 먹기보다 쉽다는 말도 했다. 장시더는 핸드폰을 꺼내 경찰서장에게 전화를 했다. 몇 분이 지나자 대규모의 경찰병력이 도착했고, 농민들은 당사 밖으로 끌려 나갔다.

'4월 2일 사건'으로 알려진 왕잉 마을에 대한 경찰의 습격은 그로부터 몇 주일 뒤에 일어났다. 그때서부터 마을의 상황은 절망적이었다. 장시더는 세 명의 왕씨들에 대한 구속영장을 발부했다. 이들 중 두 명의 왕씨는 베이징으로 다시 올라가서 민원부서의 한 곳에 탄원서를 제출한 후에 체포되었다. 다른 한 명의 왕씨도 마을 사람들과 같이 베이징으로 가 장시더의 권력 남용을 진정했으나 그들의 탄원은 받아들여지지 않았다. 과연 장시더는 린취안 현의 당 서기다웠다.

1995년 10월에, 왕잉 마을에서 모인 74명의 주민들과 린취안 현의 다른 마을에서 모인 46명의 농민들이 베이징으로 다시 올라가서 천안문광장에 무릎을 꿇고 앉아 공개적인 시위농성에 들어갔다. 같은 달에 린취안 현 출신의 한 농민이, 경찰서를 짓기 위해 그의 땅을 몰수한 데 대한 분노로, 베이징에 있는 민원실의 대기소의 지붕에서 떨어지면서 자살을 기도했다. 결국 이러한 두 사건은 중앙당 지도자들이 린취안 현에서 일어난 사건들에 대한 엄중한 조사를 하도록 지시하게 하는 계기가 된다. 이번의 조사 끝에 당은 마을 사람들에게 거둬들인 세금보다도 더 많은 돈을 지급하겠다고 약속했고 '4월 2일 사건' 때 경찰들에 의해 자행된 폭력은 농민들의 감정을 해치는 행위였다고 인정했다. 세 명의 왕씨들은 풀려났고 세금의 일부는 돌려주었다. 그러나 당은 여전히 장시더를 지지했고, 얼마 후에 그는 푸양 시 근처에 보다 많은 급여가 보장된 자리로 승진했다.

왕잉 마을에 대한 이야기는 『중국 농민에 대한 탐구』에서 말한 여러 사람들 중 한 사람이 말한 것인데, 편견 없이 비교적 객관적으로 쓰여졌다. 그 책에는 또한 딩저우밍에 관한 인물평도 있었는데, 그 사람은 그의 마을에서 일어난 조세와 공공요금에 대해 10년간의 반대운동을 주도한 끝에 경찰에 의해서 고문을 당하고, 구타를 당해 죽음에까지 이른 농민에 관한 이야기였다. 또 책에는 장구이취안이라는 사람에 관한 이야기도 있는데, 그 사람은 부패한 관료로서 그에 대한 회계감사를 벌이려고 노력하고 있는 4명의 농민들을 살해한다는 내용이다. 그리고 이들 범죄들을 은폐하기 위해서 모든 관료들이 동원되었다는 내용도 들어있다. 이러한 여러 성격들의 특징 가운데서도 장시더의 예는 소악당이라는 인상을 준다. 그러나 그 책이 출판되고 몇 주일 후, 그는 작가들과 출판사를 상대로 명예훼손 혐의로 소송을 제기하면서, 공식적인 사과와 함께 2만 5천 불에 대한 손해보상을 청구했다.

2003년에 출간된『중국 농민에 대한 탐구』는 즉각적인 반향을 불러왔다. 천 부부에 대한 인터뷰 기사가 전국적으로 신문과 잡지에 게재되었고, 중요 텔레비전 토크쇼에도 출연하기도 했다. 농촌 상황에 대한 용기 있는 묘사들은 도시의 독자들을 매료시켰는데, 도시 주민들의 대부분은 농촌 상황들을 거의 모르고 있었고, 농민들을 오직 교육받지 못한 값싼 노동력의 집단들로 생각해왔다. 그 책은 에로 소설과, 빠르게 부자가 되는 방법 등, 중국의 서점들을 장악한 다른 서적들을 물리치고 당당히 베스트셀러가 되었다. 초판은 십만 부를 출판했는데, 한 달 만에 판매되었다. 그 책은 천 부부가 독자들이 볼 수 없었던 새로운 세상을 그들에게 생생하게 보여줌으로써 큰 성공을 거두었다. 또한 공산당 지배의 어두운 이면에 대한 솔직한 견해를 밝히고, 관료들의 실명을 밝히고 그들의 범죄 사실들에 대해서 구체적으로 언급함으로써 사실성을 높였고, 시민들에게도 자기성찰의 기회를 마련해주었다. 작가 부부는 또 공산당 지도부의 농민들에 대한 조세부담을 줄여주고 농민들의 삶을 개선하기 위한 노력 등을 추켜세우는 배려도 빠뜨리지 않았다. 그러면서도 그들은 공산당의 정책 실패를 거론했고, 그에 대한 비난을 경제 상황과 자연재해의 탓으로 돌리지 않고, 흔히 공산당이 강조했듯이, 정치적 운영의 미숙과 지방 관료들의 권력의 횡포와 무능함의 탓으로 돌리고 있다. 책이 전례가 없는,

언론의 화젯거리로 떠오르자, 공산당 선전부의 간부들은 그 책의 신드롬을 염려하였다. 그 책이 출간된 지 2개월도 안되어, 전인대가 베이징에서 개최됨에 따라, 당국은 언론에서 그 책에 관한 더 이상의 보도를 하지 못하도록 제한시켰고, 출판사에도 중쇄의 출판을 중지하도록 명령했다. 출판사는 명령에 따랐으나 이러한 금지조치가 중국 전체에 회자되자, 책은 더욱 날개 돋친 듯 팔렸고 해적판들이 뛰어들어 톡톡히 재미를 보았으며 인쇄와 판매를 거듭하면서 7백만 부 이상이 전국으로 팔려나갔다. 심지어는 공산당 간부들조차도 그 책을 읽고 싶어 했다. 책의 판매는 베이징에 있는 고급호텔들에서 유난히 활발하고 비밀스럽게 이루어졌는데, 그 호텔들에는 전인대의 대의원들이 묵고 있었다.

내가 그를 처음으로 만났을 때, 그는 푸양 시에서는 최고급 호텔의 개인 만찬장에서 기다리고 있었다. 그 호텔은 소유자들이 과장해서 버킹엄 궁전이라고 부르지만, 낡은 카펫들로 장식된 3성급 호텔이었다. 그는 나를 만나자마자 앉기도 전에 친구라고 불렀다. 그의 옆에는 측근인 듯한 젊은 사람이 있었는데, 장시더는 그를 소개시키지도 않았다. 대신에 그는 46페이지에 이르는 양잉 마을에 관한 반론서를 나에게 건네면서 저자들을 헐뜯기 시작했다. 그는 좀 수다스러운 편이었다. 그는 말을 빨리 했고, 가끔 흥분에 겨워 언성을 높이기도 했다. 한 예로 그는『중국 농민에 대한 탐구』라는 책을 확 빼앗아, 책장을 넘기며 큰 소리로 문장을 읽으며 반박하기도 했다.

그는 왕잉 마을에 관한 대부분의 서술들을 부인했다. "그것은 모두 꾸며낸 이야기이다. 그들이 나에 관해서 쓴 모든 것들은, 나의 이름만 빼고는 전부 거짓말이다." 장시더는 자신은 조세를 낮추기 위해서 노력했다고 말했다. 몇 가지 문제들을 찾아내자 농민들에게 전부 돌려 줬다고 말했다. 그가 농민들 앞에서 한때 이성을 잃고 막말을 했다는 것도 부인했는데, 오히려 그 때문에 농민들이 재차 베이징으로 올라가도록 하게 하지 않았느냐고 억지를 부리기도 했다. '4월 2일 사건'에 대해서도 장시더는 당의 노선에 충실하게 따랐고, 그는 마을 사람들에게 보복하기 위해서 경찰을 보낸 것이 아니라, 농민들에게 무장해제 당하고 억류된 경찰관을 구조하기 위해서 진압을 명령했을 뿐이라고 해명했다. 그는 경찰의 폭력과 고문도 부인했다. 진압과정에서 한 노인이 죽은 것도 알고 있었는데, 사망원인은 경찰의 행동 때문이 아니라 심장마비였다고 말했다.

나는 농민들은 왜 다들 다른 이야기를 하고 있는가에 대해서 그에게 물었을 때, 그는 농민들이 모두 천 부부에 의해 매수되었다고 주장하면서 부부를 격렬히 비난했다. 천 부부가 자신에게 개인적인 원한을 품고 있고, 사실을 과장하고 왜곡하면서 책을 이용해 명예를 탐하고 돈을 벌 궁리로 자신을 비난하고 있고, 나아가 반공산주의 감정을 선동하고 자극하고 있다고 비난했다.

그러나 왕잉 마을에서의 상황이 그렇게 좋았다면, 왜 마을 사람들이 조세감면을 위한 탄원운동을 벌였겠느냐 하고 묻자, 장시더는 책임을 다른 곳으로 전가시켰다. 그와 라이벌 관계에 있는 당 간부가 그를 궁지에 몰아넣기 위해 농민들을 충동질했다고 말했다. "농민들에 대한 조세부담은 이곳에서는 무겁지 않다. 조세를 납부할 생각이 없는 사람들이 있었을 뿐이다"고 설명했다. 나중에 내가 당 자체의 조사는 농민들에게 과도한 세금이 부과되었다고 결론 내린 데에 대해 언급하자, 장시더는 하급직원들이 세금을 과다하게 부과했다고 변명했다. 만약 자신에게 책임이 있다면 당에서 자신을 징계하지 않고 대신에 승진을 시켰을 리가 없지 않느냐고 되물었다.

장시더는 책에서 그를 언변이 없고, 말을 잘 못하는 건달쯤으로 묘사한 데에서 대단히 불쾌해했다. 특히 '다섯 개의 짧은 모습(짧은 목, 짧은 팔다리)'으로 그를 묘사한 데 대해서 분노를 터뜨렸다. "그것은 모욕이다. 오직 두꺼운 껍질의 거북이들만이 다섯 개의 짧은 모습을 하고 있다. 내 키는 165cm이다. 그것이 어떻다는 것이냐. 그것은 중국인의 표준 키이다."

그는 자신에 대한 자랑도 늘어놓았다. 그는 그의 일생에서 거짓말을 해본 적이 없다고 말했다. 그는 뇌물도 돌려보냈다는 말도 했다. 그는 항상 늦게까지 근무하고 그의 핸드폰도 항상 켜둔다고 말했다. 그가 린취안현의 당 서기로 재직하는 동안 수백 개의 마을기업(향진기업)들이 생겨났고, 수만 개에 이르는 우물들이 관정되었다고 자랑했다. "내가 어느 곳에서 일하고 있던, 주민들은 내가 성품이 착하고, 붙임성이 있고, 가까이 다가가기 쉬운 민주적 노동 일꾼상이라고 칭찬하곤 했다."

내가 그에게 린취안과 같은 현에서 행정을 이끌어가는 데 어려움이 없었느냐고 묻자, 그는 심각한 재정난을 지적했다. 현의 예산은 한정되어 있고, 고용하고 있는 모든 직원들에게 월급을 지급하는 데 어려움을 겪었다고 말했다. 특히 1995년 후에는, 읍 지구와 마을단위 조직들은 공무원들의 숫자가 급속히 증가하는 바람에 부채에 허덕였다고 말했다. "당신이 누군가에게 자리를 마련해주면, 그들은 또 누군가를 위해서 자리를 마련해주고는 했다. 이런 식으로 직원들이 늘어나자 출근을 파악하는 데에만 10분 이상이 걸렸다." 왜 그렇게 많은 공무원들이 필요하냐고 묻자 "경제를 발전시켜 국민들을 부유하게 만들기 위해서"라고 대답했다.

장시더는 1990년대 초에 건설부의 주선으로 미국으로 시찰 연수를 떠난 적이 있다고 했다. 그들 일행은 여러 도시들을 방문했는데, 그는 백악관 앞에서 소수의 소말리아인들이 항의 시위를 벌이는 것에 깊은 인상을 받았다고 말했다. "공중질서가 훌륭했다. 잠시 동안 외치고는, 앉아서 쉬고 음료수를 마시고 있었다. 경찰들은 눈을 씻고 찾아 보아도 없었다. 그런데도 질서가 정연했다. 중국에서라면 그렇지 않을 것이다. … 이곳 국민들은 법에 대한 인식이 충분하지 않다. 그들이 과격해지기라도 하면, 법을 무시할 것이다."

"이것이 바로 중국에서는 민주주의 복수정당제가 적합하지 않다는 이유이다"고 말했다. "중국은 중국고유의 상황을 갖고 있다. 공산당의 지배체제는 오랜 기간에 걸쳐 발전을 이루어왔고, 국민들의 신뢰를 얻고 있다. 자유선거는 큰 혼란만을 야기할 것이다. 왜냐하면 중국인들은 이미 현재의 체제에 익숙해져 있기 때문이다."

"나는 지식인이고, 항상 공산당을 신뢰하고 있다. 큰 틀에서의 개혁은 다소 필요하다는 데에는 의심의 여지가 없다. 그러나 국가의 안정이 우선되어야 한다"고 강조했다. "만약 국가가 혼란에 빠진다면, 그땐 그 누구도 감당할 수 없을 것이다."

나는 일부에서는 일당체제는 공무원들을 견제할 수 없고, 농민들의 권리보호에도 알맞지 않다는 주장이 있는데, 이에 대해서는 어떻게 생각하느냐고 물었다. 장시더는 머리를 흔들면서 말했다. "나는 단연코 반대한다"고 말했다. "공산당의 지도체제 하의 중국과 같은 체제에서만 농민들의 이익이 보장될 수 있다. 농민들이 지금 얼마나 만족해하고 있는지를 보라!"

03 투쟁의 계절

Chapter 08
정직한 의사

중국 공산당을 이끌고 있는 지도자들이 2003년 양띠 해의 도래를 축하할 때, 조국에 대한 긍지를 느낀 데에는 그럴만한 이유가 있었다. 그들은 세계에서 가장 역동적인 경제를 이끌어왔고, 중국의 경제는 10년 이상 계속해서 급성장을 이루어왔다. 공산당 지도자들은 중공업지대에서의 노동자 시위를 무난하게 진압했고, 국영기업의 해체에 따른 최악의 노동 불안도 진정시켰다. 그들은 국제문제에 새로운 영향력을 행사해왔고, 2008년 하계올림픽도 순조롭게 준비해나가고 있다. 그리고 미묘한 권력이양도 한 고비를 넘겼다. 천안문 사태 이후, 권력을 유지해온 공산당의 총서기 장쩌민은 후진타오에게 당의 최고위직을 물려주었다. 곧 다가오는 3월에는, 국가주석직도 물려줄 예정이었다. 이러한 정치상황은 중요한 이정표였다. (현대 중국의 역사에서 가장 순조롭고 평화적인 권력이양 방법이기도 하다.) 이러한 정치 일정은 권위주의 정부들의 고질병이었던 권력승계 투쟁을 방지하는 조치이기도 했다.

중국의 입장에서 보면, 이러한 원활한 정권이양은 공산주의자들이 민주적 개혁이나 권력의 포기 없이도, 그들의 독재적인 정치체제의 단점들을 극복해나가는 방법을 찾아냈다는 명백한 증거였다. 그들은 이미 자본주의와 권위주의 정권의 결합을 확고히 하는 데 성공했다는 것을 내외에 과시해왔다. 공산당은 고통을 수반하는 경제개혁을 추진하는 데 있어서 권력의 독점에 의존해왔고, 이러한 개혁들에 의해서 이루어진 번영은 그들의 지배를 강화시켜주었다. 시장친화적인 정책들을 권위주의 정치체제와 결합시킨 중국 공산당의 시도는 엄청난 성과를 일구어 내었고, 세계의 모든 자본주의 국가들의 정치가들과 전문가들은 똑같이 중국의 모델을 경외감과 선망, 때로는 두려움을 갖고 지켜보고 있다. 외국의 투자가들과 다국적 기업들은 21세기의 첫 신기루를 발견이라도 했다는 듯이 중국으로 몰려들었다.

공산주의자들이 비록 민주주의 국가들과 비교해서 엄청난 성장을 이루고 있지만, 한편으로는 나날이 복잡해지고 점증하는 국민들의 욕구를 충족시켜 주어야 할 사회에 대해서 그들이 효율적으로 대응해나갈 수 있겠느냐는 우려도 있다. 권위주의체제 하에서의 자유시장체제의 모델은 탄광 사고처럼 하루아침에 붕괴될 수도 있지 않겠는가? 깨끗한 물과 공기는 계속 제공될 수 있을까? 공산당이 교회나 자선단체, 시민단체, 노동조합 등 시민사회에 대해 완전한 통제를 계속 유지하면서도 빈부격차를 줄이고 효율적인 사회 안전망을 구축할 수 있을 것인가? 언론의 자유와 독립적인 사법제도가 결여된 상태에서 권력의 남용과 부패를 억제할 수 있을 것인가? 공산당이 많은 사람들을 부유하게 만들었다 할지라도, 당이 어려움에 처했을 때 국민들의 지지를 계속해서 얻고 그들의 충성을 확보할 수 있을 것인가?

중국의 정치구조의 한계에 대한 하나의 예는 중국의 중앙에 있는 허난성(Henan Province, 河南省)에서 밝혀진 수치스러운 AIDS 위기였다. 1990년대 초에, 수십만 명의 허약한 농민들이 국립병원과 지방 공무원들의 친척들에 의해 운영되는 개인 클리닉에서 매혈을 하다가 HIV에 감염되었다. 이들 시설들은 비위생적인 방법들을 사용하는데, 일부 헌혈자들의 피를 원심분리기에 넣어서 혼합한 뒤 가치 있는 혈장을 따로 분리해내서 혈액 속에 다시 주입하면서 그들을 빨리 증식시켜 보다 많은 혈액을 팔 수 있게 한다. 이러한 방법들은 AIDS를 급속히 확산시키는 원인이 되었고, 2003년 초에는 허난성의 여러 마을로 번졌다.

그러나 공산당국의 자유롭지 못한 소통체계와 경직된 대처로 인해 사람들은 AIDS 확산에 속수무책으로 당할 수밖에 없었다. 지방 공산당은 혈액을 거래하면서 이익을 챙긴 공무원들을 보호하고, 질병의 발생을 은폐하기 바빴다. 경찰들은 당황하여 사실을 폭로하려는 자유 활동가들을 구속하기에 급급했으며, 검열관들은 국영언론에 AIDS에 관한 보도를 하지 못하도록 엄격히 통제했다. 국가의 고위간부들도 침묵을 지켰고, 국민들에게 질병 교육을 시키는 등의 대처방안도 마련하지 않았다. 2003년 8월 내가 허난성의 한 마을을 찾았을 때, 절망상태였던 주민들이 의료 시설의 확충과 의사 증원을 요구하면서 시위를 벌이고 있었다. 지방의 공무원들은 의사들을 보내는 대신 진압경찰을 출동시켜 마을을 습격하고 병든 마을 사람들을 구타하기에 바빴다.

이러한 와중에 외국 언론들과 소수의 용기있는 중국기자들이 보도를 시작했음에도 불구하고 허난성의 AIDS의 창궐에 관한 사항들은 2003년 초까지도 공산당 지도부의 레이더에 블립(레이더 스크린에 나타나는 영상)되지 않았다. 13억의 인구를 가진 나라에서 치명적인 질병의 발생은 일상적인 일이었고, 보건부에서는 매일 허난성으로부터 이에 대한 보고를 받고 있었다. 그러나 처벌을 두려워하는 지방 공무원들은 중앙에 지원을 요청하기보다 자체적으로 해결하고 싶어 했다. 그들이 질병에 대한 상황을 베이징에 보고할 때에도, 긴급한 상황임을 알리지 않고 사태를 축소하는 경향이 있었다. 중앙의 간부들도 전염병이 국민들에게 심각한 공포를 불러일으키거나 정치적 안정을 해칠 징후가 있는지에만 관심을 기울였다. 마침 그때는 정부가 3월초에 전인대를 열기 위한 준비에 여념이 없었는데, 이 회의는 장쩌민이 후진타오에게 국가주석직을 넘겨주는 중요한 회의였다. 지도층은 중국의 중앙지점에서 AIDS의 위기에 대해 신경 쓸 겨를이 없었고, 그 문제를 몇 달 전 중국의 서쪽에서 일어난 '또 하나의 치명적인 질병'에 관한 보고로 치부해버렸다. 내부 채널을 통해서 당에 보고된 서류들에는 몇 달 전에 발생한 '또 하나의 치명적인 질병'을 '변종 폐렴'으로 설명했다. 그로부터 몇 주일이 지나, 세계는 그것을 심각한 급성 호흡증후군, 또는 SARS라고 발표했다.

질 병 에 관 한 보고가 베이징에 올라온 것은 1월이었다. 선전 (Shenzhen, 沈圳, 홍콩과 경계선을 사이에 두고 왕래하는 번잡한 거대도시)시에서 야생동물을 요리하는 식당의 주방장이 고열이 있어, 그의 고향인 허위안 (Heyuan, 河源)시의 병원에서 진찰을 받았다. 그 주방장은 급성폐렴으로 진단받았다. 그런데 며칠이 지나자 그 병원의 일부 의사들과 간호사들이 감염되었다.

1월 첫째 주, 광둥성(Guangdong Province, 廣東省) 당국이 의료전문가들로 구성된 팀을 파견해서 조사했다. 셋째 주 쯤에 중산시에서도 심각한 질병 발생에 관한 보도가 있었고, 세 군데의 병원에서만 30여 명의 환자가 발생했다는 내용의 비밀보고서가 베이징의 보건부에 전달되었다. 이 보고서에 의하면 의학전문가들은 원인을 알 수 없는 호흡기 질환으로 의심하고 있고 이것은 매우 전염성이 강하므로 병원종사자들은 환자들을 격리시키고, 스스로도 마스크와 보호안경을 착용함으로써 감염되지 않도록 사전대비를 해야 한다고 쓰여 있었다. 이에 대해 베이징에서는 그 분야의 전문가들로 구성된 조사팀을 현지로 파견하였고, 그들은 모든 것이 적절히 통제되고 있다는 광둥성 공무원들의 보고를 듣고 되돌아왔다.

광둥성의 보도검열관들은 즉시 이 전염병에 대한 보도금지 조치를 취했다. 다음날 의학전문가들이 허위안시를 방문했고, 지역 신문들은 "전염성은 루머였다"는 머리기사에서 세계에서 처음으로 SARS에 관한 기사를 게재했다. 공무원들은 전염병이 발생하자 가장 먼저 걱정한 것은 지역 경제에 미치는 영향이었다. 일주일에 걸쳐 열리는 춘절은 2월 1일에 시작될 것이고, 지역의 기업들은 직원들에 명절 보너스를 지급하고 있었다. "중국인들의 삶에서 가장 중요한 명절인 춘절이 바로 코앞에 닥쳤다. 모든 사람들이 즐기는 시간을 망치고 싶지 않았다." 광둥성의 보건국의 해외담당관이 나의 동료인 존 팜프릿에게 말했다. "우리가 시민들에게 전염병에 관한 발표를 했다고 치자. 그들이 어떻게 행동할지를 생각해보라. 그들은 먹지도 않고, 쇼핑하러가지도 않고, 가족들과 친구들과도 만나지 않았을 것이다. 우리가 신속하게 발표했더라면, 아마도 시민들은 놀라 우왕좌왕했을 것이다."

공산당 간부들이 춘절 전에는 시민들에게 전염병에 대한 이야기를 꺼내길 꺼려했다 하더라도, 막상 명절이 끝나고서도 발표를 계속해서 미루었다. 2월 11일, 광둥성 정부는 "3백명이 불규칙적인 폐렴으로 진단되었고, 5명의 사망자가 발생했었으나 전염병은 한 고비를 넘기고 진정되고 있다고 전 세계에 알렸다." 그 발표는 거짓이었으나, 모든 성의 신문들에게 그대로 기사를 쓰도록 지시했다. 전인대가 불과 몇 주 밖에 남지 않았기 때문에, 그 누구도 빠르게 번지는 원인불명의 전염병을 기사화함으로써 후진타오의 국가주석직의 취임식에 재를 뿌리고 싶어 하지 않았다. 전인대가 끝난 뒤에도, 은폐는 계속되었다. 공무원들은 이때, 곧 다가오는 국가적 공휴일인 5월절 휴가 동안에 관광산업에 영향이 있을까 노심초사하고 있었다. 그것은 악재임에 틀림없었다. 그러면 공산당이 그러한 악재를 공개할 적절한 시기는 언제인가? 아무도 모른다.

공산당은 정보를 수집하고 통제하는 거대한 정보망을 구축해왔다. 그리고 정보를 관리하고 보안을 유지하는데 많은 비판을 받아왔지만 그것은 정권을 유지하는데 기여해왔다. 그러나 보안에 대한 제도적인 집착은 한편으로는 정권을 취약하게 만들 수도 있다. 당 간부들이 '변종폐렴'에 대한 정보의 공개를 금지하고 있을 때, 전염병은 빠르게 확산되고 있었다. ADIS와는 달리 우려할만한 상황으로 변했다. 의사들과 간호사들도, 그 질병의 전염성이 어느 정도인지 모르는 상태에 있었기 때문에, 그들은 스스로 보호 장비를 갖추지 않은 상태에서 환자들도 치료했다. 병의 징후를 나타낸 사람들은 그들이 어떻게 병에 걸렸는지, 또 그 질병이 그들의 사랑하는 사람들과 동료들, 함께 여행하는 사람들에게 얼마나 쉽게 전염시킬 수 있는지를 전혀 알지 못했다. 춘절기간 동안, 수백만 명의 노동자들이 선물보따리를 들고 열차에 올라 광둥성을 빠져나왔다. 2월 말경까지 바이러스들은 최소한 다섯 군데의 성을 공략했고 홍콩으로까지 번졌다. 홍콩은 매일 6백여 편의 국제선 항공여객기들이 드나드는 여행 중심지이다. 바이러스는 2월 말까지 베트남, 싱가포르, 태평양을 건너서 캐나다까지 번졌다.

중국어로 독왕(毒王)이라는 단어가 있다. 영어로는 '세균전파자'로 불린다. 2003년 SARS의 유행에 대해 꼬리를 무는 의문점들 중 하나는, 어떤 특정인은, 보통사람들이 바이러스를 전염시키는 것보다도 훨씬 강력한 전염성을 가진 경우가 있다. 과학자들도 아직까지 그 원인을 모른다. 이러한 독왕들을 추적하다 보면, 광둥성의 처음 발단지에서부터 시작해 중국의 다른 지역이나 세계의 다른 지역으로 이동한 바이러스의 경로를 추적함으로써 질병의 진행과정을 예측해볼 수 있다. 초기의 세균전파자 중 한 사람으로 밝혀진 사람은 27살의 여성 기업가였는데 내가 그녀를 어렵게 찾아낸 것은 5월경이었다. 그때는 전염병의 유행이 국가적인 위기로 발전된 후 몇 개월이 지난 뒤였다. 그녀는 몸이 허약하고 검고 긴머리의 가냘픈 여성이었다. 그녀는 내게 자신의 성을 알려주며 이름은 묻지 말아달라고 부탁했다. 그날 밤 나는 위씨 부인을 그녀의 아파트단지 앞에 주차된 자동차 안에서 만났는데, 천씨 성을 가진 그녀의 남편이 그녀 옆에 앉아있었다. 그녀의 눈은 약간 부었는데, 아마도 울었던 것 같았다. 그녀의 입고 있는 흰 블라우스의 소매에는 중국글자가 적혀있는 검은 단추가 달려 있었다. 그 단추는 중국의 전통적인 애도의 상징이었다.

그녀는 산시성(Shanxi Province, 山西省)의 다소 황량해보이는 수도인 타이위안(Taiyuan, 太原)시에서 살고 있었다. 그 도시는 풍부한 석탄 매장량과 탄광 작업장들로 유명한 중국의 중심지대에서 약간 북쪽에 위치한 산업도시이다. 이 도시는 중국에서 베이징이나 광저우를 제외한 어느 다른 지역보다도 많은 감염자들이 발생한 SARS의 발원지였다. 위씨 부인은 앞에서 언급한 독왕의 사례였다. 2월 중순에 그녀는 비취나 보석 등을 거래하는 소규모 사업을 하는 데 필요한 물건들을 구입하기 위하여 광둥성을 다녀온 적이 있었다. 위씨 부인이 선전시를 방문하고 며칠 후인 2월 22일에, 그녀가 선전에서 광저우로 가는 버스를 타고 가고 있을 때, 몸에 열이 있다고 느꼈다. 그녀가 병원에 가려고 하자, 그녀의 남편이 다음 날 집으로 비행기를 타고 가자고 설득했다.

위씨 부인은 타이위안에 도착해 병원에서 진료를 받은 후 또 다른 큰 병원으로 가, 의사들에게 광둥성에서 보도된, '변종 폐렴'에 전염된 것 같다고 말했다. 의사들은 이 질병에 대한 아무런 통보도 받지 못했으므로 안이하게 생각했다. 의사들 중 누구도 그녀에게 기침을 해보라고 하거나, 그녀의 호흡 소리를 들을 때에 보호 장비를 착용하지 않았다. "그들은 감기라고 생각했고, 그녀에게 항생제를 주었다"고 남편이 말했다. "그들은 SARS에 대한 정보를 알지 못했다." 한편 위씨 부인의 열은 더욱 올랐다. 며칠 뒤에는, 화씨 104도(섭씨 39.6도)까지 상승했다. 그녀는 너무 쇠약해져 음식도 먹지 못할 정도였다. 그 도시의 유명한 전문의들이 동원되었다. 2월 27일, 산시성 인민병원의 호흡기내과 과장이 그녀를 특별병실로 옮겼고, 의료진들에게 그녀를 치료할 때에는 마스크를 착용하라고 지시했다. 그때까지 위씨 부인은 이미 적어도 수십 명의 시민들을 감염시켰고, 더 나아가 도시를 어려운 상황으로 빠져들게 만들 수 있을 정도로 많은 사람을 감염시켰을지도 모른다.

다음 날, 남편은 아내를 베이징으로 데려가기로 했다. 그것은 당연한 결정이었는데, 베이징은 북동쪽으로 2백 5십 마일만 가면 되는 거리였고, 그곳에는 중국에서 가장 훌륭한 시설을 갖춘 유명한 병원들이 있기 때문이다. 그와 동료 한 사람이 위씨 부인을 앰뷸런스에 태우고 함께 가고, 그녀의 어머니와 의사가 다른 차에 타고 베이징으로 향했다. 위씨 부인은 물론이고, 함께 동행한 사람들도 마스크 또는 다른 보호 장비도 착용하지 않았다. 그들은 3월 1일 자정이 되어서 도착했고, 인민해방군 301호 병원에 입원했다. 그 병원은 고위층간부들을 위한 특별병실을 갖춘 유명한 군 병원이었다. 덩샤오핑도 임종하기 전까지 그 병원에서 치료를 받았다. 새로운 전염병이 전국적으로 확산되고 있다면, 이 병원의 의사들은 그 병에 대해서 당연히 알고 있을 것이라고 생각했다. 그러나 그렇지 않았다. 301호 병원의 의료진들은 타이위안에 있는 병원들처럼 아무런 준비도 없었다. 병원 측은 위씨 부인을 다른 환자들이 있는 일반병실로 배정했고, 의사와 간호사들도 그녀를 진료하는 동안 특별한 사전 예방조치도 취하지 않았다. 3일째 되는 날, 그들은 그녀를 호흡기 병실의 독방으로 옮겼다. 그때쯤에는 위씨 부인의 부모들도 고열로 고통을 당하고 있었다. 그들은 그의 딸이 걱정을 할까 염려해 애써 그 사실을 숨겼고, 3월 4일에야 그녀의 어머니는 입원했다. 그녀의 아버지는 항공편으로 타이위안으로 가서 병원에서 진찰을 받았는데 역시 감염된 상태였다.

다음날, 위씨 부인과 그녀의 부모들은 인민해방군 302호 병원으로 이송되었다. 그 병원은 전염병 환자들을 전문으로 다루는 병원이었다. 그러나 위씨 부인의 남편 천씨는 앰뷸런스 기사나 의료진들이 환자를 이송하는 동안 어떠한 감염방지 조치들을 취하지 않는 것을 보고 당황했다. 천씨가 호텔방으로 돌아와서, 경종을 울려야 한다는 생각에서 사건 추적 보도로 평판이 나있는 광저우의 한 신문사에 전화를 했다. "이 병은 매우 위험하고 전염성이 강하다"고 전화를 받은 여기자에게 말하면서, 신문에서 국민들에게 알려달라고 부탁했다. 그러나 그 여기자는 신문사에서는 그 병에 대해서 벌써 알고 있었다고 말하면서, 지금으로서는 아무것도 할 수 없다고 말했다. 그 여기자가 보도할 수 없다고 말한 것은 이제 막 전인대가 베이징에서 개최되었으므로 부정적인 뉴스보도가 금지되어 있다는 것을 의미했다. 공산당의 고위간부들이 베이징 곳곳에서 자축하고 있을 때, 위씨 부인은 50대 초반의 자신의 부모님이 302호 병원에서 사경을 헤매고 있는 것을 보고 있었다. 그녀의 아버지는 숨쉬기조차 어려웠고, 심한 기침 발작을 줄이기 위해 엎드린 채로 잤다. 3월 6일 한 팀의 의사들이 기관지 절개 수술을 하면서 그를 구하려고 노력했지만, 다음 날 아버지는 사망했다. 그는 베이징에서의 첫 SARS 희생자였다.

남편인 천씨도 다음 날 고열에 시달렸다. 그리고 베이징으로 부부를 따라온 친구도 감염되었다. 그리고 타이위안에서 안타까운 소식들이 전해져왔다. 그들의 한 살 된 아들이 고열로 앓고 있고 위씨 부인의 동생과 동생부인도 고열을 앓고 있다는 소식이었다. 이들 셋도 베이징으로 이송되었고, 같은 병원에 입원했다.

일주일이 지난 뒤, 위씨 부인과 그녀의 아들이 호전기미를 보이자, 의사들은 그들 두 사람을 타이위안으로 돌려보내겠다고 했다. 가족들은 두 사람이 완전히 회복될 때에 이송되어야 한다고 주장하면서 퇴원을 거부했다. 그러나 병원 측은 다른 환자들을 위한 침대가 부족하다는 이유로 주장을 굽히지 않았다. 천씨는 병원 측에서 그의 아내를 강제로라도 떠나 보내려고 하는 것은 병원 측에서 그녀가 죽을까 두려워하거나 아니면, 베이징에서의 전염 발생건수를 줄이고 싶었기 때문이 아닌가 하고 생각했다. 그때쯤, 바이러스가 이미 병원의 의료진들 사이에서도 퍼지고 있었다. 위씨 부인의 아버지의 기관절개수술에 참여한 의사들의 일부도 입원했다. 3월 11일에는 호흡기내과 과장도 중태에 빠졌다.

이렇게 해서 SARS는 광둥성에서부터 베이징에까지 확산 경로를 만들어나갔다. 5월 말경에 이르자 바이러스는 베이징에서만 2천 5백명이 넘는 사람들을 전염시켰고, 175명의 사망자가 발생했다. 베이징에서 위씨 부인이 얼마나 많은 사람들을 감염시켰는지, 또는 그 도시에서의 많은 사람들이 그녀와 간접적으로 연결되어 있는지는 정확히 계산할 수 없었다. 최소한 두 명의 세균감염자들이 초기의 몇 주일 동안에 베이징에서 전염을 확산시켰다. 그러나 위씨 부인이 수도에 도착한 독왕들 중 처음으로 왔고, 그녀가 치료를 받은 두 군데의 병원에서만도 심각한 발병 사례들이 보고되었다. 3월 말까지, 302호 병원의 호흡기 병실들에서 근무한 40명의 의사들과 간호사들 중 30명이 SARS에 감염된 것으로 진단되었다.

302호 병원이 그녀와 아들을 타이위안에 있는 병원에 보내기로 결정한 것은 3월 15일인데, 그날은 눈이 내리고 있었다. 베이징과 타이위안 사이의 도로는 빙판길로 불안해 보였지만, 병원은 그들이 체류를 연장하는 것을 거부했다. 위씨 부인과 그녀의 아들은 오후 4시에 떠났다. 날씨 때문에 그들은 다음 날 아침 6시가 되어서야 타이위안에 도착했다. 위씨 부인을 실은 앰뷸런스가 그날 밤 산길을 따라 가고 있을 때, 그녀의 어머니는 베이징에서 숨을 거두었다.

같은 날, 세계보건기구는 SARS에 대해 처음으로 전 세계에 경고단계를 발표했다. 발표 당시 WHO는 150건의 질병 발생과 4명의 사망자에 대한 보고를 접수했다고 발표했다. 그 경고는 감염자들의 숫자와 발병경위 등을 함께 발표했는데, 감염된 국가는 베트남, 싱가포르, 홍콩, 태국, 캐나다와 필리핀이었다. 그러나 정작 중국으로부터의 정보는 없었다.

조심스럽게 기획된 전인대가 끝나고, 공산당은 전염병이 봉쇄되었다는 광둥성 정부의 2월 성명과 같은 입장을 취했다. 급기야 베이징에서 전염병이 확산되고 사망자가 생기면서 공산당의 고위층에게도 보고되었다. 위씨 부인이 301호 병원에 입원한 지 거의 4주일 뒤에, 당 간부들은 오랜 침묵을 깨고, 그들이 유행성이 강하고, 치사율이 높은 원인을 알 수 없는 전염병은 이제는 안정 상태에 들어섰다고 말했다.

"베이징 당국은 해외에서 들어온 변종폐렴을 효과적으로 통제하다"라는 머리기사가 3월 26일에 국영방송망을 타고 방송되기 시작했다. 기사는 산시성에서부터 홍콩에 이르는 지역에서 8명의 환자들이 베이징에 있는 병원들에 이송되어 치료를 받고 있다고 보도했다. 그들 중 3명이 죽고, 나머지 사람들은 완전히 치유됐다. 대변인은 한 술 더 떠, "시 당국은 벌써부터 완벽한 전염병 감시체제를 구축해왔고, 특별대책반을 편성하여 전염병을 조사하고 대처하는 노력을 기울여 왔으며, 항상 유능한 의사와 간호사들을 대기시켜 왔다고 밝혔다."

이 성명은 SARS가 1천 5백만 인구의 베이징을 맹렬히 공격하고 있을 때, 당 관료들에 의해서 언급된 일련의 새빨간 거짓말들의 첫 사례였다.

공산당의 공식적인 발표와는 달리, 베이징의 병원들은 놀랍게도 준비가 되어 있지 않았고, 급격히 오르는 열 때문에 갑자기 고통스러워하는 환자들로 넘쳐나고 있었다. 스스로 보호 장비를 착용하도록 주의를 받지 못한 의사들과 간호사들은 대부분이 감염에 노출되었고, 그들 중 많은 사람들이 가족들과 다른 환자들에게 감염시키는 매개역할을 하기도 하였다. 몇몇 의료진들도 병원에 환자로 입원하게 되면서, 다른 의료진들에게도 SARS는 공포의 대상이었다. 한편 정부도 뒤늦게 조사반을 구성하여 조용히 사태파악을 하기 시작했다. 그리고 사태를 악화시키는 요인들을 찾아내기도 하였는데, 그 원인으로는 전문가들의 경쟁심으로 인한 늦장처리, 관료들 간의 불화, 정보 공유에 대한 당의 한계 등을 꼽았다. 예를 들면 질병통제예방센터의 연구원들은, 3월 말까지만 해도 광둥성 병원에 보관된 세균의 조직 샘플들에 접근할 수조차 없었다. 그 이유는 부분적으로는 중앙정부의 보건부가 광둥성 정부에 명령할 수 있는 위치가 아니기 때문인데, 광둥성의 지도자의 서열이 장관들보다도 당의 권력 서열에서 훨씬 상위에 있기 때문이었다.

사회주의와 자본주의의 정략결혼은, 수십 년에 걸쳐 누적되어온 당의 통제와 부패는 물론, 의료인들의 직업에 대한 윤리의식과 가치관에도 많은 변화를 가져왔다. 솔직하게 표현한다면, 이것은 의사들이 환자들로부터 뇌물을 받거나, 이익을 얻기 위해서 불필요한 약들을 처방한다는 뜻이기도 하다. 최악의 경우에는 사형수들과 장기 거래를 하기도 하고, 한 자녀 운동을 수행하는 과정에서 임산부들에 대한 강제유산, 반 체제인사들에 대한 정신병원으로의 이송, 그리고 심각한 장애를 갖고 태어난 유아들에 대한 안락사 등을 의미하기도 한다. 의사들은, 중국인에 대한 윤리와 공공정책의 문제들은 생각하지 않고, 오로지 공산당에 봉사하고 의학기술에만 의존하는 기술자들로서 훈련받아왔다. 그럼에도 불구하고 SARS 감염에 가장 가까이 노출돼 있는 많은 의사들은 발병에 대한 비밀을 유지하는 것이 과연 현명한가에 대해 개인적으로 의문을 가져왔다. 어떤 의사들은 말하기가 두려웠고, 직장을 잃을 위험성을 걱정하거나, 아니면 정부가 뉴스를 통제하는 마당에 그들이 할 수 있는 역할은 없다고 체념하기도 했다. 다른 사람들은 그들의 상사들에게 불만을 털어놓거나, 내부채널을 통해서, 당국이 SARS에 대해 알고 있는 것에 대해 모든 것들을 공개하도록 요구하는 메시지를 보내기도 했다. 그래야만 국민들과 병원들이 질병에 대해 극복할 수 있는 계기를 마련할 수 있다고 주장했다. 그러나 그들의 호소는 메아리처럼 흩어져 버렸다.

의 사 들   가 운 데 도   당국의 은폐에 대해서 불만을 갖고 있는 사람들이 많았다. 이들 가운데 301호 병원에 근무하는 장옌융이라는 이름을 가진, 퇴직 후 재고용된 군의관이 있었다. 닥터 장의 나이는 70세였고, 키가 크고 훤칠한 모습의 노신사였다. 얼굴은 좀 긴 편이고, 주름진 모습이었으며, 머리는 염색을 하여 새까맣게 보였다. 당시에 머리를 검게 염색하는 것은 지식인들과 당 간부들 사이에서 대유행이었다. 한때 중국에서 의사가 되는 것을 회의적인 시각으로 바라보는 시절도 있었지만, 닥터 장은 희망 있는 시대를 내다보며 의사의 직업을 선택했다. 부유한 상하이의 은행가 집안에서 태어나, 베이징대학에서 의학을 전공하고 있을 때, 공산당이 권력을 잡았다. 그는 중국에서 가장 권위 있는 의대인, 베이징종합의대에서 계속해서 공부를 하고 있었다. 그는 졸업도 하기 전에,

공산당에 자진해서 입당했고, 졸업 후에는 인민해방군에 입대했다. 그는 평소 존경해왔던 헨리 노먼 베순Henry Norman Bethune을 따라서 외과를 전공하기로 결심했다. 노만 베순은 캐나다 국적의 야전병원 외과의사로서, 적군에 합류해서 활동한 외국인 의사였다. 그가 중일전쟁 때 전사하자, 마오쩌둥은 그를 순교자로 칭송하고 애도를 표한 적이 있다.

1957년에 301호 병원의 전문의로 임명되자마자 닥터 장의 사상은 산산조각이 났다. 그의 형제들은 반주자파 운동 때 희생되었고, 문화대혁명 때에는 그 자신도 비판을 받았다. 병원에 갇힌 채 구타를 당하고 공개적인 비판을 받았는데, 그 이유는 특권층인 그의 가족 배경 때문이었다. 한 번은 그가 도망치려고 시도하다가, 그의 누이가 배신하는 바람에 뜻을 이루지 못했다. 나중에 그는 중국 서부의 칭하이성(Qinghai Province, 青海省)의 교도소 농장에서 가족들과 떨어져 5년간 절망적인 시간을 보냈다. 마오쩌둥의 통치는 당에 대한 그의 믿음을 산산조각 내버렸다. 닥터 장은 무엇이라도 믿어야 직성이 풀리는 그러한 사람이었다. 나중에 베이징으로 돌아와 301호 병원에서 일하게 되자, 그는 그의 병원 업무에 혼신의 힘을 다바쳤다. 그가 사회를 바꿀 수 없다면, 그의 환자들만이라도 최선을 다해서 돌봐야 한다는 것이 그의 생각이었다. 1989년 천안문 사태 때만 해도, 닥터 장은 중국에서는 저명한 의사였다. 그는 병원에서 일반외과 과장으로 근무했는데, 그 지위는 군인으로 비교하면 소장에 해당하는 계급이었고, 고위층 당 간부와 버금가는 계급이었다. 천안문 학살 후, 공산당은 그에게 학생들의 민주화운동에 대한 진압을 지지한다는 입장표명을 요구했다. 닥터 장은 장군급 군의관 신분이었고 당의 중견급간부인데도 불구하고 지지를 거부했다. 군 병원 당국은 그의 승진을 누락시키고, 그를 전역시켰다. 당의 노선에 따른 군인들은 승진했다.

전역 후에도, 301호 병원은 닥터 장을 외과전문위원으로 남아있게 했고, 계속해서 중요한 수술을 부탁하고, 어려운 문제들을 의논하곤 했다. 이때 그는 타이위안에서 올라온 위씨 부인의 이야기를 들었고, 그녀의 부모가 302호 병원으로 이송된 뒤 죽었다는 소식도 그때 들어서 알게 되었다. 이러한 실상들은 흔한 일이 아니었다. 닥터 장은 301호 병원장을 비롯한 베이징에 있는 모든 병원장들이 보건부의 회의에 참석했다는 것을 알았다. 이들 참석자들은 심각한 전염성 질환이 베이징에도 발생했다는 보고를 받고 전인대의 순조로운 진행을 위해서라도 엄격히 보안을 유지할 것을 지시 받았다는 것을 알았다. "나는 전염병이 발생하자 즉시 회의가 있었다는 소식을 들었다. 그런데 이렇게 사태를 호도하는 것은 큰 잘못이라고 생각했다"고 닥터 장은 말했다.

얼마 지나지 않아 닥터 장은 병원의 지하 수술실에서 대기하고 있던 환자가 열이 높아져 호흡곤란을 일으키고 있다는 보고를 받았다. 그 환자는 인민해방군 309호 병원으로 이송되었는데, 그곳에서 사망했다. 그 환자를 치료했던 의료진들 중 일부도 감염되어 병원에 입원했다. 호흡기내과와 신경외과의 환자들도 역시 증상을 보이기 시작했다. 뒤따라 같은 과에서 근무하던 의사와 간호사들에게도 증상이 나타났다. 닥터 장은 이 '변종폐렴'이 WHO에서 SARS라고 이름 붙인 것과 똑같은 전염병이라고 확신했다.

3월 말쯤, 닥터 장의 오랜 의대동창 친구이자 301호 병원의 신경외과 과장으로 있는 친구가 폐암으로 진단되었다. 수술을 기다리는 동안, 그는 열이 높아지기 시작했고, 의사들은 그를 신종 SARS로 의심되는 질병에 감염된 것으로 진단했다. 그 과장과의 친분 때문이기도 하지만, 닥터 장은 그를 치료하도록 지명된 의사들과 상의하기 위해 회의에 초빙되었다. 그때 그는 "이 질병은 특이하기 때문에 좀 더 추이를 지켜보아야 한다"며 사태를 심각하게 보았다. 계속되는 몇 주 동안, 닥터 장은 SARS에 대해서 세계 각국에서 보도되는 뉴스를 듣기 시작했다. 그는 하루 일과의 대부분을 그의 아파트에서 홍콩 뉴스보도를 보거나 인터넷에 올라온 뉴스를 보면서 지냈다. 4월 3일 오후에 그는 거실에서 TV를 보고 있었는데, 중국의 보건부장인 장원캉이 생방송 뉴스에 나왔다. 그는 이 뉴스에서 "중국에서의 SARS의 유행은 '효율적으로 통제'되고 있다"고 세계인들을 상대로 거짓말을 하고 있었다. 중앙과 지방의 의료 관련 부서들이 열심히 노력한 결과로, 감염됐던 사람들의 수가 급격히 줄어들었다"고 단언했다. "중국 대륙은 안전하고, 국민들은 일상생활을 지속하고 있으며 평소대로 일하고 있다." "1,190명에 달하는 SARS 추정 환자가 중국에서 보도되었다. 그들 대부분은 광둥성에 집중되었고, 그들 중 80%가 회복되었다. 베이징에서는 다만 12명의 환자가 발생했을 뿐이다."

닥터 장은 텔레비전에서 보건부장의 기자회견을 보면서 분노했다. 그는 오랫동안 당료 생활을 했었기 때문에 정부 관료들이 국민들에게 거짓말을 한다는 상식쯤은 알고 있었다. 그러나 이것은 상식 밖의 일이었다. 닥터 장은 SARS는 매우 위험한 전염병이고, 빠른 속도로 베이징 전체로 확산되고 있다는 것을 알고 있었다. 그는 동료 의료진들도 상당 수 감염되었고, 의사들과 간호사들이 아무런 사전대비도 없이 허둥대고 있다는 것도 알고 있었다. 베이징의 유난히 긴 겨울은 봄에게 자리를 내주려는 준비를 하고 있었고, 그때가 되면 장관의 말을 믿고, 전 세계의 관광객들은 고대 도시로 몰려올 것이다. 닥터 장이 걱정하는 것은 관광객들 중 일부라도 SARS에 감염된다면, 그들은 비행기 승객들에게도 감염시킬 것이고, 바이러스는 여행객들을 통해서 세계 각처로 퍼지게 된다는 점이다. 결과는? 대재앙일 것이다. 그를 가장 당혹스럽게 한 것은, 동료의사(장관)가 질병발생을 은폐하려고 애쓰고 있다는 사실이다. (물론 그 의사는 의사자격증을 받을 때 히포크라테스의 선서를 했다.) 의사는 상황을 잘 파악하고 그에 합당한 대책을 세워야 한다는 것이 그의 지론이었다.

보건부장이 SARS에 대한 정확한 자료를 갖고 있지 않다는 것도 생각해 볼 수 있다. 공산당 관료들은 책임을 모면하기 위하여 고위층들에게 나쁜 뉴스는 숨기려고 애쓰는 악습이 있었다. 그러나 닥터 장에게는 보건부장이 충분히 보고를 받으면서도, 의도적인 생각에서 국민들에게 진실을 숨기고 있는 것처럼 보였다. 물론 장관은 상부로부터의 지시들에 따르고 있는지도 모른다. 그리고 후진타오 주석이 은폐를 묵인하고 있다고 하더라도, 그것은 옳지 못하다고 생각했다. 그날 밤, 그는 컴퓨터 앞에 앉아서, 이메일을 작성하고 있었다.

> 어제 중국 보건부장은 뉴스대담에서, 중국 정부는 SARS 문제를 벌써 충분히 처리해왔다고 말했다. 그러나 베이징에서 12건의 SARS환자가 발생했고 이중 3명이 사망했다는, 장관이 제시한 숫자를 보고 난 후, 나는 그것을 믿을 수가 없었다. 장원캉 보건부장은 인민해방군 제2의과대학을 졸업한 의사출신이다. 그러나 그는 의사로서의 가장 기본적인 윤리규정마저도 저버렸다….

보건부장은 링뱌오의 제자인 것 같아 보인다. 링뱌오는 문화대혁명 때 마오쩌둥 다음의 서열로서 군부지도자였고, 한때 "거짓말을 하지 않으면, 큰일을 할 수 없다"고 말한 적이 있다. 오늘 내가 병원에 갔을 때, "모든 의사와 간호사들도 어제 방영되었던 뉴스대담을 보고 매우 분개하고 있었다." 그는 타이위안에서 온 위씨 부인 부모의 사망소식도 전했다. 그리고 환자들을 치료하다 감염된 302호 병원의 10여명의 의사들과 간호사들의 예도 적었다. 그는 어떻게 해서 SARS가 그의 병원으로 번졌는지, 병원의 일부 병실들이 폐쇄되어졌는지에 대해서도 설명했다. 그리고 군부에 의해서 SARS 질병을 전담하도록 지정된 309호 병원의 동료들에게 전화를 한 사실도 밝혔다. "그들은 보건부장의 발언을 상식 밖의 일이라고 말했다." "309호 병원은 40여명의 SARS 환자들을 수용하고 있고, 이제까지 6명이 사망했다."

"내가 지금까지 제시한 근거들은 언제라도 확인할 수 있고, 나는 그것들에 대해서 응당 책임을 지겠다"고 끝을 맺었다. 그의 이름을 서명한 후, 그는 두 개의 이메일 주소를 적었다. (하나는 국영국제뉴스 방송국이었고, 또 하나는 피닉스 위성 텔레비전 보도국이었다.) 그는 한동안 호흡을 가다듬은 뒤 전송했다.

몇 년이 흐른 후, 내가 왜 폭로하기로 결정했느냐고 그에게 물었을 때, 닥터 장은 쉬운 결정이 아니었다고 대답했다. 그는 그러한 은폐가 자신은 물론이고 많은 사람들이 침묵했기 때문에 가능했다고 보았고, 보안유지를 어긴 대가가 얼마나 처참한지도 알고 있었다. 그는 군법을 위반한 혐의로, 국가 기밀을 누설한 혐의로 기소될 수도 있었다. 또 연봉을 박탈당하거나 구속당할 위험도 배제할 수 없었다. 그러나 닥터 장은 자신이 그렇게라도 하지 않으면, 상황이 더 나빠질 수 있다고 판단해서 결정했다고 말했다. 그는 사실에 입각해서 진실을 말했을 뿐이고, 모든 국민들에게 헌법으로 보장된 권리였다고 말했다. 물론 고난을 감수해야 한다는 현실쯤은 알고 있었다. 각오도 되어있었다. 결국에는 "의사로서의 책임감 때문에 결심했다"고 말했다. "이러한 전염병은 정복할 수 없는 것이 아니다." "우리가 적절히 대처하기만 해도 전염병은 얼마든지 퇴치할 수 있다. 그러나 잘못된 정보에 따라 대처한다면, 상황은 더 어려워질 수 있다. 만약 모든 사람들이 전염병이 퇴치되었다고 믿고, 긴장을 풀고 조심하지 않으면, 전염병은 다시 기승을 부릴 것이고, 중국뿐만 아니라 전 세계적으로 확산될 것이다. 당연히 의사로서 진실을 말해야 할 의무가 있다고 생각했다. 의사들이 진실을 말하지 않으면 더 많은 사람들이 죽게 되고, 국가도 어려움에 직면하게 될 것이다."

닥터 장은 그의 이메일에 대한 반응을 초조하게 기다렸다. 처음에는 아무런 기색도 없었다. 그것에 대해 묻는 사람도, 전화를 거는 사람도, 집으로 찾아오는 사람도 없었다. 반면에 당국의 발표는 계속되었다. "변종폐렴은 끝났다"는 팜플릿이 등장했고, 국가 관광청은 해외항공사와 관광여행사 대리점들의 회의를 소집해서 전염병은 퇴치되었다고 홍보를 하고 있었다. "우리 대륙을 여행하는 수백만 명의 관광객들을 위해 다양하게 기획된 휴가 상품은 중국에서의 여행은 즐겁고 안전하다는 것을 전 세계에 보여줄 것이다"라고 쑨강이라는 관광청 간부가 다가오는 5월 절 휴가에 대한 홍보를 인민일보에 게재했다. 며칠 뒤 베이징 주재 국제노동기구에서 일하는 외교관이 SARS로 사망하자, 정부는 기자회견을 열었다. 이 회견에서 베이징 시 간부는, ILO직원은 해외에서 감염되었고, 베이징에서의 SARS의 확산은 걱정할 필요가 없다는 말을 반복했다.

닥터 장은 그가 보낸 이메일이 사라져버렸는지, 무시되고 있는지 알 길이 없어서 답답하고 초조해졌다. 그러나 조금 더 시간이 경과한 후 〈월스트리트 저널〉에서 그에게 전화를 걸어왔고, 〈타임〉 지에서도 전화가 왔다. 국영국제뉴스 방송국이나 피닉스 위성방송국에 보낸 편지 때문인지는 몰라도, 중요한 것은 외국기자와 인터뷰를 하게 되었다는 사실이었다. 중국 관료제도의 속성상 외국기자들과 인터뷰한다는 것은 금기사항이었고, 공산당에 반기를 들기로 작정한 적대적인 인물로 간주되었다. 충성스러운 중국인들은 조국의 얼굴에 먹칠을 할 수도 있기 때문에, 외국인들에게 어떠한 것도 언급해서는 안 된다는 것을 불문율처럼 여겨왔다. 특히 군에서는, 그러한 행위는 배신이나 반역행위로 처벌되었다.

닥터 장의 이메일은 〈월스트리트 저널〉이 처음 읽었으나, 〈타임〉 지의 베이징 특파원 수잔 제이크가 더 빨리 움직였다. 그녀는 닥터 장과의 만남을 서둘렀고, 그의 신변을 염려해 기사를 익명으로 보도하겠다고 제의했다. 그러나 닥터 장은 익명의 정보원으로부터 나온 정보는 신뢰도가 떨어지기 때문에 이름을 밝히겠다고 주장했다.

닥터 장이 SARS에 대한 은폐가 이루어지고 있다는 것을 알고 있는 유일한 의사는 아니었다. 그러나 그는 공개적으로 도전이라도 하듯이 처음부터 비밀을 털어놓고 있었다. 단일의 자체정보망에만 의존하고 있는 정치체제에서, 닥터 장의 폭로에 의한 충격은 가히 메가톤급이었다. 당이 그동안 주장해왔던 허구들이 한 순간에 무너지기 시작했다. 〈타임〉 웹사이트에 기사가 올라가자마자 전 세계의 언론과 기자들이 닥터 장에게 전화를 걸어오기 시작했다. 닥터 장은 병원에 있는 상관들이 놀라 어떻게 하고 있는지는 생각할 겨를도 없이 그가 알고 있는 것은 다 털어놓았다. 그가 다니고 있는 병원의 당 서기와 정치위원이 그날 저녁에 집으로 찾아왔다. 그들은 그가 당의 허락 없이 외국 언론과의 접촉을 금하고 있는 군법을 어기고 있다고 말하면서, 당장 입을 다물라고 요구했다. 닥터 장은 군법위반을 인정하면서도, 보건부장이 거짓말을 하고 있는 데 대하여 모두들 모른 체 하고 있는 것을 비난했다. "우리나라가 과거에 거짓말 때문에 얼마나 많은 고통을 겪어 왔느냐? 나는 지금부터라도 당신들이 진실을 말하기 위해서 노력해 주었으면 한다"고 말했다. 나중에 닥터 장은 그가 공지한 숫자가 정확하지 않다면 처벌을 달게 받겠다는 뜻의 편지를 내부채널을 통해서 보냈다. 만약 그의 주장이 사실이라면 보건부장은 사임하고, 정부는 즉각 전염병 방지대책을 세워야 한다고 주장했다.

며칠 동안, 당이 은폐를 계속해야 하느냐 말아야 하느냐에 대해 격론을 벌이고 있는 동안, 닥터 장의 이메일 뉴스는 인터넷 게시판과 핸드폰 문자메시지를 통해서 중국 전역으로 퍼지고 있었다. 그러나 공산당은 계속적인 거짓말을 할 수밖에 없었다. 보건부 간부들은 또 한 차례의 기자회견을 자청하여, 베이징에서 27건의 SARS 환자가 있다고 발표했다. 그러나 같은 날, 베이징 시장은 시청을 방문한 고위 인사에게 22명의 환자가 있다고 보고했다. 비록 그때쯤에는 모든 중국인들이 정부를 불신하고 있다고 하더라도, 이러한 부처 간의 이견은 큰 문제가 아닐 수 없었다. (언론도 정부를 믿지 않았고, 상황을 조사하러온 WHO 관계자들은 물론 도시의 시민들도 정부를 불신하고 있었다. 진실을 은폐하려는 공산당의 노력은 죽기 아니면 살기 식으로 그 도를 더해갔다.) 일부 병원들은 WHO 조사관들을 속이기 위해서, 강제로라도 환자들을 다른 병동과 심지어는 호텔로 옮기도록 지시를 받았다. 한 병원에서는 의사들과 간호사들이 환자들을 앰불런스에 싣고, WHO 조사팀들이 떠날 때까지, 환자들을 실은 채 시내를 배회하기도 했다. 이러한 어처구니없는 일들은 즉시 대학 동문들, 대학생들, 병원에서 일하는 동료들과 시민들의 제보를 통해 닥터 장에게 전달되었고, 격분한 닥터 장은 이러한 한심한 작태를 메일로 작성해 〈타임〉 지와 WHO 관계자들에게 발송함으로써, 그의 상관들의 명령을 거부했다. 인터넷 게시판에는 공산당을 비난하는 목소리로 넘쳐흘렀다. 중국공산당은 심각한 국면으로 빠져 들었다.

그날 보건부에서는 베이징의 SARS 환자는 37명이라고 밝혔다. 다음 날에는, 갑자기 339명의 SARS로 확인된 환자와 402명의 의심증세가 있는 환자가 발생했다고 보도했다. 어느 날 보건부장과 그의 보좌관들이 중국을 여행하는 것은 안전하다고 세계에 대해서 호언장담했다. 다음 날 보건부장은 베이징 시장과 함께 갑작스럽게 경질되었다. 이러한 모든 사태의 촉발은 닥터 장이 진실에 한 발짝씩 다가가면서 2주일 만에 벌어진 일이었다. 나날이 확산되고 있는 전염병에 대한 진실을 호도하면서 해외로부터의 비난과 국내에서의 불신을 자초하게 되는 상황에 이르자, 신임국가주석 후진타오는 더 이상의 은폐는 용납할 수 없다고 지시하고, 앞으로는 허위보도를 하지 말 것을 천명했다. 그것은 주목할만한 진전이었고, 정치적 도박이었다. 당의 고위층에서는 신경을 곤두세우고 사태변화를 예의주시했다. 며칠 후, 후진타오 주석과 신임 원자바오 총리는 국영 텔레비전에 출연해서 정직하고 투명하게 정부를 이끌겠다고 국민에게 약속하고 SARS를 퇴치하기 위하여 모든 노력을 아끼지 않겠다고 다짐하면서 국민들의 협조를 구했다. 서기국 상무위원회의 위원들(대부분이 전주석인 장쩌민의 동료들)은 눈을 씻고 찾아보아도 보이지 않았다. 서기국 위원들은 새로운 정책의 변화를 경계하고 있다. 새로운 정책은 공산당의 오류를 인정함으로써, 그 동안의 관행이었던, 공산당의 무오류원칙과 상충되는 정책이었다. 결국 이러한 당의 관행으로 볼 때, 보건부장과 베이징 시장도 은폐를 묵인할 수밖에 없는 상황이었다. 다르게 표현한다면 이들의 사태 인식에 대한 문제라기보다는 공산당의 체제상의 문제였다. 공산당의 리더십은 이들 두 사람만을 제거한다고 위기에서 벗어날 수 있을까? SARS가 말처럼 그렇게 쉽게 퇴치되지 않는다면? 그러한 사태가 발생한다면 공황상태에 빠진 국민들은 정부의 대처에 저항하면서 수많은 희생양을 요구할 것이다. 또 사태가 더욱 악화되기라도 한다면 근본적인 정치개혁까지 요구하지 말라는 법이 없겠는가? 이러한 사태를 예방하는 최선의 방법은 후진타오와 원자바오가 SARS와의 전쟁에 팔을 걷어붙이고 감염 퇴치에 앞장서는 길 뿐이다. 만에 하나 그들의 노력이 실패하고 공산당에 책임이 전가되기라도 한다면, 모든 정치적 부담을 그들이 떠안아야 하기 때문이다.

하늘이 후진타오를 도왔는지는 몰라도, SARS는 당초 예상했던 것보다 무서운 적이 아니었다. 닥터 장의 말이 옳았다. 전염병은 공개적이고 정직하게 싸우겠다는 정부의 의지 앞에서 무너져버렸다. 후진타오의 지도 아래, 당은 전염병을 퇴치하기 위해서 전력을 다했다. 정부는 전염병 통제관리소를 신설하고, 의심환자들에게 병동을 개방, 환자들을 집단 격리시키고 임시 병원들을 만들면서 혼신의 노력을 기울였다. 3개월 후, 전 세계 29개 나라에서 8천명 이상이 감염되었고, 774명의 목숨을 앗아간이 전염병은 퇴치되었다. 중국인의 사망자 수는 349명이었다. 그러나 공산당의 승리는 또 다른 대가를 치러야 했다. 정부는 국민들의 건강과 관련된 문제를 발표하는 과정에서 허위보도 사실을 인정해야만 했고, 중국 권위주의체제가 크게 훼손되었다는 것이었다. 그러나 그보다도 더 중요한 것은 SARS 전염병의 사례는 용기와 신념을 갖고 있는 한 사람이 당과 국가를 상대로 진실을 밝히기 위해 과감히 도전했고, 그로 인해 많은 국민들의 생명을 구해냈으며, 진실은 언제나 승리한다는 교훈을 남겼다는 데 있다.

Chapter 09
신문기자

2003년 베이징에서 전국인민대표대회(전인대로 약칭)가 열리고 있는 동안, 공산당은 계속해서 SARS 확산을 은폐하고 있었다. 이때, 광둥성에서 발간되는 한 신문이 중국에서는 유일하게 SARS에 대한 보도를 하고 있었다. 그 신문은 〈남방도시보南方都市報, *Southern Metropolis Daily*〉라는 제호의 활기찬 타블로이드판 신문이었다. 중국의 모든 신문이 그랬듯이, 데일리가 붙은 신문들은 국영언론이었고 편집자들도 공산당에 의해서 임명되었다. 광둥성에서 발간되는 많은 신문들도, 전인대 이전에 SARS에 대한 보도 금지라는 정부의 방침에 따라서, 단어 하나하나에 신경을 쓰면서 신문을 제작해왔다. 그 지역의 경험이 많은 언론인들도 마찬가지겠지만, 신문 편집자들은 1면에 있는 헤드라인 기사는 사실이 아니란 것쯤은 다 알고 있었고, 그들은 이러한 허위보도에 자신들의 손을 더럽히고 있다는 사실에 자괴감을 느끼고 있었다. 전국의 기자실에서 일하는 남녀 기자들은 당국의 보도 자료를 그대로 받아 적는 것 말고, 보다 개성적이고 창조적인 취재활동을 열망해왔다. 〈남방도시보〉의 편집은 다른 신문에서는 볼 수 없는 —시대 변화에 적응하고, 컬러 사진과 페이지가 늘어난 것 말고도— 특이한 점들이 눈에 띄는데, 그것은 기사를 그대로 받아 적는 데 그치는 것이 아니라 사실들을 좀 더 심층적으로 파악하려고 시도한다는 점이다.

SARS가 이미 퇴치되었다는 정부의 보도가 있은 뒤에도 편집자들은, 그들의 신문이 배포되는 지역에서 발생한 전염병에 대한 보다 솔직한 기사들을 게재하려는 노력을 계속해왔다. 그들은 그 동안 취재해왔던 것들을 기사화하고 싶어 했고, 그들에게 은폐를 강요하는 당 관료들과도 접촉을 계속해왔다. 몇 주일이 지났을 때, 마침내 기회가 찾아왔다. 베이징에서 개최된 전인대 개막일에 보건 부부장이 기자들에게 전인대 회기 동안에 SARS의 보도를 금지해달라는 부탁을 하는 자리에서 몇 가지 질문들이 이어졌다. 비록 신중하게 말했지만, 부부장의 답변들 가운데, 편집자들에게 빌미를 준 답변이 있었다. 다음 날 아침 신문의 1면에 전염병에 대한 조사를 도와줄 세계적인 전문가들을 초청했다는 부 장관의 발언을 개재하였다. 그것은 편집자들이 부 장관이 언급한 최신뉴스를 1면에 게재하면서 검열관들의 눈을 피해가려는 고육지책이었다. 그러나 독자들이 신문을 받자마자, SARS에 대한 정부의 방침에 정면으로 배치되는 내용의 기사들로 가득 차 있다는 것을 알게 될 것이다. 부부장은 전염병은 적절히 통제되고 있다고 볼 수 없다고 생각하고 있는 것으로 인용되었다. 부부장은 또 아직까지 SARS의 원인을 밝혀내지 못하고 있고, 치료 방법도 찾지 못했다고 말한 것으로 보도되었다. 신문은 또 부부장이 공무원들은 국민들에게 앞으로 일어나는 질병들에 대한 정보를 제공해야 하며, 광둥성에서 일어났던 것처럼, 식초를 사재기 하거나 다른 민간치료 약재들을 사재기 하는 것과 같은 혼란을 예방하기 위해서라도 보다 많은 정보를 제공해야 한다는 점을 강조했다고 보도했다.

보건부 간부들은 보도의 핵심이 다른 방향으로 가고 있는 것에 대해 당황했다. 그러나 공산당이 정작 비난한 것은 기자들 보다는 그 신문사 자체였다. 선전부의 간부들이 눈을 부릅뜨고 있는 한, 편집자들은 진정한 저널리즘을 준수하기보다 더 중요한 사실을 알아야 했다. 그것은 전인대에 대한 기사를 각본대로 편집해야 하고, SARS에 대해서는 침묵을 지켜야 한다는 '당의 방침'을 준수해야 한다는 점이다. 특히 광둥성의 당 서기인 장더장은 매우 격노한 것으로 알려졌다. 북한에 있는 대학에서 학위를 받은 것으로 알려진 그는, 광둥성에서 올라온 기자들만 참석한 기자회견에서 이성을 잃을 정도로 흥분했다. 그는 목청을 높여 〈남방도시보〉를 비판했고, 광둥성의 신문들은 제멋대로이고 말도 듣지 않는다면서 고함을 질러댔다. 그가 1년 중 가장 중요한 당의 행사에 참석하기 위하여 베이징에 있을 때, 〈남방도시보〉는 그를 당황하게 했고 궁지에 몰아넣었다. 본사는 이에 대한 후폭풍을 미연에 방지하는 차원에서 취재하고 있는 기자들을 소환했고, 그들을 대기 발령시켰다.

그러나 〈남방도시보〉가 공산당의 간부들을 격노하게 한 것은 이번이 처음은 아니었다. 그리고 편집자들은 그들의 생존을 위해서는 어떻게 처신해야 옳을지 잘 알고 있었다. 그들은 재빨리 중대한 실수를 저지른 데 대해 유감을 표시하는 기사를 게재하고, 다시는 이러한 일이 재발되지 않도록 주의하겠다는 다짐도 했다. SARS 관련 기사를 쓴 기자는 해고시켰고 그 기사를 1면에 실은 편집자는 직위 해제됐다고 발표했다. 궁극적인 책임은 편집장인 청이중에게 있었는데 그는 강등처분을 받았다. 이와 같이 신속하고 강경한 조치는 당 간부들의 노여움을 풀어주었다. 그렇지만 해고된 기자는 다른 필명으로 취재를 계속했고, 직위 해제된 편집인 역시 근무를 하고 있었으며, 강등된 청이중은 편집장이라는 직함을 갖고 있지 않은 채 신문사를 운영하고 있었다. 그리고 몇 주일이 지나 SARS의 은폐가 사실로 드러나자 〈남방도시보〉가 옳았다는 것이 입증되었다. 신임 후진타오 주석은 관련 당 간부들을 질책했고, 중국인들에게 올바른 정보 제공은 물론 정부의 투명한 정책도 약속한다고 천명했다. 검열관들의 SARS에 대한 관련 보도의 통제는 해제하지 않았지만 언론에 종사하는 모든 사람들은 정치적 풍향이 바뀌었다고 느꼈고, 이에 따라 전염병에 관한 뉴스는 다시 치열한 경쟁을 불러일으켰다. 〈남방도시보〉는 이에 관한 기사들을 이미 많이 확보하고 있었으므로 청이중은 편집인들을 소집해서 전에 게재할 수 없었던 기사들을 모두 신문에 개제하도록 독려했다. 청이중은 SARS에 관한 기사를 1면 톱으로 개제할 생각을 하고 있었다.

청 이 중 은 사무실에서도 항상 청바지와 평범한 색상의 셔츠를 입고 일했고, 나이도 젊었지만 실제보다 더 젊어 보였다. 37세의 청이중은 중국에서 주요 신문을 운영하는 사람들 중 가장 젊었다. 신문사를 방문하는 사람들은 그를 보고 일반 기자로 생각하는 실수를 저지르는 법은 거의 없다. 그의 가벼운 옷차림에도 불구하고, 그에게서 보이는 강렬함과 권위적인 분위기는 연장자가 보더라도 존경과 노련함을 느끼게 한다.

대학 졸업자로서 남방신문그룹(후에 〈남방도시보〉를 발간한다)에 취직된 후부터 청이중은 그의 동료들 중에서 단연 돋보였다. 대부분의 직원들이 도시 출신들인데 비해 그는 안후이성의 농민 출신이었다. 그는 1989년의 반정부 시위에 참가했다고 인정한 유일한 취업자이기도 했다. 청이중은 광저우에서 가장 유명한 중산대학교 중국문학과에 재학 중인 4학년 때, 전국적으로 일어난 천안문 민주화운동을 지지하는 시위대의 대열에 끼어있었다. 시위에 참가했다는 것을 부정한 친구들과는 달리, 남부신문그룹에 입사하기 전 면접인터뷰에서 그는 시위참가 사실을 인정했다. 그때 그룹을 운영하고 있었던 간부들은 그들 회사의 직원들 중 천안문사태에 참가한 사람은 한 명도 없다고 자부해왔다. 이러한 주장은 서류상으로도 사실이었고, 학살로 이어진 진압과정 후에도 그들에게 정치적 부담을 덜어주었다. 그들이 청이중을 채용한다면, 그들은 지금까지 지켜온 회사의 정체성을 부인하는 셈이 될 것이다. 이러한 우여곡절이 있었음에도 불구하고 그들은 청이중을 선택했다. 그러한 발탁은 그리 놀라운 일은 아니었다. 남방신문그룹은 광둥성의 보수적인 보도채널들 가운데서 개방적인 저널리즘을 추구하는 유일한 언론그룹이기도 했다. 그 그룹은 선전 매체들 가운데서 언론보도의 한계까지 밀고 나가는 것으로 유명했다. 광저우에서 발행되는 신문 중 가장 진보적인 신문으로 알려진 〈남방주말〉은 언론 검열에도 불구하고 도전적인 보도와 격조 높은 사설들을 개제함으로써 전국적으로 많은 독자들을 확보하는 데 성공했다. 공산당 조직도에 의하면, 언론기관은 공산당 선전국 소속이었다. 그러나 당 지도부와 특별한 이해관계를 갖고 있는 비공식적인 특수한 루트도 가지고 있었다. 이데올로기적으로 언론은 공산당 사상을 대변한다. 신문사들의 편집자들은

1953년 백가쟁명운동 때 시작된 전통을 계승하고 있다. 그들의 선배들은 공산당 노선과는 다른 견해들을 독자들에게 전달하는 것이 신문의 사명이라고 생각해왔다. 〈양청이브닝뉴스〉의 설립자 중 한 사람은, 정치적 상황이 여의치 않다 하더라도 언론인들은 항상 진실을 쓰고, 불의와는 타협하지 말아야한다고 주장해왔다. 시간이 지날수록 남방신문그룹의 편집자들은 그러한 정신을 이어받기 위해 노력해왔다.

여름이면 안후이성의 논두렁에서 가족들과 함께 농사일을 했던 청이중과 같은 대학생들에게는 남방신문그룹은 새로운 세계였다. 청이중이 그 신문사에 지원한 것은 신문의 명성에 매료되었기 때문이기도 하지만, 광저우에서 계속 살고 싶었기 때문이기도 했다. 그 도시는 성의 수도였을 뿐 아니라, 하루가 다르게 발전하는 도시이기도 했다. 그는 〈남방일보南方日報, Southern Daily〉의 문화부 편집자로 임명되었다. 그 신문은 그룹에서 발간하는 매체들 중 가장 대표적인 신문이었다. 대학시절의 여자친구(지금의 아내)도 함께 일하게 되었다. 일 년 뒤 그는 잔장Zhanjiang 지역에서 정식 기자로 근무하게 되었다. 잔장은 중국 서부함대 사령부가 있는 성의 중요한 항구도시였다. 그는 그곳에서 특종을 많이 찾아내어 능력을 인정받게 된다. 그는 공무원들의 부정은 물론이고, 지방토호 세력들 간의 이권 다툼과 같은 사회적 병폐와 지방 공무원들의 뇌물 사건을 밀착 취재하고 부패로 얻은 부의 축적 등을 폭로하기도 했다. 때로는 내용이 너무 충격적이어서 편집자들이 기사화 할 수 없다고 하기도 했다. 편집자들은 당 간부들에게 이러한 기사들을 제공하고 내부 보고채널에서 읽어보도록 하면서 사건 연루자들을 소리 없이 처리하게 했다. 청이중은 그럴 때마다 직업에 대한 회의가 생기기도 했다. 그는 아직은 그가 원하는 이상적인 기자는 아니었다. 그러나 그의 신문이 다른 신문들보다 한발 빠르게 앞서 가고 있고 기자들에 대한 처우도 향상되고 있다는 점에 위안을 삼고 있었다. 신문사에서는 그를 다시 본사로 불러들이고 특집기사를 편집하는 일을 맡겼다. 그는 의욕적으로 일했고, 공산당에도 가입하고 좋은 인상을 얻기 위해 노력했다. 그는 항상 다른 사람들보다 일찍 사무실에 나와서 기사들도 작성하고 상사들이 출근하기 전에 상사들의 책상에 보온병을 준비해놓기도 했다.

1990년대 중반 남방신문그룹은 경영난에 직면했다. 천안문 학살 후에 강경 보수 세력들이 정권을 잡자 시장개혁은 잠시 주춤했다. 1992년, 덩샤오핑은 그의 자본주의 경제개혁을 계속 추진하기 위해 남쪽지방으로 여행을 떠나 광둥성에서 며칠 간 묵었다. 그는 남방신문그룹과 같은 언론매체들은 더 이상 정부의 보조금에 의존하지 말고 스스로 운영해나가야 한다고 말했다. 이에 따라 그룹도 부동산과 벤처산업에 투자하면서 사업 영역을 넓혀 나갔다. 그러나 결과는 실패로 돌아왔고 책임 있는 간부들은 본래 사업인 신문에 다시 관심을 돌렸다.

그들의 주요간판인 〈남방일보〉는 적자상태였는데, 적자상태를 벗어나기란 힘들다는 것을 알고 있었다. 그 신문은 성의 공산당위원회의 대변지 역할을 하고 있었고, 모든 공식적인 당 기관지들과 마찬가지로, 엄격한 전통과 관습에 의해 제약 받고 있었다. 1980년대에, 당의 총 서기인 자오쯔양은 틀에 박힌 글을 쓰지 말고 인간의 냄새가 나는 글을 쓰라고 언론에 촉구했었다. 그러나 그가 실각하고 가택연금에 처해지자 모든 언론은 그러한 시도를 포기할 수밖에 없었다. 〈남방일보〉와 같은 신문들도 판에 박힌 당의 모임들과 당 간부들의 공허한 발언들을 1면에 싣도록 강요당했다. 신문의 보도들은 아직도 검열관들에 의해서 제한받고 있었다. 신문들은 발간하기 전에 당 지도자들의 사진들을 검열 받아야 하는데, 그것은 각 지도자들의 위상에 맞지 않는 사진을 개제하는 등의 무례를 범하지 않기 위해서였다. 남방신문그룹의 편집자들은 보다 진정한 저널리즘을 세워나가는 방법들을 도입하면서 〈남방일보〉의 질적 향상을 시도했지만, 환골탈태하기는커녕, 오랜 인습에 젖은 거수기 역할로 만족해야 했다. 그들이 이익을 발생시키려면, 낡은 관행에서 자유롭게 벗어날 수 있는 신문을 만들고, 처음부터 다시 시작해야만 했다. 물론 신문의 소유는 성(省)인민정부에 있고 당은 통제를 계속하겠지만, 새롭게 태어나는 신문은 일방적인 앵무새 역할이 아니라 중국인이 읽고 싶어 하는 신문이 되어야 할 것이다. 이러한 시도가 성공한다면, 편집자들은 그들의 정당성을 입증시킬 수 있을 것이고, 광고와 이익은 당연히 뒤따를 것이며, 공산당도 국민들의 여론을 반영시킬 수 있는 새롭고도 효율적인 매개체를 확보하게 될 것이다.

청이중은 29살의 젊은 나이였지만, 그룹은 실험적인 새로운 신문을 만드는 데 최선을 다해보라고 그에게 당부했다. 경영진은 젊은이도 함께 참여해서 새로운 바람을 일으켜 주길 바랐는데, 고위 편집자들은 그가 재능도 있었을 뿐 아니라 간부들의 호감을 얻었다는 점도 긍정적으로 작용했는지 그를 젊은 기자들의 대표로 발탁했다. 그것은 파격적인 승진이었는데, 그는 신문설립추진위원으로 임명된 세 사람 중 한 명이었다. 청이중은 그 프로젝트에 모든 것을 걸었고, 전국에 있는, 더 나아가 세계적인 유수한 신문들을 연구하기 시작했다. 그룹은 일찍부터 새로운 신문은 '남방도시보'라는 제호를 가진 타블로이드판으로 계획하고 있었다. 그래서 청이중은 다른 성들에서 당 기관지로 이미 발간되고 있었던 몇 개의 시장 친화적인 타블로이드판들에도 관심을 기울였다. 그는 이들 신문들보다도 훨씬 좋은 신문을 만들기 위해서 획기적인 추진계획안을 작성했다. 청이중은 새로운 신문의 제호를 붉고 노란색으로 디자인 했다. 지금까지의 방법은 당 지도자들의 서체(인민일보의 제호는 마오쩌둥의 수서체였다)를 이용했지만 청이중은 새로운 신문을 당과 정부에 연계시키고 싶지 않았다. 그 대신 그가 선택한 서체는 15세기 북위 왕조때의 기록들에서 찾아서 원용했다. 이러한 시도는 그가 만들려고 하는 신문에 대한 생각을 엿볼 수 있다. 과거의 기록을 원용함으로써 '역사는 계속 살아' 숨 쉬고 있고, 미래 세대들은 '역사를 교훈'으로 삼아야 한다는 점을 강조하고 있었다.

새로운 신문은 1997년 1월에 가판대에 선을 보였다. 청이중은 부 편집장으로 일했다. 그는 100여명에 달하는 기자들과 편집자들을 거느리는 위치에 있으면서, 매일 밤늦게까지 스스로 몇 페이지에 달하는 기사들을 작성하거나 편집하면서 작업을 했다. 그는 그가 하고 싶었던 일을 하고 있는데 대해 보람을 느꼈고, 가슴이 뿌듯했다. 그는 1989년 천안문 시위 때 추구했던 생각들을 실현시키고, 지식인으로서 국가에 대해서 평소에 하고 싶었던 생각들을 실현시킬 기회를 잡았다고 생각했다. 그는 '대통령의 사람들'이라는 워터게이트 관련 영화를 본 적이 있다. 그 영화를 보면서 자신도 〈워싱턴 포스트〉와 같은 권력 남용을 견제할 수 있는 독립적인 신문을 만들고 싶다고 생각한 적이 있었다. 그는 회사에서 마련해준 근처의 아파트에서 살고 있었지만, 종종 사무실에서 새우잠을 자면서 밤을 지새우기도 했다. 그의 아내는 어떤 때에는 며칠 동안 남편을 보지도 못한 채 지낸다면서 불평하기도 했다. 이들 부부는 자식이 하나 있었는데, 그것은 다름 아닌 그가 애지중지하는 '신문'이었다. 그는 "나는 내 직업에 만족한다. 이 일은 나의 생각과 가치에도 딱 들어맞는다. 나는 무언가 원대하고 중요한 일을 하고 있다는 보람을 느끼고 있다"고 내게 말했다.

〈남방도시보〉는 첫 해에는 적자를 내 일부 그룹 간부들은 우려를 나타내기도 했다. 그러나 청이중의 판단은 확고했고, 남이 볼 때에는 오만스럽게 보이기도 했을 정도였다. 회의에서 그는 새로운 타블로이드 신문은 광저우 시에서 최고의 판매부수를 자랑하게 될 것이라고 주장하자, 간부들은 자다가 헛소리를 하는 것 아니냐는 듯 웃어넘기기도 했다. 간부들의 우려는 청이중의 결심을 더욱 확고히 했고, 신문의 질적 향상을 위해서 더욱 노력했다. 〈남방도시보〉는 다른 신문들에서는 볼 수 없는 기사들을 싣고, 독자들이 정말로 읽고 싶은 기사들을 쓰면서 하나씩 하나씩 금기사항들을 깨 나갔다. 다른 신문들은 시도하지도 못했던 기획으로 1면에 국제뉴스를 비중 있게 다루기도 했다. 다이애나 공주가 파리에서 자동차 충돌사고로 사망했을 때, 다른 신문들은 단신으로 처리했지만, 청이중은 타블로이드 페이지의 4분의 1에 해당하는 분량의 기획기사로 다루었다. 미국의 스타 검사가 빌 클린턴 대통령의 백악관 인턴사원인 모니카 르윈스키와의 부적절한 관계에 대해 발표했을 때에도, 〈남방도시보〉는 10여 페이지에 달하는 부록을 첨가했다. 검열관들은 내용이 너무 외설스럽다고 난색을 표했으나, 청이중은 독자들은 그것보다도 더 야한 것도 집으로 가져간다면서 당 간부들을 설득했다. 어떤 때에는 당의 선전도구로서의 역할도 마다하지 않았다. NATO가 베오그라드Belgrade 주재 중국대사관을 폭격했을 때, 신문은 그 폭격에 관해 12페이지에 달하는 기사와 사진들을 실으면서, 중국 전역에 걸쳐 반미운동을 촉발시키는 데 큰 역할을 하기도 했다.

청이중의 전략은 간단했다. 그는 기자들에게 자신이 무엇을 읽고 싶은지 자문하고 그들이 생각해낸 것들을 쓰라고 당부했다. 그 신문은 중국에서는 처음으로 소비자란을 마련했다. 월요일에는 자동차 관련소식, 목요일에는 부동산 관련소식 등을 실었다. 1998년에는 월드컵 경기에 대해 48일 동안 매일 보도하면서 중국을 축구열기로 후끈 달아오르도록 만들었다. 청이중 스스로가 중국 언론의 새로운 장을 열고 있었다. 대학시절부터 영화에 빠졌던 그는, 비디오와 CD로 외국 영화들을 접하며 개인적인 감상을 작성하기도 했다. 그가 가장 좋아했던 영화는 '쇼생크탈출'이었다. 그는 신문의 일부 면에 스포츠와 연예관련 기사들을 실으면서, 독자들이 갈망하는, 정부에 대한 언론의 사명과 같은 고급기획기사들을 제공해왔다. 이 모두는 시장의 요구를 반영하는 것이기도 하지만, 한편으로는 원칙에 충실한 언론인으로서의 사명감을 반영한 것이기도 했다. 매주 열리는 간부회의 때마다, 기자들은 공익을 위해 일해야 한다는 점을 상기시키고, 항상 공무원들이나 당 간부들과 맞서 정부를 견제하는 역할을 해줄 것을 당부했다. 기자들이 내용이 너무 충격적이어서 기사화하기가 어렵지 않느냐고 그에게 물을 때면, 그는 화를 벌컥 내곤 했다. "편집자들을 정부의 검열관처럼 의식한다면 그것은 큰 잘못이다." 그는 기자들이 검열을 의식하지 말고 소신껏 일하고 끝까지 밀고 나가길 원했다. 그의 방침에 따라, 신문은 범죄와 부패에 관한 사회적 문제들에 관한 비판적인 보도로 유명한 신문으로 자리매김했다. 그의 메모에서, 이전에 도시의 창녀들에 관해 부정적으로 언급했던 기사를 비판하면서, 신문은 약자들을 대변해야 하며 권력을 감시해야 한다고 주장했다. 다른 신문들은 안전을 도모하기 위하여 적당히 기사를 작성하고 지방 공무원들의 비위를 맞추며 성 밖에서 일어나는 추문들을 기사화 하는 것에 만족해왔다. 그러나 청이중은 광저우나 광둥성 내에서 일어나는 사건들에 초점을 맞추어 집중보도 했고, 그것은 독자들이 원하는 것이기도 했다. 처음에 신문은 그 도시의 어떤 식당이 폐기 처분된 닭들에서 추출한 기름을 식용으로 사용하고 있다는 내용을 추적보도 함으로써 시민들에게 경각심을 불러일으키게 했다. 지역의 공무원들은 〈남방도시보〉가 도시의 이미지를 훼손하고 있다는 식의 불만을 검열당국에 내비치기도 했다. 그러나 청이중은 공무원들이 정말로 화를 내는 이유는, 그들이 시민들의 공중위생을 위해 제대로 감시역할을 하지 못하고 있다고 폭로했기 때문이라며, 검열당국에 차분히 설득하면서 대응해나갔다.

때로는 유연하게, 때로는 강하게 사회적으로 이슈가 되는 뉴스들을 제공함으로써 〈남방도시보〉는 독자들의 호평을 받았다. 판매부수도 첫 해에는 8만 부에서 다음 해에는 40만 부로 껑충 뛰었다. 1999년에는 60만 부를 돌파했고, 당연히 광고수입도 증가해서 처음으로 이익을 내기 시작했다. 2000년, 타블로이드판의 〈남방도시보〉는 중국에서 가장 두껍고 가장 비싼 신문으로 알려졌는데, 72페이지에 12센트였다. 발행부수는 얼마 가지 않아 100만 부를 돌파하는 신기록을 세웠고, 청이중은 편집장으로 승진했다. 그의 친한 친구이고, 세일즈에 유능한 위화평은 수석보좌관 겸 총지배인이 되었다. 이들 두 사람들도 젊었지만, 신문사의 직원들은 더 젊었다. 2천 2백 명의 직원들 중 평균연령은 27세였고 고위 편집자들의 평균연령도 33세에 불과했다.

이러한 성공 뒤에는 청이중과 직원들의 고난의 세월들이 있었기에 가능했다. 신문은 한 단계 한 단계씩 도약했고, 중국에서 가장 이익을 많이 내고, 가장 많이 읽히는 신문으로 성장했다. 다른 공산당 기관지들도 이와 비슷한 시장 친화형 타블로이드판으로 바꾸고, 〈남방도시보〉의 성공을 답습하기 위해 노력했다. 〈남방도시보〉는 사진들을 많이 실었기 때문에 새로운 칼라인쇄기를 도입했고, 광저우 시의 중심가에 현대적인 시설을 갖춘 본사도 마련했다. 이 과정에서 청이중을 당혹스럽게 한 것은 새로 신축한 건물 옥상에 신문의 이름을 새긴 네온사인 간판을 설치하지 못하도록 하는 관료주의의 아집이었다.

몇 년 사이 "〈남방도시보〉를 읽는 것은 진실을 읽는 것이다"라는 인식이 심어졌다. 대부분의 중국 신문들은 범죄에 대한 기사를 실을 때, 경찰이 항상 정의를 위해서 행동하고, 범법자들은 반드시 처벌 받는다는 인상을 독자들에게 남겨주도록 편집되어 왔다. 〈남방도시보〉는 정반대의 기사들을 자주 취급했고, 중국에서의 정당한 법 집행의 문제점들을 파헤치곤 했다. 예를 들면, 광저우 시의 공무원들을 분노하게 만든 기사가 있었는데, 그것은 광저우 시에서 납치되어 이웃 도시로 팔려나가 매춘부가 된 한 여성에 관한 기사였다. 광저우 시에서는 최근까지도 우리 도시는 안전하다고 강조해왔었다. "우리가 담고 있는 부정적인 기사들은 언제나 똑같은 주제를 담고 있다. (견제 받지 않는 권력은 사회를 해롭게 한다는 것과 동일한 맥락을 갖고 있다.) 상식적으로 말해서, 우리의 메시지는 독자들에게 왜 우리의 체제는 이렇게 되어있고, 그토록 많은 결점들을 갖고 있는가에 대한 질문을 던져주고 있다."

새로운 타블로이드판 신문은 광저우, 선전 시 등 다른 도시 등에서 당 간부들을 분노하게 만들었지만, 한편으로는 공산당 관료제도의 이점을 누리기도 했다. 남방신문그룹은 성의 공산당 기구에 속해있다. 따라서 시의 간부들보다도 서열이 높기 때문에 〈남방도시보〉에 실린 기사가 지방 관료들을 당황하게 만들었을 때에도, 그들은 직접 신문사에 제재를 가할 수가 없다. 대신에 그들은 성의 선전부에 불만을 제기할 수 있을 뿐이다. 간부들의 청원이 빗발치면, 성의 선전부는 남방신문그룹을 견책하고, 〈남방도시보〉에 유감의 뜻을 표명하는 기사를 싣도록 경고한다. 청이중은 마지못해 견책 사유에 맞는 유감을 표명하면서 기사의 책임은 신문사에 있다는 것과 기사가 실리게 된 경위를 설명한다. 이러한 내용들은 이들 간부들이 얼마나 당황하고 있고 그들이 막강한 영향력을 갖고 있어, 그들을 어떻게 처벌할 수 있는지를 낱낱이 적시함으로써, 또 다른 기사를 작성하는 것과 같은 효과를 가져온다. 때때로 기사에 대한 압력은 너무 거세어서, 그가 취소하거나 사과하지 않으면 안 될 상황에 몰리기도 했다. 그는 그렇게 하는 것이 싫었지만, 신문사를 계속해서 운영하기 위해서는 감수해야 할 최소한의 대가라는 것을 알았다.

한때 〈남방도시보〉가 짧은 기간 동안에 연거푸 발생한 비판기사들 때문에 엄중한 경고를 받은 광둥성의 선전부장인 장양성이 청이중과 그의 고위 편집인들을 사무실로 불러서 질책했던 적이 있었다. 청이중은 장양성과 같은 구시대의 관료들을 존경하지 않았다. 그러나 그는 3시간 동안 혀를 꾹 깨물고 있었다. 질책이 끝난 뒤에 그는 동료 편집인들과 점심을 함께 하면서, 장양성과 그의 어머니에 대한 비방을 늘어놓으면서, 화풀이를 했다. 그러나 얼마 후, 장양성의 보좌관이 그를 호출해 선전부장을 비방한 것에 대해 묻기 시작했다. 청이중은 신문편집인들 중 한 명이, 점심

때 있었던 비방에 관한 밀고를 한 것으로 판단했다. 그는 그 일로 직장을 잃을 수도 있었지만, 경고로만 그쳤고 다행히 무사했다. 보좌관도 천이중을 처벌한다는 것은 자칫 사안이 심각한 국면으로 진행될 수 있어 그들로서도 큰 부담을 가질 수밖에 없었던 것 같았다.

문 제 의   첫 기사는 인터넷 게시판에 올라온 한 메시지가 발단이었다. 천평이라는 기자가 그 메시지를 받았는데, 그는 새로 입사한 기자였지만, 한때는 다른 신문사에서 민완기자로 활동했었던 31세의 기자였다. 뚱뚱한 체형에 스포츠머리를 하고 둥근 안경을 낀 유머감각이 풍부한 그 기자는, 한때는 중국에서는 정평이 나있는 비즈니스 잡지사에서 일했고, 나중에는 해난성에서 새로 발간한 신문의 수석 편집인으로 일한 적이 있는 언론인이었다. 〈남방도시보〉는 그를 심층 보도팀으로 발탁했다. 그 팀은 10여명의 베테랑 기자들로 구성되어 있었고, 장기적인 기획 프로그램을 맡기도 하고 사건을 심층적으로 조사하고 보도하는 임무를 맡고 있었다. 작업에 착수한 지 며칠 만에, 한 여대생을 만나 사건에 대한 이야기를 들을 수 있었다. 그녀는 그녀의 친구들이 '보호수용소'에 억류되었다가 광저우 시에서 죽었다고 말했다. 보호수용소는 노숙자들과 마땅한 주거지가 없는 사람들을 수용하는 시설이다. 그녀의 설명은 간단했고 희생자가 최근에 대학을 졸업한 쑨즈강이라는 사람이라고 말했다.

천평은 순간적으로 그 사건에 대한 폭발력을 감지했다. 수용 또는 '보호·귀환제도'는 강제수용소들과 같은 비밀스럽고 악명이 높은 제도였다. 중국 당국은 내부통행증 제도를 시행하면서, 사상이 불순한 사람들과 일반 농민들을 비롯한 전국의 도시에서 빠져 나온 사람들을 이러한 수용소들로 보냈다. 많은 사람들이 '수용소' 운영과정의 수많은 문제점들을 거론해왔다는 것을 알고 있었다. 이러한 제도가 시행됨에 따라 경찰은 길에서 사람들에게 통행증을 보여달라고 요구하면서 신분이 부정확하거나 수상한 기미라도 있으면 그들을 연행해갔다. 이들의 권력 남용에 대한 규제수단은 아무것도 없었고, 경찰들은 아무런 법적 근거도 없이 시민들을 연행해가기 일쑤였다. 이렇게 억류된 사람들은 그들의 고향으로 돌려보내지도록 되어있었는데, 수용소에서 석방되려면 터무니없이 많은 돈을 내야했다. 피수용자가 돈이 없거나, 아무도 그들을 구해내지 못할 때는, 석방을 위한 돈을 마련하기 위해 교도소 농장이나 공장으로 강제로 보내졌다.

이런 상황들을 예의주시하면서, 천평은 보호 수용소에서의 대졸 출신 직장인의 죽음은 폭발력 있는 기삿거리이자 정치적으로도 민감한 사항이라는 것을 직감했다. 그는 〈남방도시보〉가 이러한 주제에 관한 기사를 싣게 해줄지에 대한 확신이 없었다. 그는 모든 신문들이 사법재판제도에 관한 비판적인 기사는 기피해왔다는 사실을 경험을 통해서 알고 있었다. 경찰, 검찰, 법원, 교도소는 기자들에게 성역이었다. 그러나 천평이 쑨즈강의 죽음에 대해서 양빈에게 보고했을 때, 그는 아무런 주저없이 취재를 허락했다. 천평은 감격했다. 용기와 담력을 갖고 신문을 위해서 헌신하고, 저널리즘을 통해서 사회적 문제들을 해결해나가기 위해서 광저우 시로 자리를 옮긴 이유가 바로 여기에 있었다.

천평은 오래 걸리지 않아, 쑨즈강의 가족을 찾아냈다. 쑨즈강이 죽은 뒤 2주일이 지났는데도, 그의 아버지는 광저우 시에 머물고 있으면서, 아들의 의문의 죽음을 파헤치려고 백방으로 뛰어다니고 있었다. 그는 북쪽으로 500마일 떨어진 후베이성(Hubei Province, 湖北省)의 시골에서 올라온 농부였다. 공무원들은 그를 경멸하고 무시했다. 공무원들은 그의 아들이 갑자기 심장마비로 사망했다고만 말했다. 그러나 그의 아버지는 쑨즈강이 건강했고 27세의 젊은이였다고 말했다. 보호 수용소에서 무슨 일이 벌어졌을까? 경찰은 왜 그를 그곳에 수용했을까? 쑨즈강은 광저우 시에 오자마자 그래픽 디자이너로 취직이 되었고 재직 관련서류들도 갖추어져 있었다고 아버지는 말했다. 천평은 그에게 변호사를 알아보고 시체 부검의를 찾아가 아들의 시신을 해부해서 법적인 소견을 받아두라고 조언했다.

나중에 천평은 한 동료에게 그의 취재를 도와줄 것을 부탁했다. 동료인 왕레이는 천평과는 반대의 모습인데, 키가 크고 호리호리하고, 긴 머리에 염소수염을 기르고 있었다. 그는 천평의 취재열정에 감동해서 함께 참여하기로 했다. 두 기자는 쑨즈강의 사망원인을 밝혀내기 전에는 아무런 기사도 쓸 수 없다는 데에 동의했다. 재차 쑨즈강의 아버지를 찾아 갔을 때, 그는 광저우 시의 변호사들은 아무도 그 사건을 맡으려고 하지 않더라는 사실을 알려주었다. 그들은 그에게 계속 노력하라고 격려하면서 부검의 중요성을 거듭 강조했다. 부검이 없으면 신문도 그를 도울 수 없다고 말했다. 한편 그들은 증거를 수집하기 시작했다. 경찰기록과 병원기록, 아버지의 진술내용에 따라 관계당국에 조사를 의뢰해 보았으나 도움이 될만한 것은 하나도 없었다. 그런데 천평이 사건을 맡은 지 3주일쯤 지나 왕레이로부터 전화를 받았는데, 쑨즈강 동창생들의 도움으로 부검을 했고 가족들은 그에게 의사의 소견서 사본을 주었다. 젊은 그래픽 디자이너의 사인은 폭행이었다.

천평은 기자실로 급히 돌아와서, 왕레이와 함께 소견서를 훑어보았다. 의학전문용어로 쓰여있기 때문에 이해하는 데 시간이 좀 걸렸지만, 결론은 명확했다. 쑨즈강의 팔과 다리, 어깨 등에는 둔한 둔기로 얻어맞은 상처가 남아있었다. 외상이 너무 심한 탓으로 그는 의식을 잃었고 신체 조직의 활동이 멈추면서 사망했다는 내용이었다. 두 기자는 신문의 수석 편집자들 중 한 사람인 양빈에게 가서 그들이 지금까지 취재했던 내용들을 보고했다. 양빈을 즉시 기사를 작성하라고 지시하고 몇 가지 당부를 했다. 첫째, 지금부터 모든 내용에 대한 보안을 철저히 해줄 것, 둘째, 선전부 관료들이 그 사건에 보도금지 조치를 하기 전에 빨리 그들의 조사를 마무리 하라고 당부했다. 〈남방도시보〉는 소수의 검열관들이 신문 발간 전에 모든 기사들을 읽는다는 것은 물리적으로 불가능하기 때문에 지금까지의 관례대로 발간을 밀어 붙일 수 있었다. 그리고 신문이 당국에서 보도금지 지시가 내리기 전에 발행되었을 때에는 신문은 고의적으로 규칙을 어기지 않았다고 주장할 수도 있었다.

양빈은 점심시간 때 청이중을 만나서, 그들이 밝혀낸 것을 그에게 보고했다. 청이중은 신문사가 이미 광저우 시의 경찰과 법 집행기관들과의 관계가 원만하지 않았던 때였으므로 그의 보고에 주의를 기울였다. 그들은 강력한 기관들이다. 그래서 신문사는 가능한 한 그들을 멀리하고, 비공식적인 채널을 통해서만 접촉하고, 선전부 간부들을 통해 압력을 구사하면서 대응해왔다. 그러나 수용소 제도에 대한 충격적인 기사는 그들을 궁지로 몰아세울 수도 있고, 더 강력한 대응을 촉발시킬 수도 있었다. 기사를 내보내는 타이밍도 좋지 않았다. 청이중과 신문은 SARS 보도금지를 위반한 사건 때문에 당국들과 긴장관계에 있었다. 그러나 청이중은 그 사건을 무시하기에는 사안자체가 너무 중요하다고 생각했고, 양빈에게 신문에 게재하라고 지시했다.

  기자들은 미리 정해진 회견들을 취소하고 재빠르게 움직였다. 천평은 부검을 담당한 의사를 만났는데 그는 신경질적으로 설명했다. 쑨즈강은 심한 폭력 때문에 상처를 입었고 그가 판단하기로는 사망은 구타 당한지 72시간 이내라고 말했다. 왕레이는 쑨즈강의 친척이라고 속이고 보호 수용소의 병동을 찾아가서, 의료진들에게 질문을 하기 시작했고 그들의 변명들을 녹음했다. 다른 기자들은 쑨즈강의 가족들과 친구들, 그의 룸메이트와 그의 고용주들을 만나면서 쑨즈강의 마지막 일정을 재구성해낼 수 있었다.

  쑨즈강은 한 달 전에 광저우 시에 도착했다. 그는 친구와 함께 기거하면서 의류회사에 다니고 있었다. 그가 구금당한 날 밤 11시쯤에, 룸메이트에게 전화를 걸어 그가 인터넷 카페로 가는 동안 두 명의 경찰들에게 제지를 당했다고 말했다. 그가 아무 신분증도 제시하지 못하자 경찰들은 그를 인근 파출소로 연행했다. 룸메이트가 쑨즈강의 신분증과 그를 꺼내는 데 필요한 돈을 가지고 달려갔을 때, 경찰은 억류했던 다른 사람들은 내보내면서도 그를 내보내는 것은 거절했다. 경찰관 중 한 사람이 자신들에게는 누구를 억류하고 석방시킬 수 있는 권한이 있다고 소리쳤다. 나중에 룸메이트가 쑨즈강을 찾아내 경찰을 화나게 한 행동을 했느냐고 물었다. 쑨즈강은 경찰들과 몇 마디 말들만 주고받고, 별다른 심각한 일은 없었다고 말했다. 다음 날 다른 친구가 쑨즈강으로부터 걸려온 전화를 받았다. 그는 겁에 질린 목소리였고, 보호 수용소에 연행되어 왔다고 말했다. 그 친구는 쑨즈강의 직장대표에게 전화했고 대표는 그의 신원을 보증하기 위하여 수용소로 찾아가서 그를 석방시키기 위해 노력했으나 허사였다. 3일째 되는 날 쑨즈강의 친구들이 그가 보호 수용소의 병동으로 이송되었다는 것을 알고, 그를 만나려고 했으나 그의 가족만이 그를 만날 수 있다고 하여 돌아올 수밖에 없었다. 그가 억류당한 날로부터 4일째, 쑨즈강의 친구들이 가족과 함께 병원으로 찾아갔으나 그가 이미 죽었다는 소식을 들었다.

천평과 왕레이는 경찰과 인터뷰를 마지막으로 미뤘다. 그들은 동사무소, 보호 수용소, 병원의 입원실, 그리고 마지막으로 경찰서를 방문했다. 그러나 어느 곳에서도 단서가 될만한 말을 듣지 못했다. 오후 5시가 지나서 그들은 사무실로 돌아왔고, 기사는 다음 날 쓰기로 했다. 그때 그들은 무슨 생각이 갑자기 떠올랐는지 동시에 양빈의 사무실로 뛰어갔다. 양빈이 취재가 어떻게 되어가고 있느냐고 묻자, 그들은 그날 오후 경찰과 인터뷰를 시도했었다고 말했다. 그는 그들에게 마지막까지 경찰과의 접촉을 피했어야 했다고 말했다. 아마도 경찰은 선전부 당국자들에게 기사를 막아달라고 요청하고 있을 것이라고 말했다. 그리고는 그들에게 즉시 기사를 작성하라고 지시했다. 그는 그날 밤 기사를 내보낼 작정이었다.

천평과 왕레이는 저녁도 거르면서 신속하게 기사를 작성하기 시작했고, 밤 9시 30분쯤에 기사작성을 끝마쳤다. 그들은 쑨즈강의 친구들이 부검을 위하여 돈을 모은 사실도 기록했다. 그들은 그의 사망원인에 대한 부검의 소견도 곁들었다. 그리고 경찰이 쑨즈강을 보호 수용소에 감금한 것이 정당했느냐에 대한 의문도 제기했다. 거주지와 통행증이 없는 실업자만이 보호 수용소에 수용될 수 있었다는 점을 그들은 강조했다. 그러나 쑨즈강의 친구들이 경찰에 신원증명카드를 제시했고, 아파트에 거주하고 있고, 직장에도 다니고 있다고 주장했으나 계속해서 억류했다는 것은 일반인들이 생각해도 상식 밖의 일이었다. 기자들은 기사 말미에 쑨즈강의 친구들과 가족들의 말을 인용하면서, 그는 감성적이고, 열심히 노력하는 착한 사람이었다고 썼다. 기자들은 쑨즈강의 가족들이 후베이성의 작은 농촌에서 광저우 시에 올라와서 고생하고 있는 모습을 그리면서 기사를 마감했다. "아들은 우리 마을에서는 처음으로 대학에 들어갔다." 쑨즈강의 아버지가 말했다. "그가 차라리 공부를 하지 않았더라면 이렇게 억울하게 죽지는 않았을 것이다."

청이중은 이 기사가 엄청난 폭발력을 가지고 있다는 것을 알고 있었다. 기사가 나간 뒤의 후폭풍을 생각하면서, 그는 잠을 설쳤다. 그는 이 기사가 나가면 전국적으로 국민들의 화젯거리가 될 것이라는 점을 확신하고 있었다.

 사무실을 떠나기 전에, 그는 스텝진에게 전국적인 웹사이트인 '시나Sina'와 '소후Sohu'에 기사내용을 전송하라고 당부했던 일을 회상했다. 두 웹사이트는 중국의 어떤 신문이나 잡지보다도 더 많은 독자들을 확보하고 있었다. 그리고 개인들이 운영하고 있기 때문에 보도 검열관들을 적당히 구워삶는 전략도 어느 정도는 구사하고 있었다. 신문들은 스스로 기사를 내보내는 것을 자제했지만, 웹사이트들은 전국에 걸쳐 이미 전송되어 온 기사들을 내보낼 수가 있었다. 웹 사이트의 연결망은 기사에 관심을 갖게 하고, 여론에 영향을 미치고, 당의 지방네트워크가 할 수 없는 방법으로 대중적인 화젯거리로 만들 수 있다. 〈남방도시보〉와 같은 신문들의 성장은 이미 중국 미디어의 미래를 바꾸어 놓았다. 그리고 인터넷은 그

과정을 더욱 빠르게 촉진시키는 역할을 했다. 청이중은 일찍이 웹 사이트의 무한한 잠재력을 인식했고, 시나와 소후와 제휴를 해서 매일 새벽 2시에 신문의 주요기사를 전송해왔다. 웹사이트들이 〈남방도시보〉의 기사를 그들의 홈페이지에 올리면서, 기사를 읽는 네티즌들의 숫자는 급격히 늘어났다. 웹사이트가 신문 기사를 실으면서부터 신문의 영향력도 강화되었고, 따라서 웹사이트의 급속적인 팽창은 검열당국이 기사를 검열하는 데 어려움을 안겨주었다. 청이중은 쑨즈강의 죽음에 대한 기사가 웹사이트에 실리면 지역의 반응뿐만 아니라 전국적인 관심으로 확대되고, 검열관들을 당황스럽게 만들 수 있다는 것을 알았다. 쑨즈강의 죽음은 이제 전국적으로 이슈화되었고, 언제 터질지 모르는 시한폭탄으로 변해 있었다. 그는 이것을 염두에 두고 있었다.

〈남방도시보〉는 수많은 특종들을 게재해왔다. 그러나 쑨즈강의 사망 의혹 기사는 지금까지의 어떤 기사의 반응과도 달랐다. 그 기사는 인터넷 이메일과 문자메시지를 통해서 전국으로 퍼졌고, 복사된 내용들은 전국의 웹 포럼 및 카페들에도 확산되었다. 신문사는 독자들로부터 분노의 목소리나 그들이 경험했던 권력의 횡포에 대한 사례들을 제보하는 전화소리와 팩스수신음 소리로 전쟁터를 방불케 했다. 수만 명의 사람들이 '시나'와 '소후'에 글을 올렸다. 청이중은 사무실에서 두 사이트에서 댓글이 급증하는 것을 보면서, 사태가 심상치 않게 돌아가는 것을 느낄 수 있었고, 그의 신문은 그 중심에 있었다. 댓글은 보호 수용소에 대한 분노가 주류를 이루고 있었고, 국민들은 실망감을 행동으로 그리고 말로서 표출하고 있었다. 기자들은 계속 걸려오는 전화와 팩스를 받느라 정신이 없었다. 천평과 왕레이는 쑨즈강의 아버지와의 인터뷰 내용을 초안 삼아 후속

기사를 쓰기 시작했다. 오후가 되자, 성의 선전부에서 한 간부가 전화를 걸어와, 그 사건에 대해서 더 이상 보도하지 말라고 지시했다.

청이중은 그 전화를 받고 놀라지 않았다. 그는 온종일 당국으로부터의 반응을 기다리고 있었다. 당국의 침묵은 오히려 그를 불안하게 했다. 그는 당국이 신문과 자신에게 엄중한 문책을 준비하고 있을지도 모른다고 우려했다. 한참이 지나서야 그는 자신과 신문이 안전할 수 있다는 것을 알게 되었다. 그는 편집자들과 기자들을 불러 회의를 가졌다. 그리고 천평과 왕레이에게 기사가 신문에 실릴 수 있을지 불투명하더라도 계속해서 쑨즈강에 관한 기사를 쓰라고 지시했다. 그는 선전부 당국의 보도금지는 일시적인 조치이고, 다른 방법을 찾아보겠다고 약속했다. 당에서 〈남방도시보〉에 쑨즈강에 대한 기사를 막는다면, 신문은 수용소와 관련된 다른 사건들을 실을 것이다. 그것도 봉쇄한다면 수용 제도 자체를 겨냥하면서 기사를 실을 것이다. 신문은 문제들을 계속 제기할 것이며, 의식이 있는 신문이라면 당연히 사회발전에 기여해야 할 책임이 있다고 강조했다. 〈남방도시보〉가 이러한 역할을 계속해나간다면 수용 제도가 폐지될 수도 있을 것이며 그것이 언론인으로서 '우리가 추구해야 할 목표'라고 강조했다.

천평과 왕레이는 서로 쳐다보았다. 수용 제도에 관한 정부의 방침은 확고한데, 그들의 편집장이 이성을 잃고 너무 흥분한 게 아닌가 하고 생각했다.

그러나 몇 주가 지나면서 청이중의 생각은 들어맞는 것 같았다. 당의 신임지도자들은 SARS 은폐를 끝내고, 정치개혁에 속도를 내는 것 같았고 정부의 솔직함과 투명함이 깃들어 있는 담화는 보도검열관들의 역할을 축소시켰다. 광둥성의 선전부 관료들은 쑨즈강의 사망의혹 사건에 대한 보도를 금지해왔지만, 그곳의 신문들은 〈남방도시보〉가 남긴 선례에 따라서 그들의 취재범위를 넓혀 나갔다. 천평과 왕레이가 쓴 첫 기사가 〈남방도시보〉에서는 게재금지를 당했지만, 베이징의 신문에서는 기사를 실었다. 천평은 그 기사를 베이징의 한 신문 편집자로 일하고 있는 친구에게 보냈고, 그 신문은 익명으로 기사를 실었다.

전국에 걸쳐서, 기자들이 수용 제도에 대한 문제점들을 파헤치기 시작하자, 〈남방도시보〉의 편집자들도 그 동안 묻어두었던 자료들을 기사화하도록 당부했다. 이렇게 해서 기사화된 내용들은 실로 끔찍했다. 당과 법률의 원래의 의도는 도시의 유랑자들과 가출자들을 그들의 고향으로 돌려보내려는 취지였으나, 경찰은 시민들을 괴롭히면서 돈벌이 수단으로 악용하고 있었다. 경찰은 해마다 200만 명 이상을 구속했고, 그들을 전국에 있는 700개의 수용소에 분산 수감하면서 그들을 풀어주는 대가로 돈을 요구해왔다. 신문들과 인터넷에서는 정당한 사유도 없이 연금되고, 돈을 갈취당하고 폭행당했던 인권유린에 관한 기사들로 넘쳐나고 있었다. 난징에서는 길을 잃어서 수용소에 연행된 한 중학생이 있었다. 그 학생은 4일 뒤에 집으로 돌아왔는데, 온몸은 멍투성이었고 정신이 멍한 상태였으며, 소지품들은 강탈당했고 알아듣지 못할 말들을 중얼거렸다. 또 열세 살짜리 소녀 둘은 지앙수성의 보호 수용소에서 포주에게 팔아넘겨진 뒤, 베이징에서 매춘을 강요당한 적도 있었다. 한 젊은 여성은 체류 허가증을 제시하자 경찰은 그것을 찢어버리고 그녀를 보호 수용소로 연행해가서 성폭행했다는 기사도 있었다.

청이중은 이러한 기사들의 중심에 〈남방도시보〉가 설 수 있도록 노력했다. 정부가 쑨쯔강의 사망 의혹사건에 대한 철저한 수사를 하겠다고 발표하자, 그는 쑨즈강의 가족들이 묵고 있는 여관에 기자들을 상주시키면서 기자들이 사태발전을 더욱 가까이서 모니터할 수 있도록 조치했다. 그는 다른 기자들에게는 수용 제도를 규제할 수 있는 법적근거에 대해서도 알아보기 위해서 법률학자들과 접촉하도록 당부하기도 했다. 그러면서 광저우 시의 간부들이 억류할 수 있는 대상자들의 범위를 자의적으로 확대해왔다는 점도 지적했다. 〈남방도시보〉는 계속해서 강경한 톤으로 논설들을 실으면서, 효과적으로 개혁운동을 주도해나갔다. 너무나 많은 사실들이 밝혀지고 있고, 사실들은 너무나 명확해서 제보를 검증할 필요조차 없었다. 그러나 수용소를 대변하는 당의 체제는 견고했고, 진실을 위해서 분투하는 세력은 너무 약해서 신문들도 잠시 멈칫했고, 당의 분위기를 파악하느라 동분서주했다.

청이중은 이 난관을 돌파하기 위하여 편집자들과 기자들을 회의장으로 불러 자신의 심경을 피력했다. 백여 명 이상이 모인 회의장에서 청이중은 "국가의 성장과 사회의 발전과 국민의 행복을 위해서라면, 다소 불편과 고통은 감내할만한 가치가 있다"면서 연설을 하기 시작했다.

"하늘이 우리들에게 숙제를 내어줄 때, 또한 그에 합당한 고통과 어려움도 함께 나누어준다. 우리는 정직하게 처신해왔으므로, 아무것도 걱정할 필요가 없다. 우리의 책임감은 우리를 훌륭하게 키워냈다. 우리의 탁월함은 성공의 원천이자 또한 고통의 원천이기도 하다. 바람은 항상 숲속에서 큰 나무들만을 골라 괴롭힌다. … 우리에게 어떤 시련이 닥치더라도 〈남방도시보〉의 가치와 신념을 포기해서는 안 된다. 우리는 자랑스럽게 지켜야 할 책임과 사명이 있다. 〈남방도시보〉는 역사적인 시련을 이겨낼 수 있는 신문이고, 꼭 지켜야만 되는 가치가 있는 신문이다. 〈남방도시보〉의 가치들은 이 땅의 주류사회의 가치들이다. 〈남방도시보〉의 여정은 우리의 조국, 중국의 신문들이 마땅히 가야 할 여정이기도 하다. … 국민들은 〈남방도시보〉의 그동안의 업적을 가슴 속에 간직하고 있고, 미래에도 많은 기대를 걸고 있다. 〈남방도시보〉의 존재는 우리들의 사회가 보다 건강하고, 문명화되었다는 증거이다. 그리고 그것은 우리의 사회가 보다 이성적이고 공정하다는 것을 보여주는 것이기도 하다. 우리가 당면하고 있는 상황은 매우 심각하다는 것을 말하고자 한다. 현실은 혹독하고 또 냉혹하다. 〈남방도시보〉는 인내와 용기를 갖고 우리 앞에 놓여있는 시련을 이겨나가야 한다. 우리가 헤쳐 나가지 못할 칠흑같이 어두운 밤은 없다. 우리가 견뎌내면, 새벽은 반드시 온다."

그러면서 청이중은 기자들에게 의기소침하지 말고 각자의 위치에서 최선을 다해 정의를 위해 싸우자고 격려했다. 한편 당 간부들의 소식통에 의하면, 광둥성의 당 인민위원회는 긴급회의를 소집해서 쑨즈강 사망의 혹에 대해서 논의 했다고 한다. 그 회의에서 당 간부들은 병원 병동의 폐쇄회로 카메라에 찍힌 쑨즈강에 대한 폭행 장면이 담겨있는 비디오를 보았다. 그것은 참혹한 광경이었는데, 공무원들이 쑨즈강을 담요로 덮어서 몇 분 동안이나 주먹으로 치고 발로 차는 장면이 생생히 찍혀 있었다. 또 간부들은 그 병원에 일 년도 채 되지 않는 기간에 천 명 정도의 환자들이 입원했고, 그들 중 백여 명이 사망했다는 보고도 받았다. 청이중은 천평과 왕레이에게 그 병동에서 희생된 다른 사망자들의 가족들도 찾아보고 관련된 비디오 사본도 확보해보라고 지시했다.

두 기자들은 최선을 다했으나 별 성과가 없었다. 광저우에서 근무하는 공무원들 중 누구도 〈남방도시보〉와 접촉하는 것을 꺼렸다. 그러나 천평은 후난성의 한 보호 수용소의 운영 실태를 상세하게 기록한, 눈 여겨볼 만한 탐문기록을 기사화했다. 후난성의 수용소 측에서는 피수용자를 인계받을 때마다 한 사람당 13불의 보상금을 광둥성의 경찰에게 지급하고 있다는 충격적인 내용이었다. 수용소측은 피수용인들로부터 충분한 돈을 거둘 수 없기 때문에 광둥성의 경찰은 피수용인들을 다른 지역의 수용소 측에 팔아넘기고 있다는 것이다. 이 때문에 피수용자들은 그들이 풀려나기 위해서는 많은 돈을 지급해야 했다. 돈을 마련할 수 없는 사람들은 교도소 농장으로 보내지고, 그곳에서 노예나 다름없는 노동을 하게 되고, 심지어는 다른 수용소에 팔려가기도 했다. 지난 5년 동안 한 수용소는 50만 불에 가까운 돈을 벌어들이기도 했다고 천평은 기사에서 썼다.

수용 제도에 반대하는 운동에 참여하는 사람들은 언론만이 아니었다. 베이징의 세 사람의 젊은 법학자들은 전인대에 수용소 관련 법규들의 헌법합치 여부에 대한 검토와 이 제도의 폐지를 건의하는 청원서를 제출함으로써 베이징 사회에 충격을 안겨주었다. 이들 법률학자들은 그러한 청원을 할 수 있는 권리가 국민들에게 주어져 있다는 법적 근거도 제시했고, 이러한 법률을 원용하는 첫 사례였다. 일주일 후에는, 다섯 명의 유명한 법률학 교수들이 젊은 학자들의 법 해석은 타당하다고 인정했고, 그들 스스로도 헌법합치 여부를 검토해 달라는 요구서를 제출했다. 이와 동시에 대중의 분노는 인터넷상에서 계속해서 폭발했고, 쑨즈강의 친구들과 동창들은 그를 추모하는 사이트를 만들었다. 또 광저우 시에서 철야농성을 벌이자는 제안도 있었다.

이런 와중에서도 공산당의 신임 지도자들은 이 문제에 대해서, 계속해서 침묵을 지켰다. 새로운 지도자들이 수용 제도를 폐지하는 조치를 취한다면, 그들은 SARS 은폐에 대해 철퇴를 내린 데 이어 또 하나의 대담한 개혁을 시도하는 행위이고 여론을 수용하는 것이기도 하지만, 한편으로는 공산주의 사상과 당의 오래된 인습에서 점점 멀어지게 된다는 위험부담도 안고 있었다. 그들은 심각하게 고려하면서 결정을 미루고 있는 것 같았다. 그래서 아무도 어떻게 결정이 날지 모르고 있었고, 그들이 언제쯤 결정을 내릴지 아무도 모르는 상태였다. 〈남방도시보〉도 새로운 지도자들의 의중에 대해서 아무런 예단도 할 수 없었다. 그런데 어느 날 밤 9시쯤에 〈남방도시보〉가 쑨즈강의 사망의혹 사건을 보도한 지 두 달도 채 되지 않아 신화통신이 기사를 보도했다. 신임 원자바오 총리가 각료회의를 소집하고 수용 제도를 폐지시키기로 결정했다. 그것도 가능한 한 빨리 시행하라고 지시했다는 내용이었다. 700개에 달하는 수용소가 곧 문을 닫게 되었다. 〈남방도시보〉 기자실에 누군가가 급히 뛰어와서 신화통신이 발표한 내용의 기사를 청이중에게 건넸을 때, 그도 깜짝 놀랐다. 그는 동료 한 사람에게 얼굴을 돌려 어떻게 신임지도자들이 이처럼 빨리 결단을 내렸는지 모르겠다고 말했다. 지금까지 중국의 어떤 신문도 이처럼 극적인 상황으로 국가정책에 영향을 미친 적은 없었다. 다음 날 아침 신문 1면의 편집을 마치자, 청이중은 한 논설위원에게 멋진 사설을 작성하라고 당부했다. 그리고는 홀가분한 심정으로 사무실을 나섰다.

* * *

당국으로부터 보호 수용소의 패쇄 조치가 취해진 뒤 얼마 지나지 않아 광둥성 경찰은 청이중을 공금유용 혐의로 구속한다. 그러나 전국의 언론 기자들과 시민들의 항의에 직면한 당국은 그를 석방하는 대신에 〈남방도시보〉의 편집장에서 물러나게 했다. 그는 현재 〈스포츠 일러스티드*Sports Illusted*〉의 중국어판 편집장으로 일하고 있다.

Chapter 10
변호사의 집념

2004년 8월에, 나는 푸양(Fuyang, 阜陽) 시에서 일어난 언론의 자유에 대한 또 다른 전쟁을 지켜보고 있었다. 푸양 시는 광둥성에서 700마일 북쪽에 있는 안후이성의 곡창지대였다. 푸양 시의 지방 인민 재판소에서 열리고 있는 명예훼손에 대한 재판은 여러 가지 이유로 세상의 주목을 받고 있었.

원고석에는 장시더가 앉아 있었는데, 그는 전직 린취안 현의 당 서기였고 지금은 푸양 시의 당 지도부의 일원으로 일하고 있었다. 피고석에는 장시더가 고소한 천구이디와 우춘타오 부부가 앉아있었다. 그들 부부는 판매 금지된 베스트셀러인 『중국 농민에 대한 탐구』의 저자들이다. 푸양 시에서의 장시더의 영향력을 감안하면(그의 아들은 같은 법원의 판사였다) 그가 소송을 제기했을 때, 모든 사람들의 예상은 재판의 결과는 보나마나 일 것이라고 생각했다.

　푸양 시에서 재판을 진행하는 것이 원고 측에 유리하게 작용할 것이라고 생각하는 데는 몇 가지 이유들이 있었다. 2004년 여름이 되자, 후진타오 정부가 실질적인 정치개혁을 추진할 것이라는 예상은 이미 물거품이 되어버렸다. 공산당의 새 지도자들이 SARS 은폐를 척결하고, 보호 수용소의 철폐를 결정한 후 일 년이 지났지만, 그들이 더 이상의 변화를 모색하고 있다는 징후는 보이지 않았다. 오히려 후진타오 세력이 전임 세력(장쩌민)에 의해 당 지도체제에 도전을 받고 있다는 추측까지 나돌고 있는 상황이었다. 2003년 11월에는 한 학교 교사이자 선거제도개혁 주창자인 아오링파라는 사람이 이끌고 있는 후베이성의 주민들로 구성된 한 모임의 회원이 지역의원 선거에 출마했지만, 선거기간 동안 당국으로부터 방해와 협박을 당했다. 언제나처럼 계속된 부정으로 얼룩진 선거결과는, 한마디로 그들을 공산당 후보들을 위한 들러리로 만들었다. 공산당 지도체제의 개혁에 대한 아오링파의 호소는 철저히 배제되었다. 〈남방도시보〉에 대한 탄압도 그 뒤에 바로 이루어졌는데, 국영언론에 찬물을 끼얹고 중국 기자들의 희망을 여지없이 짓밟아 버렸다. 2004년 6월에는 SARS 내부 고발자였던 닥터 장도 구속되었고, 천안문 시위 15주년 추모식도 완전히 봉쇄되었다. 정치 개혁은 아직도 요원한 숙제로 남아있었다.

　중국의 급속한 경제성장으로 인해 양극화 현상은 더욱 더 두드러져 갔고 이에 따라 후진타오와 원자바오 총리는 서민들의 점증하는 불만을 달래기 위한 방안들을 모색하고 있었다. 그들은 사양 산업이 밀집해 있는 도시들에서 일어나고 있는 항의 시위들을 진정시키기 위해 동북지역의 산업지대에 복지기금들을 대폭 확대하는 정책을 취했다. 그러나 전국의 농촌에서도 같은 상황이 반복되면서 어려움에 봉착하고 있었다. 지방 공산당에 의해서 과도하게 부과되고 있는 세금과 벌금들은 농민들의 수입을 갉아먹고 있었다. 후진타오가 계획하고 있는 첫 단계의 구상은, 농촌의 모든 세금들을 단계적으로 폐지하는 것이었는데, 그러한 상징적인 제스처는 그가 중국의 가장 큰 명절인 춘절(구정)을 농민들과 함께 지내면서, 만두를 나눠먹는 장면을 텔레비전을 통해서 전국에 방영하도록 한 점에서 그의 의지를 엿볼 수 있었다. 그러나 후진타오가 등장한 지 2년이 다 되어가지만, 서민들의 상황은 더욱 더 나빠져만 갔다. 많은 지방 공무원들은 여전히 과중한 세금들을 부과하고 있었다. SARS 사태 이후 침체되었던 경제를 부추기기 위해 취해진 투자완화정책은 자금을 부동산 시장으로 몰리게 했고, 새로운 산업정책들은 당연히 농촌의 땅을 필요로 했는데, 지방 공무원들은 농민으로부터 땅을 강제로 빼앗아 개발업자들에게 팔아넘기고 있었다. 농지의 몰수는 즉각 농민들의 반발을 불러일으켰고, 농민들은 땅을 몰수해서 개발업자들에게 팔아 이익을 남긴 공무원들을 비난하면서 배상을 요구했다. 한편으로, 후진타오의 의도적인 대중적 행보는 농민들의 기대 심리를 끌어올리는 역할을 했는데, 농민들은 지방 공무원들이 후진타오의 정책을 따르지 않고 있다고 믿으면서 과감하게 공무원들에게 저항하고 있었다. 불만이 고조됨에 따라, 경찰과의 충돌은 늘어났고, 2004년에는 매일 200건의 시위가 일어나기도 했다. 시위 중 일부는 폭력사태로까지 비화되기도 했다. 공산당 지도자들이 농촌에서 일어나고 있는 도전에 직면해 있는 상황에서 푸양 시에서 재판을 진행하기로 한 것은 많은 사람들의 관심을 불러일으키게 했으며 재판결과를 묵묵히 지켜보도록 했다.

푸양 시에서 열린 재판은 전국에서 쇄도하는 법률행동주의자들의 반대와 관심 속에서 시작되었다. 법에 대한 정치적 견해를 분명히 밝히고 있다는 점은, 중국인들의 법에 대한 인식이 달라져 있다는 것을 보여주는 사례였다. 중국인들은 수세기 동안 법을, 국가를 통치하는 수단으로, 권력자들이 국민들의 행동을 규제하는 것으로, 그들의 통치에 저항하는 자들을 처벌하는 수단으로 보아왔었다. 공산당도 그러한 시스템을 유지해 왔고, 법은 오로지 계급투쟁에서 프롤레타리아에 의해서 사용되는 수단이어야 한다는 마르크스의 언급을 들먹이기도 하면서 악용해왔다. 그러나 마오쩌둥이 죽은 뒤, 공산당은 시장경제에 알맞은 현대적인 법률체계를 만들기 시작했고 중국인들은 법을, 정부 관료들의 권력을 견제하고 개인의 권리를 보장하는 것으로 이해하기 시작했다. 재판은 당의 명령에 따르는 대신, 공평하게 법에 따라서 판결되어야 한다는 믿음이 싹트기 시작했다. 국민들은 지도자들을 포함하여 모든 사람들이 법정에서 공정하게 재판을 받아야한다는 사실도 깨닫기 시작했다. 권위주의 국가에서는, 이러한 인식들은 위험한 생각들이었는데도, 중국의 공산당은 스스로 이러한 법에 대한 인식을 확산시킬 수 있는 토양을 만들어 주었다. 문화대혁명이라는 광기가 끝난 뒤, 당은 국민들에게 법의 지배를 약속하면서 선전용으로도 활용해왔다. 지금에 이르러서는, 전국의 법정들에서, 국민들은 그러한 약속이 지켜지기를 간절히 원하고 있는 상황이었다.

이러한 역할을 주도하는 사람들은 당연히, 변호사들이었다. 그들은 다양한 계급출신들로 이루어져 있고, 행동의 자유를 추구하고 있는 사람들인데, 새로운 직업군을 형성하면서 그들이 해야 할 일들을 스스로 찾아나갔다. 어떤 사람들은 중국의 정규대학의 출신들이고, 또 어떤 사람들은 독학으로 법률을 공부하고 변호사 시험을 통과했다. 이들 변호사들 중 극히 일부만이 당 간부들과 그들의 측근들의 부패와 비리에 관련된 사건들을 맡아 힘겨운 전쟁을 치루고 있다. 대개 이러한 사건들은 승소하기도 어렵고 수입도 없으며, 또 위험이 따른다는 것은 상식이다. 구속 상태의 사건의뢰인을 위한 적극적인 방어, 또는 이해관계에 따르는 도전적인 소송은 자칫하다가는 담당변호사를 감옥으로 보내버릴 수도 있다. 그러나 그에 따르는 보상 또한 상당하다. (명성, 존경, 정의를 위한 투쟁 등 그들은 그들 스스로를 '웨이추안' 또는 '정의의 수호자'라고 부른다.) 이들 변호사들은 함께 모여 활동하고 뛰어난 정치력을 과시하면서 그들의 존재를 부각시키고 있었다. 변호사들은 힘을 합쳐 동료변호사를 변호하기도 했다. (쩡언충이랑 변호사는 개발업자에 의해서 강제 퇴거된 주민들을 변호한 것 때문에 감옥에 수감되어 있었다.) 또 유명한 기업가인 쑨다우라는 사람을 변론하기도 했는데, 그 기업가는 중국의 정치체제를 비판해서 당국자들을 격노하게 만들었다. 『중국 농민에 대한 탐구』의 저자들도 소송을 당하자, 그들 중 푸즈창 변호사가 변호를 자청했다.

턱이 길고 스포츠머리를 한 키가 크고 억세 보이는 푸즈창은 변호사라기보다 산적처럼 보였다. 그를 처음 만났을 때 불량배들이 주로 사용하는 거친 표현과 고전적인 중국어를 섞어가면서 사용해 나는 약간 당황했다. 사교적이고 수다스럽기까지 한 그는 입지전적인 인물이기도 하다. 그는 후베이성의 한 가난한 농촌에서 문맹인, 옥수수와 감자를 재배하는 농부의 막내로 태어났다. 그의 나이는 39세이고, 베이징에서 성공한 법률회사의 멤버로 일하고 있다. 그는 자기소유의 고층아파트에 살고 있고 폭스바겐 승용차를 타고 다니는 중산층으로서 편안한 삶을 즐기고 있다.

푸즈창이 농촌을 떠나온 것은 그가 태어나서 3개월쯤 되어서였다. 그의 부모들은 그를 가까운 친척부부에게 키워달라고 맡겼다. 그들 젊은 부부는 자식이 없었고 현 소재지에서 가까운 곳에 살고 있었다. 푸즈창의 부모들은 그가 자라서 좋은 교육을 받기를 빌었다. 그 기도는 이루어졌고, 그는 그의 마을에서 처음으로 대학에 다니는 사람이 되었다. 그는 톈진(Tianjin, 天津) 시에 있는 난카이대학교(Nankai University, 南開大學校)의 역사학과에 입학했다. 그는 모범생이었고 동창들 사이에서도 인기가 있었다. 공산당도 그를 눈여겨보고 입당시키려고 노력했다. 그러나 1984년은 문화대혁명 이후에 정치적 해빙기에 해당하는 시기였고, 전국의 대학에서는 백가쟁명운동 이후에 볼 수 없었던 지적 열풍으로 가득 찬 시기였다. 서점들은 한때는 판매가 금지되었던 서적들로 가득 찼고, 과거의 사실들이 공개되기 시작했던 때이기도 했다. 푸즈창도 당연히 그가 지금까지 학교에서 무엇을 배웠는가에 의문을 갖기 시작했다. 그의 동창들 중 많은 학생들이 공산당에 입당했는데, 공산당원이 되는 것은 좋은 직장과 많은 혜택을 받는 데 유리하기 때문이었다. 그러나 푸즈창은 독서실에서 역사와 정치관련 서적들을 읽으면서 시간을 보냈고, 공산당 입당을 거절했다. 그는 공산주의는 국민들을 기만하는 이데올로기라고 생각했고 당과 관련된 어떤 단체에도 가입하지 않았다.

졸업 후, 푸즈창은 후베이에 있는 대학에서 조교 생활을 하며, 베이징의 중국법정대학의 대학원에 입학했다. 대학원에서는 고대 중국문학과 법률을 공부했다. 많은 학생들이 그랬듯이 그도 공산당 지배체제에 대한 불만이 점차 높아졌다. 인플레이션은 통계를 비웃으면서 치솟았고, 공무원들의 부패는 날이 갈수록 기승을 부렸다. 푸즈창은 물리학자인 팡링즈와 같은, 민주개혁을 주장하는 학자들을 존경했다. 이러한 학자들은 정부당국에 의해서 '정신적으로 오염' 되었고 '부르주아 자유사상'을 가진 자들로 매도되었다. 그는 이러한 상황들을 보면서 정치체제에 대한 혐오감이 더욱 깊어졌다. 그리고 1989년 봄, 전 공산당 서기였던 후야오방이 심장마비로 사망했다. (이전의 권력투쟁과정에서 온건파로 몰려 숙청된 상태였다.) 이틀 후, 푸즈창은 후야오방의 죽음을 애도하기 위하여 베이징 시내를 행진하는 수만 명의 학생들 대열에 동참했다. 그것은 천안문 민주화운동의 시작이었다.

천안문 민주화운동은 푸즈창의 생애에서 전환점이 되었다. 그는 당시 24세였고, 다른 학생들보다 나이도 많았으며, 많은 재학생들로부터 신뢰를 받고 있었다. 그래서 민주화운동을 대표하는 많은 지도자들 중 한 사람으로 뽑혔다. 그는 가두행진을 조직화 하고 수업거부를 주도하기도 했다. 그는 단식투쟁에도 동참했다. 그는 학생들 앞에서 연설도 하고, 외신기자들과 회견도 가졌다. 푸즈창은 몇 주일 동안이나 천안문 광장에서 캠프를 치고 생활했고, 6월 3일 밤에도 그곳에 있었다. 수천 명의 학생들이 인민영웅 탑 옆에 모여 있었는데, 그때 군인들이 베이징으로 들어오면서 시위자들을 향해 사격하기 시작했다. 총격소리는 도시를 진동시켰고, 하늘에는 섬광이 반짝거렸다. 천안문에 설치되어있는 확성기들은 정부의 계엄령 선포를 거듭해서 발표했다. 푸즈창은 탕탕하는 총탄 소리를 들었고, 처음에는 멀리서 희미하게 들려왔지만 점점 그 소리는 폭죽 소리처럼 가까이에서 들리기 시작했다. 그는 도망치는 것보다 차라리 광장에 그대로 앉아있는 것이 안전하다고 판단했다. 유혈사태는 천안문 광장 밖의 도로에서 벌어졌다. 6월 4일 아침, 군인들이 천안문 광장을 점령하고 눈물로 얼룩진 학생들에게 해산하라고 명령했다. 푸즈창은 광장을 떠나는 마지막 대열에 있었고 다행히도 무사했다.

공산당은 나중에 각 학교별로 조사하기로 결정했다. 졸업이 다가오면서 대학 당국은 푸즈창에게 반성문을 제출하도록 강요했다. 그는 반성문을 제출했는데, 그 제목은 '공산당에게 나의 심경을 털어놓는다'였다. 그는 반성문에 시위 당시의 활동을 변호했고, 그러한 행동은 정당했다고 주장했다. 당시 그는 정부에서 너무 예민하게 대응했다고 생각했다고 강조하면서 단식투쟁에 동참했던 사실도 기록했다. 학생들은 단식으로 거의 죽음상태에 빠져 있었지만, 정부는 최소한의 인간적인 동정심마저도 내팽개쳤다고 주장했다. 그럴수록 그의 태도도 강경해져갔다. 다른 학생들도 그와 같은 생각들을 하고 있다고 믿는다고 말했다. 푸즈창의 사건을 담당한 교수가 일당체제를 고수하도록 하는 덩샤오핑의 '4가지 기본원칙'은 왜 언급하지 않았느냐고 질문했다. 푸즈창은 자신은 그 원칙들을 반대한다고 말하면서, 교수가 원한다면 반성문에 추가하겠다고 대답했다. 교수는 머리를 흔들면서 반성문은 그대로 접수하겠다며 나가도 좋다고 말했다. 처음부터 끝까지 공산당 노선을 거부하는 그의 태도를 감안하면 대학 당국은 그를 퇴학시킬 수도 있었지만, '중대한 행정경고'라는 단서를 달고 졸업시켜주었다. 이 경고는 대학 교수가 되고 싶다는 그의 꿈을 앗아가 버렸다. 이 경고는 대학이나 정부기관에서 그를 채용하지 못한다는 것을 의미한다. 푸즈창은 항상 이렇게 말해왔다. "이러한 경고로 인해 오랜 동안 많은 기회들을 놓쳤지만 결코 후회한 적은 없었다."

몇 해 동안 푸즈창은 세일즈맨으로, 비서로, 농업시장의 일꾼으로 여러 직장을 옮겨 다니며 고달프게 살았다. 그러던 1993년, 한 친구가 그의 학위가 법학석사이니 그 쪽 방면으로 진로를 찾아보라고 충고했다. 그는 변호사 시험에 도전하기로 하고 열심히 공부했고, 두 번만에 합격했다. 처음에 그는 변호사 직무에 충실하지 않았다. 그러나 그는 벌써 서른이 넘었고, 결혼도 했으며 두 살 된 아이의 아버지였다. "나는 그 일에 관심이 있어서 변호사가 된 것은 아니다. 달리 더 뾰족하게 할 일이 없었기 때문에 마지못해 했다는 표현이 적절하다. 생계를 꾸려가야 했지만 나의 기록에는 6월 4일이라는 경고가 따라다녔고, 더 좋은 직업을 찾을 수도 없었다."

마오쩌둥은 문화대혁명 때 사법부 제도를 아예 해체시켰다. 그래서 정부는 1980년대에 이르러 사법제도를 처음부터 다시 구축해나가기 시작했다. 그러다 보니 시간이 걸렸지만, 변호사들은 국가에만 충성해야 한다는 지금까지의 전통적인 생각에서, 점차로 의뢰인들의 권리를 위하여 헌신하는 독립적인 옹호자가 되었다. 푸즈창은 1992년에 개인 변호사무실을 열었는데, 몇 년이 지나서야 사건다운 사건을 맡을 수 있었다. 그는 파산선고를 한 회사들의 정리절차를 도왔고, 업무 분쟁을 해결하는 업무를 주로 맡았으며 그에 관련된 법률들을 연구했다. 그러나 그는 개인의 능력보다 동료 변호사들과의 소통과 협력의 중요성을 깨달았다. 변호사들끼리의 소통과 협력은 피의사건들을 진행하는 데도 유리했고, 판결에 미치는 영향도 컸다. 사법부가 부패했다는 것은 이미 상식에 속하는 일이 되었다. 밤늦도록 벌어지는 마작게임에서, 변호사들은 판사들에게 수만 불을 일부러 잃어주기도 했다. 그들은 판사들에게 사치스러운 선물들과, 현금을 뇌물로 바치기도 했다. 중국 사법제도의 여전히 권위적이고 억압적인 상황에서도 푸즈창은 성공할 수 있었다.

4년간의 대학생활과 3년간의 대학원 과정을 마치면서, 그는 많은 사람들을 사귀어 왔는데, 이러한 인맥이 큰 도움이 되었다. 그는 일 년에 20~30건의 사건들을 맡으면서, 법률회사에 가장 많은 소득을 올리고 있었지만 한편으로는 양심의 가책을 받고 있었다. "내가 인맥을 이용하지 않고 단독으로 일을 처리하겠다고 의뢰인들에게 말한다면, 그들은 반겨하지 않을 것이다. 그래서 그들이 내가 많은 인맥을 갖고 있냐고 물으면, 나는 항상 그렇다고 대답한다." 그러면서도 그는 가능한 한 자제를 했다. 그는 사건을 해결하기 위해 지인에게 부탁하여 법을 어기는 짓은 절대로 하지 않았고 떳떳치 못한 행위도 요구하지 않았다. 그는 뇌물을 주는 일도 없었고, 의뢰인들이 가끔 재판과정에서 적당히 손을 써보라고 요구할 때마다, 그는 시간을 두고 하나씩 처리해나가는 방법이 제일 좋은 방법이라고 말했다. 그러나 어쩌다 그는 떳떳하지 못한 방법을 택할 때도 있었지만 그 때는 "선택의 여지가 없을 때"라고 말했다.

2003년, 그는 변호사의 사명이 세상을 바꿀 수도 있다는 그의 지론을 뒷받침해줄 수 있는 사건을 맡은 적이 있었다. 중국의 유명작가 위추위에게 비방혐의로 고소당한 한 문학 비평가를 변론하는 일이었는데, 공판을 진행하는 동안 1964년에 일어난, 표현의 자유에 대한 미국 연방대법원의 결정을 이끌어낸 '뉴욕타임즈 vs 설리번' 사건에 관한 기록들을 참고했다. 그 판결은 진실에 대한 명백한 오류의 경우를 제외하고는 다소 사실이 잘못 다루어 졌다고 하더라도 공무원들에 대한 모든 기록들에 관한 출판은 보호되어야 한다는 취지의 판결이었다. 푸즈창은 비방에 대한 많은 기록들을 하나씩 예를 들어가면서, 미연방 법원도 미국의 뉴스보도 기관들이 지방 정부 공무원의 법규에 구애받지 않고 남부 지방에서 시민권을 유린하는 사례들을 보도할 수 있도록 했다고 주장했다. 그는 그 판결을 법의 힘이 사회를 변화시킬 수 있다는, 법조인으로서는 귀감이 될 사례로 생각했다. 그리고 미국연방대법원의 판결사례들을 자신의 변론에 원용하면서 사건을 유리하게 이끌어갔다. 공익에 관한 문제들에 대한 '무제한적인 논의'는 사회를 위해서도 매우 바람직한데, 이러한 공익적인 여론들은 법이 그러한 비판에 개입하지 못하도록 재갈을 물린다는 점에서 매우 중요하다. 결국 판사는 그의 변론을 반영하지 않을 수 없었고, 그는 승소했다.

그 사건 이후, 그는 변호사로서의 보람과 긍지를 느끼기 시작했다. 그는 언론의 자유라는 목표에 그의 인생을 걸기로 결심했다. 그때부터 그는 회사들과 기업계의 거물들로부터 고소당한 잡지사 두 곳과 신문사, 한 학자에 대한 변론을 맡았다. 전국적으로 언론 통제는 상식이 되어버렸고, 당 지도자들에 대한 비판은 감옥행을 의미하는 상황에서 푸즈창 변호사는 자타가 인정하는 인권 변호사로서의 위치를 굳히고 있었다.

네 건의 사건들이 계류 중에 있을 때, 그의 다섯 번째의 소송사건이 될, 장시더가 『중국 농민에 대한 탐구』의 저자 부부를 고소했다는 소식을 들었다. 그 사건은 장시더가 공직에 있다는 점에서도 다른 사건과는 그 성격이 달랐다. 푸즈창 변호사는 문제의 책을 구입해서 보았다. "나는 그 책을 주의 깊게 읽었고, 그 책은 나를 감복시켰다." 그 책은 그가 농촌에서 직접 겪었던 경험들을 회상시켰다. 10년 전만해도, 당국은 한 자녀 운동을 강하게 밀어붙이기 위해 임신 9개월째인 그의 형수를 강제로 유산시켰다. 그 책의 작가인 천구이디와 우춘 타오는 벌써 변호사를 선임했었다. 그러나 푸즈창은 그들을 위해 무료 변론을 맡겠다고 제의했다. 그는 이 사건을 뉴욕타임즈 vs 설리번 사건과 연계시켜서 변론하고 싶다고 말하면서, 법원이 당 간부를 비판하는 국민의 권리를 인정한다면 국가도 국민들의 권리신장을 보호해줘야 한다고 설득했다. 그는 일 년 전에 승소한 사건에서 주장했던 자신의 변론 내용들을 팩스로 전송하기도 했다. 작가 부부는 그의 정성에 감동했고, 몇 주후에 그들은 베이징에 있는 그의 사무실을 방문해서 사건을 변호해 달라고 정식으로 부탁했다.

* * *

나는 재판일 이틀 전인 8월 22일에 베이징의 거대한 서구식 플랫홈에서 푸즈창을 만나 푸양으로 떠나는 야간열차에 탑승했다. 베이징에서 푸양까지 가는 데는 9시간이 걸렸다. 푸즈창은 희미한 열차의 전등 빛 아래서 공판기록들을 들춰보기도 하고, 변론을 구상하면서 생각에 잠겨 있었다. 그 도시의 부패에 대한 악평에도 불구하고 그 사건에서 승소한다고 장담하기는 어려웠다. 내가 걱정이 되느냐고 그에게 묻자, 그는 웃으면서, 꼭 이기리라고 생각하지는 않는다는 것을 시사했다. "나는 최선을 다할 것이다. 그것이 내 의뢰인들에 대한 의무이다." 그러나 문제는 그런 당위성보다도 현실이 문제였다. 공산당은 항상 법에 의한 지배를 강조한다. 정부는 법률을 검토하고 법원을 설치하고, 판사들을 채용하고, 재판을 한다. 이것들은 법의 장식품에 불과하고 정부의 정당성을 뒷받침해주는 형식적인 도구에 불과하다. 즉 하나의 속임수일 뿐이다. 푸즈창은 누구보다도 이런 점들을 잘 알고 있다. 그러나 그는 법으로 위장한 속임수라 할지라도, 그것이 기회를 만들어주기도 한다는 점도 알고 있다. 법정이라는 무대를 이용해 국민들에게 사건들을 납득시킬 수도 있었다. 그가 일을 매끄럽게 처리한다고 하더라도, 공산당은 판결의 결과를 뒤집을 수 있다. 그러나 그러한 행위는 당의 위선을 드러내는 것이며, 법의 평등을 언급하는 것은 기만이라는 것을 스스로 자백하는 것이고 당의 이미지에 큰 상처를 입힌다는 대가를 반드시 치르게 된다는 것을 의미했다. 그가 제시하는 증거가 명백할수록 당이 치르게 될 대가도 클 것이고, 만약 그 파장이 엄청나기라도 한다면, 당 지도자들은 그들이 법위에 군림하고 있다는 사실을 전 세계에 알리게 된다는 것에 큰 부담을 느끼게 될 것이다. 그렇듯 망설이는 순간에, 의외의 성과를 거둘 수가 있다. 기만은 현실이 될 수도 있다. 반대로 당은 자신들이 만든 법에 스스로 속박될 수도 있을 것이다.

푸즈창은 지루한 싸움이 시작될 것이라는 점을 잘 알고 있었다. 그는 벌써 세 번이나 사전 공판절차를 확인하기 위하여 푸양을 다녀갔다. 그 과정에서 승산이 희박하다는 사실을 깨닫게 되었다. 원고와 피고는 재판 진행을 원활히 하기 위한 증거를 제출하기 위해서 소환되었었다. 장시더의 변호사는 재판준비관련 기록들을 보여 달라는 푸즈창의 요구에, 복사하느라 많은 경비가 들어갔다면서 보여주는 것조차 거절했다. 결국 그쪽 변호사는 패소할 것이 명백한 사건에 왜 돈을 쓰느냐고 말하는 것처럼 보였다. 그러나 푸즈창은 경비를 보상할테니 기록을 보여 달라고 물고 늘어졌다. 그러자 판사가 중재에 나서서 장시더의 변호사에게 그 기록들을 복사해서 건네주도록 명령했다. 이것은 아직 시작이라고도 볼 수 없고, 대수롭지 않은 신경전에 불과했다. 판사가 피고 측에 동의를 하고 있더라도 판사는 권한이 없었다. 판사들은 당에서 임명하고, 당의 지시를 따르도록 관례화되어 있었다. 그들은 사건을 주재만 할 뿐 결정할 권한은 없었다. 그 대신 최종결정은 지방법원을 통괄하는 해당지역의 지방 당 간부들이 했다. 한 조사에 의하면, 당 간부들의 결정이 법과 상충할 때, 법에 따라서 결정한다는 응답자는 중국 전체 판사의 5% 미만이라고 나타났다. 장시더는 푸양 시의 간부들 중 한 명이었기 때문에, 푸즈창의 유일한 희망은 상급기관의 개입이었다. 그러한 상황을 기대하려면, 재판과정이 중국인들의 많은 관심을 끌어야만 했다. 그러나 베이징의 선전부 관료들이 『중국 농민에 대한 탐구』라는 책을 판매 금지시켰고, 재판에 대한 취재보도도 금지했기 때문에 그러한 기대도 힘들 것 같았다.

　재판이 열리기 며칠 전, 한 기자가 보도 금지사항을 어기고 이 사건에 대한 기사를 실었다. 그것은 장시더와의 인터뷰 내용을 베낀 것에 불과하지만, 그 기사는 장시더를 어릿광대로 만들어버렸고, 재판을 뉴스의 관심을 끄는 소송으로 변질시켰다. 베이징의 한 경제신문의 민완 여기자인 왕허옌은, 검열관들이 책에 관한 보도금지를 취했지만 소송에 관해서는 아무런 조치도 취하지 않았다고 주장하면서 편집자들을 설득했다. 그 사건에 대한 전모를 쓰기보다는 기자의 질문에 대한 장시더의 답변을 실음으로써, 검열관들이 신문을 처벌하기도 어렵게 만들었다. 결국 당은 신문에 장시더와 같은 당 간부가 국민들에게 변명할 기회를 준 셈이 되어버렸다. 중국의 유명한 웹사이트인 '시나'가 인터뷰 기사를 요약해서 내보내면서 사건은 국민적 관심사로 떠올랐고, 기사를 본 사람들은 사법부를 이용해서 작가들을 처벌하려는 장시더의 기도에 분노했다. 푸즈창은 그 기사야말로 깊은 의도를 갖고 있는 것이라고 생각하면서, 그의 의뢰인들을 도와주는 고도의 저널리즘적 수법이라는 것을 알아차렸다.

푸양시 지방 법원의 제2호 법정은 단조로우면서도 실용적인 나무 판넬로 지어진 법정들 중 하나이다. 검은 법복을 입은 세 명의 판사가 판사석에 앉아서 재판을 주재한다. 판사석 뒷면에는 붉고 황금색의 중화인민공화국의 국기가 걸려있다. 판사들 앞에는 증인석 옆에 놓여있는 속기사들의 책상과 의자가 있다. 왼쪽으로는 원고석이 있는데 그곳에는 장시더와 두 명의 변호사들이 앉아있었다. 이들을 마주보고 있는 오른편 앞자리에는 푸즈창과 천구이디가, 그 옆에는 작가 부부가 맨 처음 의뢰했던 여성 변호사 레이옌핑이 앉았으며 그들의 뒷좌석에는 천구이디의 부인과 책을 출간한 출판사 측의 변호인 루즈민이 나란히 앉아있었다. 십여 명 이상의 경찰들이 법정주변을 경비하면서 서 있고, 방청객들은 방청권을 보여야만 들어올 수 있었다. 법원 측은 작가 부부에게 스물다섯 장의 방청권을 할당했는데, 그들은 입장권 대부분을 린취안 현에서 올라온 농민들에게 나누어주었다. 나에게도 한 장 주었는데, 나는 농부들처럼 옷을 갈아입고 방청석의 뒤쪽에 있는 사람들 틈에 앉아서 경찰의 시선을 피하려고 노력했다. 몇 명의 중국 기자들도 왔는데 그들 대부분은 푸즈창 변호사와 작가 부부를 응원하러 온 것처럼 보였다. 그들의 상사인 편집자들이 이 재판에 대한 어떠한 기사도 싣지 말도록 당부했기 때문에 그들은 개인적인 시간을 이용해서 온 것이다. 법정 왼쪽의 원고석 주위에는 장시더의 지지자들이 앉아있는데, 그의 경호원들로 보이는 스포츠형의 머리를 하고 있는 젊은이들이었다. 방청석에는 빈자리들이 많이 있는데도, 린취안 현에서 올라온 수백 명의 농민들은 입장을 거절당하고 밖에서 기다려야만 했다.

재판장인 첸웨이광은 호리호리한 중년의 남자였는데, 넓은 뿔테 안경을 낀 성격이 급해보이는 사람이었다. 나머지 두 판사들은 재판장 양 옆에 조용히 앉아있었다.

장시더의 선임변호사가 개정진술을 시작했다. 그는 지방사투리를 쓰면서 미리 준비해온 원고를 읽어 내려갔다. 그는 작가 부부가 그들의 책에서 장시더에 관한 사실들을 날조했고, 장시더의 외모에 대한 인신공격과 업무수행을 왜곡하면서 스물세 차례에 걸쳐 당 서기를 비방했다고 주장했다. 그 변호사는 또 장시더가 린춰안 현의 농민들에게 과도한 세금들을 부과했다는 것을 부인했고, 장시더가 왕잉 마을 주민들을 폭행하도록 경찰에 지시했다는 것도 부인했다. "그는 당 고위 간부로서 정의를 구현하기 위하여 법이라는 무기를 사용했을 뿐"이라고 강조했다. 그는 재판장에게 책 판매 대금을 전부 몰수하고, 작가들에게는 공식적인 사과를 요구했으며, 장시더의 명예를 훼손시킨 데 대한 배상으로 2만 5천불을 지급하도록 판결해 달라고 요청했다.

4명의 피고인 측 변호사들은 차례로 변론했다. 레이엔핑 변호사가 원고 측을 향해서 도전적인 태도로 말을 시작했다. "만약 장시더가 그 비판을 명예훼손이라고 생각하고, 관대하게 수용할 수 없다면, 그는 공직에서 물러나 집으로 가야 마땅하다"고 공격했다. 그러나 이날의 재판과정에서 가장 두드러진 역할을 보인 사람은 푸즈창 변호사였다. 은색 넥타이에 회색 반팔 셔츠를 입은 그는 빠르면서 힘 있는 목소리로 말을 이어나갔고, 때로는 기록들을 언급하면서, 법정의 분위기를 압도해나갔다.

그는 "『중국 농민에 대한 탐구』라는 책을 '보도 문학'의 한 분야로 자리매김하면서, 이와 같은 대중적인 서적의 작가들은 때때로 문학적 효과를 중대시키기 위하여 사실들을 미화시키기도 하고 윤색하기도 한다면서 이들 부부도 이러한 맥락에서 보아야하며, 사소한 오류를 들춰내서 책임을 물으려고 하는 것은 공직자의 자세가 아니다. 다만 사안이 중대하고 악의적인 경우에만 책임을 물어야 한다. 이러한 사정을 감안해서 그들은 아무런 책임이 없다는 점을 밝힌다"고 역설했다.

장시더에 관해서 언급한 내용은 분명한 조사에 의해서 뒷받침되고 있었다. 이러한 증거들은 당의 내부서류들이나, 린취안 현의 주민들과의 헤아릴 수도 없는 많은 인터뷰를 통해서 확인되고 있다. 중국의 법률에 의거하여 명예훼손을 입증하기 위해서는, 장시더는 책이 그의 평판을 어떻게 훼손시켰는지를 입증해야 한다. 그러나 "작가 부부가 린취안 현에서 조사를 시작하기 벌써 오래 전부터 장시더의 평판은 누더기 옷처럼 형편없었다"고 푸즈창 변호사는 주장했다. 이러한 사실로 보아 그 책이 장시더의 평판을 훼손시킨 것이 아니었다. 마지막으로 푸즈창 변호사는 뉴욕 타임즈 vs 설리번 사건의 예를 들었다. 그는 명예훼손을 입증하기 위해서 법원은 공직자들에게 많은 증거사례들을 제시하도록 요구해야 한다고 주장했다. 정부 관료들은 막강한 권력을 휘두르기 때문에 사람들은 당연히 공직자들에 대해 진실을 말하는 것을 두려워한다. 그러나 국민들의 감시기능과 정보의 공유는 부패를 줄이고 지배구조를 개선하기 위해서도 필요한 사항이다. 관료들에게 그들의 직무수행에 대한 비판을 차단하기 위해 법을 자의적으로 해석하게 해서는 안 된다고 강조했다. 오히려 법은 정부 관료들에 대한 공개적인 비판을 '보호하고 격려' 해야 한다고 주장했다.

재판은 장시더의 변호사들이 증거자료 서류들을 제시하면서 계속되었다. 그 서류들은 대부분 장시더를 두둔하는 당의 문서들이고 장시더의 주장들을 뒷받침해주는 증인 진술서들이었다. 그러나 푸즈창 변호사는 끈질기게 비용을 주면서까지 상대 변호사로부터 증거자료 사본을 전해받아, 이미 각각에 대한 반박사유들을 준비해갔다. 그는 기록들의 일부내용이 지워져 있는 까닭을 물었고, 다른 사항들의 진위도 의심스럽다고 이의를 제기했다. 그는 장시더의 부하 직원들에 의해 작성된 서류들도 지나칠 정도로 아첨으로 일관되어 있는 것에 대해 경멸감을 감추지 않았다. 또 작가가 전달하려는 책의 메시지를 뒷받침해주고 있는 보고서에도 관심을 기울였다. 출판사 측 변호사인 루즈민도 철저하게 준비를 해 기록에서 모순을 찾아내었고, 책 내용이 장시더의 정신건강에 얼마나 해를 끼쳤는지에 대해서 장시더의 동료들에게 들은 우스꽝스러운 진술들도 확보해 놓았다. 원고 측 변호인들의 반론도 거세고 효과적으로 보였지만, 피고인 측 변호사들도 불리한 상황에서도 열심히 싸우고 있었다. 재판의 열기는 계속 이어졌고 분위기는 당 간부 쪽이 유리해보였다.

그러나 두 번째 날, 장시더의 변호사들이 그들의 편에서 증언을 해줄 증인들을 부르기 시작하자, 법정의 분위기가 변했다. 첫 번째 증인은 키가 크고 호리호리하게 생긴 한융중이라는 사람이었는데 장시더가 현의 당 서기로 있을 때 그의 부하였다. 그는 증인석으로 당당하게 걸어가더니 미리 준비한 원고를 읽기 시작했다. 그 원고의 내용은 왕잉 마을의 주민들은 불법과세를 부과당하지 않았으며, 장시더의 지도력은 훌륭했다는 식의 상투적인 내용이었다. 중간에 푸즈창은 그의 증언낭독을 제지하고, 피고 측에는 그의 증언을 한융중의 주관적인 판단의 연설문이라고 규정하고 그것을 계속해서 읽는다면 속기록에 남겨야 한다고 주장했다. 재판장도 한심하다는 듯 한숨을 쉬고, 증인에게 원고를 치우고 답변하라고 지시했다. 한융중은 당황하는 것 같았고 장시더 측의 변호사들의 부드러운 질문에도 불구하고 다른 부분의 증언을 할 때는 말을 더듬거렸다. 이윽고 피고 측 변호사들이 반대심문을 할 차례가 되자, 그는 몹시 당황했다. 한 예로, 그 지역의 평균 조세부담률이 얼마나 되느냐고 묻자, 그는 머뭇거리면서 원고를 들춰보려고 했다. 피고 측 변호사들이 큰 소리로 이의를 제기하자, 재판장은 법원서기에게 원고를 회수하라고 지시했고, 그는 마치 학생들이 시험을 보다 컨닝 페이퍼를 뺏겼을 때처럼 어쩔 줄 몰라 했다. 장시더 측 변호사들이 그 공무원에게 답을 알려주려고 속삭이자, 피고인 측 변호사들은 다시 이의를 제기했다. 재판장은 화를 참지 못해서 증인석을 원고 측 테이블에서 멀리 떨어진 곳으로 옮기도록 법원서기에게 지시했다.

　푸즈창 변호사가 증거로 채택한 보고서들을 찾아내서 사실들에 대한 확인 질문을 하자 그는 더욱 더듬거렸다. 푸즈창 변호사는 한융중이 한 자녀 운동을 위반한 주민들로부터 불법적인 벌금을 징수했으며, 농민들에게 보상할 자금을 횡령하고, 음주운전으로 한 사람을 과실 치사케 한 사건들이 담겨있는 자료들을 읽었다. "당신은 이런 잘못들을 저질러 놓고 어떻게 무사할 수 있었느냐?"고 질문하자, 방청석에서는 웃음이 터져 나왔다. 그러자 그는 이러한 기록들은 이 사건과 관계가 없다고 목청을 높였다. "이것은 엄연한 증인에 대한 인신모독이다! 증인을 범인 취급해서는 안 된다!" 원고 측 변호사들이 항의했다. 재판장은 푸즈창 변호사에게 주의를 주었다. "피고 측 변호인은 증인을 범인 취급해서는 안 된다."

"예, 예." 푸즈창은 대답하면서도 목소리를 높였다. "그러나 명백히 범죄를 저지른 사람이 어떠한 처벌도 받지 않고 오히려 승진을 했다는 것이 그저 놀라울 뿐이다. 만약 장시더가 법을 어겼다면…." 그러나 재판장은 푸즈창의 발언을 중단시켰다.

푸즈창이 반대심문을 끝내자, 법정의 분위기가 달라졌다. 오늘의 재판은 마치 장시더와 그의 측근들이 심문을 받는, 주객이 전도된 상황이 연출되었다. 장시더의 변호사들은 십여 명에 달하는 증인들을 소환했는데, 그들은 모두 당의 관료들이었고 틀에 박힌 증언들을 늘어놓았다. 피고인 변호사들의 반대심문에는 모두들 풀이 죽어 버벅거리는 모습을 보여주었다.

재 판 3 일 째 되는 날, 피고측 변호인들은 그들의 편에서 증언해줄 증인들을 부르기 시작했다. 그들은 모두 린취안 현에서 올라온 농민들이었다. 농민들은 한 명씩 증언석에 나와 책의 내용을 뒷받침하는 증언을 하기 시작했다. 장시더가 한 자녀 제한운동을 설명하는 모임에서 한 명이라도 더 낳으면 가족을 몰살시켜 버리겠다고 말했던 사실도 폭로했다. 탄원을 하기 위해 베이징으로 올라갔고, 천안문 광장에서 무릎을 꿇고 항의한 사실도 이야기했다. 어떤 증인은 얼마 전에 장시더의 부하 직원이 찾아와 장시더를 위해 증언해주면 돈을 주겠다고 제의했다는 사실도 폭로했다. 또 다른 사람은 장시더에 대한 비난 시위 때 그와 멱살잡이를 하다가 3년형의 징역을 살았으며, 교도소 간부들이 감히 당 비서를 폭행했느냐면서 자신을 구타했다고 털어놓았다. 그가 형기를 마치고 집으로 돌아오자 부친은 세상을 떠났고, 아버지가 생전에 교도소로 찾아가서 아들을 면회시켜 달라고 애원했으나 거절당했다는 사실도 폭로했다.

"삼가 조의를 표합니다." 푸즈창 변호사는 증인에게 말하면서 눈물을 글썽거렸다. "잘못이 있다면 당신이 린취안 현에서 태어났기 때문"이라며 위로의 말을 건넸다.

당이 '4월 2일 사건'이라고 명명한, 경찰의 왕잉 마을에 대한 습격도 생생하게 증언하였다. 경찰이 들이닥쳐 마을을 쑥대밭으로 만들어버린 지 10년이라는 세월이 흘렀는데, 마침내 농민들이 법정에서 한을 풀 수 있는 기회가 왔다. 한 사람씩 증언대에 서서, 경찰들이 조세항의에 대한 보복으로 마을을 습격해서 그들이 찾아낸 사람들을 닥치는 대로 폭행했다고 진술했다. "그것은 일본군이 쳐들어 왔을 때보다 더 참혹했다"고 왕웅차오라는 농부가 진술했다.

마지막으로 증인대에 선 사람은 장슈잉이라는 69세의 노쇠한 부인이었다. 그녀는 '4월 2일 사건' 때 남편이 경찰에 붙잡히자 도와달라고 소리치고는 쓰러졌다고 말했다. 경찰들은 의식을 잃은 그를 먼지투성이인 곳에 남기고 떠났다고 했다. "남편은 경찰들이 그를 붙잡았을 때 문 옆에 서 있었다. 나는 무슨 일인가 싶어 가서 보았을 때, 남편이 소리치는 것을 보았다. '왜 나를 체포하느냐?'고 남편이 외쳤다. 그 후 남편은 쓰러졌고, 나는 밖으로 뛰쳐나가 도와달라고 소리를 질렀다. 그러나 마을은 텅 비어 있었다."

노쇠한 부인은 "남편은 다음 날 죽었다!"라고 말하며 증언대에서 흐느꼈다. 그녀가 눈물을 닦을 때, 방청석에 있는 몇몇 농민들도 눈물을 닦고 있었다. 푸즈창도 마찬가지였다. 장시더는 이러한 상황에서도 태연스러웠다. 그는 많은 사람들이 증언할 때에도 원고석에 가만히 앉아있었고,

보온병에서 차를 따라 마시면서, 가끔 휴게실을 이용하기도 했다. 그는 그의 변호사들에게 거의 모든 것을 맡기고 있는 것 같았다.

나는 장시더와 푸즈창 변호사, 작가 부부 등 원고 측과 피고측의 재판과정을 계속 방청하면서, 알려지지 않은 역사를 보고 있는 기분이었다. 방청석에 앉아 쪽지에 메모를 하고 있을 때, 경찰들이 눈여겨 보는 기미가 보이면 얼른 속옷 속에 감추었다. 앞으로 중국인들이 과거를 되돌아볼 때 이 사건을 하나의 이정표로 생각하게 될 것이고, 작가 부부를 변론한 변호사들이 이 작은 법정에서 언론자유를 위해 처절하게 싸웠고, 결국은 승리했다는 것을 기억하게 될 것이라고 생각했다. 재판은 거의 끝나가고 있었지만 무엇인가 주목할만한 변화가 일어날 것이라는 예감이 들었다. 4일간의 증언이 끝나면서 원래의 명예훼손 사건은 잊혀졌고 장시더와 공산당을 피고로 하는 다른 의미의 사건으로 변해버렸다.

푸즈창은 마지막 진술에서, 법은 정부공무원들의 직무상 권력 남용과 비일비재한 부정한 행위에 대해 감시와 비판을 보호해야 한다고 주장했다. 중국헌법 35조는 국민의 표현의 자유를 보장하고 있다는 것을 강조했다. 헌법 47조는 문학과 예술의 자유를 보장하고 있으며, 또 41조는 국민들은 정부를 비판하고, 국민들의 의사를 표시할 수 있다고 규정하고 있다. "국가의 주인으로서, 국민은 정부와 그 구성원들을 비판할 수 있는 권리와 책임을 갖고 있다고 푸즈창 변호사는 강조했다. 작가들과 지식인들은 국민들을 대변해야 한다는 것은 정당하다. 작가들은 사회의 현실을 반영하고 변화시켜야 할 의무가 있다. 그들의 행동은 정당했다."

푸즈창 변호사는 또한 이 재판은 장시더 뿐만 아니라 다른 공산당 간부들도 법 앞에서는 모두가 평등하고 또한 그에 따르는 책임과 의무를 다 해야 한다는 것을 보여주었다며 그의 변론을 이끌어갔다. "이번 사건을 계기로, 우리들도 10년 전 장시더 당 서기의 재임시절에 무슨 일들이 일어났는지 되돌아보는 기회를 갖게 되었다"고 강조했다.

"내 나이는 지금 40세이다. 만약 내가 린취안 현에서 태어났더라면 불임 시술도 받았을 것이고, 아이를 한 명 이상 낳았다면 나의 집은 파괴되었을 것이며 정의에 호소하는 나의 주장도 억압을 당했을 것이다. … 장시더 서기의 주도하에서, 농민들에게 부과한 무거운 세금들은 분명히 고통스러웠을 것이다. 많은 사람들이 고위 관계자들에게 호소했지만, 농민들의 대표들은 구속당하고 탄압받았다. 이것들이 이 사건이 진실이다…. 이와 같은 하나하나의 진술들은 우리 모두의 분노의 역사이기도 하다. 침묵하고 있는 대중들은 그들의 옳고 그름을 떠나서, 그들이 진실을 밝히든, 그렇지 않든 간에 역사를 기억할 것이다. 그리고 정의는 반드시 밝혀진다. … 우리들이 이 사건에서 얻을 교훈은, 수십만 명의 공직자들에게, 그들이 권력을 남용해서도 안 되고 국민들을 탄압해서도 안 된다는 점을 확실히 주지시켜야 한다는 점이다. 모든 것들은 시간이 지나면 밝혀질 것이고…"

푸즈창 변호사는 마지막으로 재판장과 배석판사들에게 법에 따라 판결해줄 것을 바라는 미묘한 여운을 남겼다. "민사소송은 한 개인의 법적 권리들을 보호하는 것이다. 민사소송 사건은 특정 공직자가 한 개인을 공격하거나 복수하는 도구도, 수단도 아니다. 지금의 법제도가 이러한 소송을 받아들이느냐 그렇지 않느냐를 떠나서, 우리는 무엇이 진실인지 알게 될 것이다…."

"존경하는 재판장과 판사님들, 여러분들의 직업상 신성한 임무는 사회의 모든 사람들에게 법에 따라 행동할 것을 강제하는 권리를 부여했습니다. … 분명히 당신들은 이러한 법의 정신을 실현시킬 권한이 있습니다. 당신들이 이러한 법의 정신을 정당하게 구현한다면, 여러분들의 노고와 정의는, 우리 사회가 좀 더 나은 문명과 민주주의로 향하는 여정을 앞당겨줄 것입니다. 그리고 여러분들의 이름은 역사에 깊이 남을 것이고, 여러분들의 판결은 우리 사회가 비판과 감시를 수용하고 있다는 것을 보여주게 될 것입니다. 이 판결은 공직자들의 행동도 공개적인 토론과 객관적인 조사의 주체가 될 수 있다는 것을 내외에 과시하는 것이기도 합니다. 마지막으로 여러분들의 판결은 중국의 사법제도가 돈과 권력, 보수 세력들에 의해서 조종되고 있음에도 불구하고, 재판관들의 양심은 사회의 발전을 촉진시키고, 역사의 사명을 띠고 어떤 난관도 헤쳐나갈 수 있다는 것을 전 세계에 과시하는 것이기도 합니다."

변호사들의 최후 변론이 끝났을 때에는 밤이 어두워 있었다. 재판장 첸은 판결을 내리기 전에 아무런 사전 통보도 없이 재판을 잠시 휴정했다. 얼마 후 장시더가 셔틀버스에 올라타고 경찰의 호위를 받으면서 법원을 떠났다. 법원 밖에서 기다리고 있는 농민들은 그가 어둠 속으로 사라져 가는 모습을 보았다.

*재판을 휴정한 지 3년이 지난 지금, 재판장 첸은 아직도 판결을 미루고 있다.

Chapter 11
맹인의 정의

황하의 물줄기가 산둥성(Shangdong Province, 山東省)의 발해 바다로 흘러가는 강줄기의 서쪽 평야에 있는 둥스구라는 마을의 작은 농가에, 한 맹인이 오랫동안 위험한 여행을 준비하고 있었다. 그는 천광청이라는 이름의 30대 중반의 더벅머리에 날씬하고 잘생긴 외모를 갖고 있었고, 그의 웃음은 너무도 매혹적이었다. 그는 검정 선글라스를 끼고 있었고, 다른 장소에서 그를 보았다면 젊은 힙합가수나 홍콩의 영화배우로 착각할 정도였다. 2005년 여름의 어느 날 밤, 그는 연금 상태에서 탈출하려고 준비하고 있었다.

맹인 천은 희미한 불빛이 비치는 방을 오고가면서 몇 가지 서류들을 챙기고, 그것들을 포개어 디지털 녹음기와 다른 물품들과 함께 그의 포켓의 이곳저곳에 집어넣었다. 그는 그의 집 주변에 배치되어 있는 경비원들을 피하기 위해서는 민첩하게 움직여야만 했다. 그러나 그는 가방까지 가지고 움직여야 하기 때문에 빨리 움직일 수가 없었다. 며칠 전에 그는 주역에서 점괘를 쳐보고 가장 길조인 시간을 택했다. 8월 25일 밤 9시에서 11시 사이가 좋은 시간으로 나와 있었다. 모든 것이 계획대로 진행되었다. 그의 조카는 마을 밖에서 그를 기다려 베이징으로 가는 기차를 타고 갈 수 있도록 준비하고 있었다. 이제 남은 것은 경비원들을 어떻게 따돌리느냐가 가장 큰 문제였다.

그날 밤은 날씨가 무덥고, 바람 한 점 없는 밤이었다. 그가 시간을 재촉하고 있을 때, 그의 목 뒤에 땀방울이 맺혀 있는 것을 느꼈다. 그는 문 옆에 서서 정신을 집중하고 밖에서 들려오는 소리를 들었다. 잠시 동안, 그는 경비원들이 지키고 있는지 소리를 들어보았다. 당연히 그들은 거기에 있었다. 그들은 몇 주 동안이나 상주하면서 맹인 천이 집을 떠나는 것은 물론 누구라도 그를 찾아오는 사람들을 차단하고 있었다.

시간이 다가오자 맹인 천의 부인이 그의 구두를 벗기고, 운동화로 바꿔 신도록 도와주었다. 그의 아내인 유안웨이장은 억세고 완강한 성격의 부인이었고, 남편 탈출계획의 공모자이기도 했다. 그들은 4년 전 그녀가 막 대학을 졸업했을 때 만났다. 맹인 천은 라디오 탐방프로에서 이웃마을에 살고 있는 그녀의 애절하고도 부드러운 목소리를 들었다. 그 프로그램에서 그녀는 직장을 얻는 일이 얼마나 힘든지에 대해서 이야기하고 있었다. 그때 그는 그녀에게 전화를 걸어 격려를 해주었다. 그는 그 지역에 살고 있는 많은 농민들에 비하면 그녀는 얼마나 좋은 여건을 갖고 있는지 상기시켜 주었고, 또 장애인들이 일자리를 얻으려면 얼마나 어려운가에 대해서도 이야기 해주었다. 그녀는 그의 말에 감동했다. 그리고 그의 격려 때문인지는 몰라도 학교 교사로 채용되었다. 로맨스는 빠르게 깊어졌고 처음에는 전화로, 나중에는 만나면서 사랑이 무르익었다. 그녀의 부모들은 완강히 반대했다. 그러면서 그를 만나지 못하도록 딸을 집에 가두었다. 그러나 얼마 후 그녀는 맹인 천과 함께 사랑의 도피를 했다.

시간이 흘러 그들은 아들과 딸을 둔 부모가 되었다. 처음부터 그의 아내는 남편에게 맹인들이 할 수 있는 직업인 침술원을 차리거나 안마시술소를 운영하면서 조용하고 안정된 직업을 갖자고 설득해왔다. 그러나 맹인 천은 그가 장애인이라는 이유 때문에 자신을 속박시키고 싶지 않았다. 농민의 집안에서 다섯 형제 중 막내인 그는, 어릴 때 시력을 잃었다. 고열이 심하여 병원을 찾았으나 당시에 그곳은 마땅한 의료 시설이 없었다. 문화대혁명 때의 지역 의료시설은 너무도 열악했다. 그는 17세가 될 때까지 학교 근처에도 가보지 못했고 스무 살이 넘도록 초등학교도 졸업하지 못했다. 그러나 정규학교에 다니는 대신 계절학교를 다녔고, 그곳에서 마사지하는 법을 배웠다. 맹인 천은 부모님의 뜻에 따라 칭다오(Qingdao, 青島) 시에 있는 학교에서 공부를 계속했다. 그는 그곳에서 장애인들의 권익을 보장해주는 새로운 법규에 관해서 공부했다. 학교를 마치고 집으로 돌아왔을 때 그는 지방 공무원들에게 장애인을 둔 가정에는 세금을 삭감해주거나 유예해주어야 한다고 주장했지만 공무원들은 그를 무시했다. 그러자 그는 400마일이나 떨어진 베이징으로 가서 진정서를 제출하고 세금을 돌려 받았다. 그의 부모들은 그 돈으로 아들을 난징(Nanjing, 南京)에 있는 대학교에 입학시켰고, 그는 한의학과에 등록했다. 대학생활을 하면서 시간 날 때마다 그는 관심 분야인 법학강의를 듣는 것을 좋아했다.

졸업도 하기 전에, 맹인 천은 법을 잘 알고 있고 지방 공무원들과 맞서 싸울 수 있는 유일한 사람으로 고향에서 평판을 얻고 있었다. 그가 맹인이라는 사실은 사람들이 그에 대한 존경심을 갖도록 하는 견인차 역할을 했다. 사람들은 특히 둥스구와 같이, 뒤처지고 가난한 마을들에서 장애인들이 당면하고 있는 어려움을 이해할 수 있었고 그런 환경에서도 맹인 천이 스스로 이러한 어려운 도전을 하고 있는 점을 높이 평가하고 있었다. 처음으로 그는 장애인들을 위한 법률운동가로 알려지기 시작했다. 공무원들이 장애인들을 위한 복지 행정을 시행하지 않을 때마다, 그는 거듭거듭 법원에 소송을 하고, 최소한 공무원들이 장애인들로부터 세금을 거두어들이는 것을 막았다. 판사들도 그의 소송에 공감을 표시했고, 세 번 씩이나 그의 손을 들어주었다. 그러자 당 간부들은 그의 소송을 다시는 접수하지 말도록 법원에 지시했다. 당연한 이야기지만, 당 간부들은 재정수입의 차질을 걱정했다.

맹인 천의 활약이 널리 알려지자, 주민들은 다른 문제들에 대해서도 그의 법적인 의견을 묻기도 했다. 2002년에는 강에 유독물질로 오염된 물을 방류하고 있는 그 지역의 제지공장을 폐쇄하기 위하여 수십 개의 마을이 공동으로 관계기관들에 진정하는 운동을 벌이고 있었다. 그 공장의 오염된 물은 농작물들을 파괴시키고 물고기와 거북이들을 폐사시켰으며, 농민들의 건강도 위협하고 있었다. 그런데도 행정당국은 당의 간부가 그 공장의 소유주이기에 난감해 하자, 맹인 천은 다른 해결책을 찾다가 영국의 지하수 개발지원부는 지하수 관정을 개발하면서 식수로도, 농업용으로도 사용할 수 있도록 했다는 것을 알았다. 일 년 후에, 맹인 천과 그의 부인은 미국무부에 사업계획서를 교환하기 위하여 미국으로 떠났다. 미국에서 돌아온 후, 그는 베이징의 지하철 회사는 장애인들에게서 요금을 받지 말라는 소송에서도 이겼다. 그는 전국의 장애인들을 위한 장애인 협회를 만들고 싶어 했다. 그의 아내는 정부가 남편이 그러한 조직을 결성하는 것을 반대할 것이라고 생각했다. 당은 비정부 조직들을 당의 허가에 의해서만 등록하도록 지침을 세웠고, 그것도 당이 통제할 수 있는 단체에 한 하도록 방침을 정한 상태였다. 그럴 때 공산당에서 맹인 천에게 만족할만한 제안이 왔다. 그 제안은 공산당의 예하기구로 장애인 협회를 결성해도 좋다는 내용이었고, 단 매년 상당한 액수의 정치자금을 제공해야 한다는 단서를 달았다. 유안웨이장은 또 남편의 안전이 걱정되었다. 그녀는 남편이 지방 공무원들을 당황하게 했고, 분노하게 만들었다는 것을 알고 있었다. 남편을 도우면서도 아내는 항상 걱정해왔다. 남편은 주위에 너무도 많은 적들을 갖게 되었고, 그들이 남편을 테러하기 위해 폭력배들을 동원하는 것쯤은 식은 죽 먹기보다도 쉽다는 것을 알고 있었지만 남편이 자신의 의지를 꺾지 않을 것이라는 것도 알고 있었다. 그는 다른 마을 사람들이 도움을 요청하면, 거절하지 못하는 그런 사람이었다.

최근의 어려움은 5개월 전으로 거슬러 올라가는데, 그때 맹인 천은 그가 바라던 장애인 협회를 결성하기 위하여 베이징에서 동분서주하고 있을 때였다. 둥스구 마을에서 올라온 사람이 그를 찾아와서, 지방 공무원들이 한 자녀 이상을 갖고 있는 마을에 거주하고 있는 모든 부모들을 방문하면서 부부 중 한 사람이 불임시술을 받아야 한다고 강요하고 있다고 말했고, 공무원들이 하고 있는 행동이 합법적인지 알고 싶다고 물었다. 맹인 천은 그에게 그들의 행위는 불법이라고 말했고, 그도 무슨 일인지 확인하기 위해서 서둘러 시골로 내려갔다. 그가 고향집에 돌아오자, 이웃 마을에 사는 두더훙이라는 부인이 눈물을 흘리면서 기다리고 있었다. 그

부인은 공무원들이 집으로 쳐들어와서는 그녀에게 불임시술을 강요하며 병원으로 가자고 윽박질렀다고 말했다. 그녀가 거절하자, 그들은 그녀를 집 밖으로 데리고 나와 두 아이들이 보고 있는 앞에서 그녀를 자동차에 싣고 떠났다. 병원에 도착하자 공무원 한 사람이 그녀의 손을 꽉 잡더니 그녀의 엄지손가락을 쭉 펴서 인주에 밀어놓고, 동의서에 강제로 손도장을 찍었다. 그녀는 줄곧 저항했지만 아무 소용이 없었다. 의사는 5분도 안 되어 시술을 끝냈다.

그 이야기를 들은 맹인 천은 격분했다. 그러나 그것은 시작일 뿐이었다. 며칠 동안이나, 다른 마을 사람들도 찾아와서 그와 비슷하거나 더 심한 이야기들을 털어 놓았다. 맹인 천은 지금까지 한 자녀 운동과 같은 예민한 문제들에 관심을 갖지 않았다. 그것은 국가발전 전략의 핵심주제였고, 공개토론도 금지되어 있었다. 그도 벌써부터 불법적인 강제시술과 낙태들이 행해지고 있다는 사실을 알고 있었다. 국가의 여러 기관들의 공무원들이 여전히 이러한 방법들을 계속하고 있다는 것도 알고 있었다. 맹인 천에게는 이러한 방법들은 공산당이 자신이 만든 법률들도 무시하고 있는 또 다른 미치광이 짓이라는 생각이 들었다. 그의 이웃들이 그에게 어떻게 하면 좋겠느냐고 묻자, 그는 지방 공무원들에 대해서 집단 소송을 제기하라고 권유했다. 공산당이 '한 자녀 운동'을 채택한 지 반세기가 지났지만, 강제시술과 낙태를 강제하는 국가권력에 대해 집단소송을 제기한 사람은 아무도 없었다. 맹인 천 자신도 법정 공방에서 승산이 없다는 것도 알고 있었다. 그러나 그가 바라는 것은 당의 지도자들이 그 마을에서 지도자들의 이름으로 불법이 자행되어 왔다는 것이 거론됨에 따라 관심을 갖고 이들 공무원들에게 책임을 물을 수 있다는 점에 한 가닥 희망을 갖고 있었다.

맹인 천의 계획이 널리 알려지면서 멀리 떨어진 마을에서도 사람들이 찾아와 그들이 당한 끔찍한 사례들을 알려주었다. 그리고 이웃에 있는 현의 농민들도 찾아오기 시작했다. 그러고부터 얼마 지나지 않아서 맹인 천은 린이 시를 중심으로 하는 인근의 당 간부들이 천만 명에 달하는 모든 지역에 '비계획적인 출산'을 단속하라는 지시를 내렸다는 사실을 알게 되었다. 그는 증거를 확보하기 위해 이 마을 저 마을을 돌아다니면서 그의 디지털 녹음기를 이용해 주민들로부터 증언을 듣기 시작했다. 그의 집에서는 그의 부인과 다른 자원봉사들이 낡은 컴퓨터에 이 사례들을 옮겨 적고 있었다.

맹인 천은 베이징으로 올라가서 이러한 횡포를 폭로해줄 기자들을 찾아 나섰다. 그가 접촉한 모든 기자들은 똑같이 그들이 도와줄 수 있는 방법이 없다고 말했다. '한 자녀 운동'은 아직도 국영언론에서 성역으로 남아있고, 중국에서 가장 진보적인 신문으로 유명한 〈남방도시보〉와 같은 신문들도 이와 같은 이야기를 꺼내는 것조차 부담스러워 한다고 말했다. 그러자 맹인 천은 블로그 네티즌들과 나를 포함한 외신기자들에게 린이 시를 방문해서 이에 관한 기사들을 써 달라고 설득하면서 다녔다. 그는 또 몇몇 변호사들도 찾아다니면서 도움을 부탁했다. 그중에는 '보호수용소제도'에 대한 헌법 합치 소원을 제기했던 한 법률학자도 있었다. 변호사들은 린이 시를 찾아가서 집단 소송사건을 준비하고 몇 가지 법적 소송들을 제기했다. 그리고 젊은 법률학자도 장문의 강한 어조의 보고서를 작성하고 웹사이트에 게재했다. 린이 시에서 행하여진 불법행위들은 지금은 국제적인 뉴스가 되었고, 적어도 인터넷 상으로는 국가적인 토론의 장이 되었으며 비난의 댓글이 쇄도했다.

린이 시의 공무원들에게는, 맹인 천의 청원은 달갑지 않은 불청객이었고, 그래서 그들은 맹인 천을 달래기 위해 애를 쓰고 있었다. 세 번 씩이나 공무원들은 그를 방문해서 그에게 마을 사람들이 소송을 취하하도록 설득해달라고 부탁했다. 그러나 맹인 천의 태도는 요지부동이었다. 공무원들이 그들의 출산계획 단속은 이미 지나간 과거의 일이라고 설명하자, 맹인 천은 주민들은 아직도 이 사실을 모든 사람에게 알리고 싶어 하고, 그에 따르는 책임도 묻고 싶어 한다고 말했다. 얼마 후 공무원들은 맹인 천을 가택연금시키고 서른 명의 경비들을 마을에 배치하면서 누구도 그를 만나지 못하게 하라고 지시했다.

맹인 천과 그의 아내는 밤 11시 직전에 행동을 개시했다. 그들은 현관으로 조용히 걸어갔다. '20피트 지점에 일곱 명의 경비원들이 있어요!' 아내가 남편의 귀에 속삭였다. 맹인 천은 무릎을 꿇고 모래와 자갈들을 한 줌 가득 쥐었다. 그리고 심호흡을 한번하고 재빠르게 걸었다. 그의 아내는 그의 팔을 잡고 길을 안내했다. 몇 분 후, 그는 사람들이 쫓아오는 소리를 들었고, 그 소리는 점점 가까워졌다. 그의 부부가 거의 잡히려는 순간, 그의 손에 쥐고 있던 모래와 자갈들을 어깨너머로 던졌다. 쫓아오던 사람들은 비명을 지르며 나자빠졌다. 그들은 서둘러 조카가 기다리고 있는 장소로 갔다. 조카는 자동차로 대기하고 있는 친구를 불렀다. 차가 도착하자 맹인 천은 차에 올랐다.

'한   자 녀   운 동'은 중국사회를 변화시키려는 공산당의 노력들 중에서도 가장 주목받은 정책이었다. 그것은 세계의 어떤 지역에서도 시도되지 않았던 사회공학에서 가장 획기적인 정책의 하나란 점에서 주목을 받았다. 1979년 시작된 이 계획은 그 대담성에서 중국인들을 깜짝 놀라게 했다. 예외조항도 없이 모든 부부들은 한 자녀만을 갖도록 강요되었다. 그리고 지방 공무원들에게는 해당지역의 부인들을 이해시키고, 부인들이 출산한 후에 피임 방법까지도 결정할 수 있는 권한이 부여되었다. 당연한 결과로 국가는 시민들의 가장 개인적이고도 사적인 행위를 규제하도록 관계기관에 촉구하는 모양새가 되었다. 이 계획의 규모를 감안한다면, 공산당이 이 정책을 채택하는 배짱(속셈)은 눈여겨 볼만하다. 공산당 지도자들은 '한 자녀 운동'은 정당하다고 확신했을 뿐만 아니라, 당시 10억에 달하는, 그것도 인구의 대부분이 농민들이고, 그들의 문화적·경제적 이유 때문에 강력한 저항이 예상될 수 있는데도 불구하고 강행되고 있다는 점이었다. 아마도 이 계획의 가장 두드러진 양상은 계획이 갖는 장기적 목표일 것이다. 지역공동체의 대약진운동은 불과 몇 년 만에 끝났고, 문화대혁명도 십년 만에 막을 내렸다. 그러나 '한 자녀 운동'이 처음 시작된 이후 거의 30년이 지났지만, 이 정책은 중국인의 삶에 아직도 지속적으로 영향을 미치고 있다는 사실이다.

이 정책이 마오쩌둥에 의해서 시작되기는 했지만, 중국인들은 일반적으로 공산당이 국민들의 삶에서 멀리 떨어져 있는 지금까지도 마오쩌둥의 후계자들에 의해서도 지속되고 있다는 사실은 쉽게 망각하고 있다. 마오쩌둥 자신은 인구 억제 정책에 대해서 '양면성'을 갖고 있었다. 처음에 마오쩌둥은 인구성장을 억제하는 정책을 반대하는 마르크스와 소비에트 교조주의 입장을 따르고 있었다. 그러나 후에 그는 생각을 바꾸고, 출산억제와 가족계획을 강조했다. 백가쟁명운동 때, 베이징대학 총장이

자 저명한 경제학자인 마인추는, 경제성장을 촉진시키기 위해서는 급속한 인구성장 억제의 필요성을 강하게 역설함으로써 마오쩌둥으로부터 찬사를 받은 적이 있었다. 그러나 반주자파 운동 때, 그의 주장은 움츠러들었고, 대약진운동의 전야에 이르러서, 마오쩌둥은 인구가 많을수록 보다 많은 노동자들을 확보할 수 있기 때문에 중국에 유리하다고 천명한다. 그의 소신 없는 정책변화는 50년대와 60년대의 베이비붐을 일으켰고, 그 결과 중국의 인구는 급속히 늘어나게 되었다. 1970년에 이르러 저우언라이(Zhou Enlai, 周恩來) 수상이 그 동안 인구 억제를 반대해온 좌익주의자들을 누르고, '가족계획'을 사회주의의 계획경제에 입각하여 시행하게 되었고, 처음으로 신생아의의 출산도, 곡물이나 철의 생산처럼 정부의 5개년 계획의 목표와 할당과 같은 주제로 다뤄지게 되었다. 이러한 계획에 따라서 결혼적령기는 늦어지고, 두 명 내지 세 명의 자녀들로 제한되고, 출산 터울도 3~4년으로 조정되었다.

　마오쩌둥이 사망한 뒤, 이러한 점진적인 인구 억제 정책은 보다 급진적인 '한 자녀 운동'으로 급선회한다. 이와 같은 갑작스러운 정책변화는 덩샤오핑의 시장경제 개혁과 맞물리면서 추진되었다. 그와 같은 급진적인 정책추진이 국민들의 반대에 부딪치면서 지지부진해지자, 공산당은 '한 자녀 운동'과 보다 현실적인 실용주의적 정책 사이에서 갈등을 겪게 된다. 그러나 덩샤오핑이 사회주의 노선을 포기함에 따라, 과학에 대한 믿음과 과학적인 결론에 의한 정책수행은 국가의 문제들을 해결해 줄 수 있는 새로운 지배 이데올로기로 급부상하게 된다.

　지난 1세기 동안, 중국인들은 '과학'이라는 말은 자연세계를 연구하는 것으로 생각하기보다, 합리적이고 객관적이고 근대적인 의미로 생각하는 경향이 있어왔다. 국민들이 마오쩌둥의 이상향적인 이데올로기에 실망하고 있을 때, 당의 새로운 시금석으로서의 덩샤오핑의 '과학'에 대한 강조는 정치적으로 비난 받을 수 없는 정책이었다. 그러나 인류학자인 '수잔 그린할프Susan Greenhalgh'가 말했듯이, 지도자의 과학에 대한 맹목적인 믿음은 어떤 문제를 해결하는 데 있어서, 충분히 대안을 모색해볼 수 있는데도 불구하고 극단적인 방법만을 추구하는 경향이 있다. 이와 같은 정책을 입안하는 중심에 마오쩌둥 시대부터 특권을 누려왔던 저명한 우주과학자들로 구성된 모임이 있었는데, 그들은 세계 각국으로부터 관련 자료들을 확보하고 국제적인 학술지 등을 통해서 많은 정보들과 지식들을 보유하고 있는 데 대해서 대단한 자부심을 갖고 있었다. 그들의 대표격인 인공두뇌학자인 송지안은 후에 과학기술부 장관으로 발탁된다. 이들 과학자들은 사람을 권리와 가치, 선택권을 갖고 있는 '사회적 인간'으로 보는 것이 아니라, 그들과 같은 과학자들에 의해 조정되는 하나의 '기계와 같은 존재'로 생각하는 경향이 있었다. 1979년, 그들은 과잉인구의 폐단과 서구에서 만연하는 환경위기를 경고하는 이론들을 주류과학으로 받아들이는 잘못을 저질렀다. 그들은 검증되지도 않은 자료를 미사일 개발과정에서 얻어낸 공식에 억지로 대입시키면서, 자체의 인구모델을 만들어냈고, 이 결과도 미사일의 성공적 발사처럼 정확한 것으로 예측했다. 다른 분야 학자들의 주장은 무시하면서, 그들은 자신들이 개발한 과학적 모델을 제시하며 지도자들을 설득했다.

"중국은 심각한 위기에 직면해 있고, '한 자녀 운동'을 즉시 실시하는 것이 생태환경의 위기를 벗어날 수 있는 유일한 길이며, 덩샤오핑이 추진하고 있는 경제성장을 이룩할 수 있는 유일한 길이기도 하다."

이에 따른 정책추진 과정은 일찍이 마오쩌둥이 국민들에게 강요했던 것과 다를 바 없는 대중운동이었다. 모든 역량과 수단이 그 정책에 집중되었다. 강화되는 선전공세, 화려한 정치구호들, 반대하는 자들을 설득하는 모임의 증가, 당의 활동가들로 구성된 전담반 등, 1980년 중반까지 이러한 대중운동은 국가의 대도시들에서는 일단 성공했다. 공산당이 도시의 직장과 사회활동을 거의 통제하고 있는 상태에서, 한 자녀 이상을 갖는다면, 국가적으로 매우 심각해질 수 있다는 홍보를 강화해나갔고, 도시 공동체 수준의 집단과 작업장 등에서의 공산당의 감시체제를 강화해왔는데, 그 결과 당국의 운동에 저항하는 움직임은 크지 않았다.

그에 반해서 농촌지역에서의 지방당국은 모든 지역에서 농민들의 저항에 부딪쳐야했다. 농민들의 현실은 자식들에게 의존하는 경우가 많았는데, 특히 아들의 경우는, 농사일을 도와주고, 자식들이 부모를 부양하는 노후 보장기능까지 떠맡고 있었기 때문이다. 그런데 '한 자녀 운동'을 보면 가족의 미래는 전적으로 건강해야 하고, 능력이 뛰어난 외아들에 달려 있다는 점인데, 농민들이 이러한 위험부담을 감수한다는 것은 사실상 불가능한 일이었다. 또 딸을 낳은 가정이라면, 상황은 더욱 꼬일 것은 분명했다. 왜냐하면 중국의 풍습으로는 딸은 출가외인이고, 부모들의 노후에도 딸들은 그녀의 친정부모를 모시는 게 아니라 시부모를 모셔야 하기 때문이다.

전국에 걸친 저항에도 불구하고 공산당은 '한 자녀 운동'을 밀어붙이면서 농민들을 탄압하고 처벌하였다. 그들은 농민들의 곡식, 살림살이와 가구를 압수하기도 하고, 심지어는 집도 허물고, 감옥에 가두기도 하면서 강력하게 대처했다. 이러한 강경 대응도 효과가 없자, 당국은 강제불임시술과 강제낙태를 1983년부터 대중운동으로 전개해나가게 된다. 정부의 계산에 의하면, 가족계획 공무원들은 그 해에만 약 2천 1백만 명에게 불임시술을 하고, 1천 4백만 명 이상에게 낙태 시술을 한다는 계획이었다. 권력의 횡포가 심화될수록 당과 농민들간의 긴장감은 고조되었고 때때로 충돌은 폭력사태로 비화되기도 했다.

이러한 사태가 빈번해지자 당 지도부의 개혁파들은 1984년, '한 자녀 운동'을 시행하기 위한 탄압을 중지하라는 새로운 훈령을 내렸다. 당은 1988년까지 당초의 계획을 완화시켜 농민들에게 첫 아이가 딸일 경우에는 아들을 낳을 때까지 출산하는 것을 허용했다. 그러나 천안문 사건이 일어난 후, 당은 원래의 가족계획으로 되돌아갔고, 목표를 달성하기 위하여 폭력도 불사했다. 몇 년 전에 밀어닥쳤던 충돌의 악몽이 되살아났고, 폭력과 횡포가 물결을 이루었으며 낙태와 불임시술의 파도가 밀려왔다. 처음으로 당은 가족계획의 목표지점에 다가갈 수 있었는데, 이 지표는 공무원들의 업무성과를 평가하는 지표나 다름없었다. 공무원들이 다른 지역에서 어떤 평가를 받았는지에 관계없이, 또 공무원들이 그들 지역의 경제발전에 어떻게 기여했는지도 상관없이, 지방 공무원들은 자신의 담당지역이 가족계획 목표에 미달되었을 때에는 보너스는 물론 승진도 탈락되었다. 농촌의 지방 공무원 대부분은 '한 자녀 운동'을 내심으로는 반대했지만, 이러한 평가제도의 도입은 그들의 태도를 돌변시켰고, 출산율 저하에 온 힘을 쏟았다. 2000년에 이르자, 중국의 전체출산율은 1.6% 라는 역사적인 기록을 달성했다. 이러한 출산율은 인구 보충 출산율을 밑도는 수치이며 서구의 선진국과 비슷한 수치이기도 하다.

이러한 출산율의 감소는 정책이 시행되지 않았더라도 달성할 수 있었을 것이라는 주장도 있는데, 이러한 주장은 충분한 근거를 갖고 있었다. 미사일 과학자들이 이 계획을 고안했던 것과 관계없이, 또 그 당시에 그들의 계획이 반대에 부딪혔던 것과 관계없이, 이러한 출산율의 저하는 덩샤오핑의 시장개혁의 경제정책 수행에 따르는 당연한 귀결이었다고 볼 수 있다. 예상을 뛰어넘는 급속한 경제성장은, '한 자녀 운동'을 거의 유명무실한 정책으로 만들어 버렸다. 그 동안 이루어 놓은 생활수준의 향상은 출산 선호현상을 바꾸어 버렸고, 사회변화에 따른 결혼적령기가 점차 늦어지고 부부의 의지에 따라 출산이 미뤄짐에 따라 자녀들의 숫자는 당연히 줄어들었다. 저우언라이가 온건한 가족계획을 시행한 1970년대부터 출산율은 급속히 줄어들고 있었고, 그 당시를 기준해서 보더라도, 10년 전의 6%에 달했던 출산율이 그때에는 2.7%로 급속히 감소되고 있었다. 정책이 실시된 지 30년이 지나서야 이루어진 1.6%의 출산율에 대한 정부의 기여는, 생활수준 향상에 따른 영향으로 인한 자연인구감소의 절반에도 미치지 못하는 것으로 나타났다. 만약 정부가 지난 30년 동안 이 정책에 쏟아부었던 열정과 돈을, 지역의 교육에 투자했더라면, 지역에서 살고 있는 수억 명의 여성들이 고등학교를 마쳤을 것이고, 고등학교 졸업 정도의 여성들을 배출했더라면, '한 자녀 운동'이라는 우스꽝스러운 정책이 없었더라도 더 적은 자녀들을 출산했을 것이다. 따라서 그와 같은 교육에 대한 투자는 확실히 경제 소득으로 연계되었을 것이다.

 정책에 쏟아부은 돈은 엄청난 액수였다. 또 그에 따른 운동은 전국에 걸쳐서 시위와 폭력을 촉발시켰고, 도시의 시민들을 충분히 납득시키지도 못했으며, 중국사회의 가장 취약한 계층인 농촌여성들과 어린 소녀들을 공포에 떨게 만들었다. 농촌여성들의 자살건수도 늘어갔고, 남자어린이의 매매도 성행했고, 여아 사망률은 급증했는데, 이러한 모든 현상들은 '한 자녀 운동'과 맞물려 있었다.

이러한 30년의 기간 동안, 정부는 2억 6천 4백만 건의 낙태 시술을 했는데, 많은 사람들이 반복해서 낙태 시술을 받았고, 만삭이 된 상태에서도 시술을 받았기 때문에 그들의 건강을 위협했다는 것은 당연했다. 부인들은 임신한 상태에서 아이들의 성별을 판단할 수 있는 6개월을 초조하게 기다리다가, 아들이라는 판정이 내려질 때까지 낙태를 계속해야 했다. 이러한 성 차별에 의한 낙태는 중국 어린이들의 성비를 왜곡시키기도 했는데, 1999년 기준으로 100명의 여아 당 남아의 성비는 120명에 이른다. 이러한 결과는 '한 자녀 운동'의 영향인데, 지금 당장은 아니더라도, 다음 세대에 가서는 이들 남아의 상당수가 결혼을 할 수 없는 젊은이로 남을 것이며, 이로 인한 정치사회적 문제가 심각하게 대두된다는 사실이다. 또한 심각한 세대 간의 갈등도 우려되고 있는데, 노령화 인구의 급증과 이들을 부양해야 할 젊은 세대들의 상대적 부족현상은 심각한 사회·경제적 이슈를 불러올 수도 있다. 이러한 상황과 맞물려, 정책적 변화를 느낄 수 있는 공간을 여러 곳에서 엿볼 수 있다. 어떤 지역에서는 지방 공무원들이 실제로 비공식적인 선택을 하도록 부부들에게 권하는데, 부부들은 가족계획을 그들 스스로 결정하고, 한 자녀 이상을 갖고 싶으면 공무원에게 어느 정도의 벌금만 지급하면 된다. 그러나 어떤 지역에서는 아직도 틀에 박힌 거친 단속과 난폭한 방법들이 행해지기도 한다.

인구 억제목표는 여전히 성의 당 간부들에게 할당되고 있다. 목표에 미치지 못하면 공무원들은 엄격하게 평가되어, 그들의 지금까지의 업무성과와는 관계없이 승진도 할 수 없다. 이러한 제도는 공무원들로 하여금 목표달성을 이루도록 하는 인센티브를 부여하는데, 이는 마치 환경오염을 고려하지 않고 그저 경제성장만 추구하도록 부추기는 것과 별반 다를 것이 없다. 이러한 정책은 물과 공기가 어떻게 오염되는지는 고려의 대상이 아니다. 또 국민의 건강이 어떻게 위협받고 있는지도 아랑곳하지 않는다. 그저 목표지상주의가 활개를 칠 것이고, 목표를 초과달성하는 공무원들은 간부로 승승장구할 것이다. 이와 같은 가족 계획정책에서는 출산율이 너무 떨어져도 전혀 문제가 되지 않는다. 인구가 감소할수록 일인당 GNP는 증가하기 때문이다.

린이 시에서 벌어진 단속내용에 대한 정확한 과정은 알려지지 않았다. 그러나 가족계획 담당 공무원들의 말을 종합해보면, 지방 당 간부들이 터무니없는 목표를 정하는 바람에 이러한 사건이 일어났다고 추측할 수 있을 뿐이다. 산둥성은 이미 전국에서 가장 낮은 출산율을 유지하고 있었다. 그런데도 이러한 기록은 성의 당 간부들에게는 미흡했다. 가족계획정책의 기조가 조금만 흔들려도 그들의 자리가 위태로워질 수 있었다. 린이 시는 산둥성의 서쪽에 있었는데, 다른 지역보다도 출산율이 다소 높게 나타나 있었다. 이것이 화근의 불씨였다. 린이 시의 당 서기인 링췬에게는 가족계획의 저조한 실적은 큰 부담이었다. 링췬은 40대 초반의 전도유망한 정치인이었고, 산둥성의 주요직책으로 승진될 것으로 자타가 인정하고 있었다. 중앙당은 링췬을 2000년의 지도자 특별교육 대상자로 선정했다. 그는 6개월간 미국에서 공공행정과정을 교육받았고, 코네티컷 주의 뉴헤븐 시 시장의 특별보좌관으로 활동하면서 경력을 쌓은 적도 있었다. 그가 중국으로 돌아오자, 린이 시의 시장으로 임명되었고 2년 후에는 당 서기로 승진했다. 그가 미국에서의 경험을 보고한 기록은 당 간부들에게 강렬한 인상을 남겨준 것으로 알려졌다. 나중에 『나는 미국시장의 보좌관이었다』라는 대중서적도 출판했다. 그 책에서 그는 중국의 공무원들도 행정 쇄신을 위해서는 미국의 사례를 배워야 한다고 강조했다. 그러나 링췬이 당내에서의 승진을 계속하려면, 무엇보다도 출산율 목표를 달성해야만 했다. 2004년 여름, 그는 직원들에게 가족계획정책을 새롭게 강화해서 시행하라고 지시했다. 정부는 보다 유연하고 자발적인 방법으로 가족계획정책을 추진하고 있었지만, 린이 시의 인구 억제 정책은 새로운 상황과 심각한 도전에 직면해 있다고 강조했다.

> "일부 공무원들이 생각하고, 이해하고, 수행하는 방법은 새로운 시대 상황에 부응하지 못하고 있다. 이들은 소신도, 난관을 돌파할 의지도 없으며, 무사 안일주의에 빠져있고 기강도 해이해져 있다. 인구 억제를 위한 가족계획 사업은 기필코 달성해야 할 중요한 목표이다."

7개월 후, 링췬은 이 정책에 관련된 또 하나의 지시를 내렸다. 지시의 내용은 공개돼 있지는 않았지만, 내가 들은 바에 의하면 그 내용은 매우 황당했다. "농민들은 교육수준이 너무 낮아 법을 준수하려고 하지 않는다. 합법적인 절차로는 가족계획의 목표를 달성하기란 불가능하다. 그렇기 때문에 과거의 낡은 방법을 사용해야 할 것이다." 이러한 조치들이 2005년 봄에 일어났던 폭력적인 탄압이 일어난 결정적인 배경이 되었다. 처음의 몇 달 동안에만도, 어떤 현에서는 7천 건의 불임시술을 완료했다는 보고도 있었다. 법률학자인 텅비아오가 린이 시에 가서 조사한 바에 의하면 13만 명이 연금되거나, 구타당하고, 인질로 잡히기도 했는데, 공무원들은 이들을 상대로 그들의 친인척들이나 이웃들에게 낙태 시술을 받거나 불임시술을 받도록 설득하라는 협박을 하기도 했다.

　맹인 천이 국가를 상대로 소송을 냈을 때, 이러한 탄압은 중단되었고 린이 시에서 무슨 일이 있었는지조차 모를 정도였다. 내가 린이 시로 내려가자 맹인 천은 나를 이 마을 저 마을로 데리고 다니면서 농민들을 소개해주었다. 그때 내가 만난 여인들은 난소가 거세된 동물들처럼 발을 질질 끌며 방에서 나왔고, 남자들은 구타당하고 매질을 당한 흔적이 보였다. 마을 사람들은 서른 명이나 되는 공무원들과 그들이 고용한 폭력배들이 한밤중에 그들의 집에 습격했던 때를 설명했다. 일흔 명이나 되는 사람들이 작은 방에 짐짝처럼 틀어박혀 있었고, 터무니없이 많은 벌금을 지불한 사람들만 빠져나왔다고 설명했다. 한 부인은 서툰 불임시술 때문에 걸을 수조차 없었다. 우리가 찾아갔던 마을의 모든 농민들은 맹인 천을 마치 '돌아온 영웅'처럼 환대했다. 그는 마을 사람들의 이야기들을 녹음했고, 그들에게 낙담하지 말라고 당부했다. 나와 다른 기자들이 이러한 비인간적인 실상을 보도하자, 지방의 공무원들은 맹인 천을 집에 구금했다. 몇 주가 지나자 정부의 '국가인구 및 가족계획위원회'는 사건의 진상을 파악하기 위해 조사반을 현지로 보냈다. 그때 맹인 천은 베이징으로 피신해 있었다.

　나는 그날 밤 베이징 북쪽에 있는 한 레스토랑에서 맹인 천을 만났다. 그는 평소의 멋진 모습이었고 동료들과 앞으로의 일을 상의하면서 식사를 하고 있었다. 나는 그에게 앞으로의 계획을 물었다. "우리는 소송을 준비해야 한다. 법원에서 해결하도록 노력해야 한다"고 말했다. 6~7명의 변호사가 이 사건을 돕기로 하고 함께 모여 의논들을 하곤 했다. 그 중에

리헤펑이란 변호사가 있었다. 그의 법률회사는 벌써 린이 시 시민들을 변론하기 위해서 몇 건의 소송들을 제기한 상태였다. 그는 법원에 집단 소송을 제기한다는 것은 사실상 어렵다고 나에게 말했다. 이것이 바로 맹인 천이 많은 변호사들을 필요로 하는 이유였다. 변호사들은 무료변호를 자청하고 나섰기 때문에 가능한 한 많은 소송을 제기할 수 있었다.

내가 맹인 천에게 '국가인구 및 가족계획위원회'가 이미 린이 시에 대한 조사를 발표한 이상, 그 기관의 도움도 바랄 수 있지 않느냐고 물었다. 그는 노력을 해보겠지만, 지금으로선 그곳의 관료들과 어떻게 접촉할 수 있을지 여부도 불투명하고, 그들에게 연행될 수도 있다는 것을 걱정했다. 그는 아직도 법원만이 정의를 실현시켜줄 수 있는 최선의 선택이라고 믿고 있었다.

4일 후, 린이 시에서 추적해왔던 경찰들이 맹인 천을 찾아냈다. 그들은 맹인 천이 머물고 있었던 아파트 밖에 숨어있었다. 맹인 천이 도와달라고 소리치면서 저항하자, 그들은 그를 주차장으로 끌고 가서 번호판도 없는 자동차 뒷좌석으로 밀어 넣었다. 그때 그와 함께 있었던 한 친구가 나에게 전화를 해서 나는 도시의 반대쪽으로 차를 몰았다. 내가 그곳에 도착했을 때, 많은 이웃주민들이 차를 에워싸고 떠나지 못하도록 가로 막고 있었다. 검게 선팅한 차 유리창을 통해 안을 보자 건장한 장정 둘이 세단 뒷좌석에 앉아 있었고, 맹인 천의 모습은 보이지 않았다. 군중들 틈에 있었던 사람이 다시 들여다보라고 말했다. 나는 코가 납작해지도록 창문 가까이서 보자, 맹인 천이 자동차 안에 있는 것을 볼 수 있었다. 두 사람은 맹인 천의 얼굴을 차 바닥에 짓누르고 있었고, 맹인 천의 끙끙거리는 소리도 들렸다. 분노한 주민들은 그들이 맹인 천을 몇 차례 때리기도 했다고 말했다. 주민들은 경찰에 전화를 했고, 얼마 뒤에 경찰 두 명이 도착했다. 그들은 린이 시에서 올라온 경찰들과 대화를 나누더니, 길을 터주고 그들이 떠나도록 도와주었다. 나는 차가 떠나는 것을 보면서, 몇 주일 전에 린이 시에 있을 때 맹인 천이 했던 말이 떠올랐다. 내가 인터뷰하고 있는 부인이 공무원들의 횡포에 대해 증언했다는 이유로 그들이 그녀를 처벌할까 걱정되느냐고 물은 적이 있었다. 그때 맹인 천은 당국은 마을 사람들 누구에게도 아무 짓도 하지 못할 것이라고 말했다. "어떤 일이 일어난다면, 그들은 나를 택할 것이다."

〈남방도시보〉가 쑨즈강 사망의혹 사건을 보도하고, 당이 보호 수용소제도를 폐지토록 한 사건이 일어난 지 2년이 지나, 변호사나 기자, 재야운동가들로 구성된 단체들이 '권리실천협회'를 결성하여 연합했다. 그 협회의 취지는, 시민들이 당국에 대해서 직접적인 체제에 도전을 하지 않고, 하나씩 법적 권리를 위해 투쟁하면서 점차적으로 정치변화를 추구하도록 모색해나간다는 취지였다. 그러나 처음에는 맹인 천과 그가 폭로한 린이 시 사건에 대한 처리문제를 놓고 처음부터 삐걱거렸다. 기자들은 〈남방도시보〉의 구속 사태 이후 몸을 사렸고, '한 자녀 운동'과 같이 오랫동안 유지되어온 보도 금기사항을 감히 깨뜨릴 엄두를 내지 못했다. 변호사들은 보다 강경한 입장이었지만 여전히 망설이고 있었다. 이들 중 가장 적극적인 사람은 쉬즈융과 텅비아오였다. 그들은 수용소 관련 법규들에 대한 헌법소원을 청구했었던 젊은 학자들이었다. 이들 두 사람이 린이 시에서의 탄압소식을 들었을 때, 그들의 반응은 각각 달랐다. 텅비아오는 맹인 천을 돕기로 결정했지만, 쉬즈융은 '한 자녀 운동'은 아직까지도 법원에서 다루기에는 너무 예민한 사항이라고 우려했다.

이렇게 의견이 분분한 상태에서, 베이징에서 발생한 맹인 천의 납치사건은 그들의 생각을 바꾸었다. 린이 시에서 베이징으로 올라온 경찰들이 길거리에서 맹인 천을 납치했고, 특히 그 과정에서 맹인 천을 구타하기도 했다는 사실은 그 모임을 긴장시켰다. 쉬즈융과 마지못해 참가했던 '권리실천협회' 회원들은 지금은 맹인 천의 변론에 참가하겠다고 자청했다. 맹인 천은 법학사 출신도 아니고 변호사도 아니었지만, '권리실천협회'는 그를 회원으로 생각했었고, 인권 옹호자라는 것을 인정했었다. 대형 인터넷 업체인 '시나'와 '소후'는 그들의 사이트에 맹인 천에 관련된 뉴스들을 게재하지 말라는 검열당국의 지시를 받았다. 그러자 변호사들과 회원들은 다른 웹사이트를 이용하여 린이 시 당국을 비난하는 글들을 올리기 시작했다.

한편 맹인 천을 납치해간 경찰들은 그를 다시 그의 집에 구금시켰다. 이 사건을 조사하겠다고 한 정부조사단의 활동 또한 지극히 형식적이었다. '국가인구 및 가족계획위원회'는 잘못을 찾아내 성 당국에서 린이 시 공무원들에게 책임을 물었다고 밝혔지만 구체적인 처벌내용은 밝히지 않았다. '권리실천협회' 소속의 변호사들과 재야운동가들이 등스구로 내려와서 맹인 천을 방문하려고 시도했으나, 지방 공무원들과 그들의 경비원들은 마을로의 진입을 봉쇄하고, 그들이 들어가는 것을 거칠게 막았다. 어쩔 수 없이 변호사들은 베이징으로 돌아왔다. 맹인 천은 아직은 범죄혐의자가 아니었고, 그들이 린이 시 당국과 충돌을 일으키면, 사태가 악화될 수 있다는 판단이 작용했다.

베이징으로 돌아온 변호사들은 맹인 천의 변론 문제를 의논했다. 이들 중 가오즈성이란 변호사가 있었다. 그는 전직 군인이었고, 야간 대학을 다니면서 독학으로 변호사 시험에 합격한 사람인데, 베이징과 다른 도시들에서 부패공무원들과 개발업자들이 공모하여 시장가격을 기준해서 보상하지 않고 강제로 토지를 몰수하고 철거를 강행했던 사건에 변론을 담당하면서 유명해진 변호사였다. 그는 나중에 '권리실천협회'에서 가장 활동이 활발한 사람으로 인정을 받게 된다. 그는 회원들 중 처음으로 파룬궁에 대한 공산당의 난폭한 단속에 희생당한 사람들을 변호하기도 했다. 파룬궁은 대중들로부터 사랑을 받아온 정신적 운동이었는데, 공산당은 이를 정치적 운동으로 간주하고 활동을 금지시킨바 있었다. 정부는 2005년 말에 가오의 법률사무소를 폐쇄시켰다.

몇 달 뒤 '권리실천협회'에 참여하는 변호사들에 대한 탄압의 수위가 높아져가자, 가오 변호사는 탄압에 반대하는 단식투쟁에 들어가게 된다. 이 운동은 전국의 개인들이 적당한 때에 하루 단식하면서 그들의 의견들을 온라인에 발표하는 운동이었다. 이 운동은 즉각적으로 국가에 대해서 불만을 갖고 있는 다양한 계층의 사람들로부터 호응을 받았고, 파룬궁 수련가들로부터 부패한 개발업자들에게 집을 빼앗기고 상하이에 살고 있는 사람들에 이르기까지 많은 사람들의 관심을 끌어내는 데 성공했다.

단식투쟁은 비교적 순탄하게 보였지만, 그것은 정치적 변화를 추구하는 보다 큰 시민단체들은 물론 맹인 천을 구해내는 방법을 모색하는 '권리실천협회'의 실천방안에도 분열을 일으키게 만들었다. 이 운동을 비판하는 사람들은 가오 변호사가 '권리실천협회'를 정치적으로 이용하고 있다고 비난했는데, 그 까닭은 단식투쟁은 공산당에 대한 직접적인 탄압의 빌미를 제공할 수 있다고 판단하고 있었기 때문이다. 이러한 비판자들 중 가장 눈에 띄는 반대자였던 딩쯔린이라는 역사학자는 천안문 학살 때 아들을 잃었고, 그 후로는 다른 희생자 가족들과 함께 조직을 만들고 보상을 요구하는 운동을 벌이고 있었다. 그녀는 인터넷상에서 가오 변호사에게 공개토론을 제의했는데, 그녀의 주장은 공산당은 1989년 천안문 민주화운동 때처럼 단식투쟁도 반정부 활동으로 보고 있으며, 보안당국은 벌써 단식투쟁에 참가한 사람들을 구타하고 구속하기 시작했다고 말하면서, 가오 변호사가 그들을 보호할 수 없다면 다른 사람들을 부추겨서는 안 된다면서 비난했다.

다른 비판가들도 좀 더 기조가 완화되기는 했지만 딩쯔린의 견해와 기본적으로 일치했다. 단식투쟁은 공산당의 강경세력으로부터 탄압의 명분을 주었고, 순수한 '권리실천협회'의 운동과 그 동안의 성과를 위협하고 있었다. 단식투쟁은 지원을 위한 주요 신문들의 기사 보도도 없이 일반 시민들부터의 제한적인 지지만으로는 폭력을 사용하는 공산당의 의지를 꺾지 못한다. 그러면서도 한편으로는 지속적으로 온건한 접근만이 '권리실천협회'를 시민사회에 뿌리내리게 할 수 있고, 공산당 안팎으로 점진적인 정치적 변화를 모색할 수 있다고 주장했다.

재야운동가들은 가오 변호사를 지지하는 입장이었는데, 그들은 단지 정의롭지 못한 현실에 항의하고 있을 뿐이고, 조용하면서도 비폭력적인 방법으로 운동을 전개하고 있다고 강조했다. 가오 변호사의 입장에 동조하는 사람들은 주로 기독교계의 변호사들이었는데, 이들 중에 리허펑이라는 변호사가 있었다. 그는 지하교회에서 신앙생활을 하고 있었고, '권리실천협회'의 중추역할을 맡고 있었다. 그들은 가오 변호사의 단식투쟁운동을 마틴 루터 킹 목사와 마하트마 간디의 비폭력 운동과 연계시키면서, 정부의 반응이 무서워 가오 변호사를 비난하는 것은 옳지 않으며, 그 것은 마치 천안문 학살 때의 학생들의 행동을 비난하는 것과 다를 바 없 다고 주장했다.

맹인 천도 가택연금 상태에 있던 2월 말경에 하루 동안 릴레이 단식투 쟁에 참여한 적이 있었다. 그는 3월 초에도 단식투쟁을 지원하기 위하여 또 하루를 단식했다. 그로부터 며칠 뒤에, 그가 농가에 연금된 지 몇 달이 지나서, 경찰은 갑자기 맹인 천을 구속하기로 결정한다. 그는 공무방해죄 와 교통질서를 어지럽혔다는 혐의로 구속되었다.

'권리실천협회'의 주요 멤버들은 맹인 천의 사건을 논의하기 위해서 즉시 회동했다. 회의는 대략 두개의 진영으로 분열되었다. 한 쪽은 실용 주의자들이고 한 쪽은 원칙주의자들이다. 실용주의자들은 맹인 천을 도 울 수 있는 유일한 방법은 베이징의 당 간부들을 설득해서 맹인 천을 석 방시키는 방법밖에 없다고 주장했다. 여론을 자극해서 린이 시의 공무원 들을 비난하도록 만들고, 공산당의 관심을 지방의 공무원들보다 맹인 천 의 편에 서서 그를 구하는 것이 공산당의 이미지에 도움이 된다는 것을 당 간부들에게 깨닫게 해 주어야 한다는 것이었다. 공산당의 법 집행체제 는 당 서기국 상무위원회의 간부들이 최종적인 재판관이자 배심원들이 기 때문에 지방의 간부들도 틀림없이 맹인 천을 위험한 인물이고, 그가 외신기자들과 회견을 가졌다는 이유를 들어 해외의 반체제 인사들과도 관련되어 있는 인물로 보고할 것이다. 이러한 보고에도 불구하고, 당 간 부들은 이러한 혐의들을 인정하지 않을 것이며, 린이 시 당국자들이 맹인 천을 부정적 시각으로 보는 것을 허락하지 않을 것이라고 주장했다. 그러 나 원칙주의자들은 이러한 주장에 회의적이었다. 그들은 당의 내부 정치

상황을 추측한다는 것은 부질없는 짓이며, 당의 자비로운 고위 관계자들이 개입해서 맹인 천을 구해낸다는 생각도 어리석은 짓이라고 주장했다. 이러한 생각은 법에 의한 법의 지배를 촉구하는 것이 아니라 오히려 당 간부들의 법의 지배를 합리화 시켜주는 일이 될 것이었다. 보다 나은 접근방법은 법을 고수하고, 맹인 천을 구하기 위해서는 법의 범주 내에서 어떠한 선택을 하느냐에 달려있다고 강조하고, 이 방법이 당 간부들의 비위를 맞추는데 신경을 쓰는 것보다 정의의 편에서 원칙을 고수하는 것이 더우 중요하다고 주장했다.

토론은 몇 시간이나 계속되었고, 그에 따라 대략적인 합의가 이루어졌다. '지역적이면서 비 정치화'가 쉬즈융에 의해서 창안된 모토였다. 맹인 천의 구명운동은 린이 시의 공무원들에 대한 공격에 초점을 맞추며, '한 자녀 운동'이나, 당 간부들의 권력 남용 등 정치문제에 초점을 맞추어서는 안 된다. 쉬즈융은 이러한 노력들을 조정하고, 종합할 것이며, 그의 동료학자인 텅바이오는 이러한 방침을 전달할 책임을 맡게 될 것이었다. 한 노련한 AIDS 운동가인 완옌하이는 비정부 단체들을 동원하겠다고 약속했다. 변호사들은 또 가오 변호사는 맹인 천의 사건에서 손을 떼고 기다려야 한다는 결론도 내렸다. 맹인 천의 선임 변호사는 '권리실천협회' 소속 변호사인 링진쏭이 맡았다.

링진쏭 변호사 일행은 린이 시로 처음 내려갔을 때, 폭력배 때문에 애를 먹었고, 경찰은 그를 구속하겠다고 협박 했으며 맹인 천의 부인을 방문하는 것조차 봉쇄되었다. 그리고 그를 따라갔던 변호사들도 봉변을 당했다. 링진쏭 변호사는 가까스로 교도소에서 맹인 천을 만나도록 허락받았는데, 교도관들은 그들이 사건에 대해서 논의하는 것조차 방해했다. 그 사이에 다른 변호사들은 린이 시에서 증거를 확보하려고 노력했지만 모두가 허사였다. 그리고 변호사들이 증거를 찾으러 다닐 때마다 당국자들은 변호사들에 대한 협박의 수위를 높여갔다. 한번은 폭력배들이 링진쑹 변호사가 자동차 안에 있었는데도, 그의 승용차를 들어 올려 도랑에 쳐박아버리기도 했다.

재판 날짜가 다가오면서, 맹인 천을 돕기 위한 운동도 비틀거리고 있었다. 모든 변호사들은 맹인 천을 구하기 위해 전개되는 대중여론은 당연히 린이 시 당국을 비판할 것으로 믿었다. 그리고 그들은 린이 시의 행동이 정의롭지 못하다는 것을 폭로함으로써 맹인 천의 사건에 희망의 빛이 보일 것이고 당 간부들에게도 압력이 될 것이라고 생각하고 있었다. 그러나 맹인 천을 위하는 순수한 행동이 당에 대한 도전으로 비쳐질 수도 있었다. 실용주의자들은 아무런 합의도 보지 못한 채 우왕좌왕 하면서 시간만 허비했다. 변호사들은 맹인 천에 관한 사건에 대한 기자회견을 하려고 노력했지만, 그것마저도 경찰에 의해 봉쇄되었고, 어떤 이들은 모든 것이 엉망이 되어버렸다고 푸념하기도 했다. 어떤 실용주의 변호사들은 맹인 천의 지지자들이 맹인 천의 사진을 인쇄한 티셔츠와 뱃지등도 당 간부들을 격노하게 만들 뿐이라고 주장하면서 반대했다. 또 한 변호사는 링진쑹 변호사가 그 사건에 관해서 인터넷에 올린 것도 역효과만을 가져왔다면서 불만을 터뜨렸다. 심지어 어떤 변호사들은 재야운동가들이 해외의 반체제 단체들과 연대해 맹인 천을 지지하는 성명을 발표함으로써 당 간부들에게 직접적으로 도전했다면서 분통을 터뜨리기도 했다. 이렇게 시간만 보내면서 아무런 합의도 이끌어내지 못하고, 서로 헐뜯기만 하면서 자중지란에 빠져버렸다. 이러한 가운데서도 맹인 천에 대한 문제는 7월 말경에 이르자, 다시 긴장감이 고조되었고, 법원은 재판 날짜 하루 전에 부랴부랴 재판을 연기해버렸다. 재판이 연기되었는데도 그날 법원 앞에는 가오 변호사들과 많은 재야운동가들, 마을 사람들과 장애인들로 북새통을 이루었고, 많은 사람들이 맹인 천의 사진이 인쇄된 티셔츠를 입고 있었다. 지방경찰들과 폭력배들은 갑자기 그들을 공격했고, 부상자가 속출하며 군중들은 해산되었다. 이러한 충돌 뒤에, '권리실천협회'의 내부 분란은 더욱 심해졌다. 원칙주의자들은 가오 변호사와 대중들은 결코 불법적인 행동을 하지 않았다고 두둔하면서 맹인 천을 지지하는 운동을 계속해나갔다. 이에 대해 실용주의자들은 우려를 표하며, 이번의 시위 사건은 린이 시의 공무원들이 당 간부들에게 맹인 천을 구속할 필요성을 설득시키는 구실만 만들어 주었다고 주장했다. 그들은 또 법원 앞에서 벌인 시위주동자들은 그들의 정치적 목적을 이루기 위하여 맹인 천을 희생양으로 삼으려 했다고 주장하기도 했다.

재판은 몇 주일 뒤에 열렸다. 법률학자이자 변호사인 쉬지융이 법원에서 맹인 천을 변론하기로 결정됐는데, 재판 전날 밤, 린이 시의 경찰은 날조된 절도혐의로 그를 구속했다. 마침내 재판이 열리자, '권리실천협회' 소속 변호사들은 법원에 한 사람도 보이지 않았고 피의자인 맹인 천광청 혼자서 변론했고, 결국 유죄판결이 내려져 4년의 징역형이 선고 되었다.

일 년 후, 공산당은 린이 시의 가족계획을 뒤에서 조용히 격려했고, 링췬 당 서기는 승진해서 산둥성의 선전부 부장으로 영전되었다.

EPILOGUE

2007년 12월, 내가 중국을 떠난 지 얼마 되지 않아 경찰은 베이징에서 살고 있는 후자라는 한 젊은 반체제인사를 구속했다. 그는 맹인 천의 석방운동에 가담하고 있었다. 그러나 그는 반체제 인사로는 보이지 않는, 수척한 얼굴의 34세 된 채식주의자이며 컴퓨터광이었다. 그는 항상 헐렁한 티셔츠를 입고 다녔고 일정한 직업에 전념할 수도 없었고, 또 그럴 의지도 없는 사람처럼 보였다. 내가 그를 처음 만난 것은 거의 7년 전 일인데, 그때 그는 국가의 산림자원들을 파괴시키는 일회용 젓가락 사용을 금지하자는 환경운동가들에 대한 이야기를 쓰고 있었다. 그는 식당에 올 때면 자그마한 옷 가방 속에 젓가락을 넣어 오곤 했다. 그를 처음 보았을 때 그는 보통사람들과 다름없이 보였다. 그러나 해가 갈수록, 그는 유명한 인권운동가로 부각되었다. 멸종위기에 처한 티베트의 영양을 보존하기 위한 그의 노력은 마침내는 티베트인들의 권리를 대변하도록 그를 선택하게 했으며, 나중에는 중국의 첫 AIDS 운동가가 되었다. '권리실천협회' 운동이 시작되었을 때, 후자는 혼자서 정부의 권력 남용사례들에 대한 뉴스를 제공하는 정보센터 역할을 맡아했다. 그는 두려움이 없었고 자주 성명을 발표했으며, 다른 사람들이 주저할 때, 휴대폰 메시지를 보냈다. 내가 마지막으로 그를 본 것은 2007년 여름이었는데, 그는 그의 아파트에 맹인 천의 아내를 위한 거처를 마련해 주었고, 그녀가 남편의 뒷바라지에 신경을 쓸 수 있도록 배려해 주었다.

원칙주의자들과 실용주의자들의 논쟁 때에는, 후자는 원칙주의자의 한 사람이었다. 어떤 사람들은 그가 너무 앞서가고, 너무 논쟁을 좋아하며, 당국의 비위를 거스른다고 생각했다. 경찰이 그를 감시할 때에도, 배치된 경찰들의 사진을 찍고, 온라인을 통해 기사를 게재하기도 했다. 경찰이 그를 가택연금하자, 그는 자신의 인터넷용 카메라로 유럽의회에 접속해서 인권상황에 대한 이야기들을 듣기도 했다. 그는 무모하게 행동하기는 했지만, 결코 물러서지는 않았다. 맹인 천의 석방을 위한 운동을 이끈 실용주의적인 젊은 법률학자인 쉬즈용은 후자의 전략과는 의견을 달리했지만, 그를 '현대중국의 양심'이라고 추켜세운 적도 있었다. 부당한 행위에 항거하는 그의 완고한 주장은 결국 크리스마스 이틀 뒤에, 그를 구속하게 만들었다. 경찰은 그의 아내가 두 달 된 딸을 목욕시키고 있을 때, 그를 연행해나왔다. 그가 구속당하기 얼마 전, 후자는 다가오는 여름 베이징에서 열리는 하계올림픽 이전에 정부가 인권상황을 개선해야 한다는 내용의 논평을 인터넷에 게재한 적이 있었다.

경찰은 그를 체제를 전복시키려고 선동한 혐의로 구속했고, 법원은 3년 6개월의 징역형을 선고했다. 후자에 대한 구속은 2008년 하계올림픽을 앞두고, 정부가 반체제 인사들에 대한 경고의 일환이었다. 이러한 단속은 내가 이 책을 쓰고 있을 때에도 계속되었다. 공산당은 하계 올림픽을 지난 30년간 중국이 이룩해 놓은 경제적 업적을 내외에 과시하기 위한 기회로 활용하고 싶어 했다. 따라서 정부는 올림픽 유치의 성공을 위해 약속했던 사항들을 어기는 일이 있더라도, 후자와 같이 올림픽 축제에 찬물을 끼얹을 소지가 다분한 인물들을 사전에 격리시키려는 단호한 의지를 나타내 보였다. 1990년대 초, 베이징은 올림픽유치경쟁에서 시드니에 패했다. 패인의 결정적인 이유는, 중국의 인권상황을 거론하는 서구의 비판적인 시각 때문이었는데, 이에 대해서 중국은 자신들의 '국내문제'에 개입하려는 의도에서 "스포츠를 정치 문제와 연결시키고 있다"면서 반발한 적이 있었다. 2001년의 유치경쟁에서도 이러한 조짐이 보이자, 중국은 새로운 설득전략을 구사한다. 중국의 인권상황은 많이 개선되었다. 우리에게 올림픽 개최권을 부여한다면, 우리는 인권상황을 더욱 더 개선시킬 것이다. "8년이란 기간은 긴 세월이다", "올림픽을 꼭 유치해야 한다는 국민들의 열망이 존재하는 한, 우리 중국은 보다 정의롭고 조화로운 사회를 만들 수 있을 것이고, 보다 나은 민주주의 사회로 탈바꿈할 수 있으며, 세계와 하나가 되는 새로운 계기를 마련하게 될 것"이라고 약속했다. 이러한 주장들은 설득력을 얻었고, 베이징은 몇 달 뒤에 올림픽 유치를 성공시키게 된다. 그리고 지금에 이르러서도, 국민들은 국제사회의 일원이 됨으로써, 권위주의 정치체제가 완화되고 번영이 계속되길 바라고 있었다. 중국은 올림픽을 성공리에 유치함으로써 예상보다 빠르게 엄청난 변화를 이루어냈다. 정부는 국민들의 사생활 영역에서는 물론 작업장에서도 손을 뗐고, 늘어나는 가계수입으로 국민들은 스스로 그들의 삶을 책임질 수 있게 되었다.

올림픽 유치 때 비판의 대상으로 거론되었던 '보호 수용소' 제도도 폐지되었고, 신문, 잡지, 텔레비전과 라디오 방송국 등의 언론은 보다 많은 재량권을 얻게되었으며 환경보호와 같은 분야의 일부 비정부기관들도 당의 통제에도 불구하고 크게 성장했다. 광범위하게 보급된 인터넷은 시민들에게 뉴스와 정보를 제공하는 새로운 통로를 마련해주었고, 또 의견을 자유스럽게 표현하도록 해주었으며 새로운 시민사회의 등장을 앞당겨주는 역할을 했다. 외국의 특파원들에게도 상황은 훨씬 좋아졌다. 나는 2001년에 당시 베이징의 부시장이었던 류징민에게 외신기자들이 정부의 허락 없이는 여행을 하기도 어렵고, 시민들과 인터뷰하기도 힘들다고 말한 적이 있었다. 그는 2008년에는 상황이 많이 달라질 것이라고 확언했다. 그리고 그의 예상은 적중했다.

    정부는 올림픽을 위하여 규제 법률을 일시정지 시켰다. 그러나 아직까지도 후자와 맹인 천과 같은 반정부체제 인사들의 구속은 예나 지금이나 달라진 것이 없었다. 공산당은 권력의 독점을 계속해서 누리고 있고, 어떠한 저항세력에도 관용을 베풀기를 거부하고 있다. 중국에서는 독립된 노조나 교회들도 아직은 불법이다. 그리고 공산당은 지금도 법원을 엄격하게 통제하고 있다. '보호 수용소' 제도는 폐지되었지만, 경찰은 다른 방법으로 시민들을 강제로 억류하고 있고, 달갑지 않은 사람들을 도시 밖으로 추방하고 있다. 지방 공무원들을 들볶으면서, 베이징으로 몰려오는 농민들의 물결을 차단하기 위해서 임시수용소를 탈법적으로 운영하기도 한다. 검열관들로 구성된 방대한 선전조직은 아직도 활동을 계속하면서, 제도 언론들은 물론 인터넷 관련 기사들도 24시간 내내 검열하고 삭제하고 있으며, 경찰은 그들대로 내·외신 기자들을 가리지 않고 괴롭히고, 협박하기도 한다.

    이러한 현상은 중국에서 살고 일하는 사람들에게는 역설이 아닐 수 없다. 이 나라는 한편에서는 이해할 수 없을 정도로 빨리 변화하고 있는가

하면, 다른 한편에서는 제 자리 걸음을 계속하고 있다. 사회는 지난 몇 십 년간의 혼돈과 폭력의 그늘에서 벗어나 앞으로 달려가고 있다. 그러나 정치체제는 아직도 과거라는 족쇄에 묶여있고, 당 간부들은 그들의 권력과 특권을 유지하기 위해 발버둥치고 있다.

시골의 당 간부인 장시더가 『중국 농민에 대한 탐구』라는 베스트셀러의 작가 부부를 명예훼손으로 고소한 사건은 당 간부들의 권력에 대한 집착을 보여주는 극명한 사례이다. 푸양 시에 있는 지방법원에서 열린, 한때 전역에 회자되었던 재판은 3년이 다 지나가지만, 재판관들은 '아직도' 판결을 미루고 있다. 어쩌면 재판관들은 영원히 미룰지도 모른다. 장시더를 두둔하는 지배계급들은 해당기관들을 비난하고 부패에 연루된 지방 공무원들을 징계했다. 그러나 정작 작가들에 대한 결정은, 당의 권위에 도전할 빌미를 줄까 두려워서인지, 당 간부들은 아무 일도 없었다는 듯이 뒷짐을 지고 있다. 이러한 정체상태는 작가들과 그들의 변호사인 푸즈창의 승리로 볼 수도 있다. 왜냐하면, 모든 사람들은 애초에 그들에게 불리한 판결이 내려질 것이라고 믿고 있었기 때문이다. 하지만 그들이 확실한 승리를 거두었다고 볼 수도 없었다. 푸즈창은 변호사로서 승승장구 하고 있지만, 장시더도 은퇴 후 충분한 연금혜택을 받고 잘 지내고 있기 때문이다. 그리고 작가들은 아직도 블랙리스트에 올라 있다. 한편에서 많은 농촌들은 아직도 언제 터질지 모르는 시한폭탄을 안고 있다. 그동안 농민들의 분노를 터뜨리게 했던 농업세의 폐지는 공산당 입장에서 보면 어느 정도 성공한 케이스였다. 그러나 도시와 농촌간의 소득 격차는 점점 벌어지고 있으며, 개발이라는 미명하에 지방 공무원들에 의해 자행되는 농지의 몰수는 새로운 긴장의 요인이 되고 있다.

린이 시에서 '한 자녀 운동'을 강행하는 과정에서 초래된 권력 남용에 대한 합법적 투쟁운동에 앞장섰던, 맹인 천은 아직도 교도소에 있고, 2010년 후반쯤에 석방될 예정이다. 그를 변론하기 위해 모였던 변호사들은 사기가 꺾이고 분열되었다. 그리고 위대한 '권리실천협회'의 운동은 허우적거리고 있고, 곧 숨이 멈출 지경이 되었다. '보호 수용소' 제도의 폐지로 한때 힘을 얻었던 낙관적인 견해는 맹인 천, 후자와 가오즈성 변호사와 같은 권익운동가들의 구속을 바라보면서, 심각한 좌절감에 빠지고 말았다. 당국은 폭력배와 범죄자들을 동원하여, 변호사들을 공격하고, 위협하는 등의 비열한 행위들을 자행하고 있다. 그럼에도 불구하고 변호사들과 재야운동세력들은 효과적인 대응전략조차 의견대립으로 마련할 수 없었다. 올림픽 유치 때의 약속과 국민들의 염원에도 불구하고, 공산당은 여전히 법 위에서 군림하고 있다.

한편, 기자들은 그들의 투쟁으로 보다 많은 활동의 자유들을 쟁취할 수 있었다. 보도검열관들의 열성적인 노력과 〈남방도시보〉에 가해진 탄압에도 불구하고 국영신문들과 잡지들은 그들이 보도할 수 있는 영역들을 넓히기 위해 온갖 방법들을 시도해왔다. 국유산업의 민영화는 많은 소문과 관심들을 불러일으켰다. (많은 기자들이 긍정적인 보도를 한다는 대가로 뇌물을 받기도 했다.) 그러나 보다 중요한 저널리즘은 권력을 향해서 진실을 말하는 것이어야 한다. 인터넷의 폭발적인 대중화도 언론에 대한 인식을 바꾸어 놓았다. 〈남방도시보〉의 쑨즈강 사망의혹 사건에 대한 조사보도도 중국의 사이버 공간을 통해서 빠르게 퍼져나갔고, 인터넷은 거듭 되풀이하면서 의견을 증폭시키고, 사건을 확산시키는 역할을 해왔다. 지금 중국의 인터넷 이용 인구는 미국보다도 훨씬 많다. 그리고 웹사이트는 공산당의 선전도구들을 무색케 하면서, 국민들에게 정보의 공급처 역할을 충분히 해주고 있다. 제도 속에 갇힌 신문사의 편집자들이 기자들의 보도 기사를 거부하면, 기자들은 그 기사를 웹사이트에 올린다. 기자들이 검열관들 때문에 뜻을 이루지 못하거나, 국영언론에서 해고라도 당하면, 그들은 블로거로 활동하거나 인터넷 회사들에서 일자리를 얻기도 한다. 인터넷이 중요한 토론의 장으로 등장하자, 국민들은 그들의 관심사들과 불만들을 함께 나누고, 참여하고, 토론하고, 조직화 해나갔다. 정부당국도 인터넷을 통해서 지배를 확고히 하기 위해 새로운 정보관리제도를 구축하고, 새로운 소프트웨어 개발에 막대한 자금을 투자하고 있다. 그러나 점점 늘어만 가는 정보의 홍수는 국민들의 인터넷 사용을 막을 수 없을 것이다.

어찌됐든 정부가 바라는 것은, 많은 국민들이 인터넷을 보지 않거나, 공산당이 국민들과의 정보와의 전쟁에서 승리하는 것이다. 그러나 정부의 이러한 희망은 어쩌면 부질없는 짓이 될지도 모른다. 정부의 선전 전략들과 학교에서 이루어지는 민족주의적 교육에 대한 수업은 국민들의 관심에서 멀어져 왔다. 웹사이트들을 여과하기 위한 정부의 시도들은 아무런 효과도 보지 못하고 오히려 국민들을 실망시키게 할 뿐이다. 정부는 지금까지 공공여론을 조작하는 전문가들을 육성해왔고, 특히 그들의 입맛에 맞는 민족주의 감정을 자극하도록 할 수 있는 홍보전문가들도 육성해왔다. 물론 공산당은 유리한 고지를 점하고 있다. 지난 4반세기 동안 이루어 놓은 경제적 번영은 아무도 부인할 수 없을 것이다. 그리고 지난 8년 동안에 평균소득을 세 배나 끌어올렸다. 계속되는 경제성장은 공산당의 지지를 끌어올렸고, 그들의 금고를 가득 채워 놓았다. 그들은 이러한 자금은 지지자들을 확보하는 데 지출되고, 반대자들을 회유하는 데 사용할 수 있다. 공산당은 새로운 자본주의 체제하에서, 누구는 성공시키고, 누구는 망하게 할 것인가를 결정할 수 있는 권력을 갖고 있다. 그들은 새롭게 등장하는 기업가들을 견제하는 수단들을 갖고 있다. 이러한 세력들은 정치적 변화를 모색할 수 있기 때문에 공산당은 각별히 이들에 대한 감시의 끈을 늦추지 않는다. 마담 천리화와 같은 부유하고 영향력이 막강한 거물들은, 그들이 쌓아올린 부가 일당독재의 혜택 때문이라는 것을 누구보다도 잘 알고 있기 때문에, 공산당에 도전하는 세력들을 견제하게 된다. 한편 준 군사 조직인 시민전투경찰은 국내의 항의 시위를 진압하는 데 이용되는데, 이 조직에 대한 재정지원은 급속하게 증가해왔다.

이와 같은 상황에도 불구하고, 놀랍고도 고무적인 것은 많은 사람들이, 다양한 방법으로 정치적 변화를 추구하고 있다는 사실이다. 만약 경제적 번영을 바탕으로 공산당이 형식적으로 민주주의를 실현한다면, 그 결과는 더 많은 부패와 민주주의의 가치들을 훼손시킬 것이다. 자본주의와 권위주의와의 정략적 결혼은 마치 마피아 조직과 정치체제가 다른 사회적 목표들의 희생아래서 이익들을 서로 나누어 갖는 것과 같은 결과를 초래할 것이다. 이들이 희생시키는 사회적 목표들은 공공의 건강, 환경보호, 경제적 정의 등 우리들의 삶을 규정하는 소중한 요소들이다.

중국인들은 보다 나은 사회를 원하고 있고, 그들 또한 그곳에서 자유와 부를 누릴 권리가 있다. 소득의 증가와 민족적 자부심의 발로는 국민들의 기대 심리를 높여 놓았다. 그들은 다른 나라들이 어떻게 통치되고 있는가를 보아왔으며, 자신들의 국가에 대한 정보도 다양한 채널을 통해서 익히 알고 있고, 그리고 공공적인 문제에도 관심을 가질 수 있는 시간과 경제적 여유도 갖게 되었다. 성공은 그들에게 부를 지키고, 더 많은 부를 위해 최선을 다하도록 동기를 마련해준다. 그들의 삶이 국가에 의해 침해되고, 재판관들이 그들의 재산을 보호해 주길 거부한다면, 그리고 공장들이 오염물질들을 야산과 하천에 쏟아버리고, 부패한 공무원들이 그들에게 과도한 세금과 뇌물을 요구한다면, 국민들은 어떤 위험을 무릅쓰고라도 그들의 저항을 나타내는 방법들을 찾으려고 시도할 것이고 어떤 변화를 요구할 것이다. 하계올림픽 경기가 열리기 몇 달 전에도 샤먼이란 항구 도시의 주민들은 한 특정한 화학공장에 항의하는 거리시위를 벌인 적이 있었다. 상하이 시에서도 초고속 전철의 확장을 반대하는 운동을 벌이기도 했다. 티베트의 수도 라사Lhasa에서는, 티베트에 대한 정부의 강경한 식민정책에 반대하는 폭동이 일어나기도 했다. 헤이룽장, 장쑤, 그리고 산시성(Shaaanxi Province, 陝西省)의 시골 공동체들에서도 수십만 명의 농민들이 여태껏 그들이 경작해왔던 토지들에 대한 소유권을 요구하는 투쟁을 벌이고 있었다. 이러한 농민들의 투쟁은 그들이 경작하고 있는 농지들을 지방 공무원들이 몰수해서 개발업자들에게 팔아넘기는 데 대한 분노의 표출이었다.

나는 국민들로부터 종종 중국의 정치적 변화가 필연적이라는 말을 많이 들어왔다. 그들의 주장에 의하면, 소득이 일정수준 이상으로 높아지면, 중국도 타이완이나 한국, 그외 권위주의 통치하의 국가들이 자본주의가 발전했을 때, 점차 민주주의로 전환했던 선례들은 따를 것이라고 주장한다. 그러나 민주주의로 전환된 나라들 중 그 어느 나라도 국민들의 고통과 희생없이 정치적 자유를 얻을 수는 없었다. 그리고 중국의 공산당도 우리가 보아왔던 것처럼 그저 쉽게 권력을 양도하지는 않을 것이다. 우리는 이러한 사례들을 마오쩌둥의 통치시대의 참상에서도 보아왔고, 천안문 학살 때에도 보아왔다. 그 이후로 공산당은 새로운 도전이 있을 때마다 탄력성 있게 대처해왔다. 최근 몇 년 동안에 어떤 발전이 있었는가, 또는 중국 국민들이 지금 어떤 자유를 누리고 있는가 하는 질문에 대한 답은, 개개인들이 무엇을 요구해왔고, 무엇을 위해 싸웠는가에 따라서 달라질 수 있다.

공산당 지도층은 정치가 '제로섬게임'이 아니라는 점을 이해하지 못하는 것 같다. 국민들에 대한 '양보'는 국가를 강화시켜준다. 최소한 단기적인 관점에서 보더라도 공산당의 지배를 강화시켜준다. 공산당 지도부들이 더욱 더 민주적이고, 국민들의 반응에 효과적으로 대응해 나갈수록 그들의 지배도 효율적으로 이루어질 수 있다. 그러나 공산당의 노쇠한 간부들은 일당체제에서 누려온 기득권을 유지하는 데만 급급할 뿐 어떻게 국민들의 의사에 따라서 통치할 것인가에 대해서는 생각지 못하고 있다. 그러면서 그들은 민주적 개혁은 중국을 약화시킨다고 앵무새처럼 되풀이하고 있다.

작가노트 및 참고자료

이 책의 주요정보의 내용들은 2000년 후반부터 2008년 초에 이르기까지 내가 중국에서 근무하는 동안 확보한 인터뷰 내용들과 취재 노트들을 참고하고 있다. 이 책에서 적극적으로 취재에 응한 사람들과 익명을 전제로 취재에 응한 사람들도 있었지만, 나는 책에서 일절 그들의 실명을 밝히지 않았다. 나는 〈워싱턴 포스트〉에 게재한 나의 보도 자료와 동료인 존 팜프릿의 보도 기사를 참고했다.

CHAPTER 1

나는 '왕쿤슈'와 다른 사람들과의 인터뷰는 물론, 경찰이 나를 찾아 강제로 떠나도록 조처할 때까지 약 1시간가량을 자오쯔양의 장례식을 지켜보았다. 자오쯔양의 장례식 절차에 대한 여러 차례의 협상내용들은 자오쯔양의 가족들과의 인터뷰 내용과 가족의 친지들에게서 얻은 정보에 의한 것이다. 자오쯔양의 삶에 관한 내용들은 몇 명의 전직 측근들의 이야기들을 참고했고, 자오쯔양의 사후에 홍콩에서 발간된 두 권으로 된 추모에세이들을 참고했다. 그 책들에는 자오쯔양의 구속과 다른 사건들에 대해서도 자세히 언급되어 있다.

Gorbachev, Mikhail, Memoirs, Doubleday, 1996.
Jin Ren, Ruhe zai zhongguo shixing minzhu zhengzhi-Zhao Ziyang

wannian tanhualu, published in Ming Pao Monthly, May 2005.

Wang Yangsheng, Kouwen fuqiang hutong liuhao-Zhao Ziyang shengqian fagtanlu, posted online January 2005.

Wu Guoguang, Zhang Weiguo, and Bao Pu, eds., Ziyang qiangu-Zhao Ziyang jinian wenji (Zhao Lives: A Collection of Commemorative Essays), Pacific Century Press, 2005.

Wu Guoguang, Zhang Weiguo, and Bao Pu, eds., Ziyang qiangu-Zhao Ziyang jinian wenji xubian (Zhao Lives: An Additional collection of Commemorative Essays and Poems), Pacific Century Press, 2006.

Yang Jisheng, Zhongguo gaige shiqi de zhengzhi douzhing, Excellent Culture Pres, 2004.

Zong Fengming, Zhao Ziyang nuanjin Zhong de tanhua (Zhao Ziyang: Capitive Conversations), Open Books, 2007.

CHAPTERS 2-3

후제는 대부분 나와 함께 자료들을 찾는 데 역할분담을 했다. 나는 또 린자오의 동창생들의 기억들에 의존했고, 쑤쭈민에 의해서 편집된 린자오의 여동생의 기록도 참고했다. 나는 이 책의 모든 부분에서 필립 쇼트의 마오쩌둥에 관한 전기와 정치적 운동을 자세히 파헤친 로드릭 맥파쿠하의 저술을 주로 이용했다 나는 또 두린이 번역한 〈골드만의 목격담과 그 증거〉에서 베이징대학교에서 잘 알려지지 않았던 백가쟁명운동과 반주자파 운동에 대한 상세한 내용들도 알게 되었다. 쇼엔할스는 병음기호에 따른 중국어 번역에 많은 도움을 주었고, 데이비드 힌튼의 〈맹자〉에서도 참고했다.

Doolin, Dennis, Communist China: The Politics of Student Opposition,

Hoover Institution Studies, 1964.

Goldman, René, "The Rectification Campaign at Peking University" May-June 1957," China Quarterly, Oct.-Dec. 1962, pp. 138-53.

MacFarquhar, Roderick, The Hundred Flowers Campaign and the Chinese Intellectuals, Octagon Books, 1974.

---. The Origins of the Cultural Revolution: Contradictions Among the People, 1956-1957, Columbia University press, 1973.

Mu Qing, Guo Chanoren, Lu Fuwei, Lishi de shenpan, published in the People's Daily, January 227, 1981.

Peng Lingfan, interview on Radio Free Asia, February 28, 2005.

---. Wode jiejie Lin Zhao-2004 xinzuo, published in Kaifang, May 19, 2004.

Schoenhals, Michael, Doing Things with Words in Chinese Politics: Five Studies, RoutledgeCurzon, 1995.

Short, Philip, Mao: A Life, Henry Holt & Co., 2000.

Wu Fei, Hu Jie: Yong jingtou jishi yi yingxiang sixiang, published in China Youth Daily, November 22, 2004.

Xu Juemin, ed., Zhuixun Lin Zhao, Changjiang Literature and Art Press, 2000.

---. ed., Zoujin Lin Zhao, Ming Pao Publishing House, 2006.

Yue Daiyun and Carolyn Wakeman, To the Storm: The Odyssey of a Revolutionary Chinese Woman, University of California Press, 1987.

Zhang Yuanxun, Beida wangshi yu Lin Zhao zhisi, first published in Jinri Mingliu, February 2000.

CHAPTER 4

맥파쿠하와 쇼엔할스의 〈문화대혁명의 역사〉는 지금까지 출간된 관련 책들 중에서 가장 탁월한 책으로 자타가 인정하고 있는데, 나는 주요내용들과 연대들을 이 책을 참고해서 기록들을 전개해 나갔다. 충칭 시에서 있었던 미공개된 문화대혁명에 대한 이해는 전적으로 '허수'의 작품에 의존했다. 그는 충칭 시에 있는 한 신문의 편집자이자 학자인데, 그의 미 간행된 탐구서적은 당시의 홍위병들의 기억들을 더듬으면서 나와 함께 과거를 탐색하기도 했다. 또한 천샤오원과 한펑짜오와 같은 충칭 시에 살고 있는 아마추어 역사가들의 도움을 받았다.

Chen Xiaowen, Chongqing Shaping gongyuan hongweibing muyuan beiwen jilu, unpublished.

Esherick, Joseph, Paul Pickowicz, and Andrew Walders, eds., The Chinese Cultural Revolution As History, Stanford University Press, 2005.

He Shu, Chongqing wenge wudou dashiji, unpublished.

---. Wenge shouli daguimo wudou buzai Shanghai zai Chongqing, unpublished.

Li Musen and He Shu, Qinli Chongqing dawudou-Chongqing fandaodipai yihao qinwuyuan zishu, unpublished.

Liao Bokang, Lishi changhile de yige xuanwo-Sichuan Xiao Li Liao shijian huimou, Sichuan People's Publishing House, 2005.

MacFarquhar, Roderick and Michael Schoenhals, Mao's Last Revolution, Belknap Press, 2006.

Morning Sun, documentary film produced and directed by Carma Hinton, Geremie Barmé, and Richard Gordon, Long Bow Group, 2003.

Wang Youqin, Wenge Shounanzhe, Open Magazine Publishing, 2004.

Yu Liuwen and Han Pingzao, Qingchun mudi maizang Chongqing wenge wudou, published in Southern Weekend, April 29, 2001.

Zhou Ziren, Duanyi Chongqing wodou, unpublished.

---. Hongweibing xiaobao zhubian zishu, Fellows Press of America, 2006.

---. Zheng Siqun zhisi he Chongqing bayiwu yundong, unpublished.

CHAPTER 5

샤오운량 이외에도 나는 일 년이 넘도록 야오푸신의 아내와 딸은 물론이고 몇 명의 노동지도자들과 인터뷰를 가졌다. 마오쩌뚱의 노동조직가로 활동했던 사람에 대한 정보는 린다 샤퍼의 작품과 소트의 전기를 참고했다. 내가 중국의 노동문제들에 관심을 갖고 취재하는 동안, 이칭콴의 저서를 가끔 참고했는데, 그의 저술에서 나타나는 랴오양 시에서의 시위들에 관한 훌륭한 학술적인 접근은 나에게 큰 도움을 주었다. 성(省)의 실업율의 수치들은 정부의 각 성(省)별 백서들에 실린 수치들을 인용했다. 시위사건들의 숫자들도 경찰의 공식적인 발표에 근거해서 작성했다. 선양에서 일어난 부패사건에 관한 상세한 내용들은 성(省)의 언론보도들은 물론이고 홍콩에서 발행되는 언론보도에 근거하고 있다. 이 사건에 대한 잘 묘사된, 영어로 쓰여진 기록들은 〈워싱턴 포스트〉의 존 팜프릿과 〈파이낸셜 타임〉에 실린 '제임스 킨즈'의 기사를 참고 할 수 있다.

Human Rights Watch, Paying the Price: Worker Unrest in Northeast China, July 2002.

Lee, Ching Kwan, Against the Law: Labor Protests in China's Rustbelt and Sunbelt, University of California Press, 2007.

Shaffer, Lynda, "Mao Ze-dong and the October 1922 Changsha

Construction Workers' Strike: Marxism in Preindustrial China," Modern China 4, no. 4, October 1978, pp. 379-418.

---. Mao and the Workers: The Hunan Labor Movement, 1920-1923, M. E. Sharpe, 1982.

Yu Jianrong, Zhongguo gongren jieji zhuangkuang-Anyuan shilu, Mirror Books, 2006.

CHAPTER 6

천리화와 진바오 프로젝트에 관한 생생한 기록들은 중국의 국영언론에서 쉽게 접할 수 있기 때문에 여기에서는 별로 언급하지 않았다. 그 대신 보다 비판적인 시각으로 접근한 몇몇 작품들만을 소개했다. 전통적인 베이징의 이웃공동체인 '후통' 철거에 대한 탐구와 개발업자들과 지역관료들의 유착관계들은 도시계획학자인 팡커오에 의해서 잘 정리되어 있다.

Chen Yongjie, Gangshang Beijijg chai hutong beikong jin kaiting, and related articles, published in Ming Pao, March 31, 2005.

---. Wei hutong dizheng daodi, published in Ming Pao Monthly, April 19, 2005.

Fang Ke, Dnagdai Beijing jiucheng gengxin-diaocha, yanjiu, tansuo, China Architectural Industry publishing House, 2000.

Fang Ke and Zhang Yan, "Plan and Market Mismatch: Urban Redevelopment in Beijing During a Period of Transition," Asia Pacific Viewpoint44, no. 2, 2003, pp. 149-62.

Fang Yu, Yige hutong baoweizhe de shuangzhong jie, published in Economic Observer, January 27, 2006.

Johnson, Ian, Wild Grass: Three Portraits of Change in Modern China, Vintage, 2005.

Liu Chunqiu and Xu Huiying, Siya yezhu zuchan kaifashang beichai zhi gongtang, published in No. 1 Financial Times, January 7, 2005.

Wang Jun, Zouchu chaiqian jingji moshi, published in Oriental Outlook Weekly, October 25, 2006.

Xie Guangfei, 1380 yi nali qule? Zhuanye renshi jisuan tudi pizu heidong, published in China Economic Times, October 15, 2003.

Zhang Tingwei, "Urban Development and a Socialist Pro-Growth Coalition in Shanghai," Urban Affairs Review 37, no. 4, 2002, pp. 475-99.

Zhang Yan and Fang Ke, "Is History Repeating Itself? From Urban Renewal in the United States to Inner-City Redevelopment in China," Journal of Planning Education and Research 23, no. 3, 2004, pp. 286-98.

Zhang yan and Fang Ke, "Politics of Housing Redevelopment in China: The Rise and Fall of the Ju'er Hutong Project in Inner-City Beijing," Journal of Housing and Built Environment 18, 2003, pp. 75-87.

CHAPTER 7

내가 왕잉 마을을 찾아갔을 때, 조세저항운동에 참여한 세 명의 왕씨들과 몇 명의 농민들과도 인터뷰를 가졌다. 『중국 농민에 대한 탐구』를 인용하면서 나름대로의 번역을 시도하기도 했다.

Chen Guide and Wu Chuntao, Zhongguo nongmin diaocha (An Investigation of China's Peasantry), People's Literature Publishing House, 2003.

---. Will the Boat Sink the Water? The Life of China's Peasants, Public

Affairs, 2006.

Wang Heyan, Wo weishenme gao zhongguo nongmin diaocha, published in China Business Gerald, July 20, 2004.

CHAPTER 8

의사와 세균학자들과 질병통제 공무원들과 인터뷰를 가지는 동안, 닥터 장의 일기 사본도 확보해서 참고했다. 그린펠드의 저서도 전염병의 확산경로를 훌륭하게 추적한 것으로 참고할 만하다.

Greenfeld, Karl Taro, China Sysdrome: The True Story of the 21st Century's first Great Epidemic, HarperCollins, 2006.

Jiang Zhenhua de Jiang Yanyong, published in Caijing, June 3, 2003.

Li Jing, Jiang Yanyong: Renmin Liyi gaoyu yique, published in Sanlian Shenghuo Zhoukan, June 9, 2003.

Li Ya, Jiang Yanyong tan pilu zhongguo yinman SARS zhenxiang guocheng, Voice of America, April 9, 2003.

Wu Xiaoling, SARS quanguo chuanbolian, published in Caijing, May 6, 2003.

CHAPTER 9

〈남방도시보〉의 발전은 그 신문의 페이지들만 보아도 알 수 있을 정도였다. 청이종의 구속 후, 나는 그의 가족들과 많은 신문 기자들, 편집자들, 그리고 일부 보도검열관들과 선전부의 정보소식통들과도 접촉을 가졌다.

Dong Fanyuan, Baoye fengyun-Nanfang dushi bao jingying shilu, China Finance and Economy Publishing House, 2002.

Lin Wei, Shui zhizaole canjue renhuan de lunjianan, published in China Youth Daily, July 26, 2000.

Tang Jianguang, Sun Zhigang siwang zhenxiang, published in China Newsweek, June 12, 2003.

CHAPTER 10

재판의 당사자들의 심문과 답변들에 관한 나의 취재노트 이외에도 4일 간의 재판절차의 전 과정을 녹음한 기록도 확보했다. 변호사 푸즈창은 그의 변론들을 요약한 자료를 나에게 제공해주었다.

Wang Dan, ed., Liusi canjiazhe huiyilu, Mirror Books, 2004.

CHAPTER 11

나는 수잔 그린할프의 학자로서의 선구자적인 정신과 '한 자녀운동'에 대한 역사적이고도 분석적인 역작을 포함하여 틸렌 화이트의 저서에서도 큰 감명을 받았다. 맹인 천을 구해내기 위해 활약했던 주요 인사들과도 회견을 가졌고, 〈워싱턴 포스트〉에 실린 마우린 판의 보도기사와 〈뉴욕 타임즈〉에 게재한 죠지프 칸의 기사도 참고했다는 것도 알려둔다.

Greenhalgh, Susan, Just One Child: Science and Policy in Deng's China, University of California Press, 2008.

마오의 제국 : 새로운 중국, 마오쩌둥을 넘어서

1쇄 인쇄 2010년 2월 5일
4쇄 발행 2010년 11월 12일

지은이 필립 판 · **옮긴이** 김춘수
펴낸곳 도서출판 **말글빛냄** · **인쇄** 삼화인쇄(주)
펴낸이 박승규 · **마케팅** 최윤석 · **디자인** 진미나
주소 서울시 마포구 서교동 463-3 성화빌딩 5층
전화 325-5051 · **팩스** 325-5771 · **홈페이지** www.wordsbook.co.kr
등록 2004년 3월 12일 제313-2004-000062호
ISBN 978-89-92114-51-6 03910
가격 16,500원

*잘못된 책은 바꾸어 드립니다.